Auguste
20 Juin 1900 -
Shanghaï
(Chine)

L'ÉTAT MODERNE

ET

SES FONCTIONS

AUTRES OUVRAGES DE M. PAUL LEROY-BEAULIEU

De l'État moral et intellectuel des populations ouvrières et de son influence sur le taux des salaires. Ouvrage couronné par l'Académie des sciences morales et politiques. Paris, 1868. *Guillaumin* (*épuisé*).

Recherches économiques, historiques et statistiques sur les guerres contemporaines. Paris, 1869. *Lacroix-Verbœckhoven*.

La Question ouvrière au XIXᵉ siècle. 2ᵉ édition. Paris, 1882. *Charpentier*.

L'Administration locale en France et en Angleterre. Ouvrage couronné par l'Académie des sciences morales et politiques. Paris, 1872. *Guillaumin* (*épuisé*).

Le travail des femmes au XIXᵉ siècle. Ouvrage couronné par l'Académie des sciences morales et politiques. Paris, 1873. *Charpentier*.

De la Colonisation chez les peuples modernes ; histoire et doctrine. 5ᵉ édition. *Guillaumin*, éditeur. 1900.

Essai sur la répartition des richesses et sur la tendance à une moindre inégalité des conditions. 4ᵉ édition. Paris, 1897. *Guillaumin*.

Le Collectivisme, examen critique du nouveau socialisme. 3ᵉ édition. *Guillaumin*, 1892.

L'Algérie et la Tunisie. Un volume in-8. Paris. *Guillaumin*, 2ᵉ édition, 1897.

Traité de la science des finances : tome Iᵉʳ, Les revenus publics ; tome II, Le budget et crédit public. 6ᵉ édition. *Guillaumin*, 1899.

Précis d'économie politique. Un volume in-18. Paris. 6ᵉ édition. *Delagrave*, 1898.

Traité théorique et pratique d'économie politique. 4 volumes in-8ᵉ, 2ᵉ, édition, 1896.

Un chapitre des mœurs électorales en France dans les années 1889 et 1890. Une brochure in-8. Librairie *Guillaumin* et librairie *Chaix*.

6605-99 — Corbeil. Imprimerie Crété.

L'ÉTAT MODERNE

ET

SES FONCTIONS .

PAR

PAUL LEROY-BEAULIEU

MEMBRE DE L'INSTITUT
PROFESSEUR D'ÉCONOMIE POLITIQUE AU COLLÈGE DE FRANCE
DIRECTEUR DE L'*Économiste français*

———

TROISIÈME ÉDITION

Revue et augmentée

———

PARIS

GUILLAUMIN ET Cⁱᵉ

ÉDITEURS DU JOURNAL DES ÉCONOMISTES

RUE RICHELIEU, 14

—

1900

PRÉFACE

DE LA DEUXIÈME ÉDITION.

Nous n'avons rien à changer à ce livre qui parut il y a dix mois et que le public lettré a bien voulu accueillir avec faveur.

Les gouvernements, en quête de popularité facile, se jettent de plus en plus dans la voie du *socialisme d'État*. Le jeune empereur d'Allemagne s'y est précipité avec une enthousiaste ardeur. Ses fameux rescrits entonnaient la réforme du monde social. La pâle conférence de Berlin fut un médiocre épilogue à ce prologue retentissant.

Néammoins, les socialismes prétendus conservateurs éclosent de toutes parts. Ils tracent des programmes pour enchaîner la liberté humaine et l'offrir en holocauste au dieu nouveau, l'État.

Ce dieu a ses jours comptés, comme tous les faux dieux.

Dès que l'on sort des cérémonies pompeuses en son honneur et que l'on veut passer aux œuvres, les obstacles surgissent et se multiplient. La nature humaine reprend ses droits et se révolte contre l'oppression. Les infirmités de l'État se manifestent, et son impuissance se révèle. Ses ressorts plient et se dérobent, ses finances s'obscurcissent et s'épuissent.

Nous nous félicitons d'avoir minutieusement décrit l'État moderne, son principe d'action, ses rouages, ses inévitables faiblesses, sa radicale inaptitude au rôle gigantesque qu'on lui veut confier.

Non seulement nous ne plions pas le genou devant l'idole, mais nous analysons le métal dont elle est faite, les vices de structure dont elle souffre.

Puissions-nous contribuer à réduire le nombre de ses adorateurs et à sauver la civilisation occidentale de la nouvelle servitude dont on la menace !

Montplaisir, par Lodève, 15 Septembre 1890.

Paul LEROY-BEAULIEU.

PRÉFACE

DE LA PREMIÈRE ÉDITION.

Le fond et les principales idées de ce livre furent l'objet de mon cours au Collège de France, il y a cinq ans.

Depuis lors, frappé des envahissements de l'État moderne et des énormes dangers dont ils menacent les sociétés appartenant à la civilisation occidentale, j'ai publié, dans la *Revue des Deux-Mondes*, en 1888 et 1889, cinq des Études qui composent ce livre.

Je les ai ici remaniées, étendues, précisées. J'y en ai joint de nouvelles.

Je présente avec confiance au lecteur cet ouvrage qui traite de l'une des questions les plus importantes de ce temps.

Il m'a semblé que l'opinion puplique se trompe, souvent même celle des plus doctes, sur la nature de l'État, ses origines, ses moyens et sa fin.

Il m'a paru aussi que l'État moderne, c'est-à-dire l'État plus ou moins électif, dont le mécanisme a été souvent étudié en détail, est encore mal connu de la généralité de ceux qui en dissertent.

On dirait une machine dont on aurait merveilleusement décrit chacun des rouages, mais dont on eût négligé d'examiner et de caractériser la force motrice, les conditions nécessaires pour que cette force agisse avec régularité et continuité.

Plus que tout autre, l'État moderne est délicat, précaire, corruptible, enclin à l'oppression.

Nos contemporains, éblouis par le résultat soudain du développement des connaissances et de l'instruction, tendent à perdre de vue que l'intelligence ne suffit ni à un homme ni à une nation, et que le grand ressort humain c'est encore la volonté.

Les envahissements de l'État, en restreignant la liberté individuelle et la responsabilité personnelle, énervent la volonté.

C'est par là que les nations sont exposées à déchoir. Je m'estimerai heureux si ce livre peut jeter quelque clarté sur tous ces points si négligés.

Paris, le 23 octobre 1889.

PRÉFACE

DE LA TROISIÈME ÉDITION.

———

Depuis la publication de la deuxième édition de cet ouvrage, neuf ans se sont écoulés. De nombreux travaux nous ont empêché d'en faire paraître plus tôt une édition nouvelle, revue et fortifiée par un surcroît d'exemples et de preuves, suivant notre constante habitude.

L'expérience de ces neuf années a été, certes, démonstrative. Partout l'État moderne a étalé de plus en plus à la fois sa fragilité et sa présomption.

Deux conditions surtout constituent l'État moderne ; d'abord les hommes qui détiennent l'État, qui parlent et qui agissent en son nom, sortent de l'élection populaire, avec de brèves délégations de pouvoirs ; ils sont censés ainsi représenter la volonté du peuple. En second lieu, par la disparition ou l'affaiblissement de toutes les anciennes forces sociales organiques, Eglise, aristocratie, corps intermédiaires divers et traditionnels, l'État moderne se trouve investi, d'une façon complète en théorie et qui tend à devenir complète en pratique, de la toute puissance ; la toute puissance, voilà l'attribut principal de l'Etat moderne (1.) Or, chacun sait que la

—————

(1) On verra plus loin que la plupart des théoriciens allemands contemporains revendiquent pour l'État la toute puissance.

D'autre part un des psychologues sociaux les plus originaux et les plus pénétrants, M. Tarde, dans son ouvrage *Les Transformations du pouvoir* (page 205 note), s'exprime ainsi :

« A propos de la guerre des paysans, en Souabe (1525), M. Denis écrit

toute puissance est une cause habituelle d'infatuation.

Incohérent, irréfléchi, corruptible même, démesurément ambitieux et intrusif, voilà l'État moderne tel que les faits nous l'ont montré.

Un journal anglais disait naguère à propos de cet ouvrage que, sous le nom d'État moderne, nous décrivions simplement le gouvernement français, et que nos observations et nos conclusions n'avaient pas d'application en dehors de notre territoire.

Quelle singulière erreur de jugement! L'État moderne que nous avons décrit, ce n'est pas seulement la France, c'est l'Italie, c'est les États-Unis, c'est même la Suisse et l'Angleterre; ce sont aussi, sans parler de l'Amérique du Sud, les jeunes colonies de Victoria, de l'Australie Méridionale et de la Nouvelle-Zélande.

Dans toutes ces contrées et d'autres encore, qui réalisent les conditions de l'État moderne, on retrouve, à des degrés légèrement divers, les mêmes faiblesses, sinon les mêmes vices.

Il se peut que dans certains pays l'État Moderne ait péché moins que dans d'autres contre la stricte honnêteté vulgaire.

Si les scandales des banques en Italie, ceux de certains votes de tarifs aux États-Unis ainsi que de l'admi-

---

dans l'*Histoire générale* : « En somme ces révoltés étaient des réactionnaires et ils poursuivaient la restauration d'un système vieilli : ce qui représentait le progrès et l'avenir à cette époque, c'étaient les princes qui travaillaient à dégager du moyen âge l'*État moderne*. Or, qu'est-ce qui le caractérise, cet État moderne? Le même auteur nous le dit quelques pages plus loin. « Les princes, enrichis des dépouilles du clergé et maîtres de la conscience comme des biens de leurs sujets, n'avaient en quelque sorte plus d'adversaires. Le champ s'ouvrait librement devant eux et ils pouvaient réaliser enfin leur idéal de gouvernement et *créer de véritables États modernes où nulle volonté ne gênerait la leur et dont toutes les ressources seraient concentrées entre leurs mains.* »
« Le caractère de l'État moderne, conclut M. Tarde, c'est sa toute puissance, c'est la suppression de ces entraves multiples et multiformes que l'État féodal avait dû subir. » Voir aussi plus loin (page 229) un mot très caractéristique de Roscher, le célèbre économiste allemand.

nistration habituelle de la ville de New-York, égalent ou surpassent les scandales législatifs et administratifs divers qui ont causé en France tant d'émotion dans les dix dernières années, on peut arguer que la petite Helvétie est demeurée, autant qu'on en peut juger, pure de ces actes de manifeste immoralité gouvernementale.

La corruption, consciente et voulue, est, toutefois, l'un des moindres inconvénients de l'État Moderne. Certaines petites démocraties peuvent y échapper. Aucune, au contraire, ne peut se dégager de l'infatuation, de l'activité papillonne et perturbatrice ; aucune ne peut se soustraire longtemps à la domination de la médiocrité ignorante et audacieuse. Aucune ne peut s'élever à la conception de l'intérêt général et permanent, et lui donner habituellement la préférence sur les intérêts particuliers et transitoires.

Nous avons, dans cette édition, ajouté à notre livre un chapitre nouveau que nous considérons comme très important, intitulé : L'État moderne, le protectionnisme et le chauvinisme ; c'est un des phénomènes, en effet, les plus attristants et les plus inquiétants du temps présent que le développement, au sein de nos démocraties, du chauvinisme et de l'exclusivisme national le plus extravagant.

On a vu, en Angleterre, un gouvernement qui avait à sa tête des hommes expérimentés, de la plus haute culture intellectuelle, en possession du prestige que donne une famille historique ayant, depuis près de trois siècles, joué un rôle prédominant dans le pays, lord Salisbury et M. Balfour, s'abandonner pratiquement à la direction incohérente et téméraire d'un de leurs subordonnés, simple charlatan, sans aucune instruction générale, M. Chamberlain, uniquement parce que cet homme borné était un excellent manœuvrier électoral. Voilà un des traits qui caractérisent l'État moderne.

De la peinture que nous faisons de l'État moderne, doit-on conclure qu'il convienne de le détruire et de le remplacer, soit par l'État bureaucratique dont la Prusse nous offre l'exemple, soit, ce qui s'en rapproche, par de grandes monarchies administratives, comme celle de notre ancienne France ? Ce n'est aucunement là notre conclusion. Il pourrait être douteux que, en se plaçant à un point de vue d'ensemble, on gagnât à ce changement, et, d'ailleurs, le choix n'est pas à notre disposition.

Ce qui ressort de notre étude, c'est simplement que les hommes éclairés doivent s'efforcer de contenir l'ambition de l'État moderne, ne pas lui permettre de s'adjuger, aux dépens de l'activité privée et des groupements libres, de nouvelles sphères d'action pour lesquelles il n'a aucune vocation réelle.

Quand même l'État concret se rapprocherait, par ses qualités propres, de l'État abstrait des philosophes, il faudrait, pour maintenir la plasticité sociale et la spontanéité individuelle, lutter contre ses empiètements. A combien plus forte raison ne faut-il pas le faire quand, outre les souvenirs de l'antiquité et du Moyen-âge, la récente expérience continue, aujourd'hui séculaire, démontre chez tous les peuples, combien peu l'État concret, représenté par des hommes sortis de l'élection, ressemble à l'État abstrait, objet de tant d'encens et d'une dévotion si crédule !

Montplaisir, par Lodève, le 25 novembre 1899.

PAUL LEROY-BEAULIEU.

L'ÉTAT MODERNE

ET

SES FONCTIONS

LIVRE PREMIER

L'ÉTAT, LA SOCIÉTÉ ET L'INDIVIDU. — LA GENÈSE DES FONCTIONS DE L'ÉTAT.

CHAPITRE PREMIER

NÉCESSITÉ D'UNE CONCEPTION EXACTE DE L'ÉTAT MODERNE ET DE SES FONCTIONS.

La conception que se font de l'État, de sa nature et de son rôle, les hommes de notre temps, paraît singulièrement confuse. Les attributions incohérentes, souvent contradictoires, qu'ils lui confient, témoignent du manque de netteté et de précision de leurs idées. Quand elle veut aborder ce thème d'un intérêt si décisif pour les destinées humaines, leur pensée flotte dans les brouillards.

Les mots de liberté, de progrès, d'initiative individuelle, de devoir social, d'action de l'État, d'obligation légale, se heurtent, comme au hasard, dans la bouche de nos législateurs et dans les écrits de nos polémistes. Il semble que beaucoup d'entre eux soient atteints de cette singulière maladie de la mémoire que l'on nomme aphasie, qui consiste à prendre pour exprimer une idée un mot qui n'a avec elle aucun rapport : quand ils prononcent liberté, il faut entendre servitude ; quand ils articulent progrès, il faut comprendre recul.

Cette notion de l'État et de sa mission, je voudrais l'examiner à nouveau. Bien d'autres, certes, l'ont fait dans ces derniers temps. L'Académie des sciences morales et politiques, en 1880, prenait pour sujet de l'un de ses nombreux concours : le rôle de l'État dans l'ordre économique ; elle couronnait deux mémoires distingués dus à deux professeurs de nos facultés de droit, M. Jourdan, d'Aix, et M. Villey, de Caen. Le cadre peut être plus étendu, car il ne s'agit pas seulement de l'ordre économique : l'État moderne déborde dans toutes les sphères de l'activité de l'homme : il menace la personne humaine tout entière.

Plus récemment, le corps savant que je viens de citer se livrait entre ses membres à une longue discussion sur les fonctions de l'État ; tous à peu près y prirent part : légistes, économistes, historiens, moralistes, philosophes.

Il me parut que les philosophes ne descendaient pas assez sur cette terre, et que, avec un grand talent d'abstraction, ils ignoraient la genèse de beaucoup des institutions humaines, certains attribuant à l'État une foule d'établissements qui proviennent de l'initiative libre : les banques, les caisses d'épargne, les sociétés de secours mutuels, les assurances, les hôpitaux, les monts de piété, etc.

Les moralistes me semblèrent céder à une sentimentalité excessive, qui risque d'énerver la société et l'homme lui-même. Le sujet ne me parut donc ni épuisé, ni même, dans ses grandes lignes, suffisamment éclairé

Les pages les plus fortes qui aient été écrites récemment sur ce beau et vaste thème sont dues à Herbert Spencer et à M. Taine : le premier, qui, après avoir tracé avec sa pénétration incomparable, mais d'une manière épisodique, le caractère de l'État dans plusieurs de ses ouvrages : l'*Introduction à la science sociale* et les *Essais de politique*, leur a consacré un petit volume lumineux : l'*Individu contre l'État*, dont les titres de chapitres brillent comme des étoiles directrices : l'*Esclavage futur*, les *Péchés des législateurs*, la *Grande superstition politique ;* le second, qui, avec son merveilleux talent de condensation, a trouvé le moyen, dans une étude sur la *Formation de la France contemporaine* (1), d'écrire, presque comme un hors-d'œuvre, en deux ou trois pages, la philosophie de la division des fonctions sociales et du rôle de l'État.

Mais Herbert Spencer et Taine n'ont éclairé le sujet que de très haut. Leur autorité peut être méconnue de ceux qui n'admettent d'autres arguments que les faits et les chiffres. Ils peuvent être accusés de parti pris ou d'idéologie, le premier surtout.

J'ai donc cru que l'on pouvait reprendre l'étude de l'État et de sa mission. La plupart des réflexions que je vais soumettre aux lecteurs sont antérieures au dernier livre d'Herbert Spencer. Elles ont formé la matière de mon cours du Collège de France dans l'année 1883-1884. Je les avais reunies, je les ai revues ; l'expérience des années récentes m'en a confirmé la vérité ; je les appuie sur de nouveaux exemples.

C'est de l'État moderne que je vais m'occuper, tel que l'a fait l'histoire, tel que l'ont transformé les découvertes et les applications des sciences.

---

(1) Voir la *Revue des Deux-Mondes* du 15 janvier 1888.

Il est des questions qui ne peuvent rester dans le domaine de l'absolu et qui comportent nécessairement une part de relatif et de contingent. « L'État en soi » ressemble assez à « l'homme en soi », abstraction que l'esprit le plus délié a de la peine à saisir, qui ne lui apparaît que comme une ombre pâle aux contours indécis.

C'est des nations civilisées que je traite : je sais qu'il est parfois de mode de faire peu de cas de la civilisation. Dès le commencement de ce siècle, Fourier montrait un dédain inépuisable pour ce qu'il appelait « les civilisés » ; c'était, selon lui, une catégorie près de disparaître, qui allait prochainement rejoindre dans la tombe les deux catégories sociales antérieures, « les barbares » et « les sauvages ».

Aujourd'hui, parmi les écrivains qui se piquent de plus de rigueur que Fourier, il en est beaucoup aussi qui prennent la civilisation pour cible de leurs critiques ou de leurs sarcasmes. Dans une étude fort distinguée sur le grand théoricien libéral. Benjamin Constant, ne parlait-on pas dernièrement, dans une grande revue (1), du « travail de désagrégation sociale désigné sous le nom de civilisation » ? Voilà des jugements bien sévères.

Nous tenons, quant à nous, que cette civilisation qu'on qualifie aussi rudement a ses mérites, qu'elle a fait au genre humain un lit plus commode et plus doux que celui dont il s'est jamais trouvé en possession depuis qu'il a conscience de lui-même.

En dehors des fictions naïves, comme les Salente ou les Icarie, l'imagination n'arrive pas à se figurer avec netteté une contexture sociale qui diffère essentiellement de celle d'aujourd'hui. Des astronomes racontent que, dans certaines planètes qu'on suppose pouvoir être habitées, Mars

(1) Voir, dans la *Revue des Deux-Mondes* du 1er juin 1888, *Benjamin Constant*, par Émile Faguet, p. 622.

entre autres, il se produit en quelques années des transformations extraordinaires : on dirait que des habitants y
ont creusé des canaux gigantesques, et les fantaisistes vont
jusqu'à attribuer à leurs ingénieurs une capacité qui dépasserait de beaucoup celle des nôtres. Il est possible que
tout cela se voie dans la planète Mars.

Sur notre pauvre terre, nous jouissons d'une situation
modeste, qui a l'avantage de s'être singulièrement amélio-
rée, pour le bien-être de tous, depuis un siècle, depuis dix,
depuis vingt. Il a fallu les efforts successifs de deux ou trois
cents générations d'hommes pour nous procurer cette facilité relative d'existence, cette liberté morale, civile et politique, cet essor de nos sciences et de nos découvertes, cette
transmission et cette rénovation incessante des lettres et
des arts.

Des esprits superbes nous affirment que ce patrimoine
est maigre et méprisable, que l'humanité ne saurait plus se
résigner à l'accroître lentement à l'avenir par les moyens
mêmes qui l'ont constitué dans le passé. Ils soutiennent
que l'initiative individuelle, mère de tous ces progrès, a fait
son temps ; qu'il faut constituer un grand organe central,
qui, à lui seul, absorbe et dirige tout ; qu'une énorme roue
motrice, substituée à des milliers de petits rouages inégaux
et indépendants, produira des effets infiniment plus puissants et plus rapides ; qu'ainsi la richesse de l'humanité
sera décuplée et que la justice régnera enfin sur cette terre.

Toutes ces promesses nous laissent sceptique. Nous nous
rappelons ces fils de famille frivoles et présomptueux qui,
ayant hérité d'une fortune laborieusement et patiemment
acquise, méprisent les vertus modestes qui l'ont édifiée,
et courent, pour l'accroître davantage, par des voies plus
rapides, les aventures. Nous savons qu'il suffit de quelques
instants d'imprudence pour compromettre ou pour détruire

une richesse que des années ou des siècles ont eu de la peine à édifier.

Nous nous demandons si les nations contemporaines, avec l'insolent dédain qu'on veut leur inspirer pour les sociétés libres et l'initiative personnelle, avec la conception confuse qu'on leur enseigne du rôle de l'État, ne courent pas, elles aussi, une dangereuse aventure. L'examen des faits, aussi bien que l'analyse des idées, va nous permettre d'en juger.

CHAPITRE II

VICISSITUDES RÉCENTES DE LA CONCEPTION DE L'ÉTAT.

La doctrine qui prévalait, parmi les penseurs et les hommes publics, dans la seconde partie du siècle dernier et pendant la première de celui-ci, était peu favorable à l'extension des attributions de l'État. Le xviiie siècle nous avait légué différentes formules célèbres sur lesquelles ont vécu deux ou trois générations : « Ne pas trop gouverner », disait d'Argenson ; « laisser faire et laisser passer », écrivait Gournay ; « propriété, sûreté, liberté, voilà tout l'ordre social », pensait Mercier de la Rivière ; et le sémillant abbé Galiani accentuait davantage : *Il mondo va da se*, « le monde va tout seul. »

La révolution française, malgré ses brutalités, ses emportements, l'action bruyante et sanglante de l'État, ne fut pas en principe contraire à ces idées. Si elle s'y montra parfois infidèle, comme dans les lois sur le maximum, c'étaient des dérogations pratiques qu'on pouvait attribuer aux circonstances. La propriété privée absolue, la liberté individuelle, civile ou industrielle, illimitée, faisaient partie de ses fameux Droits de l'homme. Elle était si jalouse de l'indépendance de l'individu que, par crainte de la voir compromise, elle voulut supprimer tous les corps intermédiaires et en empêcher à jamais la reconstitution. En cela elle allait contre son idéal : elle diminuait la personne humaine qu'elle prétendait fortifier.

En Allemagne régnait alors en général la même doctrine : le philosophe Kant, surtout ce fin politique Guillaume de Humboldt, concevaient l'individu comme le principal, sinon l'unique moteur du progrès social. L'État leur apparaissait comme un simple appareil de conservation et de coordination.

Plus tard, dans l'Europe occidentale du moins, les disciples, comme toujours, exagérèrent la pensée des maîtres. Certains en vinrent à tenir un langage ridicule et niais. Quelques-uns représentèrent l'État comme un « mal nécessaire ; » on vit surgir une formule nouvelle, anonyme, croyons-nous, celle de « l'État ulcère ». Quoique les noms de Jean-Baptiste Say, Dunoyer, Bastiat, protégeassent encore la doctrine du xviiie siècle, les exagérations que nous venons de dire lui nuisaient.

Quelques hommes commencèrent à s'élever contre l'abstention systématique qu'elle recommandait aux pouvoirs publics : on lui donna un nom fâcheux, celui de « nihilisme gouvernemental. » Il se trouva cependant des économistes, Joseph Garnier, par exemple, qui accentuèrent encore davantage leur défiance à l'endroit de l'État, et qui, même en matière de monnaie, lui contestaient un rôle actif.

Il se produisait à ce moment, dans la société, quelques phénomènes qui tendaient à accroître l'action de l'État. La grande industrie, qui se constituait avec d'énormes agglomérations d'ouvriers, les chemins de fer qui s'ébauchaient. ne pouvaient laisser l'État complètement indifférent.

Il avait un certain rôle à jouer en présence de ces forces nouvelles. Il fallait qu'il les aidât ou qu'il les surveillât, ne fût-ce que dans une très petite mesure. Par la nature même des choses, l'abstention absolue lui était interdite. L'établissement de voies ferrées rendait indispensable le recours à l'expropriation pour cause d'utilité publique. Il se rencontre encore, on doit le dire, quelques adversaires de ce genre d'expropriation, comme de toute autre, M. de Molinari, par exemple; mais leur opposition peut passer pour une simple curiosité doctrinale.

Ces vastes usines qui se constituaient, on ne pouvait y laisser les enfants de sept ou huit ans travailler douze, treize ou quatorze heures par jour. Certaines de ces fabriques soulevaient, en outre, au point de vue de la salubrité ou de la sécurité publiques, des questions qui rendaient de nouveaux règlements nécessaires.

Ainsi cette force nouvelle, la vapeur, qui allait tant développer l'esprit d'entreprise de l'homme, forçait l'État à sortir lui-même de l'abstention qu'il gardait, depuis un demi-siècle, dans les questions industrielles.

En même temps, le progrès moral et intellectuel des ouvriers manuels et des classes les moins fortunées commençait à occuper les législateurs. Le régime parlementaire, l'extension de la presse, le suffrage de plus en plus étendu, puis, vers le milieu de ce siècle, le vote universel, donnèrent des organes sonores et puissants aux doléances des humbles.

Il apparut à tous ceux qui souffraient de la dureté de la vie que les pouvoirs publics, sous la forme du gouvernement central et des autorités locales, devaient être d'abord leurs protecteurs, puis leurs alliés et leurs collaborateurs, enfin leurs serviteurs et leurs esclaves.

La philosophie panthéiste qui régna vers le milieu de ce siècle tendit également à répandre le culte de ce Grand Tout qui s'appelle l'État. On y vit la force génératrice qui pouvait façonner la société suivant un certain idéal (1).

Les merveilles qui s'accomplissaient dans le monde industriel inspirèrent, par la séduction de l'analogie, la croyance qu'une rénovation analogue, aussi prompte et aussi profonde, pourrait, sous la direction de l'État, s'effectuer dans le monde social.

Sous l'influence de tous ces facteurs divers, les uns de l'ordre industriel, d'autres de l'ordre politique, d'autres encore de l'ordre philosophique, on vit la notion de l'État commencer à se transformer dans beaucoup d'esprits. Une protestation s'éleva contre le « nihilisme gouvernemental » et contre « les économistes anarchistes ».

En France et en Angleterre, elle resta d'abord dans des limites raisonnables. Les noms de deux hommes y sont surtout associés, qui n'ont pas déserté la science économique, mais qui, au contraire, l'ont illustrée : Michel Chevalier et Stuart Mill; tous deux esprits précis, pénétrants, en même temps que cœurs généreux, portés à l'enthousiasme et à l'optimisme.

Michel Chevalier voulait faire à l'État une part considérable dans le progrès social : « J'ai à cœur de combattre, disait-il, des préjugés qui étaient fort accrédités il y a quelques années, et qui n'ont pas cessé de compter une nombreuse clientèle, préjugés en vertu desquels le gouvernement devrait, non pas seulement en fait de travaux publics, mais d'une manière générale, se réduire vis-à-vis de la société à des fonctions de surveillance

---

(1) On ne sera pas étonné que le célèbre philosophe allemand Hégel ait été un des protagonistes de l'État conçu comme réformateur et comme guide de la société.

et demeurer étranger à l'action, lui qui, cependant, comme son nom l'indique, est appelé à tenir le gouvernail... En fait, une réaction s'opère dans les meilleurs esprits; dans les théories d'économie sociale qui prennent faveur, le pouvoir cesse d'être considéré comme un ennemi naturel; il apparaît de plus en plus comme un infatigable et bienfaisant auxiliaire, comme un tutélaire appui. On reconnaît qu'il est appelé à diriger la société vers le bien et à la préserver du mal, à être le promoteur actif et intelligent des améliorations publiques, sans prétendre au monopole de cette belle attribution (1). »

Le dernier membre de phrase vient heureusement corriger ce qu'il y a d'excessif dans le reste de cet exposé. Quand il écrivait ces lignes, Michel Chevalier restait un partisan déterminé de l'initiative privée et ne se doutait pas du joug auquel, au bout de trente ou quarante ans, on l'allait assujettir.

De même Stuart Mill : le monde n'a pas connu de défenseur plus persévérant et plus séduisant de la liberté. Il y avait cependant, au fond de son être, une tendance au socialisme, que parfois il réprimait mal et qui de temps à autre l'entraînait. On la retrouve dans mille endroits de ses écrits ; mais il n'y cède jamais sans retour et sans lutte.

S'il admet que « l'action du gouvernement (2) peut être

---

(1) Michel Chevalier, *Cours d'économie politique*, tome II, 6e leçon.

(2) On nous permettra de remarquer que le mot de « gouvernement », employé ici par Stuart Mill, dissipe une foule d'illusions qu'entretient l'emploi habituel du mot « l'État ». Le gouvernement est un être concret, l'État un être abstrait. A quelque parti que l'on appartienne, comme citoyen ou comme sujet, on sait les imperfections, les défauts et les vices du « gouvernement ». Au contraire, l'État étant conçu comme un être idéal, on le pare de toutes les qualités que l'on rêve et on le dépouille de toutes les faiblesses que l'on hait. On gagnerait beaucoup, *au point de vue de la précision des idées et de la sûreté des applications*, à remplacer souvent le terme « d'État » par le terme de « gouvernement ».

nécessaire, à défaut de celle des particuliers, lors même que celle-ci serait plus convenable », il s'empresse de reconnaître l'importance de cultiver les habitudes d'action collective volontaire ; il ajoute que « le laisser faire est la règle générale ».

Passant de la doctrine à l'application, il écrit que l'exagération des attributions du gouvernement est commune en théorie et en pratique chez les nations du continent, tandis que la tendance contraire a jusqu'ici prévalu dans la Grande-Bretagne.

On s'aperçoit que ces passages de Stuart Mill datent de trente années au moins ; depuis lors, l'administration et la législation britanniques se sont montrées singulièrement envahissantes et intrusives dans une foule de domaines jusque-là réservés à l'initiative privée, les manufactures, les écoles, l'hygiène, etc.

La réaction purement doctrinale que Michel Chevalier en France et Stuart Mill en Angleterre dirigeaient contre le système de non-intervention de l'État ne comportait pas de dangers immédiats. Ces deux publicistes auraient été les premiers à combattre les exagérations de ceux qui, au lieu de faire du gouvernement un auxiliaire de l'initiative privée, l'en auraient fait l'adversaire.

Déjà, en France, d'autres écrivains d'un inégal renom allaient beaucoup plus loin et commençaient à grandir l'État aux dépens de l'homme : Dupont-White, Jules Duval, Horn. Le premier surtout, qui avait le plus d'accès auprès du grand public, professait pour l'initiative privée un indicible mépris. Il soutenait que « les individus, avec leur aspiration au bien-être, ne portent pas en eux le principe du progrès ».

C'est, semble-t-il, la formule qui rallie aujourd'hui autour d'elle le plus d'adhérents, les uns systématiques, les autres inconscients. Elle a envahi la philosophie contemporaine : elle se reflète dans les thèses de la plus grande partie de la presse ; elle est confusément au fond de la pensée de la plupart de nos législateurs ; elle s'échappe en termes variés et retentissants de la bouche des orateurs célèbres : « Un gouvernement doit être avant tout un *moteur du progrès*, un organe de l'opinion publique, un protecteur de tous les droits légitimes et un initiateur de toutes les énergies qui constituent le génie national. » C'est cette tâche immense qu'assignait à l'État le tribun célèbre qui a lancé dans la voie où elle court en trébuchant la troisième république (1).

De nouveaux théoriciens ont surgi pour détailler à l'infini cette pensée présomptueuse. On la retrouve, il est vrai, plutôt à l'étranger qu'en France.

En Belgique, un écrivain incisif, M. Émile de Laveleye, quoique avec certaines réserves encore, se prononce nettement en faveur d'une considérable extension des attributions de l'État. Il ne se contente pas de dire, ce que les économistes anarchistes seraient les seuls à contester, que l'État n'est pas uniquement un organe de conservation, une garantie d'ordre, qu'il est aussi un instrument nécessaire du progrès. Il lui donne pour mission de « faire régner la justice » ; mais faire régner la justice ne signifie pas, dans le sens de l'école nouvelle, faire respecter les conventions ; c'est poursuivre la réalisation d'un certain idéal, c'est modifier les conventions pour atteindre cet idéal particulier que conçoit l'État ou le groupe de personnes au pouvoir qui représentent momentanément l'État.

En Angleterre, le principal penseur, le plus indépendant, celui qui voit le plus les choses dans leur ensemble et sous leurs multiples aspects, Herbert Spencer, reste plus que ja-

(1) Discours de Gambetta à Belleville en 1878.

mais l'adversaire de l'État intrusif ; et, avec cette vaillance d'expression qui le caractérise, il écrit que la *machine officielle est lente, bête, prodigue, corrompue* (1). Non content de l'affirmer, il accumule les exemples pour le démontrer. Mais déjà quelques hommes appartenant en principe à la même direction générale d'idées, Huxley notamment, inclinent vers un grand rôle réformateur confié à l'État (2).

C'est surtout en Allemagne que la doctrine nouvelle se répand. On s'y trouve en pleine idolâtrie de l'État. Bien des causes y concourent : de vieilles traditions historiques ; une tendance naturelle à la philosophie allemande ; le désir chez les économistes d'innover sans grands frais d'imagination et de former une école nationale en opposition à l'école anglaise et à l'école française ; enfin le prestige des triomphes de la monarchie prussienne, la plus étonnante machine administrative qui ait jamais existé.

Aussi dans quelle sorte d'extase tombent les écrivains allemands quand il s'agit de l'État ! ce sont plutôt des cris d'admiration et d'adoration qui leur échappent que des raisonnements ou des définitions.

M. Lorenz von Stein écrit que « l'État est la communauté des hommes élevée à une personnalité autonome et agissant par elle-même. L'État est la plus haute forme de la personnalité... La tâche de l'État est idéalement indéfinie (3)... »

(1) *Essais de politique*, pages 28 à 36.

(2) Il serait injuste de ne pas nommer ici les efforts d'une association privée, la *Liberty and property defence League*, pour combattre le socialisme d'État qui gagne tant de terrain en Angleterre. Cette ligue a, depuis quelques années, multiplié les opuscules instructifs contre les usurpations du parlement dans l'ordre de la vie civile ou commerciale.

(3) « *Der Staat ist die zur selbständigen und selbsthätigen Per.önlichkeit erhobene Gemeinschaft der Menschen... Wir erkennen den Staat als die höchste Form der Personlichkeit an... Für diese Forderung (des Staats) giebt es an sich keine Grenze, und die durch sie gesetzte Aufgabe des Staats ist daher eine begrifflich unendliche.* » Lorenz von Stein, *Lehrburch der Finanzwissenschaft*, 2ᵉ édition, pages 2 et 6.

M. Lorenz von Stein est Viennois ; on conçoit que M. Wagner, de Berlin, placé plus près de la manifestation la plus brillante de l'État actif et puissant, ne témoigne pas d'un moindre enthousiasme. La tâche immense de l'État se divise, pour lui, en deux parties, dont chacune apparaît presque comme illimitée : la mission de justice (*Rechtzweck des Staats*) et la mission de civilisation (*Culturzweck des Staats*).

Par cette mission de justice, il ne faut pas entendre le simple service de sécurité matérielle, mais des fonctions multiples, variées, incommensurablement plus étendues et susceptibles chaque jour de développement nouveau. M. Wagner y comprend ce que M. Stein appelle « l'idée sociale », *die sociale Idee,* qui doit pénétrer l'État moderne. Cette idée sociale concerne surtout l'élévation de la classe inférieure.

Alors interviennent des distinctions métaphysiques : il faut distinguer dans cette personnalité suprême que nous appelons l'État sa volonté, *der Wille,* qui est le pouvoir réglementaire, et son action, *die Thätigkeit.*

M. Schæffle, le plus ingénieux des économistes allemands, celui dont les écrits commencent à être le plus admirés, depuis 1870, par toute la nouvelle clientèle scientifique de l'Allemagne, les Italiens, dans une moindre mesure les Espagnols et les Portugais, M. Schæffle, un instant ministre du commerce de l'empire autrichien, consacre quatre gros volumes à analyser tous les organes et toutes les fonctions du corps social, comme si c'était un corps réel en chair et en os, et nous représente gravement que, dans ce corps social ainsi minutieusement décrit, l'État représente le cerveau.

Les écrivains que nous venons de citer, cependant, ne sont pas des théoriciens purs, des philosophes ou de nuageux

jurisconsultes; ils s'occupent de matières pratiques, de
finances notamment. Leurs études sur le budget et sur les
impôts auraient dû retenir un peu leur exaltation. Que sera-
ce de ceux qui planent dans des sphères encore supérieures
et qui n'attachent jamais leurs regards à ces choses viles,
l'équilibre des recettes et des dépenses, la gêne des contribuables, les frais de poursuite, etc.? Ils dogmatiseront ou
pontifieront en l'honneur de cette grande idole, l'État, encore plus librement.

« Le but véritable et direct de l'État, dira Bluntschli, c'est
le développement des facultés de la nation, le perfectionnement de sa vie, son achèvement par une marche progressive, qui ne se mette pas en contradiction avec les destinées
de l'humanité, devoir moral et politique sous-entendu. »
La clarté n'illumine pas tout ce morceau ni tous ceux qu'on
y pourrait joindre. Mais les actes d'invocation à une puissance supérieure et mystérieuse, ce qu'est l'État pour ces
écrivains allemands, s'accommodent fort bien du manque
de précision.

Un seul homme à peu près chez nos voisins est resté
ferme dans la défense des libertés individuelles et de l'initiative privée, homme d'une érudition sans exemple et d'une
incomparable netteté, Roscher, dont les universités allemandes célèbrent ces jours-ci le doctorat cinquantenaire.
Mais c'est un vétéran que l'on honore et dont on oublie les
leçons.

Comment s'étonner que l'Allemagne soit devenue la terre
classique du socialisme quand ses savants entretiennent et
propagent avec une si infatigable vigilance le culte de l'État
à la tâche infinie, *Aufgabe begrifflich unendliche?*

Les idées enfantent les faits. De toutes parts, en Europe,
les parlements, les conseils provinciaux, les municipalités
se sont pénétrés, tantôt avec réflexion, plus souvent avec

inconscience, de la doctrine que nous venons d'exposer : les pouvoirs publics, à tous degrés, doivent être les grands directeurs et promoteurs de la civilisation.

Un préfet, imbu de philosophie, avec lequel je conférais il y a quelques années, me disait des habitants d'une ville révolutionnaire du Midi : « Ils sont propulsifs ». Ce mot de « propulsifs », il le prononçait avec onction et révérence.

Il convient maintenant, aux yeux des sages du jour et aux yeux de la foule, que l'État soit « propulsif ». Il ne suffit pas qu'il soit le gouvernail ; on veut encore qu'il devienne l'hélice. Il s'y efforce, sous sa triple manifestation de pouvoir central, de pouvoir provincial et de pouvoir municipal. Nos budgets, tous nos budgets, ceux des communes et des provinces ou des départements, comme ceux de l'État, en portent la trace.

CHAPITRE III

LA CONCEPTION NOUVELLE DE L'ÉTAT ET LES BUDGETS
NATIONAUX OU LOCAUX.

L'impulsion donnée à la machine politico-administrative n'a été contenue
que par les limites financières, page 18. — La trinité de l'État : pouvoir
central, pouvoir provincial et pouvoir municipal, page 18. — La paix
armée n'est pas la seule cause des embarras financiers des États modernes, page 19. — Développement énorme des dépenses des services
non militaires, page 19. — Les dépenses des pouvoirs locaux se sont
tout aussi accrues que celles du pouvoir central, exemple de l'Angleterre, page 20. — Exemple de l'Italie, page 20. — Exemple de la
France, page 21. — Exemple des États-Unis, page 22. — Les divers
points de vue auxquels peut être appréciée l'extension des attributions de l'État, page 24. — L'État reste le seul dieu du monde moderne, page 25.

Pendant que, dans l'ordre des idées, un grand nombre
d'écrivains abandonnaient l'ancienne conception de l'État
réduit à des attributions simples et peu nombreuses, tous
les pays de l'Europe, aussi bien la Grande-Bretagne que les
nations du continent, se mettaient à faire ingérer l'État
dans une foule de tâches et de services dont jusque-là il
s'était abstenu.

C'est depuis quinze ans surtout que cette impulsion a été
donnée à la machine politico-administrative. On peut dire
qu'elle n'a été contenue que par les limites financières.

Partout le développement inconsidéré des attributions de
l'État, dans sa trinité de pouvoir central, pouvoir provincial et
pouvoir municipal, a été, au même degré que les armements
militaires, la cause de la gêne des finances et de l'écrasement

économique des peuples européens ; d'autre part, la gêne des finances a été le seul obstacle à une extension ultérieure des attributions de l'État. N'était que tous les services publics dont l'État se charge exigent une dotation pécuniaire, et que les finances d'un pays ne sont pas indéfiniment extensibles, on verrait la plupart des États du continent empiéter beaucoup plus encore qu'ils ne le font sur le domaine jusque-là réservé aux associations libres.

Le déficit des budgets est le seul frein aux ambitions et aux envahissements de l'État contemporain. Mais, plus ou moins contenu dans son action, il prend sa revanche par un exercice de plus en plus étendu de sa volonté, c'est-à-dire de son pouvoir réglementaire, qui, lui, est gratuit ou à peu près.

On a pris l'habitude de rejeter sur la paix armée, sur les découvertes qui transforment incessamment l'outillage maritime et militaire, la responsabilité des charges et des déficits des peuples de l'Europe. C'est ne voir qu'une des deux causes du mal.

S'il en était ainsi, les budgets seuls du pouvoir central se seraient considérablement accrus ; tout au contraire, les budgets locaux, ceux des provinces ou départements et ceux des communes ont encore plus démesurément grossi, et, avec leur prodigieuse enflure, se trouvent plus à l'étroit que les budgets nationaux. Dans ces derniers aussi, la part des services non militaires s'est singulièrement développée.

Il résulte des statistiques prises sur les documents officiels que les dépenses des services civils en Angleterre atteignaient seulement 1,721,000 livres sterling en 1817, et se sont élevées graduellement à 2,507,000 livres en 1837, à 7,227,000 livres en 1857, à 8,491,000 livres en 1867, à 13,333,000 livres en 1877, et enfin à 16 millions de livres en chiffres ronds en 1880, soit approximativement, à ces diverses dates, 62 mil-

lions de francs, puis 180 millions, 212 millions, 335 millions,
et enfin 400 millions de francs ; de 1817 à 1880, les dépenses
des services civils ont donc sextuplé ; depuis 1867 seulement,
elles ont presque doublé.

Un changement dans la forme des statistiques britanniques
ne permet pas une absolue comparaison pour les années récentes, mais il résulte du *Statistical Abstract* (publication officielle) pour 1898 que, dans cette année, les frais de l'administration civile (liste civile et instruction publique comprises)
s'élèveraient à 19,457,000 livres sterling, soit environ 500 millions de francs, ayant augmenté de plus de 20 p. 100 depuis 1880
(liste civile déduite). En particulier, les dépenses de l'instruction publique (*public education*) ont été successivement de :

Années	1817	1837	1857	1867	1877	1898
Livres sterling	82,872	174,523	1,062,426	1,595,447	3,182,920	10,399,886.

C'est plus de 210 millions de francs en 1898 contre
2,080,000 francs en 1817 et 80 millions en 1877.

Les budgets locaux portent les marques ainsi évidentes
des inévitables effets de la nouvelle conception qu'on se fait
de l'État. Donnons la première place à un pays qui ne mérite plus son ancien renom d'être l'adversaire de l'intrusion
gouvernementale, la Grande-Bretagne.

En 1868, les localités du Royaume-Uni, comtés, bourgs
ou paroisses, ne puisaient à l'impôt ou à l'emprunt qu'une
somme de 913 millions de francs, chiffre déjà bien respectable, et qui eût fait frémir M. Robert de Mohl ou MM. Fisco
et Van der Stræten, évaluant, il y a quarante à cinquante ans,
à 300 ou 320 millions de francs le montant des taxes locales
directes dans l'Angleterre proprement dite et le pays de
Galles. En 1873, les localités britanniques n'ont encore besoin que de 1,025 millions de francs, dont 337 millions proviennent d'emprunts. Mais, en 1884, ces voraces administrations locales demandent 1,568 millions de francs à l'im-

pôt, à quelques industries municipales ou à l'emprunt, dont 1 milliard 92 millions de francs pour les deux premières sources de recettes et 476 millions pour la dernière. Ainsi, dans ce court laps de temps de seize ans, les besoins des localités britanniques ont augmenté des trois quarts environ. En 1895-96 les budgets des localités du Royaume-Uni, montent à 75,474,039 livres sterling, environ 1,900 millions de francs, dont 228 millions d'empiunts ; si l'on écarte ceux-ci, c'est une nouvelle augmentation de près de 55 p. 100 en onze ans.

Le continent ne reste pas en arrière de l'Angleterre. Les budgets des provinces italiennes, qui ne s'élevaient qu'à 41 millions de francs en 1865, sont montés à 83 millions en 1875, à 112 millions en 1897. Les budgets communaux italiens, qui n'atteignaient que 264 millions en 1863, montent à 371 en 1874 et à 554 en 1897 (comptes d'ordre exclus).

En France, il est plus difficile de faire un compte d'ensemble, nos statistiques locales étant fort défectueuses. Voici, cependant, quelques données. Les dépenses de la ville de Paris ont passé par les étapes suivantes : 23 millions de fr. en 1813, soit 37 fr. par habitant ; 32 millions à la fin de la Restauration, soit 45 fr. par tête. Le régime de Louis-Philippe ne changea rien à cette proportion. Le régime impérial, qui refit Paris, arrêtait en 1869 le budget parisien à 168 millions pour 1,800,000 habitants, 94 francs par tête. En 1887, ce budget, pour 2,300,000 âmes, monte à 257 millions, 111 fr. par habitant ; en 1898, il atteint 299 millions, pour environ 2,500,000 âmes, 119 fr. par tête ; la charge par habitant a presque triplé depuis 1850.

Les humbles budgets de nos petites communes témoignent d'un accroissement beaucoup plus rapide. Qu'on en juge par les chiffres qui suivent : en 1803, les centimes additionnels locaux aux contributions directes ne produisaient que 57 millions de francs ; on leur demande 206 millions en 1864, 243 en 1869, 309 en 1878, 354 en 1888, enfin 384 millions en 1898. L'augmentation est ainsi de près de 600 p. 100 depuis le commencement du siècle, et de 58 p. 100 depuis 1869. D'autre part, le rendement des octrois, qui n'était que de 44 millions en 1823, de 65 en 1843, 141 en 1862, 277 en 1887, atteint 331 millions en 1897.

Ajoutez qu'on menace les localités de toutes sortes d'autres dépenses nouvelles obligatoires. Une foule de projets attentatoires à leur liberté et à leur bourse sont en l'air et en train de se condenser pour « promouvoir la civilisation ».

Qu'on ne vienne donc pas soutenir que les charges militaires sont l'unique cause des souffrances des contribuables. Ces charges militaires n'ont en rien jusqu'ici grèvé les budgets locaux, qui pèsent si lourdement sur une agriculture appauvrie et une propriété dépréciée.

Il n'est pas jusqu'aux États-Unis d'Amérique qui, après une période de sagesse ayant suivi la guerre de Sécession, ne soient tombés aussi dans les dépenses à outrance, comme en témoignent les 7 à 800 millions de francs de pensions qui grèvent leurs budgets récents. D'autre part, l'ensemble des dettes locales (États, territoires, comtés et municipalités), qui montait à 868 millions 1/2 de dollars (4,350 millions de fr. en chiffres ronds) en 1870, atteignait 1,056 millions de dollars (5,300 millions de fr.) en 1886, et 1,243 millions de dollars (6,460 millions de fr.) en 1890, dépassant alors la dette de la fédération.

Néanmoins, on voit la différence des États-Unis et de l'Europe. La gestion des municipalités a pu, dans le premier pays, être lâche, prodigue, mal contrôlée. La gestion pendant longtemps prudente de la fédération, de la plupart des États et des comtés, dans la grande Union américaine, servait de contre-poids aux excès municipaux. Depuis 1892, il n'en est plus de même.

Tout autre est la pratique européenne, celle du continent surtout. Une autre preuve que les armements terrestres et maritimes sont loin d'être seuls responsables des souffrances économiques des nations du vieux monde, c'est la débauche de travaux publics mal étudiés, mal dirigés, mal utilisés, qui a sévi partout depuis quinze ans. Laissons de côté l'A l lemagne, qui a puisé des ressources particulières dans nos 5 milliards, et qui, ayant un passé affranchi de dettes, pouvait se permettre plus de largeur dans les dépenses. Voici la France, avec son fameux plan Freycinet, qui s'est longtemps grevée de 100 millions de francs de garanties d'intérêts envers les compagnies de chemins de fer, et qui, pour annuités diverses ou pour payements d'emprunts affectés indirectement à des travaux, la plupart improductifs, paye chaque année au moins une autre centaine de millions.

Nous jouissons encore, pour nos inventions les plus mauvaises, d'un don singulier de propagande. La folie Freycinet a fait le tour de l'Europe, trouvant partout des imitateurs : nombre de pays besoigneux s'en sont inspirés et s'épuisent en voies ferrées concurrentes les unes aux autres, exploitées avec des tarifs insuffisants. Il leur semblait que tout travail public dût être nécessairement productif ; parmi les victimes de cette conception, on peut citer l'Espagne, qui semble ne plus vouloir laisser prospérer une ligne de chemin de fer privée ; l'Italie, dont la population est écrasée d'impôts et dont les finances restent précaires, parce qu'elle a, avec exagération, développé ses voies ferrées, aux dépens des contribuables ; le Portugal, la petite Grèce, la République Argentine, le Brésil.

Tout petit prince veut avoir des pages : les pages aujourd'hui, c'est un lot complet de fonctionnaires hiérarchisés, spécialisés dans tous les services que l'imagination des législateurs peut inventer, justifiant leur existence et leurs

traitements par des travaux, des règlements redondants et
surabondants. Les peuples civilisés ne s'en tiennent pas,
en effet, à l'honnête naïveté des barbares. On me contait
récemment à Tunis que, avant notre occupation, le bey, sur
la recommandation du consul français, avait engagé un ou
deux de nos ingénieurs : seulement, il ne leur faisait rien faire,
se contentant, ce qui était une grande marque d'estime, de
leur payer régulièrement leurs émoluments. Un jour, l'ingénieur en chef vexé de n'avoir aucune besogne, va trouver
le premier ministre et demande qu'on l'emploie sérieusement : « Tu touches ton traitement, de quoi te plains-tu? »
lui répond l'autre.

Cette réplique n'était peut-être pas une sottise; combien
gagneraient les nations modernes si, à beaucoup de toutes
ces couches sans cesse nouvelles de fonctionnaires, on se
contentait de payer des traitements sans leur demander aucun labeur !

Cette universelle tendance, dans notre Europe inquiète, à
l'extension constante des attributions de l'État, peut être
appréciée et jugée à bien des points de vue.

Il ne faut pas une rare perspicacité pour se préoccuper de
son effet immédiat et pratique sur les finances publiques, où
elle ne laisse plus subsister aucune clarté, aucune méthode,
dont elle compromet même la probité, dont elle fait pour le
peuple un instrument d'oppression, une cause de gêne profonde et croissante.

Il faut déjà jouir d'un peu plus de pénétration pour en
démêler les conséquences politiques, en partie prochaines,
en partie différées et lointaines. On commence à discerner
l'inévitable influence de l'extension des attributions de l'État
sur le gouvernement représentatif et sur les libertés publiques; l'expérience est en train de démontrer que la complète
liberté politique ne peut se maintenir que chez un peuple

où le rôle de l'État n'est pas démesurément étendu, et où une faible partie seulement de la nation est engagée dans les liens rigides du fonctionnarisme.

Cette tendance peut être appréciée enfin — et c'est la question la plus grave — au point de vue de la vitalité et de l'énergie nationales, du développement des forces tant individuelles que collectives, du maintien ou de l'amélioration des conditions qui rendent le progrès social facile et sûr.

Avant de nous livrer à cette étude, il convient de dissiper certains préjugés au sujet de l'État et de rechercher brièvement quelle est l'essence, quelle est l'origine, quelles sont les capacités ou les faiblesses de cet être mystérieux dont tant de prétendus sages prononcent le nom avec adoration, que tous les hommes invoquent, que tous se disputent, et qui semble être le seul dieu auquel le monde moderne veuille garder respect et confiance.

CHAPITRE IV

DIFFÉRENCE FONDAMENTALE ENTRE L'ÉTAT ET LA SOCIÉTÉ.

Pour ne pas trébucher à chaque pas dans cet examen, il faut d'abord faire litière de deux erreurs fondamentales, l'une qui repose sur de prétentieuses comparaisons physiologiques, l'autre qui provient d'une observation superficielle et confond l'État avec la société.

On sait quel attrait les physiologistes, avec leurs intéressantes découvertes, exercent sur toutes les autres classes de savants. Beaucoup d'écrivains sur la philosophie, sur les sciences sociales, éprouvant quelque embarras à renouveler une matière déjà vieille, se sont avisés que des comparaisons physiologiques pourraient leur être d'un grand secours.

L'un de ceux qui ont le plus donné dans cette méthode est un Allemand, fort distingué d'ailleurs, dont les écrits ont exercé une singulière séduction dans beaucoup de pays, M. Schæffle. Sous le titre de *Bau und Leben des Socialen Körpers* (Structure et vie du corps social), il a consacré quatre énormes volumes à des comparaisons anatomiques, physiologiques, biologiques et psychologiques entre la société et la personne humaine considérée dans son corps et dans son âme. Il y a dans tout ce travail de comparaison une prodigieuse ingéniosité d'esprit. Malheureusement, le résultat n'est pas en proportion de l'effort.

Nous ne voyons pas ce que l'on gagne en netteté à nous parler de « la pathologie et de la thérapeutique de la famille » par exemple, de « la morphologie », de « la membrure sociale de la technique », *die sociale Gliederung der Technik*, etc. L'esprit fléchit accablé sous le poids de toutes ces analogies et des divisions, subdivisions infinies, auxquelles elles donnent lieu.

Nous laisserions de côté, comme une gageure curieuse, tout cet immense assemblage de comparaisons entre la société et le corps humain, s'il n'en résultait de fâcheuses erreurs qui se répandent partout et que l'on finit par accepter sans contrôle.

C'est ainsi qu'on est arrivé à dire que l'État est au corps social ce qu'est le cerveau au corps humain. Cette image, qui se détache au milieu de beaucoup d'autres plus compliquées, reste dans l'esprit : on s'y habitue, et à la longue on se conduit comme si elle était vraie. M. Schæffle ayant fait école, d'autres ont surenchéri sur lui. Admirez où l'on arrive avec ces comparaisons. Voici comment s'exprime un auteur

récent sur les fonctions de l'État : « La société est un organisme, un ensemble de fonctions, d'organes, d'unités vivantes. L'unité, la cellule sociale, ou, pour parler un langage
plus scientifique, le *protoplasma*, est ici l'homme... Nous
retrouvons dans la société les mêmes distinctions que dans
l'individu en ce qui concerne les fonctions, les organes et
l'appareil d'organes... Ce que le cerveau est pour l'organisme individuel, l'État, le gouvernement, l'est pour la société : un appareil de coordination, de direction, de dépense,
alimenté par des organes de nutrition. »

Nous arrêterons ici cet exposé. On pourrait citer beaucoup d'autres images du même genre. Bluntschli disait que,
dans la société, l'État représente l'organe mâle et l'Église
l'organe femelle. Beaucoup plus ingénieux, Proudhon comparait l'État ou la société à la matrice, qui est naturellement
inféconde, mais qui développe les germes qu'on lui a confiés, et l'initiative privée à l'organe mâle.

Toutes ces assimilations physiologiques sont des jeux
d'esprit plus ou moins réussis. Elles embrouillent beaucoup plus qu'elles n'éclairent. Celle qui représente l'État
comme le cerveau du corps social est non seulement fausse,
mais nuisible ; elle est un non-sens ; elle conduirait à une
subordination absolue des individus à l'État.

On aura beau citer des passages de Gœthe pour prouver
que l'individu n'est pas unité, mais variété, on ne parviendra
pas à prouver l'exactitude de toutes ces analogies

Il n'y a aucune comparaison possible entre les cellules
du corps humain n'ayant qu'une vie végétative ou mécanique, et les individus qui sont des êtres intellectuels, moraux et libres. Dans le corps humain, le système nerveux et
particulièrement le cerveau sont les seuls centres de volonté
et de pensée. Le pied ni la main ne pensent ni ne
veulent. Dans la société, chaque individu est aussi bien

doué de pensée, de moralité, de prévoyance que l'État.

L'État peut, sans doute, avoir, à un moment déterminé, plus d'intelligence, plus de prudence, plus de capacité que tel ou tel individu ; il n'a pas cette supériorité nécessairement et par nature. M. de Stein a beau dire que l'État est la plus haute forme de la personnalité ; ce n'est qu'une personnalité dérivée, qui emprunte à d'autres tous ses moyens. Cette conception de l'État, la plus haute personnalité qui soit, correspond beaucoup plus à l'idée de l'ancien État théocratique ou monarchique absolu, ou tout au moins de l'État monarchique prussien, à peine atteint du virus représentatif, qu'à l'État parlementaire moderne, l'État électif, soit bourgeois, soit démocratique.

En fait, l'expérience prouve que l'État est un organisme mis dans la main de certains hommes, que l'État ne pense pas et ne veut pas par lui-même, qu'il pense et qu'il veut seulement par la pensée et la volonté des hommes qui détiennent l'organisme. Il n'y a rien là d'analogue au cerveau. Ces hommes, se succédant et s'éliminant plus ou moins rapidement, qui détiennent l'État, qui parlent en son nom, ordonnent en son nom, agissent en son nom, n'ont pas une autre structure physique ou mentale que celle des autres hommes. Ils ne jouissent d'aucune supériorité naturelle, innée ou inculquée par la profession même.

Les fonctions d'État n'illuminent pas nécessairement l'intelligence, et n'épurent pas nécessairement les cœurs. L'Église peut enseigner qu'un homme faible, revêtu du sacerdoce, est transformé et jouit de grâces divines. La société démocratique ne peut prétendre que les individus portés au pouvoir, et qui sont l'État légiférant et agissant, bénéficient de grâces spéciales d'aucune sorte. Elle n'oserait alléguer que l'Esprit saint descend sur eux.

L'absurdité de toutes ces comparaisons physiologiques,

quand on y cherche autre chose que d'ingénieuses et vagues illustrations, saute aux yeux de tout homme instruit. La matière du cerveau est une autre matière que celle du pied ou de la main : les éléments en sont tous différents : la fameuse substance grise, qui lui donne sa capacité directrice et intellectuelle, est tout autre que la substance des membres. Au contraire, les molécules qui forment l'État concret et dirigeant ne sont pas d'une autre nature que les autres molécules sociales.

L'État est, sans doute, un appareil régulateur et de coordination pour certaines fonctions essentielles. Mais ce n'est pas dans la société l'organe unique, ni même l'organe principal et supérieur, de la pensée et du mouvement. Il faut donc traiter comme une fantaisie, disons mieux, comme une niaiserie, cette allégation que l'État est au corps social ce que le cerveau est à l'individu.

Une autre erreur, qui est tout aussi répandue et non moins nuisible, consiste à confondre l'État avec la société. Certains philosophes s'en rendent coupables, et le vulgaire les suit. Ces deux termes sont, cependant, loin d'être synonymes.

On oppose, en général, l'État à l'individu, comme s'il n'y avait entre ces deux forces aucune organisation intermédiaire. On croirait, d'après certains théoriciens, que, d'un côté, on trouve 40 ou 50 millions d'hommes isolés, dispersés, n'ayant entre eux aucun lien, incapables de combinaisons spontanées, d'une action commune volontaire, d'une coopération libre en vue d'objets dépassant la puissance de chacun d'eux, et que, de l'autre côté, en face de toute cette poussière sans fixité, se trouve l'État, la seule force qui puisse grouper toutes ces molécules pensantes et leur donner de la cohésion. On offre alors à l'humanité le choix entre l'invasion de l'état dans toutes les branches de la vie écono-

mique et les mouvements simplement instinctifs, les efforts
réputés incohérents, de 40 ou 50 millions d'hommes, agissant chacun pour soi, sans concert, sans entente et s'ignorant les uns les autres.

Rien n'est plus faux que cette conception. Toute l'histoire
la contredit, et le présent encore plus que le passé. Il ne
faut pas confondre le milieu social ambiant, l'air libre, la
société se mouvant spontanément, créant sans cesse, avec
une fécondité inépuisable, des combinaisons diverses, et
cet appareil de coercition qui s'appelle l'État.

La société et l'État sont choses différentes. Il n'y a pas
seulement dans la société l'État, d'une part, et l'individu,
de l'autre : il est puéril d'opposer l'action de celui-là à la
seule action de celui-ci. On trouve d'abord la famille, qui
est un premier groupe, ayant une existence bien caracté-
risée, et qui dépasse celle de l'individu.

On rencontre, en outre, un nombre illimité d'autres
groupements; les uns stables, les autres variables, les uns
formés par la nature ou la coutume, d'autres constitués
par un concert établi, d'autres encore dus au hasard des
rencontres. Les combinaisons suivant lesquelles s'unissent,
s'agrègent, puis se quittent et s'isolent les personnes humaines, sont au moins aussi nombreuses et aussi compliquées que celles que la chimie peut constater et cataloguer
pour les molécules purement matérielles.

A côté de la force collective organisée politiquement,
procédant par injonction et par contrainte, qui est l'État, il
surgit de toutes parts d'autres forces collectives spontanées,
chacune faite en vue d'un but déterminé et précis, chacune
agissant avec des degrés variables, quelquefois très intenses,
d'énergie, en dehors de toute coercition. Ces forces collectives, ce sont les diverses associations qui répondent à un
sentiment ou à un intérêt, à un besoin ou à une illusion,

les associations religieuses, les associations philanthropiques, les sociétés civiles, commerciales, financières. Elles foisonnent; la sève n'en est jamais épuisée.

L'homme est un être qui a, par nature, le goût de l'association, non pas de l'association fixe, imposée, immuable, rigide, lui prenant toute son existence, comme l'association innée des abeilles, ou des fourmis, ou des castors, mais de l'association souple, variable, sous toutes les formes. Ce goût de nature, l'éducation et l'expérience l'ont encore développé chez l'homme. La plupart des associations anciennes, comme les Églises, subsistent, et chaque jour voyant créer des associations nouvelles, leur nombre finit par défier tout calcul.

Vous parlez de l'individu isolé, mais où l'apercevez-vous, l'individu isolé? Je vois des groupements de tout ordre et de tout genre, groupements de personnes et groupements de capitaux; je vois, en dehors de tout État, 300 millions d'hommes dans une seule église; je vois en dehors de tout budget national, des sociétés libres, disposant par milliers de plusieurs dizaines de millions, par centaines de plusieurs centaines de millions, par dizaines de plusieurs milliards. J'aperçois ce que l'on est convenu d'appeler les grandes œuvres de la civilisation contemporaine : ce sont, pour les trois quarts, sinon pour les neuf dixièmes, toutes ces collectivités, ne disposant d'aucune force coercitive, qui les ont effectuées.

Moi qui écris ces lignes, vous qui les lisez, faisons le compte, si nous le pouvons, des groupements dont nous faisons partie, de toutes les sociétés auxquelles nous appartenons de cœur, d'esprit ou de corps, de toutes celles auxquelles nous donnons périodiquement une parcelle de notre temps ou une parcelle de notre avoir; comptons, si nous le pouvons, le nombre d'hommes auxquels, en vertu d'un lien spécial d'association libre, nous pouvons donner le nom, soit de confrère, soit de collègue.

La vie de chacun de nous est enlacée dans ce réseau prodigieux de combinaisons, pour des desseins divers qui concernent notre profession, notre fortune, nos opinions, nos goûts, nos délassements, notre conception générale du monde et nos conceptions particulières des arts, des lettres, des sciences, de l'éducation, de la politique, du soulagement d'autrui, etc. Que d'occasions de se réunir, de disserter, de se concerter, d'agir en commun ! Qu'étaient les repas obligés des Spartiates, les *symposia*, à côté de tous ces banquets périodiques ou occasionnels qui viennent à chaque instant réunir les hommes de professions, d'opinions, de situations sociales diverses, la merveilleuse fécondité de l'association privée faisant que l'on a toujours un point de contact, un terrain commun avec la plupart des autres hommes?

Certains penseurs contemporains ont inventé un mot particulier, passablement barbare, pour désigner ces enchaînements multiples et librement consentis des individus les uns aux autres; ils appellent cela l'*interdépendance*, et ils nous parlent avec émotion des progrès croissants de ce phénomène.

Qu'on ne dise pas que l'ouvrier ou le paysan échappe à toutes ces combinaisons : lui aussi, presque toujours du moins, fait partie d'une société de secours mutuels, d'une association industrielle ou agricole, d'un syndicat quelconque, outre que, s'il a quelque avoir, ce qui est général en cette riche terre de France, il appartient encore à une demi-douzaine de sociétés commerciales et financières.

Tous les besoins collectifs ne sont donc pas nécessairement du domaine de l'État. Que les philosophes daignent ne plus nous parler de cette abstraction, l'individu isolé; qu'ils ne nous demandent pas, ainsi qu'ils le font parfois avec une

émouvante naïveté, comment on aurait des banques, des
caisses d'épargne, des hôpitaux, des monts de piété, etc., si
l'État ne daignait pas user de son pouvoir coercitif pour
créer ces institutions.

Nous nous trouvons ici en présence d'une troisième
erreur. Aucun homme raisonnable ne peut nier qu'entre
l'individu et l'État, il n'existe, il ne se constitue à chaque
instant un nombre indéfini et croissant d'associations intermédiaires, beaucoup tellement vivaces, tellement durables
et tellement vastes, que l'État finit par en être jaloux et par
en prendre peur. Ceux qui le représentent formulent alors
cette sentence qu'il ne doit pas y avoir d'État dans l'État,
sentence absurde ; car, ce qui caractérise l'État, c'est le
pouvoir coercitif ; ce qui caractérise les associations spontanées, c'est le simple pouvoir persuasif ; à moins donc que
l'État ne commette la faute de déléguer à certaines associations une partie de son pouvoir coercitif, on n'est jamais
exposé à ce qu'il y ait un État dans l'État.

L'erreur que nous visons en ce moment consiste à croire
que, en dehors de l'État, on ne peut rien créer qui ne soit
inspiré par l'intérêt personnel sous la forme d'intérêt pécuniaire. Les économistes et le plus grand d'entre eux, Adam
Smith, se sont rendus coupables de cette méprise : « La troisième fonction de l'État, dit Smith, consiste à ériger et à
entretenir certains établissements utiles au public, qu'il
n'est jamais dans l'intérêt d'un individu ou d'un petit nombre de créer ou d'entretenir pour leur compte, par la raison
que les dépenses qu'occasionnent ces établissements sur-
passeraient les avantages que pourraient en retirer les particuliers qui en feraient les frais. »

Cette proposition d'Adam Smith est exagérée ; la conception qu'il se fait des motifs auxquels obéit l'individu est
incomplète. Les économistes se la sont appropriée en géné-

ral, et leur bon renom en a souffert. Ils ont mutilé l'homme.

Il est faux que la personne humaine soit uniquement conduite par l'intérêt personnel, ou du moins par la forme la plus grossière de cet intérêt, l'intérêt pécuniaire. Certes, ayant à lutter contre tant d'obstacles à sa conservation et à son bien-être, l'homme obéit principalement à un mobile qui est le principal, le plus habituel, le plus constant, le plus intense : l'intérêt personnel, qui, dans nos sociétés reposant sur l'échange des produits, prend la forme de l'intérêt pécuniaire.

Mais, au fur et à mesure surtout que la civilisation se développe et que la richesse s'accroît, l'intérêt pécuniaire n'absorbe plus l'homme tout entier, ou du moins n'absorbe pas entièrement tous les hommes. D'autres mobiles coexistent avec lui, se développent peut-être avec le temps plus que lui : les convictions religieuses, l'espoir en une autre vie, le ferme propos de la mériter par de bonnes actions, ou simplement la sympathie, le plaisir de s'ennoblir aux yeux de ses concitoyens ou à ses propres yeux, le goût de se distinguer, de faire parler de soi, la recherche de certains honneurs électifs ou autres, une sorte de luxe se portant sur la moralisation, l'éducation, le soulagement d'autrui, j'allais presque dire un genre raffiné de *sport* qui se répand en création d'établissements d'utilité générale; il y a là toute une variété de sentiments, très nuancés dans leur degré de désintéressement, mais concourant tous au même but : faire profiter la société d'une partie du superflu des individus. C'est donc un des grands torts de beaucoup d'économistes de réduire le mobile de l'action individuelle à l'intérêt pécuniaire.

Les individus, soit par leur action isolée, soit surtout par leur contribution à des sociétés libres, ont dans tous les temps créé une foule d'établissements qui n'avaient pas pour objet de donner un revenu : ils le font aujourd'hui encore, peut-être plus que jamais. Toutes les anciennes fondations religieuses ont eu cette origine ; ce n'est pas au christianisme qu'en échoit le monopole, quoique cette religion, plus que toute autre, enseigne l'amour du prochain. Allez dans les pays musulmans : voyez quelle énormité de biens, sous la dénomination de *wakoufs* ou de *wakfs* en Turquie et en Égypte, sous celle de *habbous* en Tunisie, ont été destinés par les particuliers à la satisfaction, soit des besoins moraux de l'humanité, soit des besoins physiques de ceux qui souffrent. A Tunis, par exemple, ces *habbous* abondent. Ils possèdent une part considérable de la régence. Quelques-uns ont une charmante légende : on me montre un puits au milieu d'une solitude, et l'on me dit : Une princesse arabe passa jadis par là, elle y souffrit de la soif ; rentrée chez elle, elle donne des fonds pour que ceux qui viendraient à passer dans le même endroit n'éprouvent pas le même tourment.

Croit-on que dans nos sociétés industrielles, où la foi s'est peut-être émoussée, ces habitudes de largesse aient disparu, ces sentiments altruistes, comme dit Spencer, n'existent plus ? Il faudrait, pour le croire, avoir les yeux fermés. M. d'Haussonville et M. Maxime Du Camp nous ont raconté toutes les œuvres si diverses qu'a fondées *Paris bienfaisant*.

Ce n'est pas seulement par les institutions charitables que se manifeste la puissance de ce mobile d'action individuelle. Plus la richesse s'accroît, plus les grandes fortunes se forment, plus il s'en échappe des parcelles qui, réunies, deviennent des trésors, pour fonder des établissements désintéressés. Les millionnaires américains donnent des millions de dollars pour des universités ; d'autres consacrent 10, 15, 20 millions de francs ou davantage à construire des maisons où les ouvriers aient un *home* confortable.

Ici, tel philanthrope crée un musée (1); telle veuve, en
l'honneur de son mari, entreprend à Paris, à Gênes, ailleurs
encore, un ensemble de travaux qui atteint ou dépasse
50 millions de francs (2). Tel manufacturier, enclin à l'uto-
pie, consacre une grande fortune à fonder et à doter ce qu'il
appelle un « palais social » ou « le familistère (3) ». Des
écoles spéciales surgissent, que l'État, toujours lent et in-
habile à se faire une volonté, n'osait pas instituer; des
oboles particulières seules les défrayent (4). Nos grands
établissements scientifiques manquent d'instruments perfectionnés : tel grand financier les leur fournit; le même
crée un observatoire (5).

Voilà quelques exemples; mais derrière ces dons, aristocratiques par leur importance, que de dons plébéiens, et
comme toutes ces menues monnaies, émanant librement de
tout le monde, dépassent les donations les plus considérables!

Nous avons détruit, croyons-nous, trois erreurs sur l'État
et l'individu : il est faux que l'État soit au corps social ce
que le cerveau est au corps humain; il est faux que l'individu et l'État se trouvent seuls en présence, la société créant
par une fécondité merveilleuse un nombre incommensurable d'associations libres et intermédiaires; il est faux que
l'individu obéisse à un seul mobile d'action, l'intérêt pécuniaire; l'homme privé suit aussi une autre tendance qui le
pousse à s'occuper, en dehors de tout intérêt matériel, des
besoins collectifs ou des souffrances d'autrui. La destruction
de ces trois erreurs si répandues va nous aider à démêler
ce qu'est l'État et ce que doit être son rôle.

(1) M. Guimet.
(2) Mᵐᵉ la duchesse de Galiéra.
(3) M. Godin, de Guise.
(4) On peut citer l'école La Martinière à Lyon, les cours Bamberger
à Paris, l'École libre des sciences politiques et bien d'autres.
(5) M. Raphaël Bischoffsheim.

CHAPITRE V

DÉFINITION DE L'ÉTAT. — LA GENÈSE DE SES FONCTIONS.

Les humbles commencements de l'État, page 38. — Les deux fonctions primitives : organe directeur de la tribu contre l'étranger, organe d'un droit coutumier élémentaire, page 39. — Troisième fonction, postérieure : contribution au développement social, page 39. L'organisme de l'État est essentiellement coercitif : la double contrainte des lois et des impôts; pouvoir législatif ou réglementaire et pouvoir fiscal, page 40. — L'État se manifeste aux peuples civilisés sous la forme d'une trinité : autorité nationale, autorité provinciale, autorité municipale, page 41.

Genèse des fonctions de l'État, page 41. — Des attributions qui semblent aujourd'hui inhérentes à l'État lui sont tardivement échues, exemple du service de sécurité intérieure, page 41. — La plasticité sociale fait naître spontanément les organes qui sont indispensables à la société, page 42. — Un léger degré d'insécurité vaut encore mieux qu'un excès de réglementation, page 43.

C'est le principe de la division du travail qui a investi définitivement l'État de diverses fonctions jusque-là remplies par les groupements spontanés et libres, page 44. — Parfois la plasticité de la société réagit contre les fautes de l'État en abandonnant ses organes pour retourner à d'autres qu'elle crée spontanément, page 45. — La plupart des lois n'ont été à l'origine que des consécrations de coutumes nées instinctivement, page 45. — Le droit commercial a une origine toute privée, page 45. — Nombre d'entreprises qui semblent répugner à l'initiative privée et qui ont été accomplies par elle avec éclat, page 46. — Historiquement les associations libres ont prêté leur concours à l'État pour des services dévolus à ce dernier; les fermiers d'impôts, page 48.

L'État est absolument dépourvu de l'esprit d'invention, page 49. — Presque tous les progrès humains se rapportent à des « individualités sans mandat », page 49. — Toute collectivité hiérarchique est incapable d'esprit d'invention, page 49. — Exemples divers de la stérilité d'invention de l'État, page 50. — L'État est un organe critique, un organe de coordination, de généralisation, de vulgarisation, page 53. — L'État n'est pas la plus haute personnalité, page 54. — L'État est surtout un organe de conservation, page 54.

Qu'est-ce que l'État? Question assez embarrassante à résoudre. On connaît la belle conférence de M. Renan sur ce thème : Qu'est-ce qu'une nation ? La nature et l'essence de l'État ne sont pas moins difficiles à démêler.

Il ne faut pas chercher la réponse dans une conception purement philosophique. L'examen seul des faits historiques, de l'évolution humaine, l'étude attentive chez les divers peuples de la façon dont vit, se meut et progresse la société, peuvent permettre de discerner avec quelque netteté l'État concret, très divers, d'ailleurs, suivant les pays et suivant les temps.

Comme pour toutes les choses humaines, les commencements de l'État sont bien humbles. Dans le passé le plus reculé, l'État, c'est l'organe directeur de la tribu se défendant contre l'étranger ; c'est aussi l'organe d'un certain droit élémentaire, d'un ensemble de règles simples, traditionnelles, coutumières, pour le maintien des rapports sociaux.

Le service de défense à l'extérieur, celui de la justice au dedans, voilà les deux fonctions absolument essentielles, irréductibles, de l'État. Dieu me garde de dire qu'elles suffisent à un peuple civilisé, comme certains économistes forcenés l'ont prêché longtemps ! On verra dans le courant de ces études que, pour empêcher l'État de se disperser à l'infini, je ne lui fais pas moins une large part.

Les deux services que je viens d'indiquer sont, toutefois, les seuls sans lesquels on ne peut concevoir l'État comme existant. Chacun d'eux, le second surtout, celui de justice, le *Rechtszweck* des Allemands, est, d'ailleurs, susceptible de singulières extensions, d'un détail chaque jour accru, de tâches qui finissent par devenir énormes.

Au fur et à mesure que la société s'émancipe, se complique et s'agrandit, qu'elle quitte la sauvagerie pour la barbarie, puis celle-ci pour la civilisation, une autre mission finit par échoir à l'État, c'est de contribuer, suivant sa nature et ses forces, sans empiéter aucunement sur les autres forces ni en gêner l'action, au perfectionnement de la vie nationale, à ce développement de richesse ou de bien-être, de moralité et d'intellectualité que les modernes appellent le progrès. C'est ici qu'on court le risque d'étranges exagérations.

Nous parlons d'une contribution, d'un concours, d'une aide, nullement d'une direction, d'une impulsion, d'une absorption. L'État qui joue un rôle principal, quand il s'agit de la défense de la société contre l'étranger ou du maintien de la paix entre les citoyens, ne joue plus qu'un rôle accessoire lorsqu'il s'agit de l'amélioration des conditions sociales. Mais, si accessoire qu'il soit, ce rôle reste important, et très peu de gouvernements savent convenablement s'en acquitter.

· L'État concret, tel que nous le voyons fonctionner dans tous les pays, est un organisme qui se manifeste par deux caractères essentiels, qu'il possède toujours et qu'il est seul à posséder : le pouvoir d'imposer par voie de contrainte à tous les habitants d'un territoire l'observation d'injonctions connues sous le nom de lois ou de règlements administratifs ; le pouvoir, en outre, de lever, également par voie de contrainte, sur les habitants du territoire, des sommes dont il a la libre disposition.

L'organisme de l'État est donc essentiellement coercitif : la contrainte se manifeste sous deux formes, les lois et les impôts. Le pouvoir législatif ou réglementaire et le pouvoir fiscal, l'un et l'autre accompagnés de contrainte, soit effective, soit éventuelle, c'est là ce qui distingue l'État.

Que l'organisme qui possède ces pouvoirs soit central ou qu'il soit local, c'est toujours l'État. Les autorités provinciales, les autorités municipales, détenant, par délégation ou par transmission lointaine, le pouvoir réglementaire et le pouvoir fiscal, sont tout aussi bien l'État que l'organisme central.

L'État se manifeste, chez la généralité des peuples civilisés, sous la forme d'une trinité : les autorités nationales, les autorités provinciales et les autorités municipales. Aussi, en étudiant le rôle et la mission de l'État, doit-on tout aussi bien parler des provinces et des municipalités que du gouvernement national. Les abus aujourd'hui sont peut-être encore plus criants de la part de la manifestation la plus humble de l'État, la commune, que de la part de la manifestation supérieure, le gouvernement.

Quelle est la légitime et l'utile sphère d'action des pouvoirs publics de toute nature, c'est-à-dire de ceux qui ont la contrainte à leur service ? c'est ce que nous cherchons à discerner. Si l'on ne peut répondre à cette question par une formule absolument générale et simple, il est possible, en étudiant les divers services sociaux dans leur développement historique et dans leur situation présente, d'indiquer quelques-unes des limites que l'État, sous ses trois formes, doit respecter.

Les auteurs s'épuisent à indiquer *à priori* les fonctions essentielles et les fonctions facultatives de l'État. La plupart de ces classifications sont arbitraires.

Il est impossible d'arriver théoriquement à une démarcation fixe entre la sphère de l'État et celle des sociétés libres ou des individus. Les deux sphères se pénètrent souvent l'une l'autre, et elles se déplacent.

L'histoire et l'expérience prouvent que, à travers les âges, des fonctions qui sont aujourd'hui considérées comme faisant partie de l'essence même de l'État lui sont tardivement échues, que, tout au moins, elles ont été remplies partiellement pendant longtemps par des particuliers et les associations qu'ils formaient. La société est un être plastique, qui jouit d'une merveilleuse facilité à s'adapter au milieu, à créer les organes qui sont indispensables à sa conservation ou à son progrès. On ne peut considérer comme fausse la doctrine d'Herbert Spencer, que toute institution convenable pour l'accomplissement des fonctions sociales collectives éclôt spontanément. Cette pensée semble vraie dans une très large mesure, quand la société est abandonnée à sa plasticité naturelle et qu'elle n'est pas écrasée par la force autoritaire, par l'appareil de contrainte qu'on nomme l'État.

Quoi de plus naturel que d'identifier le service de sécurité avec la notion de l'État? L'expérience prouve, cependant, que des sociétés ont pu vivre, même se développer et grandir, imparfaitement et lentement, il est vrai, sans que l'État se souciât beaucoup de la sécurité ou qu'il eût les moyens de la procurer au pays. L'insécurité est, sans doute, un mal terrible, le plus décourageant pour l'homme : avec l'insécurité, il n'existe plus aucun rapport certain, parfois aucun rapport probable, entre les efforts ou les sacrifices des hommes et la fin pour laquelle ils consentent à ces sacrifices et font ces efforts. On ne sait plus si au semeur appartiendra la moisson. Non seulement le travail et l'économie cessent d'être des moyens sûrs d'acquérir, mais la violence en devient un plus sûr.

La plasticité de la société, dans les temps anciens ou dans les temps troublés, résistait à ce mal. On se mettait sous la protection d'un brigand, plus loyal que d'autres; on faisait avec lui un abonnement. De là vient le grand rôle que jouèrent les brigands dans les temps anciens et chez les peuples primitifs : certains d'entre eux étaient regardés, non plus comme des dévastateurs, mais comme des protecteurs. Les grands hommes de l'antiquité grecque et de presque toutes les antiquités sont souvent des brigands réguliers, corrects, fidèles à leur parole. Au moyen âge, on retrouve fréquemment une situation analogue. Les petits propriétaires d'alleux cherchent un appui en se plaçant sous le patronage de seigneurs plus puissants et deviennent, soit leurs vassaux, soit même leurs serfs, par choix.

Au commencement des temps modernes, ces sortes d'organisations libres et spontanées, en dehors de l'État, pour procurer aux hommes une sécurité relative, n'ont pas entièrement disparu. En Espagne, l'association célèbre, la sainte Hermandad, qui finit par être odieuse et ridicule, mais qui, dans les premiers temps de son existence, rendit des services précieux; en Flandre, en Italie, les sociétés de métiers ou autres, avaient souvent le même objet: procurer de la sécurité, soit à leurs membres, soit au public.

Ces combinaisons des âges primitifs ou troublés laissent encore certaines traces : en Angleterre et aux États-Unis, les constables spéciaux, dans le Far-West américain surtout les lyncheurs, sont les héritiers intermittents de toutes ces associations libres faites en vue de la sécurité.

Ainsi, même ce premier besoin, tout à fait élémentaire, qui nous paraît aujourd'hui ne pouvoir être satisfait que par l'intervention directe et ininterrompue de l'État, a pu l'être autrefois par des procédés moins commodes, dans une mesure moins complète, par l'action des particuliers ou des sociétés libres.

L'insécurité est pour une société une cause de lenteur dans son développement; elle ne la fait pas nécessairement rétrograder. L'oppression seule amène inévitablement le recul. Si les pachas turcs et le personnel qu'ils commandent se contentaient de protéger médiocrement les vies et les biens, si, du moins, ils n'étaient pas assujettis à des changements fréquents et qu'ils pussent mettre quelque régularité dans leurs exactions, la Turquie ne dépérirait pas. Le dépérissement est dû à l'action, non seulement brutale, mais épuisante, d'oppresseurs instables. La simple insécurité aurait des effets moins graves.

Il ne faut, certes, pas en conclure que, dans les sociétés modernes, le premier devoir de l'État ne doive pas être de garantir la sécurité ; mais il est utile d'indiquer que, dans le cours de l'histoire, la plasticité de la société a pu, pour la satisfaction relative de ce besoin primordial, suppléer l'inertie de l'État par des organisations spéciales qu'elle créait spontanément. Il est bon aussi d'ajouter que, même dans le temps présent, pour un très grand nombre de transactions, un léger degré d'insécurité vaut encore mieux qu'un excès de réglementation.

Ce qui a investi définitivement l'État, d'une manière constante et exclusive, de ce service de la sécurité, c'est le principe de la division du travail.

L'économie politique a singulièrement éclairé toute l'histoire humaine et même l'histoire naturelle, quand elle a donné tant de relief, sous la plume d'Adam Smith, au principe de la division du travail. C'est ce grand principe économique qui a constitué successivement la plupart des fonctions de l'État.

Une foule de tâches, que la société souple et libre ne serait pas incapable de remplir par elle-même, qu'elle a même remplies pendant des siècles, sont échues graduellement à l'État, parce qu'il peut s'en acquitter mieux, plus économiquement, plus complètement, avec moins de frais et d'efforts.

Ainsi, telle ou telle fonction spéciale et définitive s'est constituée avec netteté, s'est détachée de la société pour échoir à l'État, quand les conditions modifiées de celle-là et de celui-ci ont fait qu'il devenait plus expédient que telle ou telle tâche fût exercée par une force générale coercitive que par des forces particulières et intermittentes. Ceux qui, sur les confins du Far-West, lynchent les criminels, n'ont ni le temps, ni les conditions d'esprit nécessaires pour s'acquitter toujours convenablement de leur tâche; des juges permanents valent mieux. De même pour les constables spéciaux, pour les pompiers volontaires, pour ces balayeurs spontanés que l'on voit encore à Londres; des escouades moins nombreuses, mais permanentes, de gens professionnels, remplissent mieux ces offices.

C'est donc le principe de la division du travail qui, inconsciemment appliqué, a fait passer à l'État certaines fonctions que la société exerçait instinctivement et que l'État organise avec réflexion.

Cette sorte de départ qui se fait graduellement entre les attributions de l'État et celles de la société libre a pour objet de laisser aux individus plus de temps pour leurs tâches privées, tout en organisant mieux certains services. Aussi doit-on considérer comme des esprits rétrogrades ceux qui nous proposent de revenir au jury civil, aux tribunaux d'arbitres; à moins, toutefois, qu'on ne veuille voir dans ces tendances une réaction salutaire contre les abus que l'État a introduits dans l'accomplissement des tâches dont il s'est chargé; la plasticité de la société réagirait alors contre ces fautes de l'État en abandonnant les organes qu'il a institués pour retourner à d'autres qu'elle crée spontanément.

On pourrait pousser très loin cet aperçu historique de la genèse des fonctions de l'État. Ainsi, le pouvoir législatif que l'État s'est attribué en certaines matières, comme les questions commerciales, ne lui a pas toujours été dévolu : il ne lui est échu que tard et par morceaux; il a été d'abord exercé par les individus et les sociétés libres; la fécondité inventive du commerce avait découvert certains procédés ingénieux, la lettre de change, le billet à ordre, bien d'autres encore, les marchés à termes sous toutes leurs formes, les combinaisons à primes, etc.; la coutume avait réglé l'emploi de tous ces moyens; les usages commerciaux eurent ainsi une origine spontanée successive; l'État finit par y mettre la main, s'en emparer, les généraliser, les perfectionner parfois, souvent aussi les déformer.

Il faut donc condamner la superficialité de ces philosophes qui, habitant les nues et apercevant confusément sur cette terre l'État en possession de certains instruments, s'imaginent que c'est lui qui les a créés, et jettent des cris de Jérémie quand on leur parle de la fécondité d'invention des associations privées.

Non seulement le droit commercial a cette origine spontanée, mais encore les agents généraux et protecteurs du commerce, les consuls, étaient d'abord les syndics de certaines communautés de négociants; ils devinrent plus tard des fonctionnaires publics; la juridiction commerciale a passé par les mêmes vicissitudes.

Dans presque tous les ordres de l'activité humaine, on aperçoit des groupements libres d'individus se chargeant à l'origine d'organiser divers services d'intérêt général, que l'État ensuite, au bout de bien des siècles parfois, régularise.

Ainsi pour la viabilité: dans un intérêt militaire, les États, soit anciens, soit modernes, ont exécuté, avant le xviii⁰ siècle, quelques rares chaussées. Ils s'acquittaient par là non pas d'une fonction économique, mais d'une fonction stratégique. Les associations privées faisaient le reste : les bacs, les ponts créés par ces confréries spéciales, qui, dans le Midi notamment, étaient appelées *pontifices*, les routes à péage en Angleterre et dans bien d'autres contrées, les ponts à péage aussi, instruments primitifs si l'on veut, mais qui ont de longtemps précédé les travaux publics accomplis au

moyen d'impôts, les ports mêmes et les docks, œuvres de
compagnies, fondés et entretenus suivant le principe rigou-
reusement commercial, toutes ces créations spontanément
écloses ont laissé encore aujourd'hui, surtout dans la
Grande-Bretagne et, par un singulier contraste, dans quelques pays primitifs, des traces intéressantes. La seule route
qui existe en Syrie, celle de Beyrouth à Damas, est l'œuvre
et la propriété, suffisamment rémunératrice, d'une compagnie privée, d'une société française.

Des entreprises qui, par leur caractère encore plus éminemment désintéressé, semblent répugner à l'initiative privée, ont cependant, bien des fois, été accomplies par elle
avec un éclatant succès. Stuart Mill classait encore parmi
les œuvres qui revenaient de droit et de fait à l'État les explorations scientifiques. Pourrait-il se prononcer ainsi aujourd'hui? Même il y a trente ans, il eût dû se montrer plus
circonspect. Il oubliait que le doyen et le plus remarquable
peut-être des voyageurs de l'Europe moderne, Marco Polo,
était un fils et neveu de négociants, qui accompagna son
père et son oncle dans un voyage de commerce à la cour du
grand khan des Mogols, et de là se répandit dans toute
l'Asie. Il ignorait surtout notre incomparable Caillié, qui,
sans aucunes ressources et aucun appui, traversa, au début
de ce siècle, le coin redoutable de l'Afrique nord-occiden-
tale, du Sénégal au Maroc, en passant par Tombouctou,
tournée hasardeuse qui ne fut refaite qu'un demi-siècle
après par un jeune voyageur allemand.

Stuart Mill encore ne pouvait pressentir que la première
traversée d'outre en outre de l'Afrique, de la mer des Indes
à l'Atlantique, serait accomplie par un aventurier libre, que
subventionnèrent ces forces nouvelles, deux journaux, l'un
américain, l'autre anglais. (Voir plus loin, page 54.)

Dieu me garde de prétendre que l'État, en Espagne, en

Portugal, en Angleterre, en France, plus récemment ailleurs, n'ait pas puissamment aidé aux voyages de découvertes et à la prise de possession du monde! Ce que je veux démontrer, c'est que, parmi les attributions que certains théoriciens étourdis revendiquent pour lui comme un monopole, il en est beaucoup qui ont pu et qui peuvent encore être exercées de la façon la plus heureuse par les groupements libres, soit des hommes riches, soit des hommes instruits, soit des hommes dévoués, soit des hommes curieux, soit de ceux qui mettent en commun une parcelle de richesse, de dévouement, d'instruction et de curiosité.

Bien loin que l'État soit à l'origine de toutes les grandes œuvres d'utilité générale, on constate, au contraire, historiquement, que les associations libres ont constamment prêté leur outillage à l'État pour les services les plus incontestablement dévolus à ce dernier.

L'État pendant longtemps, beaucoup d'États même aujourd'hui, dans une certaine mesure encore l'État français, n'ont pas su ou ne savent pas faire rentrer leurs impôts. De là ces compagnies privées, ces fermes qui se chargeaient de recouvrer les contributions sous l'empire romain, dans la vieille France, sous nos yeux encore pour certaines taxes en Espagne, en Roumanie, en Turquie, hier en Italie et en Espagne, que dis-je! dans beaucoup de communes françaises, qui trouvent plus économique d'affermer leurs droits d'octrois que de les percevoir elles-mêmes.

L'exposé historique auquel nous nous sommes livré laisse sans doute subsister une grande difficulté : puisque la plupart des attributions, aujourd'hui considérées comme essentielles à l'État, ne lui ont pas appartenu primitivement, qu'elles sont restées longtemps dans la main de particuliers ou d'associations libres, qu'elles ne sont échues à l'État que graduellement par la lente application du principe de la division du travail, la grande collectivité, armée du pouvoir de contrainte, étant plus capable de les généraliser que les petites collectivités spontanées et variables qui ne possèdent guère que le pouvoir de persuasion, comment fixer, soit dans le présent, soit dans l'avenir, la limite des attributions de l'État? Ce même exposé historique, cependant, va nous y aider en nous faisant mieux connaître les caractères généraux de l'État.

La première observation dont il est impossible de n'être pas pénétré, c'est que l'État est absolument dépourvu de l'esprit d'invention.

L'État est une collectivité rigide, qui ne peut agir qu'au moyen d'un appareil compliqué, composé de rouages nombreux, subordonnés les uns aux autres ; l'État est une hiérarchie, soit aristocratique, soit bureaucratique, soit élective, où la pensée spontanée est assujettie, par la nature des choses, à un nombre prodigieux de contrôles. Une pareille machine ne peut rien inventer.

L'État, en effet, n'a rien inventé et n'invente rien. Tous les progrès humains ou presque tous se rapportent à des noms propres, à ces hommes hors cadre que le principal ministre du second empire appelait « des individualités sans mandat. »

C'est par « les individualités sans mandat » que le monde avance et se développe : ce sont ces sortes de prophètes ou d'inspirés qui représentent le ferment de la masse humaine, naturellement inerte.

Toute collectivité hiérarchisée est, d'ailleurs, incapable d'invention. Toute la section de musique de l'Académie des beaux-arts ne pourra produire une sonate acceptable ; toute celle de peinture, un tableau de mérite ; un seul homme, Littré, a fait un dictionnaire de premier ordre bien avant les quarante de l'Académie française.

Qu'on ne dise pas que l'art et la science sont des œuvres personnelles et que les progrès sociaux sont des œuvres communes; rien n'est plus inexact. Les procédés sociaux nouveaux demandent une spontanéité d'esprit et de cœur qui ne se rencontre que chez quelques hommes privilégiés. Ces hommes privilégiés sont doués du don de persuasion, non pas du don de persuader les sages, mais de celui de gagner les simples, les natures généreuses, parfois timides, disséminées dans la foule. Un homme d'initiative, parmi les 40 millions d'habitants d'un pays, trouvera toujours quelques audicieux qui croiront en lui, le suivront, feront fortune avec lui ou se ruineront avec lui. Il perdrait son temps à vouloir convaincre ces bureaux hiérarchisés qui sont les lourds et nécessaires organes de la pensée et de l'action de l'État.

Aussi, voyez combien stérile, au point de vue de l'invention, est cet être que certains étourdis représentent comme le cerveau de la société. L'État, tous les États, ont d'abord et par-dessus tout une vocation militaire : ils représentent avant tout la défense du pays. C'est donc les États, leurs fonctionnaires, qui devraient, semble-t-il, faire la généralité des inventions et des applications relatives à la guerre, à la marine, à la rapidité des communications. Il n'en est rien.

C'est à un moine, ce n'est pas à l'État, qu'on rapporte l'invention de la poudre à canon. Dans notre siècle, c'est un simple chimiste, appartenant au pays le plus pacifique de l'Europe, le Suédois Nobel, qui invente la dynamite. Michel Chevalier, en juillet 1870, attire l'attention du gouvernement impérial sur ce formidable explosif; pendant le second siège de Paris, M. Barbe, depuis ministre de l'agriculture, prie M. Thiers d'employer cette substance nouvelle; ces deux gouvernements, si différents par les hommes et par les principes, ne prêtent aucune attention à ces propositions.

Il en va des découvertes de la marine comme de celles de la guerre ; le marquis de Jouffroy, en 1776, fait naviguer sur le Doubs le premier bateau à vapeur : il demande des encouragements au ministre Calonne, qui le repousse. Mauvais ministre, dira-t-on ; mais, dans la série nombreuse des ministres de tout pays, il s'en trouve au moins autant de mauvais ou de médiocres que de bons. C'est à un grand homme du moins, à un vrai grand homme, Napoléon, que, un quart de siècle après, s'adresse Fulton, et ce grand homme d'État considère ses essais comme des enfantillages. Si l'État dédaigne la vapeur et est lent à l'appliquer, ce n'est pas lui non plus qui invente ou qui applique le premier l'hélice. L'inventeur Sauvage passe d'une maison de dettes dans une maison de fous.

Pour les communications publiques, il en est de même. Trois petits chemins de fer fonctionnent en France, à la fin de la restauration, créés par l'initiative privée, sans subvention d'aucune sorte ; l'État met une dizaine d'années à discuter sur le meilleur régime des voies ferrées, et, par ses tergiversations, ses absurdes exigences, il retarde d'autant, comme nous le montrerons plus tard, le développement du réseau ferré dans notre pays.

La drague à couloir de M. Lavalley avait creusé depuis dix ans le canal de Suez, qu'on commençait à peine à l'introduire dans les travaux de ports exécutés par l'État français. Ni les câbles sous-marins, ni les percements d'isthmes, ni aucune des principales œuvres qui changent la face du monde, ne sont dus à l'État ou aux États.

Les téléphones se répandent dans toutes les administrations privées avant que l'État s'en occupe. Ensuite plusieurs États les veulent confisquer. De même, pour la lumière électrique dont, par ses niaises exigences, le conseil municipal de Paris retarde de dix ans la propagation dans cette ville.

L'État moderne affecte une prédilection pour l'instruction : ce sont des particuliers qui créent l'École centrale des arts et manufactures; ce sont des industriels qui instituent les écoles de commerce de Mulhouse, de Lyon, du Havre.

L'État, dans un rare moment d'initiative, veut fonder une école d'administration; il n'y réussit pas. Un simple particulier crée l'École libre des sciences politiques, et lui gagne en quelques années, dans les deux mondes, une éclatante renommée.

L'État se lasse des anciens procédés d'instruction qu'il avait empruntés à une société privée, celles des jésuites, et il se prend d'engouement pour l'œuvre d'une autre société privée, celle de l'École Monge; il veut aussitôt en généraliser les principes sur tout le territoire.

Ce n'est pas que nous voulions contester les services que l'État rend d'autre part, les perfectionnements de détail que plusieurs de ses ingénieurs ou de ses savants introduisent ou répandent. Certes, l'État a à son service des hommes distingués, des hommes éminents; la plupart, cependant, quand ils en ont l'occasion, préfèrent quitter l'administration officielle où l'avancement est lent, pédantesque, assujetti au népotisme ou au gérontisme, pour entrer dans les entreprises privées, qui placent immédiatement les hommes au rang que leur assignent leurs talents et leurs mérites.

Comment en serait-il autrement? L'esprit, comme dit l'Écriture, souffle où il veut. La sagesse moderne a traduit cette grande pensée par cette autre formule : Tout le monde a plus d'esprit que Voltaire. Ce n'est pas dans les cadres réguliers, prudemment combinés, que s'enferme l'esprit d'invention; il choisit dans la foule ceux dont il veut faire une élite.

En disant que l'État manque essentiellement de la faculté

d'invention et de l'aptitude à l'application prompte des découvertes, nous n'avons pas l'intention de le dénigrer, de
l'offrir en pâture aux sarcasmes. Nous constatons simplement sa nature, qui a des mérites différents, opposés.

Au point de vue social aussi, l'État ne sait rien découvrir :
ni la lettre de change, ni le billet à ordre, ni le chèque, ni
les opérations multipliées des banques, ni le *clearing house*,
ni les assurances, ni les caisses d'épargne, ni ces divers
modes ingénieux de salaire que l'on appelle participation
aux bénéfices, ni les sociétés coopératives, ne sortent de la
pensée ou de l'action de l'État : toutes ces combinaisons ingénieuses surgissent du milieu social libre.

Qu'est donc l'État? Ce n'est pas un organe créateur, loin
de là. C'est un organe critique, un organe de généralisation,
de coordination, de vulgarisation. C'est surtout un organe
de conservation.

L'État est un copiste, un amplificateur ; dans ses copies
et ses adaptations des entreprises privées, il a bien des chances de commettre quelques erreurs ou de multiplier à l'infini celles qui se trouvaient dans l'original dont il s'éprend.

Il intervient après les découvertes, et il peut alors leur
prêter un certain concours. Mais il peut aussi les étouffer :
dans l'intervention de l'État, qui peut être parfois bienfaisante, il y a toujours à craindre cet élément capricieux,
brutal, accapareur, ce *quia nominor leo*. Il possède, en effet,
un double pouvoir, qui est une terrible force, la contrainte
légale et la contrainte fiscale.

De ce que l'État est ainsi absolument destitué de la faculté d'invention, de ce qu'il possède seulement, dans des
mesures très variables, l'esprit d'assimilation et de coordination, il résulte que l'État ne peut être le premier agent,
la cause principale du progrès dans la société humaine : il
ne saurait jouer le rôle que d'un auxiliaire, d'un agent de

propagation, qui risque toutefois, par une présomption maladroite, de se transformer en un agent de perturbation.

Il descend ainsi du trône où on voulait l'élever.

Il en résulte encore que l'État n'est pas la plus haute personnalité, ainsi que le prétend M. de Stein ; c'est la plus vaste personnalité, non la plus haute, puisque le plus merveilleux attribut de l'homme, l'invention, lui fait défaut.

Avant d'entrer dans le détail des tâches dont s'occupe la trinité de l'État — pouvoir central, pouvoir provincial, pouvoir communal, — il nous a semblé utile de réfuter ces erreurs et de poser ces principes. La mission de l'État en deviendra plus claire (1).

(1) En outre de l'exemple que nous avons donné (page 47) de la capacité des individus ou des forces sociales privées pour les grandes explorations scientifiques, citons la traversée du Sahara de Ouargla au Soudan Central et à la région du Tchad en 1898-99 par M. Foureau. Depuis le massacre de la mission officielle Flatters en 1881, le gouvernement français, malgré l'intérêt politique manifeste qu'il y avait pour la France à explorer le Sahara, s'était tenu coi ; il a fallu un legs considérable, fait en vue de cet objet même, à la Société de Géographie de Paris par un ancien inspecteur général des Ponts-et-Chaussées M. Renoult des Orgeries, membre de l'association libre dite *Comité de l'Afrique Française*, pour déterminer l'expédition Foureau. Il est vrai que le gouvernement dut joindre un appoint comme subvention à cette exploration si tardivement faite et qui a réussi à merveille ; mais le fonds principal provenait de l'initiative privée ; il en fut de même pour l'expédition Crampel, qui eût pour conséquence, sinon immédiate, du moins prochaine, de nous donner le Baghirmi. Les fonds en avaient été faits par le *Comité de l'Afrique Française*. L'histoire de la colonisation anglaise, notamment dans l'Afrique du Sud, offre de nombreux exemples de l'initiative privée agrandissant le domaine d'une nation. (Note de la 3ᵉ édition.)

LIVRE II

CARACTÈRES PARTICULIERS DE L'ÉTAT MODERNE. SES FAIBLESSES. — SON CHAMP NATUREL D'ACTION.

CHAPITRE PREMIER

NATURE DE L'ÉTAT MODERNE. — L'ÉTAT ÉLECTIF ET A PERSONNEL VARIABLE.

L'État moderne et occidental offre des caractères particuliers qui le distinguent de beaucoup d'États anciens et de tous les États orientaux, page 56. — L'État moderne repose sur la délégation temporaire de l'autorité par ceux qui la doivent subir, page 57. — Idée que la volonté du grand nombre fait la loi, que les forces gouvernementales doivent être employées dans l'intérêt des classes laborieuses; dédain de la tradition, confiance naïve dans les changements législatifs, page 58. — Le préjugé général est contre les mœurs anciennes et les anciennes institutions, page 58. — Action décisive qu'ont sur la direction de l'État moderne les générations les plus jeunes, page 59. — Soumission des pères aux enfants, page 59. — L'expérience historique est loin de s'être prononcée en faveur de cette organisation, page 60.

Un appareil de coercition, soumettant tous les citoyens à la double contrainte de la loi qui règle certains actes de leur vie et de l'impôt qui prélève une forte partie de leurs ressources; une machine, nécessairement compliquée en proportion de l'extension et de la variété des tâches auxquelles on la destine, comprenant un nombre généralement croissant de rouages superposés ou enchevêtrés, ne pouvant agir, sous peine de se détraquer, qu'avec lenteur et uniformité, voilà ce qu'est essentiellement l'État, dès que la société a franchi les premières étapes de la barbarie.

Nous avons reconnu que, par sa nature, cet organisme manque de l'un des plus beaux attributs qui soient échus à l'homme : l'esprit d'invention.

Aussi l'État nous a-t-il apparu dans l'histoire comme ayant surtout pour objet la conservation de la société ; plus tard lui est incombée la généralisation graduelle et prudente de quelques règles ou de quelques procédés que découvre l'initiative des particuliers ou des associations libres, et qui, pour que la nation en retire tout le profit qu'elle en peut attendre, ont besoin du concours non seulement de la généralité des habitants, mais de l'universalité.

Cette seconde tâche comporte une réserve importante : comme la société humaine ne se développe et ne progresse que par l'esprit d'invention, et que ce don manque absolument à l'État, qu'il appartient en monopole à l'individu seul et aux groupements variés et infinis que forme librement l'individu, l'État doit veiller avec un souci attentif, ininterrompu, à circonscrire son action propre, de sorte que, sauf les cas d'évidente nécessité, il ne porte aucune atteinte à l'énergie individuelle et à la liberté des associations privées.

J'ai dit que dans ces études je ne me propose pas de parler de l'État en soi, abstraction difficilement saisissable, mais de l'État moderne. Je n'ai pas à rechercher ce qui convenait au temps de Lycurgue ou de Constantin, non plus qu'à m'occuper de la mission qui actuellement peut échoir à l'état chinois ou thibétain.

Sans doute, le fond de l'homme étant toujours le même, et les règles qui déterminent son activité ayant, sauf des différences d'intensité, partout la même nature, on peut dire que la généralité des observations que suggère, quant à la sphère de son action, l'État moderne et occidental, pourraient, quoique à des degrés divers, s'appliquer à l'État ancien et à l'état asiatique. Il est bon de se circonscrire, toutefois, dans l'espace et dans le temps. L'État moderne et occidental offre des caractéristiques particulières qui le rendent tantôt plus qualifié et plus apte, tantôt moins apte et moins qualifié pour certaines tâches.

Que doit-on entendre par l'État moderne et occidental ? C'est l'État reposant principalement sur la délégation temporaire de l'autorité par ceux qui la doivent subir. C'est l'État électif et à personnel variable.

Sans doute, dans tous les temps et à peu près dans tous les pays, l'élection a joué un certain rôle dans la constitution de l'État. Mais, pour l'État moderne et occidental, il ne s'agit plus d'un rôle accessoire, subordonné, d'un simple contrôle ; le principe électif y a tout envahi et tout absorbé.

Dans le vieux monde, la France et la Suisse, dans le nouveau-monde, tous les États, sans exception, sont ceux qui présentent, de la façon la plus accentuée, ces traits propres à l'État moderne et occidental. Les autres pays appartenant à notre groupe de civilisation, la Russie seule exceptée, se trouvent dans des conditions, sinon identiques, du moins assez analogues ; il existe chez certains d'entre eux quelque contrepoids au régime électif ; ce sont, toutefois, en Angleterre, en Belgique, en Hollande, dans les États scandinaves, en Portugal, en Espagne, en Italie, au Brésil, en Autriche même, des contrepoids assez faibles et qui n'empêchent pas le principe électif d'avoir la direction générale de la politique dans ces États.

L'Allemagne, ou plutôt la Prusse, est placée aujourd'hui dans des conditions différentes. Le principe électif y a été sérieusement contenu, plus encore par les événements et par l'ascendant de certains hommes, exceptionnellement bien doués et exceptionnellement heureux, que par les constitutions. Celles-ci laissent la porte ouverte à des aspirations qui nécessairement se feront jour tôt ou tard et ne pourront manquer d'obtenir quelque satisfaction.

Quels que soient les rouages gouvernementaux, l'opinion publique, chez tous les peuples chrétiens, obéit aujourd'hui aux mêmes impulsions générales : l'idée que la volonté du grand nombre fait la loi, que les forces gouvernementales doivent être employées autant que possible à soulager les classes laborieuses, un certain dédain de la tradition, une confiance naïve dans les changements législatifs. Telle est l'atmosphère sociale où se meuvent les peuples modernes occidentaux.

Le plus vieux poète latin dont des lambeaux d'ouvrages nous soient restés, Ennius, pouvait écrire

Moribus antiquis res stat Romana virisque.

Aujourd'hui, bien peu de gens se soucient des mœurs antiques ; le préjugé général est contre elles. Un réformateur social, M. Le Play, pouvait prêcher aux peuples contemporains de restituer à la vieillesse l'influence prédominante dans la vie publique. Je ne sais si cela serait désirable, mais il n'y a guère d'apparence que cette doctrine convertisse les peuples.

Il se rencontre, sans doute, dans la politique, quelques vieillards qui y tiennent une place éminente, naguère en France, à l'heure présente en Allemagne, en Angleterre et en Italie ; mais ce sont, d'ordinaire, des hommes au tempérament ardent et audacieux, qui, par une de ces fantaisies que se permet parfois le grand âge, se font les serviteurs des idées de la génération la plus récente et sont souvent, à leur déclin, plus amoureux des nouveautés qu'ils ne l'étaient dans leur jeunesse ou leur maturité. M. Gladstone en fournit la preuve, peut-être aussi M. Thiers.

Les générations récentes ont, sur la direction générale de l'État moderne, une action décisive ; elles pèsent d'abord du poids de leurs suffrages : de vingt et un an à vingt-cinq ans, il y a en France 1,400,000 électeurs, et, en défalquant ceux qui sont retenus dans les rangs de l'armée, il reste encore 1 million de jeunes hommes, presque des adolescents, citoyens tous actifs, dont bien peu s'abstiennent, qui forment le dixième du corps électoral inscrit, et le huitième environ du corps électoral pratiquant.

Ces générations nouvelles pèsent encore plus par leur influence : on sait que dans la famille moderne, ce n'est pas en général le père qui dirige l'enfant adulte, mais ce dernier qui dirige le père (1) ; si l'on tient compte, en outre, de ce que, dans tous les pays, les partis politiques en lutte ne sont séparés que par un nombre assez restreint de suffrages, on en peut conclure que la partie la plus jeune et la moins expérimentée de la nation se trouve, chez les peuples modernes, en possession réelle de la conduite des affaires.

Je n'examine pas ici si cet état de choses doit être considéré comme définitif. Il offre quelques avantages et beaucoup d'inconvénients.

Il est difficile de penser que cette organisation sera le régime où l'humanité fera son lit pour ne le plus changer, l'étude de l'histoire ne fait pas augurer très favorablement

---

(1) Cette tendance n'est pas propre uniquement à la France et aux États-Unis d'Amérique : on la retrouve même en Russie ; on peut s'en convaincre par le roman de Tourguénef, *Pères et Enfants* ; l'auteur russe va jusqu'à représenter comme des vieillards, en admiration béate devant leurs enfants, des hommes de quarante à quarante-cinq ans appartenant à la classe élevée ou moyenne.

du régime que nos pères ou nos grands-pères ont accueilli avec tant d'enthousiasme (1).

Le passé paraît démontrer que les rois ou les aristocraties font les États et que, abandonnés à eux-mêmes, les peuples les défont.

Je me garderai bien de faire des prévisions précises sur l'avenir. Mais il ne semble pas fort invraisemblable que, après un temps, fort long peut-être, des tâtonnements pénibles et des secousses diverses, les nations aux territoires très peuplés, entourées de voisins dangereux, reviennent aux grandes monarchies administratives, comme celle de l'ancienne France, avec plus de contrôle et de contrepoids, ou plutôt comme la monarchie prussienne actuelle, ou surtout encore comme l'empire romain dans ses beaux jours, qui durèrent bien deux siècles.

Mais ce sont là des conjectures : voyons ce que l'État moderne, l'État, plus ou moins électif et à personnel instable, peut et doit faire pour la conservation des sociétés et pour la civilisation.

Comparons les vastes ambitions qu'on lui souffle aux moyens dont il dispose et aux résultats qu'il peut atteindre.

(1) Ces lignes ont paru dans la dernière moitié de ce livre, c'est-à-dire en 1889. On sait combien, depuis lors, l'organisme de l'État moderne a donné des preuves décisives de détraquement en France, en Autriche, en Italie, aux États-Unis et dans bien d'autres contrées moins importantes. (Note de la 3ᵉ édition.)

CHAPITRE II

CONSÉQUENCES DE LA NATURE PARTICULIÈRE DE L'ÉTAT MODERNE.

Des caractères généraux de l'État moderne découlent des conséquences graves. Il est absurde que la plupart des ţeux qui traitent du rôle de l'État les passent sous silence.

La première, c'est que l'État moderne sortant, par des délégations à courte échéance, de la masse des citoyens, non seulement n'est pas en principe plus intelligent qu'eux, surtout que les plus éclairés d'entre eux, mais qu'il est assujetti à tous les préjugés successifs qui dominent le genre humain et qui l'entraînent : il est la proie tour à tour de tous les engouements.

Bien plus, il est à chaque moment particulier en quelque sorte le résumé, l'accentuation, l'intensification du genre spécial d'engouement auquel était enclin le pays lors du plus récent renouvellement des pouvoirs publics, c'est-à-dire lors de la dernière élection des chambres.

On n'a pas assez signalé ce caractère de l'État moderne : l'État moderne exprime pour quatre ans ou pour cinq ans la volonté, non pas de l'universalité de la nation, mais de la simple majorité, souvent d'une majorité purement apparente ; bien plus, il exprime cette volonté telle qu'elle s'est manifestée dans une période d'excitation et de fièvre. Les élections ne sont pas précédées de jeûnes, de prières, de retraites ; elles ne se font pas dans le silence et dans la méditation ; même alors elles seraient défectueuses, parce qu'il est conforme à la nature humaine que les élections soient toujours influencées par l'intrigue et par ce prestige dont jouissent les gens turbulents, les agités, les ambitieux, les politiciens professionnels auprès des âmes timides et molles qui forment, en définitive, la grande masse du corps électoral. Les élections se font dans le bruit, dans le vacarme, dans l'ahurissement.

L'électeur moderne ressemble assez au pauvre diable que le sergent racoleur happait autrefois dans un carrefour, qu'il grisait de promesses et de vin, et auquel il faisait signer un engagement pour l'armée. Ce sont les mêmes procédés que l'on emploie. Ainsi l'État moderne représente en général, élevé à sa plus haute puissanee, l'engouement momentané de la majorité de la nation.

Or, il n'est aucun temps qui n'ait ses engouements : l'engouement de la force et de la répression, l'engouement pour la liberté individuelle illimitée ; l'engouement pour les les travaux publics ou pour une nature particulière de travaux publics, les chemins de fer, les canaux, les monuments ; l'engouement pour la religion ; l'engouement contre la religion ; l'engouement pour l'instruction publique sous toutes les formes ; l'engouement pour la tutelle et la réglementation ; l'engouement pour la liberté des échanges ; l'engouement pour la restriction des échanges et la protection, etc. Il est mille formes d'engouements divers auxquels successivement cède une nation.

Chacun de ces engouements, c'est-à-dire chacune de ces conceptions incomplètes ou excessives, offre des périls pour la société, périls de toute nature. L'État devrait prendre à tâche de résister à ces entraînements, à ces caprices, de les dominer, de les contenir. Loin de là ; par la nature même de son origine, l'État moderne multiplie en quelque sorte et prolonge pendant quatre ans ou cinq ans un engouement momentané.

L'État moderne représente la nation à peu près comme la photographie instantanée représente un cheval qu'elle saisit au galop et qui reste pour elle éternellement galopant.

Aussi la législation chez les États modernes va-t-elle presque toujours plus loin que ne le désirerait l'opinion publique, devenue rassise après l'excitation des élections. De là vient que souvent une chambre est suivie d'une autre qu'anime un esprit contraire ; ainsi s'expliquent également la contradiction fréquente, le démenti presque immédiat qu'en tout pays les élections partielles infligent aux élections générales.

La législation dans les États modernes est, de toute nécessité, presque toujours outrée, soit dans le sens de l'action, soit dans le sens de la réaction. Les trois quarts du temps d'une législature sont employés à défaire ce qu'a fait la législature précédente ou l'avant-dernière. A cette intempérance et à cet excès de législation, il y a deux remèdes : le premier, c'est l'obstruction dans le sein du parlement ; le second, c'est le *referendum*, ou la ratification par le corps électoral entier des lois importantes que les chambres viennent de voter.

On n'appréciera jamais assez les énormes services que l'obstruction parlementaire rend aux nations ; elle assure leur repos et la continuité de leurs conditions d'existence ; pour une bonne mesure peut-être dont elle retarde l'adoption, il en est neuf mauvaises ou inutiles qu'elle rejette dans les limbes. Le célèbre « massacre des innocents » auquel se livre, dans les derniers jours de la session, le parlement anglais, est le plus souvent la meilleure œuvre de la session. De même l'on aurait tort de se départir en France, comme on l'a proposé, de la pratique qui rend caduques toutes les propositions qui, à l'expiration des pouvoirs d'un parlement, n'ont été votées que par une seule chambre.

On a beaucoup parlé du « surmenage » scolaire, mais pas assez du « surmenage » parlementaire, qui est bien plus réel et plus dangereux. Contre le « surmenage » scolaire, on a pour garantie ou pour refuge l'heureuse faculté d'inattention dont jouissent les enfants ; leur corps est présent à la classe, leur esprit en est souvent absent ; contre le « surmenage » parlementaire, on a pour refuge et pour garantie l'heureuse obstruction, si calomniée, avec tous ses procédés, soit ingénieux, soit naïfs. Il faudrait, cependant, à une société démocratique qui veut être sérieuse, un autre frein, le *referendum*, ou la sanction populaire aux lois principales : le *referendum* est l'arme défensive que les sociétés doivent toujours garder en réserve contre les entraînements de leurs mandataires irrévocables.

Le premier grand vice de l'État moderne, qui consiste en ce qu'il intensifie et prolonge pendant plusieurs années consécutives l'engouement ou l'entraînement que subissait le pays durant quelques jours, nous conduit à une seconde faiblesse qui dérive de la première. L'État moderne n'a pas une suite complète dans les idées, et il en a peu dans le personnel.

Nous pouvons nous contenter, croyons-nous, d'énoncer cette proposition sans qu'il soit bien nécessaire de la démontrer. Tous les pouvoirs sortant d'élections qui se déjugent souvent, le personnel qui représente l'État est très variable. Plus le principe électif tient de place dans l'État, plus cette instabilité se fait jour. Autrefois elle n'atteignait que les ministres et certaines hautes fonctions bien rémunérées ; elle tend maintenant à pénétrer le corps administratif tout entier. La lutte politique, dans la plupart des pays, se livrant entre deux corps de doctrines sans doute, mais surtout entre deux armées de politiciens avides, la plupart sans ressources et affamés, il en résulte que le triomphe de chaque camp doit amener une épuration générale.

Plus la société approche du régime démocratique pur, plus cette instabilité s'accentue : elle finit par devenir une règle et trouver une formule. Quand l'un des présidents les plus fougueux des États-Unis, le général Jackson, prononça le fameux mot *Victoribus spolia*, aux vainqueurs les dépouilles, il parlait une langue qui est comprise des politiciens des deux mondes, et qui tend à devenir universelle.

La France, sur ce point, se fait américaine. Pour ne citer qu'un petit fait, qui est singulièrement significatif, en 1887, à l'enterrement d'un haut fonctionnaire du ministère des finances, l'un de ses collègues, bien connu d'ailleurs, prenait la parole en qualité de doyen, disait-il, des directeurs généraux du ministère : ce doyen avait quarante-cinq ou quarante-six ans, sinon moins. Que de révocations ou de mises prématurées à la retraite n'avait-il pas fallu pour amener ce décanat précoce !

Les anciennes monarchies, ou même une monarchie contemporaine autoritaire, comme celle de Prusse, sont dans de tout autres conditions. Là on tombe plutôt dans la gérontocratie. L'État, en effet, échappant, pour le recrutement de ses fonctionnaires, à ce choix éclairé, réfléchi, indépendant, auquel se livrent en général les particuliers pour les personnes qu'ils emploient, il lui est difficile d'éviter l'un de ces défauts : ou le caprice qui substitue chaque jour de nouveaux venus, sans apprentissage, aux hommes expérimentés ; ou une fixité qui fait de l'avancement à l'ancienneté la règle habituelle, qui décourage la plupart des natures d'élite, et qui maintient souvent au delà de leurs forces, dans de hauts postes, des personnages vieillis. Ce dernier inconvénient, toutefois, est moindre que le premier.

Mieux vaut encore, pour la bonne composition des services publics, que le fonctionnaire soit considéré comme le propriétaire de sa fonction ; c'est le cas en Prusse, ou plutôt dans toute l'Allemagne. L'emploi une fois obtenu y est possédé, sinon à vie, du moins pour une longue période fixée d'avance, sauf le cas très rare de fautes professionnelles évidentes (1). Le fonctionnaire prussien est à peu près aussi propriétaire de son rang et de son traitement, nous ne disons pas précisément de son poste, que l'officier français l'est de

---

(1) *Die Ernennung giebt, sofort oder (öfters) nach einer bestimmten Probezeit einen Rechtsanspruch auf das klaglos verwaltete Amt, bez. auf dessen Besoldung (Gehalt), theils die Lebenszeit, theils auch nur für bestimmte längere Perioden,* etc. (Wagner, *Finanz-Wissenschaft*, I, p. 99).

son grade. Même alors, il reste toujours le reproche de gérontocratie et de l'insuffisance des concours pour juger du mérite à l'entrée et aux divers échelons d'une carrière.

De l'instabilité du personnel de l'État moderne, en dehors des monarchies fermement autoritaires, il résulte une certaine incohérence dans l'action de l'État, ou du moins une difficulté à faire mouvoir la machine avec régularité, avec précision, avec souplesse, avec ménagement, de manière à lui faire produire tout son effet, sans lésion ni trouble pour personne. Pour la netteté de la volonté et la continuité intelligente de l'effort, l'État moderne reste ainsi fort au-dessous des individus bien doués et des corporations bien conduites.

Nous arrivons à un troisième défaut, qui est, à certains égards, le plus grave de tous, et qui, se mêlant aux autres, contribue à les développer et à les rendre plus nuisibles encore. En théorie, l'État représente l'universalité des citoyens ; l'État est donc théoriquement l'être impartial par excellence. Or, dans l'État moderne, cette impartialité est une pure illusion ; elle n'existe pas, elle ne peut pas exister. Les monarchies absolues et incontestées peuvent prétendre à cet idéal de la souveraine impartialité ; il n'est guère possible qu'elles l'atteignent complètement ; mais il n'y a rien dans leur constitution même qui les en éloigne. Au contraire, constitutionnellement l'État moderne, l'État reposant sur l'élection, ne peut pas être impartial : cela est contraire à sa définition même, puisqu'il est le gouvernement d'un parti.

L'État, tel que le conçoivent aujourd'hui les peuples occidentaux, est le mandataire réel, non pas de l'universalité des citoyens, mais de la simple majorité, en général d'une faible majorité, instantanée, momentanée, précaire, variable. Non seulement c'est un parti au pouvoir, mais un parti tou-

jours menacé par le parti rival, craignant toujours de perdre ce pouvoir qu'il a difficilement conquis. Or, ce ne sont
pas seulement des idées, des sentiments, ce sont aussi des
intérêts qui, dans nos âpres sociétés contemporaines, peuvent être favorisés par la possession du pouvoir.

Un ministre célèbre, grand théoricien, disait un jour que
la politique n'est pas l'œuvre des saints. Devançant cet aveu,
l'Écriture, toujours si merveilleusement perspicace, a assigné
aux violents la conquête même du ciel : *violenti rapiunt il-
lud*. La violence dans les luttes politiques modernes se dissimule le plus souvent sous la ruse et l'intrigue, mais la
partialité reste. Elle est encore accrue par un des effets de ce
principe si actif, la division du travail et la spécialisation
des professions. La conduite des affaires d'État devient un
métier, non pas gratuit; on vit de l'État, comme on vit de
l'autel; mais il y a partout deux personnels rivaux, sinon
trois ou quatre, qui se disputent cette pitance, l'un jeûnant
pendant que l'autre se repaît, chacun ayant sa clientèle et
tenu de la satisfaire.

Ainsi, l'État moderne, que les philosophes et les abstrac-
teurs considèrent comme la plus désintéressée de toutes les
personnalités, est, en fait, voué à la partialité, à la partialité
sans relâche. Quelques hommes d'État, d'un esprit élevé,
d'un cœur personnellement détaché des intérêts purement
pécuniaires, peuvent essayer d'échapper à cette tendance ou
de la modérer; ils n'y réussissent guère, ils sont obligés de
faire de constants sacrifices au parti qui les a portés et qui
les soutient; s'ils ne sont pas partiaux par inclination, ils
sont obligés de le devenir par tactique et avec résignation.

Si l'on s'en tenait à la simple théorie, on croirait aussi
que l'État est la personnalité la moins pressée qui soit, celle
qui, pour l'exécution de ses volontés, a devant elle le temps le
plus étendu, qui peut ne pas se hâter, faire tout avec mesure

et avec poids. C'est encore là une erreur : les détenteurs de l'État moderne sont des détenteurs précaires ; ils savent qu'ils n'auront que deux, trois ou quatre ans, rarement sept ou huit, pour exécuter leurs plans, pour satisfaire leur parti. Des ministères de dix, quinze ou vingt années, comme ceux de Sully, de Richelieu, de Colbert, de Louvois, sont en dehors de leurs visées. Il faut qu'ils agissent vite, sans hésitation, sans repos, sinon le rival qui les talonne, le successeur présomptif, qui est l'ennemi, les surprendra, les renversera avant qu'ils aient rien fait. De là cette activité papillonne qui effleure tout à la fois, qui s'étourdit de son perpétuel bourdonnement.

On sait combien la possession précaire est fatale à une terre, à une entreprise ; cette possession précaire a pour les États des inconvénients analogues, moindres, si l'on veut, quand est bornée la sphère d'action que la coutume ou les lois ouvrent aux pouvoirs publics, mais énormes quand cette sphère d'action est étendue et qu'elle tend à devenir illimitée.

Voyez comment des institutions contraires en apparence, mais assez semblables au fond, conduisent à des résultats analogues. On sait que certaines monarchies de l'Orient ont des ministres qui changent à chaque instant : le désordre administratif et le pillage du trésor en sont la conséquence. Les États modernes ont, eux aussi, un personnel variable, et qui tend chaque jour à le devenir davantage ; il en dérive les mêmes effets : la dissolution administrative et le pillage des ressources publiques.

Ce pillage, il est vrai, s'opère d'une autre manière, suivant une méthode plus hypocrite, avec des formes plus douces, en général avec des formes légales. On s'approprie le bien de la communauté par des créations de places superflues, par la mise prématurée à la retraite de fonction-

naires parfaitement valides et capables. De là, en France, les
100 millions d'augmentation du chiffre annuel des pensions
depuis quinze ans; de là encore l'institution de 200,000 fonctionnaires nouveaux au moins, dans la même période. Ainsi,
malgré l'opposition des étiquettes gouvernementales, les
intrigues et les caprices des despotes d'Orient, les intrigues
et les caprices du corps électoral produisent des effets
de même nature.

Nous n'avons pas épuisé l'énumération de tous les traits
particuliers qui caractérisent l'État moderne et qui influent
sur tous ses actes. L'un de ces traits les moins connus, et
dont les conséquences sont les plus graves, c'est la façon
générale dont l'État moderne, l'État électif, conçoit les
intérêts de la société, et dont il cherche par conséquent à
les satisfaire.

Par suite de son origine, qui est l'élection incessante,
toujours disputée et à peu près indécise, l'État moderne ne
conçoit presque jamais les intérêts sociaux sous leur forme
synthétique; il ne les aperçoit que morcelés, dans la situation d'antagonisme les uns avec les autres. Il n'a, pour ainsi
dire, jamais en vue que des intérêts particuliers; l'intérêt
absolument collectif lui échappe. Il se figure, comme le vulgaire, que l'intérêt général n'est que la somme des divers
intérêts particuliers, ce qui est une proposition d'ordinaire
vraie, mais qui ne peut pas être toujours admise sans
réserve. S'agit-il d'une des questions les plus débattues de
notre temps, celle des relations douanières avec l'étranger?
Chacun des intérêts particuliers engagés dans la protection,
ou du moins qui s'y croient engagés (car ces intérêts particuliers se trompent souvent eux-mêmes et sont parfois la
dupe d'apparences), frappera beaucoup plus l'État moderne
que le stimulant général, le surcroît graduel de vitalité
qu'un régime commercial libéral assurerait à l'ensemble du

pays. De même pour les travaux publics, de même aussi pour l'instruction, de même pour la force nationale.

Ainsi qu'il est plus frappé des intérêts particuliers que de l'intérêt synthétique de la nation, l'État moderne, par les mêmes raisons d'origine et de pouvoir précaire, est aussi plus sensible aux intérêts immédiats et présents qu'à un intérêt plus grand, mais différé ou lointain. En cela il est en contradiction avec une des plus importantes missions de l'État, qui est de préserver l'avenir, même l'avenir fort éloigné.

Voici encore deux autres faiblesses qui, celles-ci, ne s'appliquent pas seulement à l'État moderne, l'État électif, mais à tous les États. Au point de vue strictement professionnel, dans les œuvres techniques qu'ils dirigent, les fonctionnaires publics n'ont ni le stimulant ni le frein de l'intérêt personnel.

Dans les conditions habituelles où ils opèrent, ils se trouvent, dans une certaine mesure, détachés de leur œuvre, ou du moins de certaines des conséquences de leur œuvre. Sans doute, ils peuvent être animés de sentiments élevés, de zèle pour le bien général ; mais ce zèle n'a pas cette sanction qui consiste dans le contre-coup immédiat et nécessaire des résultats pratiques de leurs travaux. L'honneur même, qui de tous les sentiments dont ils sont inspirés est le plus haut et le plus efficace, peut quelquefois les induire en faute. Ils prennent souvent le change sur le caractère de leur mission ; ils cherchent le grand au lieu de l'utile, ce qui peut les distinguer et les honorer, au lieu des tâches vulgaires et banales qui conviennent au train de chaque jour. Ils se placent, même pour des entreprises communes, à un point de vue esthétique qui conduit à un gaspillage de forces ; on le voit pour les routes, les chemins, les écoles.

J'arrive à la dernière des faiblesses de l'État, quel qu'il soit, moderne ou ancien, républicain ou monarchique, tempéré ou despotique. L'État est soustrait aux conditions de la concurrence, la plus énergique de toutes les forces sociales, celle qui tend le plus au perfectionnement de la société et de l'individu.

Avec ce double pouvoir de contrainte légale et de contrainte fiscale qui lui est dévolu, l'État, quand il agit sur le territoire de la nation, n'a pas à redouter qu'on le supplante, qu'on l'annule, qu'on le supprime. Étant une personnalité sans rivale, puisqu'il est la seule de son espèce, il est à l'abri de cette éviction, de cet anéantissement, auxquels sont exposés les individus ou les associations libres qui remplissent mal ou médiocrement leur tâche.

On fera peut-être ici quelques objections : on dira que, si l'État, considéré *in abstracto*, est soustrait à toute concurrence, les partis politiques qui se disputent l'État et qui le possèdent tour à tour sont, au contraire, dans la situation de concurrents constants et acharnés. Cela est vrai ; mais l'objection, pour n'être pas absolument dépourvue de portée, n'en a qu'une insuffisante. Ces partis en lutte sont bien des critiques sévères les uns des autres, des ennemis sans merci ; mais, en dehors des idées générales qu'ils servent et qui diffèrent, leurs procédés pratiques d'administration, leurs défauts qui tiennent à leur nature, sont, avec quelque diversité d'intensité, à peu près les mêmes.

Une autre objection plus fondée, c'est que la concurrence vitale existe pour l'État, sinon dans l'intérieur même de chaque État, du moins dans ses relations avec les états voisins ; elle se manifeste même de la façon la plus énergique, la plus dramatique, par la guerre, l'invasion, le démembrement ou l'annexion. Ici l'objection est exacte : la guerre est l'un des modes de la concurrence entre les États ;

il n'y a pas de doute que les peuples faibles, par vice d'organisation ou de direction, par lâcheté, ont été dans le passé la proie des peuples forts ; et, n'en déplaise à ceux qui rêvent la paix universelle, rien ne prouve qu'il en doive être autrement à l'avenir.

Mais ce mode de concurrence entre les peuples ne s'applique pas à l'ensemble de l'activité des nations ; il concerne une manifestation particulière de cette activité, l'organisation militaire et l'organisation politique, dont, en dépit des jugements superficiels, la première dépend essentiellement. Puis, ce genre de concurrence n'agit qu'à d'assez longs intervalles, qui n'ont pas une périodicité régulière ; on l'oublie, on le perd de vue ; il n'a sur la plupart des esprits que cette faible influence qu'exercent sur les natures peu prévoyantes les événements incertains et à échéance indéterminée.

Un publiciste ingénieux a supposé qu'on pourrait un jour instituer entre les États une concurrence permanente, palpable, toujours agissante : il la voyait naître déjà, en l'absence même de l'hypothèse de guerre : « L'idée de soumettre les gouvernements au régime de la concurrence, écrit M. de Molinari, est généralement encore regardée comme chimérique. Mais, sur ce point, les faits devancent peut-être la théorie. Le droit de sécession, qui se fraye aujourd'hui son chemin dans le monde, aura pour conséquence nécessaire l'établissement de la *liberté de gouvernement*. Le jour où ce droit sera reconnu et appliqué dans toute son étendue naturelle, la *concurrence politique* servira de complément à la concurrence agricole, industrielle et commerciale. » Et, plus loin, le spirituel auteur ajoute : « Pourquoi les monopoles politiques ne disparaîtraient-ils pas à leur tour comme sont en train de disparaître les monopoles industriels et commerciaux ? »

M. de Molinari est un des écrivains les plus subtils de ce temps. Il suffit de citer ce passage pour faire admirer son imagination. Mais le droit de sécession est loin de se frayer son chemin dans le monde : ni le Sonderbund en Suisse, ni les États confédérés en Amérique n'ont pu exécuter leur dessein ; l'Alsace-Lorraine a beau protester, il est peu probable que ses seules protestations, si persévérantes qu'elles soient, suffisent à briser son union forcée avec l'Allemagne.

Le droit de sécession existe, il est vrai, pour les individus isolés. Il se manifeste par la liberté d'émigration et par la nationalisation chez un autre peuple ; 100,000 ou 200,000 Allemands et presque autant d'Italiens usent chaque année de ce droit individuel. Mais l'usage en exige tant de résolution, tant de sacrifices, il comporte tant de souffrances ; on n'emporte pas sa patrie à la semelle de ses souliers, comme dit le vieux révolutionnaire. Puis, cette faculté d'émigration, dans des proportions aussi vastes, tient à une situation passagère du monde, à l'insuffisance de la population des contrées récemment découvertes : c'est là un fait transitoire.

Enfin, la concurrence dans la vie civile, commerciale ou industrielle, comporte la faculté pour un client de changer dix fois, vingt fois, de fournisseurs, de revenir même à ses premières amours. On ne conçoit pas un homme, au contraire, se faisant nationaliser successivement chez six ou sept peuples et revenant de temps à autre à sa nationalité primitive.

On doit donc arriver à cette conclusion : en dépit des luttes des partis politiques qui se jalousent, se critiquent, se calomnient et se disputent le pouvoir ; en dépit de l'éventualité de guerre qui menace toujours les nations faibles de devenir la proie des nations fortes ; en dépit encore de la faculté d'émigration et de nationalisation, qui implique celle de dénationalisation, la concurrence permanente, indéfinie, toujours aux aguets, n'existe pas pour les administrations publiques dans le sens et avec l'intensité qu'on lui trouve pour les entreprises individuelles ou celles des associations libres.

Nous avons énuméré les principales faiblesses, soit de l'État en général, soit de l'État moderne. Voilà pour lui bien des causes de modestie. S'il faisait chaque soir, en l'absence de tout flatteur, dans le recueillement qui lui est interdit, son examen de conscience, il devrait juger qu'il a bien des défauts, que sa nature est pleine de contradictions, d'incohérences, qu'il doit se montrer prudent, réservé, limiter son action à ce qui est indispensable. Mais non, l'État moderne est présomptueux, comme les enfants, comme les victorieux ; ceux qui le détiennent sortent d'une lutte acharnée, sans cesse renouvelée ; ils ont des sentiments de triomphateurs, ils ont aussi l'emportement des détenteurs précaires.

CHAPITRE III

COMPARAISON DE L'ÉTAT MODERNE ET DES SOCIÉTÉS ANONYMES.

Allégation que les vices de l'État moderne sont aussi ceux des sociétés anonymes qui aujourd'hui accaparent la production, page 77. — Première réponse à cette proposition : les entreprises personnelles et les sociétés en nom collectif ou en commandite tiennent une grande place dans l'organisation contemporaine, page 78.

Les sociétés anonymes diffèrent singulièrement, par leur constitution, de l'État moderne : ce ne sont pas des démocraties à personnel variable ; le suffrage y est censitaire. Les sociétés anonymes prospères se transforment en aristocraties ou en monarchies tempérées, page 78. — La permanence des personnes et des traditions est la règle habituelle des sociétés anonymes, page 79. — Droit et facilité de sécession pour les mécontents, page 79.

La bureaucratie des sociétés anonymes est plus souple et plus efficace que celle de l'État, page 80. — L'État moderne se place rarement, pour le choix de ses fonctionnaires, au seul point de vue technique, page 81. — L'État moderne a la prétention que le fonctionnaire lui appartienne tout entier, aussi bien ses opinions politiques que son intelligence, page 81. — Plénitude de liberté, en dehors de la sphère professionnelle, laissée aux employés des sociétés anonymes, page 82. — A la longue, le personnel de fonctionnaires de l'État moderne doit être inférieur à celui des sociétés anonymes bien conduites, page 82.

Élasticité des sociétés anonymes prouvée par la pratique des temps de crise ; l'organisme de l'État ne se prête pas aux mêmes économies soudaines, page 83. — Différence de situation d'une assemblée générale d'actionnaires et d'un parlement électif relativement aux employés et aux frais généraux d'administration, page 83. — Le népotisme des sociétés anonymes est moins dangereux que celui de l'État moderne, parce que les hautes fonctions sont plus permanentes dans les premières, page 84.

Toute entreprise privée qui se relâche est bientôt compromise ou éliminée : la réduction des dividendes ou la baisse des cours à la bourse est un avertissement bien plus efficace pour les actionnaires qu'un simple déficit budgétaire pour le Parlement, page 85.

Les conséquences des erreurs des sociétés anonymes ne portent que

sur ceux qui, au moins par négligence, s'y sont associés; les conséquences des erreurs de l'État portent même sur ceux qui les ont dé-
noncées et combattues, page 85. — Les erreurs de l'État sont des
erreurs totales, celles des sociétés anonymes sont presque toujours
partielles, page 86.

Règles générales qui résultent de ces considérations, page 87.

La responsabilité de l'État pour les fautes de ses agents est toujours
plus difficile à mettre en jeu que celle des sociétés anonymes : exemples,
page 87. — La nécessité de cultiver les habitudes d'action collective
libre, pour maintenir la souplesse du corps social, ne doit jamais être
perdue de vue, page 89.

Mode insidieux d'influence dont jouit l'État : l'exemple, page 89.
— Responsabilité énorme qu'endosse l'État de ce chef, page 90. —
Obligé d'agir toujours en grand, l'État multiplie les erreurs qui sont
si fréquentes dans les essais humains, page 91.

On dira que ces faiblesses ou ces vices, les grandes associations libres, les sociétés anonymes gigantesques, en sont
affectées au même degré que l'État.

C'est la prétention du socialisme contemporain que, la
production n'étant plus possible qu'en grand, celle-ci
échéant aux gros capitaux, qui, à leur tour, n'appartiennent
qu'à des groupements d'individus, il ne peut plus être question, dans le monde moderne, d'entreprises strictement individuelles, placées directement sous l'œil du maître, mais
seulement d'entreprises collectives gérées par des agents
salariés qui sont peu intéressés aux résultats généraux de
l'œuvre.

J'ai montré dans mon ouvrage : *le Collectivisme, examen
critique du nouveau socialisme*, combien ce raisonnement est
exagéré; il pèche doublement, d'abord par l'affirmation que
toute production doit désormais se faire en grand, ensuite
par l'assimilation, à bien des égards factice, des procédés
d'action des sociétés anonymes aux procédés d'action de
l'État (1).

_____

(1) Voir mon ouvrage *Le Collectivisme, examen critique du nouveau
socialisme*, 3me édition (Guillaumin, éditeur), passim et notamment pages

Sur le premier point, le maintien de la petite et de la moyenne industrie concurremment avec la grande, dans la plupart des sphères des entreprises humaines, l'agriculture, le commerce de détail ou de gros, la fabrication de tous les produits qui n'exigent pas des moteurs d'une énorme puissance, je n'insisterai pas ici ; cela me conduirait hors du sujet. Il est, au contraire, indispensable de montrer en quoi les méthodes de conduite des sociétés anonymes, si vastes soient-elles, diffèrent des méthodes que suit nécessairement l'État.

Les sociétés anonymes participent, sans doute, dans une mesure variable, des défauts de l'action collective; elles n'ont pas toujours l'absolue unité de direction des entreprises individuelles; ce n'est pas là, toutefois, leur principal vice, car les sociétés anonymes prospères sont presque toutes très concentrées; mais elles manquent, d'ordinaire, de la souplesse, de la rapidité de conception et d'exécution qui caractérisent les bonnes entreprises personnelles : elles font plus de place aux dépenses inutiles, à ce que l'on appelle le coulage; on va voir, cependant, que leur mode d'action diffère singulièrement de celui de l'État.

En premier lieu, les sociétés anonymes ne sont pas des démocraties à personnel variable ; elles procèdent du suffrage censitaire, car, pour jouir même d'une seule voix dans les assemblées, il faut posséder plusieurs milliers de francs d'actions; or, comme il est rare qu'une personne ait tous ses fonds dans la même affaire, on peut dire que, sauf quelques petites entreprises locales ou populaires, les sociétés anonymes n'ont pour associés jouissant du droit de suffrage que

---

347 à 358 ; voir aussi mon ouvrage : *Essai sur la répartition des richesses et la tendance à une moindre inégalité des conditions* (4me édition, Guillaumin), particulièrement le chapitre XII, consacré aux sociétés anonymes, pages 314 à 339.

des personnes possédant une certaine aisance et imbues de toutes les idées pondérées, de toutes les habitudes d'ordre et de patience, que l'aisance confère en général. En outre, les voix ne se comptent pas dans les assemblées par tête, mais jusqu'à une certaine limite, qui est assez élevée, en proportion de l'intérêt que chaque associé possède dans l'entreprise.

De ces circonstances et d'autres encore, — le prestige qu'exercent, dans une société de capitaux prospère, les fondateurs, la confiance que sont portés à leur accorder les actionnaires ayant en général d'autres besognes et étant dépourvus, — ce qui n'arrive pas dans les élections politiques, — de toute passion, il résulte que les sociétés anonymes qui réussissent se transforment en fait à la longue en aristocraties ou en monarchies tempérées.

Jetez les yeux sur les grandes associations de capitaux en France, en Angleterre et ailleurs, vous reconnaîtrez que la plupart ont une organisation aristocratique, quelques-unes presque monarchique. Ainsi, les grandes sociétés anonymes, celles qui méritent surtout qu'on s'occupe d'elles, sont à l'abri des changements violents ; elles professent pour la tradition, pour les règles établies, pour la continuité d'action, un respect qui forme un singulier contraste avec les tendances contraires dont l'État moderne est animé.

Ce qui aide à cette permanence des personnes et des règles dans les associations de capitaux, c'est la faculté qu'ont de les quitter les mécontents : ils peuvent à chaque instant, grâce à ces marchés appelés bourses, se dessaisir de leurs titres et devenir étrangers à une entreprise qui ne leur paraît plus menée suivant les bons principes. Le droit de sécession est donc de l'application la plus facile pour les associés des entreprises collectives libres sous la forme anonyme, tandis qu'il est excessivement difficile à exercer pour l'individu dans l'État.

La bureaucratie des sociétés anonymes, dans les mains de bons directeurs, est une bureaucratie beaucoup plus souple et beaucoup plus efficace que celle de l'État. Cela est incontestable, et cela tient à plusieurs causes. Ayant un but tout à fait spécial, se trouvant dégagées de toutes les considérations politiques ou religieuses, n'ayant pas à redouter le populaire électoral, assurées, d'ailleurs, de l'appui de leurs actionnaires toutes les fois qu'elles proposeront une économie, les sociétés anonymes jouissent d'une indépendance d'allures que l'État ne possède pas et ne peut pas posséder.

On peut médire de la bureaucratie : il n'en est pas moins vrai qu'elle est indispensable, et qu'il faut avoir l'esprit bien étourdi pour réclamer à la fois, comme le font tant de gens, l'extension des attributions de l'État et la suppression ou la réduction de la bureaucratie. Celle des sociétés anonymes est à la fois plus cohérente, plus prompte, plus agile que celle de l'État.

Rien d'abord ne gêne les sociétés dans le choix des directeurs et des chefs : l'État est gêné, en premier lieu, par la politique, qui lui dicte ou lui interdit certains choix, ensuite par les règles strictes que, pour éviter un favoritisme trop éhonté, il a dû édicter, pour l'entrée de certaines fonctions publiques, concours, grades, etc.

N'a-t-on pas entendu quelles clameurs se sont élevées depuis 1880 en France quand tel ministre, l'homme le plus populaire du pays cependant, prenait pour directeur des affaires politiques au ministère des affaires étrangères un homme rallié aux idées du jour, mais ayant eu autrefois des opinions contraires? De même, quand il s'agit de nommer un major général au ministère de la guerre et que l'on prononce le nom d'un officier auquel on attribue la plus grande capacité professionnelle, mais qui passe pour avoir des idées politiques différant de celles qui sont à la mode, n'y a-t-il pas un débordement de menaces et d'invectives qui arrête la nomination ?

Du grand au petit, et avec des degrés divers d'intensité, il en est presque de même à tous les échelons de l'organisation administrative de l'État moderne, de l'État électif. L'État se place rarement, pour ses choix, au simple point de vue technique : il est toujours influencé plus ou moins par des considérations de parti.

Il a la prétention que l'homme qui remplit un de ses emplois lui appartienne tout entier ; ce n'est pas seulement son travail professionnel qu'il veut, c'est son concours en toute circonstance ; il exige du fonctionnaire une conformité générale de manière de voir sur tous les sujets avec celle que l'État professe dans le moment : à peine consent-il à lui laisser sa liberté d'appréciation dans les questions de belles-lettres ou de beaux-arts ; mais il empiète sur ses opinions en matières religieuse, de philosophie ou d'éducation. Dans les grands centres, les fonctionnaires, cachés dans la foule, peuvent échapper à ce joug ; ils y sont rivés dans les petites villes et dans les campagnes (1).

(1) On sait que, en France, depuis une douzaine d'années, le joug que l'État fait peser sur ses employés est on ne peut plus lourd. Dans bien des localités, on demande la destitution des petits fonctionnaires parce que leurs femmes vont à la messe, à plus forte raison quand ils y vont eux-mêmes. Presque partout on les force à mettre leurs enfants aux écoles laïques publiques, leur enlevant la liberté de les envoyer aux écoles congréganistes privées. On leur interdit souvent la fréquentation de tel ou tel cercle, de tel ou tel café, l'affiliation à tel ou tel orphéon ou musique.

Bien plus, on leur ordonne de se réjouir ostensiblement dans telle ou telle circonstance, comme en témoigne l'avis suivant extrait du journal *Le Temps*, du 12 juillet 1888 :

« Le ministre de l'agriculture vient d'adresser la circulaire suivante aux divers fonctionnaires de son département :

« Monsieur,

« Les fonctionnaires des diverses administrations qui dépendent du

On peut admettre que cette sorte d'usurpation de l'État
sur la liberté du fonctionnaire, en dehors de la sphère professionnelle, est poussée plus loin aujourd'hui qu'elle ne le
sera plus tard : c'est une pure hypothèse ; en supposant que
l'État, qui n'a pas seulement en vue un but technique à atteindre, mais qui ne se dépouille jamais complètement de
ses idées ou de ses préventions politiques et autres, puisse
relâcher les liens dont il garrotte son personnel, il ne pourra
jamais lui assurer la plénitude de liberté, en dehors de la
sphère professionnelle, que donnent au leur les sociétés
privées. Celles-ci sont menées en général par des gens d'affaires, c'est-à-dire par des hommes qui naturellement ont
peu d'inclination au fanatisme, ne se soucient guère de com-
pliquer leur besogne en se mêlant de la vie privée et des
fréquentations de leurs subordonnés.

A la longue, personne n'aimant à être tenu en laisse et
à subir cette sorte de dégradation, il en résulte que le personnel des sociétés libres se recrute parmi de meilleurs éléments, plus compétents, plus appropriés à la fonction, que
le personnel de l'Etat.

ministère de l'agriculture n'ignorent pas qu'ils ne doivent négliger aucune
occasion de témoigner de leur dévouement absolu à la République.

« Je compte qu'ils participeront largement à toutes les manifestations
qui auront pour but de donner le plus grand éclat à la fête nationale
du 14 juillet, et je vous prie de porter cette lettre à leur connaissance.

« Agréez, etc.

« Le ministre de l'agriculture,
« VIETTE. »

Cela est écrit comme par Louis XIV. Ce morceau rappelle en outre la
phrase d'un vaudeville bien connu l'Ours et le Pacha : « le premier qui
ne s'amusera pas, dit le pacha, je lui ferai couper la tête. » Ainsi le fonctionnaire, même technique, doit toujours appartenir, aussi bien l'âme
que l'intelligence et le corps, au « gouvernement qui le paye ». Jamais
une société anonyme n'aurait l'outrecuidance d'émettre de semblables
prétentions, ou elle ne trouverait bientôt plus à recruter son personnel.
La société anonyme sauvegarde donc beaucoup plus la liberté individuelle de ses employés que l'État ne le fait pour les siens. Aussi finit-
elle par avoir un personnel d'employés bien supérieur.

La faculté qu'ont les sociétés, et dont l'Etat ne peut guère jouir, de faire porter leur choix pour les postes élevés sur les hommes qui paraissent les plus capables, en dehors de toute condition d'âge, de grade, de diplôme, n'est pas non plus un des minces avantages des sociétés libres. Le canal de Suez ne fut sauvé que par la drague à couloir de M. Lavalley; mais, simple ingénieur civil, M. Lavalley n'aurait pu être placé par l'État à la tête d'un service départemental ou à la direction d'un port, et, quant à sa drague, il lui aurait fallu bien des années pour la faire adopter par les conseils divers des ponts et chaussées.

Où se montre avec éclat l'élasticité des associations libres, c'est dans les temps de crise. Il faut alors plier les voiles, restreindre les dépenses. Les sociétés anonymes le peuvent et le font avec rapidité et sûreté : l'organisme de l'État ne se prête guère à des réductions de ce genre.

De 1882 ou 1883 à 1888, les grandes compagnies de chemins de fer, par exemple, émues de leurs moins-values de recettes, s'ingénient à faire des économies, et elles arrivent à restreindre leurs dépenses, l'une de 7 ou 8 millions par an, l'autre de 5 ou 6, toutes ensemble d'une quarantaine. Elles n'engagent plus un seul employé nouveau, elles font redescendre au rang de chauffeur des mécaniciens, à celui de simple auxiliaire des chauffeurs. Les sociétés de crédit en font autant; plusieurs suppriment un grand nombre de leurs succursales inutiles, restreignent de moitié les locaux qu'elles occupent.

Ainsi, la déperdition des forces devient moindre, et les crises pour les sociétés anonymes produisent leur effet utile (car elles ont des effets utiles) : celui d'une revision générale de toute l'administration et de l'élagage de tout ce qui est superflu, parasite et morbide.

L'État, surtout l'État électif, est dans l'impossibilité d'agir de même. C'est à propos du budget de l'Etat qu'a surgi la théorie qu'il est incompressible. Il y a, du moins, de grandes difficultés à le comprimer. Tous ceux qui en vivent étant électeurs usent, pour empêcher toute réduction, de leur force électorale, qui, parce que les appoints peuvent se faire payer très cher, est parfois considérable. Aussi voit-on les députés, même dans les temps de déficit, demander des augmentations de traitements pour les employés de différentes natures :, cantonniers, facteurs, instituteurs, douaniers, etc. Jamais, dans une assemblée générale d'actionnaires, les membres ne firent des propositions de ce genre.

S'agit-il de supprimer un établissement coûteux et inutile, un tribunal sans affaires, une école sans élèves, un bureau de poste sans clientèle, l'opposition sera des plus vives. C'est que l'État ou ceux qui parlent en son nom ne se placent jamais au simple point de vue technique : de là son infériorité pour les tâches professionnelles, qui peuvent être remplies à la fois par lui et par des sociétés libres.

On pourrait reprocher à ces dernières associations d'avoir les défauts de leurs qualités : étant, nous l'avons dit, constituées plus ou moins comme des aristocraties ou des monarchies tempérées, elles peuvent se rendre coupables de favoritisme ou de négligence.

Le népotisme n'est certes pas étranger aux sociétés libres ; mais ses résultats y sont moins pernicieux, en général, que dans les administrations d'État. Précisément parce qu'il y a plus de permanence dans l'administration et la direction des grandes associations de capitaux, que les chefs y sont à la fois peu nombreux et permanents, on ne voit pas ces couches diverses de favoris qui viennent se superposer les unes aux autres dans les administrations d'État, à chaque changement de ministres ou de direction parlementaire. Le népotisme y est, en quelque sorte, plus endigué, parce qu'il ne se représente pas à chaque instant par la succession rapide de ceux qui pourraient l'exercer.

Quant à la négligence, à l'incurie, certes, il s'en rencontre dans les sociétés anonymes comme partout. Mais ici se présentent deux observations importantes : la première, c'est que la concurrence est incessante pour les sociétés anonymes.

Toute entreprise privée qui se relâche, alors qu'elle n'est pas constituée en monopole, s'achemine à une destruction rapide dont les directeurs et le public sont bientôt avertis. Les inventaires de fin d'année, les dividendes qui se réduisent ou qui disparaissent, les cours des titres qui fléchissent, sont autant d'avertissements précis. La concurrence ne laisse pas un moment en repos la généralité des entreprises privées. Bagehot, dans son pénétrant ouvrage, *Lombard-Street*, a montré d'une façon saisissante les avantages que détiennent, par exemple, à certains points de vue, pour la hardiesse des opérations, les jeunes maisons de banque relativement aux grandes maisons plus anciennes. L'avertissement que donnent aux administrateurs négligents les divers symptômes que nous venons d'indiquer est autrement énergique et précis que les vagues embarras d'un budget d'État; l'émotion causée parmi les actionnaires est bien plus forte que celle que les contribuables ressentent des déficits.

Il peut arriver, toutefois, qu'une direction ou une administration privée incapable ne se laisse pas suffisamment stimuler par la concurrence : l'entreprise mal conduite finit par être éliminée; ce n'est qu'une affaire de temps.

La routine absolue, non plus que le gaspillage persistant, ne peuvent se prolonger indéfiniment dans une entreprise libre. C'est à courte échéance la mort pour l'entreprise, la

perte pour les associés. Du moins, cette perte ne tombe-
t-elle que sur ceux qui ont eu foi dans l'œuvre, non pas sur
le public en général. On a monté à grands fracas de publicité telle ou telle entreprise de travaux : beaucoup de gens
ou perspicaces ou prudents l'ont considérée comme trop
aléatoire, ils n'ont pas eu confiance dans la direction ; ils se
sont abstenus ; la perte ne les touche pas ; c'est justice.
Ceux qui supportent la perte, ce sont les hommes qui, par
légèreté, par avidité, n'ont pas voulu se contenter des placements simples et sûrs, et, se lançant dans l'aléa, n'ont pas
eu assez de discernement pour bien juger d'une affaire
chanceuse ; ils sont à plaindre, mais ils avaient commis une
imprudence.

Au contraire, l'État entreprend contre tout bon sens un
plan extravagant de travaux publics ; je vois la folie, je la
dénonce à l'avance ; beaucoup d'autres hommes en font
autant, mais ils ne sont pas en majorité : 3 milliards ou
4 milliards sont gaspillés dans des œuvres improductives,
et nous les sages, les prévoyants, nous voyons nos budgets
particuliers grevés d'un surcroît d'impôt de plusieurs dizaines
de francs par an, ou de plusieurs centaines ou même de
plusieurs milliers, suivant nos fortunes, pour des entreprises contre lesquelles nous avons protesté, les sachant
insensées. On dira que c'est là une application du principe
de la solidarité nationale, mais il est aisé de prévenir la dure
et inique application de ce principe, en laissant aux entreprises libres ces œuvres contestées et sur lesquelles l'opinion publique se divise.

Les erreurs de l'État sont toujours des erreurs totales,
j'entends par là que, l'action de l'État s'étendant par voie de
contrainte légale et de contrainte fiscale à tout le territoire
et à tous les habitants, nul ne peut échapper aux résultats
des fautes qu'il commet. Les erreurs des sociétés anonymes,

au contraire, sont des erreurs partielles ou n'ont que des effets partiels; les conséquences directes n'en sont subies que par ceux qui s'y sont associés; les hommes perspicaces ou prudents n'en souffrent pas ou en souffrent peu.

Ajoutons que, plusieurs sociétés anonymes en général se disputant, dans chaque branche d'industrie, le même champ d'action, il est rare que toutes commettent à la fois la même faute; la rivalité même qui les anime fait qu'elles ne suivent pas exactement les mêmes méthodes et ne pratiquent pas au même moment les mêmes procédés. L'État, au contraire, qui ne peut agir que d'une façon uniforme, intensifie nécessairement et porte au maximum les engouements, les entraînements, les partis pris, quand l'esprit public y dispose.

Des explications qui précèdent, il nous semble ressortir clairement les règles suivantes :

En vertu de sa supériorité au point de vue de la conception, de l'invention, de l'aptitude aux modifications fréquentes, aux expérimentations variées, l'action individuelle doit être, *à priori*, préférée à celle de l'État pour toute entreprise susceptible de rémunération.

Cela ne veut pas dire que certains grands services dont on doit désirer, à un point de vue de civilisation générale, qu'ils embrassent absolument tout le territoire, comme les postes ou les télégraphes, ne doivent pas être exercées par l'État. Encore, pour les télégraphes du moins, ce monopole de l'État a-t-il des inconvénients considérables : le secret des télégrammes est beaucoup moins gardé par l'État que par les sociétés privées; on a vu, dans ces derniers mois, en France, des plaintes très graves à ce sujet s'élever de partis politiques divers. La responsabilité pécuniaire de l'administration télégraphique de l'État, pour ses erreurs et pour ses fautes, n'existe pas. Chaque papier télégraphique en France

prend soin de nous avertir que, en vertu de la loi, l'administration télégraphique est irresponsable. Elle peut, par
une erreur de transmission, causer un préjudice de plusieurs
milliers de francs ou de dizaines de mille francs à un particulier, et elle se refuse à accorder une réparation quelconque. Des arrêts des cours lui ont reconnu cette immunité abusive pour des dépêches relatives à des opérations
de bourse.

Placé en face d'une administration d'État, l'individu se
heurte toujours à une bureaucratie hautaine, plus ou moins
irresponsable, à des lois qui dérogent au droit commun, à
des juridictions particulières et plus ou moins partiales.
Aussi l'on ne saurait rendre trop rares les exceptions à la
règle qui recommande de confier à l'action individuelle les
services, quels qu'ils soient, susceptibles de rémunération.

L'association volontaire, les sociétés libres, de toute taille
et de toute forme, en vertu de la flexibilité dont elles
jouissent, de la rapidité aux adaptations successives, de la
part plus grande qu'elles font à l'intérêt personnel, à l'inno-
vation, de leur responsabilité mieux définie à l'égard de
leur clientèle, de la concurrence aussi qu'elles subissent et
qui les stimule, doivent être préférées à l'État pour tous les
services qui sont susceptibles d'être défrayés tant par celui-
ci que par celles-là.

L'État étant un organisme d'autorité qui use ou menace
de contrainte, toutes les fois que l'on peut parvenir à des
résultats à peu près équivalents par la voie de la liberté,
cette dernière doit avoir la préférence.

Alors même que l'on concevrait que l'État pût, dans certaines circonstances, momentanément, organiser un service
d'une manière plus générale, peut-être plus complète, que
les sociétés libres, ce ne serait pas une raison suffisante
pour se prononcer en faveur de l'action de l'État. C'est ici,

en effet, qu'il importe de s'élever à une vue synthétique de la société, au lieu de n'en considérer que les parties isolées et comme au microscope. La liberté, les entreprises privées, les habitudes d'action collective volontaire, contiennent en effet des germes de vie et de progrès qui ont une importance générale bien supérieure pour le milieu social au simple perfectionnement technique de tel ou tel détail secondaire.

Il n'importe pas seulement d'atteindre dans le temps présent et avec rapidité tels ou tels résultats matériels, sous le rapport de l'assurance par exemple ou de l'assistance, il faut encore conserver à toutes les forces sociales, autant que possible, une certaine énergie et spontanéité de mouvements. Un homme n'a pas seulement à se préoccuper de l'exécution de sa tâche de chaque jour ; il doit aussi veiller à ce que tous ses organes, tous ses muscles, tous ses nerfs restent disponibles, aptes à l'action, à ce qu'aucun ne s'atrophie, de façon qu'il ne puisse plus en retrouver l'usage au moment où il lui serait nécessaire.

De même pour les sociétés humaines : mieux vaut que la vie et l'initiative soient diffuses dans tout le corps social que d'être concentrées dans un seul organe qui dispose d'un pouvoir infini de contrainte et d'un pouvoir infini de taxation.

Outre la contrainte législative, outre la taxation, qui est une autre forme de la contrainte, l'État jouit d'un autre moyen d'influence sur la société : l'exemple. C'est là un mode d'action qui soulève moins de critiques que les deux autres ; il ne laisse pas que d'être insidieux et, quand l'État ne met pas à l'exercer une suprême discrétion, de jeter une perturbation funeste dans les relations sociales.

Cette puissance des exemples donnés par l'État grandit chaque jour : l'action indirecte de l'État, en dehors des injonctions législatives, en dehors aussi de la levée des impôts, est à certains égards plus sensible dans les sociétés

modernes que dans les anciennes. L'homme a toujours été
porté à l'imitation : la foule a toujours eu les yeux levés
vers ceux qui occupent des positions éminentes, pour reproduire dans sa vie journalière et commune quelques-uns
des traits de leur conduite.

Mais ce n'est pas là le secret de l'autorité toute nouvelle
des exemples donnés par l'État. C'est que l'État moderne est
devenu le plus grand consommateur, le plus grand faiseur
de commandes, le plus grand « employeur de travail » qui
soit dans une nation. Pour les besoins de la défense nationale, c'est-à-dire de ces deux formidables et progressives
industries, la guerre et la marine; pour les travaux publics
gigantesques dont sa trinité de pouvoir central, pouvoir
provincial et pouvoir municipal s'est chargée à l'excès;
pour tous ces services qu'il a plus ou moins accaparés,
postes, télégraphes, éducation, etc., l'État dépense en
France, déduction faite des intérêts des dettes nationales et
locales, 3 milliards à 3 milliards 1/2 par an, à l'ordinaire et
à l'extraordinaire (un extraordinaire permanent); c'est certainement plus du dixième de l'ensemble des dépenses publiques et privées, de tous les citoyens, et ce sont les dépenses les plus ostensibles, celles qui frappent le plus les
yeux. Si l'État se met à décider que dans ses ateliers on ne
travaillera plus que huit ou neuf heures, s'il impose à ses
fournisseurs l'observance de la même durée de la journée;
si, par voie de simples règlements intérieurs, il lui plaît
d'édicter que certaines combinaisons plus ou moins nouvelles et plus ou moins contestées, comme la participation
aux bénéfices ou la coopération, devront être pratiquées par
toutes les maisons industrielles qui sont en rapport avec
lui; s'il fixe pour les ouvriers qu'il occupe ou pour ceux des
aleliers auxquels il fait des commandes un taux de salaire
qui diffère de celui qui est en usage; il est clair que ces

exemples de la part d'un consommateur aussi gigantesque, d'un client aussi prépondérant, auront un poids énorme dans l'ensemble de la nation.

Les fantaisies et les caprices de l'État, alors même qu'ils ne revêtent pas la forme d'injonctions générales, de lois, se répercutent ainsi avec une intensité profonde dans tout le corps social. Ces exemples de l'État, donnés avec beaucoup de discrétion et de réflexion, peuvent parfois être utiles ; il y a plus de chance qu'ils soient perturbateurs.

L'État, quand il se prend ainsi à fournir des modèles aux particuliers, des types d'organisations qu'il croit progressives, endosse, souvent à la légère, une responsabilité très grave : d'abord il n'agit pas avec des ressources qui lui sont propres, mais avec des ressources dérivées, prélevées sur autrui, de sorte que, même lorsqu'elle est absente en apparence, la contrainte fiscale se trouve toujours au bout de ces expériences ; ensuite, il ne jouit pas d'une liberté complète, d'une absolue indépendance de jugement, parce que le joug électoral et toutes les servitudes mentales qui en découlent pèsent, sans en excepter un instant, sur ceux qui représentent l'État moderne. Enfin, obligé d'agir toujours en grand et avec uniformité, il multiplie les erreurs qui sont si fréquentes dans les essais humains.

LIVRE III

LES FONCTIONS ESSENTIELLES DE L'ÉTAT. SA MISSION DE SÉCURITÉ ET DE JUSTICE, DE LÉGISLATION ET DE CONSERVATION GÉNÉRALE.

CHAPITRE PREMIER

COUP D'ŒIL GÉNÉRAL SUR LES FONCTIONS DE L'ÉTAT DANS SES RAPPORTS AVEC SA NATURE.

Une tâche énorme, une tâche même croissante, d'une façon absolue, sinon relative, incombe cependant à l'État. Il n'est pas exact, comme l'a écrit un philosophe (1), que « l'État doit travailler à se rendre inutile et préparer sa démission ».

Il doit seulement éviter de se disperser et de s'éparpiller, ce qui est tout différent ; il doit s'imposer aussi des règles de modestie et de circonspection, comme le font les particuliers sagaces, avec d'autant plus de soin même que les fautes d'un homme privé ne pèsent guère que sur lui, tandis que les fautes de l'État pèsent surtout sur autrui, c'est-à-dire sur tous les individus, non seulement en tant que membres de la collectivité, mais en tant que personnes isolées.

Les fonctions essentielles de l'État dérivent de sa nature même. L'un des caractères de l'État, c'est de représenter l'universalité du territoire et l'universalité des habitants d'un pays, c'est d'avoir une pensée et une action qui, au besoin avec le secours de la contrainte, se font partout obéir ; il en résulte que l'État est chargé de pourvoir aux besoins communs de la nation, c'est-à-dire à ceux qui ne peuvent être satisfaits convenablement sous le régime de l'initiative individuelle, qui réclament le concours absolu et préalable de tous les citoyens.

On a distingué avec raison les besoins communs et les besoins généraux. Les besoins généraux sont ceux qui existent pour tout le monde, comme de boire, manger, se divertir ; les individus ou les groupements libres et souples qu'ils constituent à leur gré peuvent parfaitement y pourvoir. Les besoins communs sont ceux qui ne peuvent être complètement satisfaits que par l'action de la communauté même, parce que toute opposition individuelle, fût-elle limitée, y fait obstacle : ainsi la sécurité, la préservation contre certaines maladies contagieuses, le service de la jus-

(1) M. Jules Simon.

tice. L'appareil obligatoire, coercitif, est ici de rigueur. Si l'État ne s'en chargeait pas, il faudrait que des particuliers ou des sociétés privées le constituassent, empiriquement, partiellement, insuffisamment.

Une certaine intervention dans la préparation, sinon dans l'exécution des travaux publics, rentre aussi dans les besoins communs de la nation : je veux parler de l'exercice du droit d'expropriation, qui ne peut être confié qu'à l'État.

On a souvent confondu, à tort, les besoins généraux, relevant de l'initiative privée, et les besoins communs, relevant, par leur nature, de la communauté. C'est une faute de ce genre que l'on commettait, il y a quelques années, dans l'État de Zurich, quand on consultait le peuple pour la constitution en monopole du commerce des grains. Les électeurs zurichois, souvent mal inspirés, eurent le bon sens de repousser aux deux tiers des suffrages cette proposition socialiste. Le socialisme consiste proprement à dépouiller l'individu d'une partie des fonctions qui lui appartiennent naturellement pour les conférer à l'État.

De tous les besoins communs d'une nation ou même de l'humanité, celui de justice est, après celui de sécurité, le plus considérable. Sécurité et justice ne sont pas identiques. Le second terme est beaucoup plus vaste.

L'État est, par essence, le définisseur des droits et des responsabilités juridiques; c'est un rôle énorme qui lui incombe; nous verrons dans quel esprit, par quelle méthode, avec quelle prudence, il s'en doit acquitter.

Un autre caractère de l'État, c'est qu'il possède la perpétuité, ou qu'il est censé la posséder. Il dure des séries de siècles Il doit donc représenter les intérêts perpétuels et les sauvegarder contre l'imprévoyance des intérêts présents. C'est une des fonctions les plus importantes de l'État.

L'individu, ou plutôt un grand nombre d'individus, les

moins prévoyants, ceux qui se possèdent le moins eux-
mêmes, cèdent souvent à la tentation des jouissances immédiates, et leur sacrifient un bien-être futur. Quand ils ne se
lèsent ainsi qu'eux-mêmes, l'État n'a pas en général à intervenir. Mais quand ils détériorent les conditions générales
d'existence de la nation dans l'avenir, l'État manque à son
évidente mission en s'abstenant.

L'État représentant ainsi la perpétuité, divers devoirs
nombreux en découlent pour lui, parfois d'action, plus souvent de contrôle. Il est fort rare que l'État moderne s'en
acquitte bien. Cependant, il a supprimé, souvent par jalousie, la plupart des grandes corporations durables qui autrefois suppléaient à son abstention.

L'État est le gardien naturel, le protecteur des êtres faibles qui sont destitués d'appui. C'est un devoir auquel l'État
moderne n'a aucune tendance à se dérober. Il tend même
à s'en exagérer l'étendue. Il n'est pas tenu de procurer le
bonheur universel. Cette mission de l'État comporte des difficultés très grandes d'application ; quand on y mêle une
sentimentalité excessive, quand on perd de vue la nature des
choses qui veut que chacun soit responsable de ses faiblesses et en souffre, on risque d'énerver la société et de la
rendre moins apte au progrès.

L'État enfin, dans une mesure très variable, suivant les
temps, les lieux, peut prêter un concours accessoire, secondaire, au développement des œuvres diverses qui composent la civilisation et qui émanent de l'initiative individuelle ou des groupements libres d'individus.

Il n'échappera pas au lecteur que, tandis que les premières fonctions que nous venons d'indiquer, la sécurité, la
conservation des conditions favorables du milieu physique
où se meut la nation, sont susceptibles de beaucoup de précision et de netteté, les deux dernières, au contraire, la pro-

tection des faibles, le concours accessoire donné aux œuvres civilisatrices, ne peuvent être déterminées avec la même rigueur. Il y a là une part d'appréciation variable, et c'est surtout de ce côté que l'État, dans sa trinité de pouvoir central, de pouvoir provincial et de pouvoir local, se livre à des envahissements qui le font sortir de son rôle.

Un examen rapide des divers services dont les États modernes se sont encombrés pourra seul, en l'absence d'une règle théorique absolue, impossible à formuler, faire pressentir les limites que doit observer l'État. Au degré de civilisation où nous sommes parvenus, plus menacés de déchoir par une contrainte gouvernementale étroite que de rester en arrière par l'inertie individuelle, un excès d'abstention offre beaucoup moins de périls qu'un excès d'intrusion.

CHAPITRE II

LE SERVICE DE SÉCURITÉ.

La première fonction de l'État, c'est de garantir la sécurité : la sécurité collective de la nation, la sécurité particulière de l'individu et de ses droits.

Sur ce point, il n'y a pas de contestation de principe. L'application prête à plus de difficultés.

Il y a, comme je viens de le dire, deux sortes de sécurité, l'une contre tout danger extérieur, l'autre contre les désordres intestins. La première a été considérée de tout temps comme la tâche la plus essentielle de l'État. Il importe, en effet, par-dessus tout, que la nation vive, conserve ses limites, ne soit assujettie à aucune oppression, à aucun tribut vis-à-vis de l'étranger, qu'en outre elle ait une suffisante confiance dans l'organisation de ses forces pour n'être distraite de ses tâches quotidiennes par aucune panique.

C'est pourquoi le gouvernement est toujours apparu aux peuples comme étant d'abord un appareil militaire et diplomatique.

Quelques nations jeunes, placées dans des conditions spéciales qui ne seront peut-être pas éternelles, les États-Unis d'Amérique, par exemple, n'ayant pas de voisins, semblent échapper à cette destinée commune des nations. Il serait téméraire de dire que ce sera pour toujours. Ces pays jouissent, en ce moment, par ces circonstances d'origine, de cet inappréciable avantage de pouvoir consacrer moins d'efforts, moins d'esprit de suite, à leur armée, à leur marine, à leur diplomatie. Cette exception ne doit pas nous paraître un modèle. Il serait fou de notre part de prétendre la copier (1).

Tout ce qui, dans la constitution de l'État, porte atteinte à la cohésion des forces nationales, à leur préparation en temps de paix, à la continuité des vues dans l'armement et dans la direction politique extérieure, doit être considéré comme contraire à la notion même de l'État, comme périlleux pour la nation.

Il semble malheureusement que l'État moderne, c'est-à-dire l'État électif à outrance, sans réserve, sans contre-

---

(1) On aperçoit déjà dans les actes récents du gouvernement américain, notamment dans le premier message du nouveau président, M. Harrisson, une tendance à prendre une part plus grande aux différentes affaires qui concernent non seulement le nouveau monde, mais l'ancien. On remarque un penchant analogue dans les colonies australiennes. C'est une erreur de considérer ces sociétés jeunes comme arrivées à un état de constitution définitive : elles sont encore à l'âge de l'enfance ou de l'adolescence ; leur maturité les rendra beaucoup plus analogues aux États Européens. (Note de la 1re édition.) Voir plus loin, page 106.

poids, l'État incessamment variable dans son personnel, dans
ses institutions, dans ses idées générales, dans ses conceptions techniques, l'État se concevant lui-même comme « un
provisoire perpétuel », l'État reniant toute tradition, l'État
se proclamant un parvenu, plaçant sottement son entrée
dans le monde à cent ans en arrière, au lieu de vingt siècles, comme il le pourrait et le devrait, il semble qu'un pareil État, précaire, flottant, toujours en mutation, compro-
mette singulièrement la force, sinon dès le premier jour, du
moins à la longue, de cet appareil militaire et diplomatique,
dont la faiblesse pourrait le livrer en proie aux appétits des
peuples rivaux.

Au lieu d'un ministre de la guerre en dix ou quinze ans et
d'un major général, ayez-en vingt successifs; au lieu de
choisir les généraux pour leurs connaissances professionnelles, prenez-les pour leurs opinions, soit politiques, soit
religieuses, soit philosophiques; au lieu de considérer le recrutement de l'armée pour le maximum de force qu'il peut
conférer au pays, avec le minimum de perturbation dans les
carrières civiles essentielles, faites-le dépendre de rancunes
électorales, de flatteries pour de vils préjugés populaires;
ayez un jour un ministre de la marine qui méprise les cuirassés, s'éprend des torpilleurs et veut couvrir la mer de
ces derniers; le lendemain, un autre ministre qui dédaigne
les torpilleurs et ne veut plus entendre parler que de cuirassés; supprimez de votre politique extérieure toute tradition
et tout plan; au lieu d'un homme réfléchi, circonspect, mais
ferme en ses desseins, soyez, au point de vue extérieur,
comme une femme capricieuse, mobile, à qui personne
n'ose se fier, il est clair que vous ne remplirez pas la fonction de l'État au point de vue de la sécurité (1).

(1) La guerre de 1870-71 a donné des preuves éclatantes de cette infirmité de l'État moderne, au point de vue défensif: d'une part, la marche

C'est un aveu triste à faire, l'État moderne offre des garanties médiocres pour la défense même de la nation (1). Certains esprits en prennent leur parti en se disant que, tous les États devant tôt ou tard se moderniser et se livrer pieds et poings liés au régime électoral absolu, les conditions seront les mêmes pour tous et que l'infériorité n'existera plus pour aucun.

Ce raisonnement ne serait qu'à moitié juste : il faudrait encore tenir compte du tempérament des peuples, de ce qu'on appelle la lourdeur de certains, qui n'est que circonspection, patience, persévérance, esprit de suite; ceux-là useraient peut-être du régime électif pur en le rendant moins mobile et moins variable. Or, ce n'est jamais ni aux peuples ni aux hommes légers que le monde a appartenu; c'est à ceux qui savent concevoir en silence et suivre de longs desseins.

D'autres trouvent leur consolation dans cette espérance que les conditions de l'humanité vont changer soudain. On l'a connue batailleuse pendant les quarante ou cinquante siècles de son existence consciente; comme si les lois de l'habitude n'existaient plus, elle va en un clin d'œil se faire

aventureuse sur Sedan qui ne fut décidée que par la crainte que le retour de l'armée sous Paris y provoquât des troubles; de l'autre part, la révolution du 4 septembre, c'est-à-dire la destruction du gouvernement au moment même où il eût été le plus indispensable que toute la nation se serrât autour de lui. Un peuple qui abandonne ses chefs, au moment des désastres, se prive des principales chances de réparer ses échecs. Or, il est singulièrement difficile à l'État reposant sur l'élection de ne pas être jeté en pleine crise et en plein désarroi au premier revers sérieux.

(1) L'État moderne, où le principe électif n'a presque pas de contrepoids, développe dans les proportions les plus exubérantes, l'abus des recommandations, en ce qui concerne l'armée, pour les congés, les permissions, les exemptions de service, etc. Les chefs techniques ont la plus grande difficulté à résister au torrent de demandes dont les accablent les sénateurs, députés, maires, etc. Les ministres, qui n'ont ni stabilité ni indépendance, sont en général plus ou moins forcés de se prêter à cette progressive désorganisation.

pacifique à tout jamais. Le vieux dicton : *Homo homini lupus* va se transformer, sans transition, en celui-ci : *Homo homini ovis.*

Cette prévoyante sagesse pourrait bien anticiper de toute une série de siècles sur l'avenir. Les raisons de querelles survivent, quoi qu'on en dise, entre les peuples modernes : questions de frontières, questions de commerce mal comprises, questions d'infiltration des étrangers d'un pays dans un autre et du régime qui leur est fait, questions de densité inégale de population et de diversité de richesse des territoires (1).

Puis, à l'intérieur même, le frémissement des appétits des diverses classes sociales, leurs ambitions pour une vie large et oisive, les convoitises qu'excite le pouvoir, voilà bien des raisons, ce semble, pour qu'on ne regarde pas comme suranné l'appareil militaire dont le maintien et l'affermissement ont été longtemps considérés comme la principale fonction de l'État.

La sécurité pour les particuliers et leurs droits ne vient qu'au second rang, après la sécurité pour la nation elle-même. Ce service s'est singulièrement développé chez les peuples modernes. Il est infiniment plus vaste qu'on ne le suppose au premier coup d'œil. Il s'accroît en intensité et en précision ; il varie, en outre, à l'infini.

---

(1) Ces deux dernières questions peuvent, à la longue, prendre une grande acuité. Les peuples riches ont la prétention de gêner l'immigration provenant des pays pauvres, de mettre des taxes sur les étrangers et de les assujettir à des formalités plus ou moins vexatoires. Il y a là un péril sérieux, qui se manifestera surtout le jour où, le nouveau monde étant plus densement peuplé, une plus forte partie de l'excédent de population des contrées prolifiques se dirigera vers les contrées riches à population moins dense. Si l'on veut empêcher cette infiltration, on risque de faire reparaître les migrations en grandes masses à main armée. De même, si un pays riche ne sait pas s'assimiler par les bons traitements et la naturalisation les étrangers pauvres qui affluent dans son sein. Les motifs de querelles abondent de ce côté.

En tant qu'intensité, on peut juger par les quelques chiffres qui suivent de la diversité des efforts faits à diverses époques. Au milieu du xvi⁰ siècle, en 1539, le guet de Paris se composait d'une compagnie, comprenant 20 sergents à cheval et 40 à pied. Sous Henri II, en 1559, il s'était développé et comptait 240 hommes, dont 32 à cheval. Il se compose, sous Colbert, de 120 cavaliers et 160 fantassins ; sous Louis XV, en 1771, le nombre des premiers s'élève à 170 et celui des seconds à 870. Aujourd'hui, d'après les comptes de la ville de Paris, les divers services de sécurité municipale occupent plus de 12,000 hommes, gardiens de la paix, gardes municipaux, pompiers, etc. C'est douze fois plus qu'à la fin du xviii⁰ siècle ; la population a, il est vrai environ quintuplé.

La loi économique que, avec le développement de la population, chaque service devient moins coûteux, n'a pas trouvé ici d'application. Elle a été tenue en échec par deux autres lois : l'une, que plus une agglomération humaine est vaste, plus les tentations aux crimes et aux délits et les facilités d'en accomplir s'accroissent ; l'autre, que, plus la population est civilisée, policée, plus elle devient exigeante dans ses raffinements, s'irritant contre chaque trouble, chaque retard, chaque gêne, que les peuples primitifs supportent avec impassibilité.

Le service de la sécurité s'est également beaucoup accru en variété : il s'étend à une foule d'objets autres que la protection immédiate des personnes et des biens. Il se fait souvent préventif et s'efforce d'éloigner les dangers communs, comme les épidémies ; il prend des précautions de toute sorte. Il y aurait beaucoup à dire à ce sujet, certaines nations péchant de ce côté par négligence, d'autres par un excès d'intrusion, par des règles qui reposent sur des observations incomplètes ou trop promptement généralisées. Cela

nous entraînerait dans un détail infini. Nous trouverons
l'occasion de revenir plus tard sur quelques-unes des fautes
ou quelques-uns des abus de l'État (pouvoir central ou pouvoir municipal) en cette matière. La fonction de sécurité
générale dont est chargé l'État entraîne, dans l'application,
des problèmes dont la solution est singulièrement délicate ;
celle du régime pénitentiaire, par exemple, celle aussi de la
déportation des criminels.

Depuis que l'on a abandonné la pratique sauvage des anciennes civilisations, qui, allant au plus pressé, se contentaient de tuer les coupables ou de les enfermer, sans plus
s'occuper d'eux, l'État se trouve en présence des questions
les plus complexes et les plus embarrassantes. Au Maroc
encore et dans la plupart des pays musulmans, on jette les
criminels en prison, quand on ne leur coupe pas la tête, et
dans les geôles infectes où l'on les tient, on ne se charge
même pas de les nourrir, ce soin revenant à leur famille :
dans le même pays encore et dans d'autres fort éloignés,
comme la Chine, on les laisse parfois en liberté, mais on leur
coupe quelque membre, ou l'on les met dans des entraves,
dans une cangue, et ils s'en vont mendiant, incapables de
nuire, mais incapables aussi de travailler.

Nos sociétés civilisées, qui, par un sentiment élevé d'humanité, veulent traiter avec charité les criminels, pourvoir
convenablement à leurs besoins, leur procurer du travail,
les moraliser même, assument avec raison, à l'honneur de
notre civilisation, une tâche des plus délicates. La plupart,
toutefois, n'y apportent qu'un soin distrait, les gouvernements étant absorbés par d'autres objets qui sont moins de
leur compétence.

On conçoit, ainsi, comment le service de sécurité qui
incombe à l'État s'est développé, non seulement depuis
dix ou vingt siècles, mais même depuis cinquante ans. A

considérer comme type la nation qui a passé longtemps
pour la plus économe, la Grande-Bretagne, les dépenses de
la magistrature, de la police et des prisons (*law and justice*)
ne demandaient au pouvoir central que 5 millions de francs
en 1817, 8 millions 1/2 en 1837 : on les voit soudainement
absorber 62,500,000 francs en 1857, puis 80 millions en 1867,
122 millions en 1877, et enfin, en chiffres ronds, 200 millions de francs en 1887.

Certains indices, toutefois, semblent démontrer que ce
service de sécurité, qui a tellement gagné en étendue et en
intensité chez les peuples modernes, souffre par certains
côtés, subit des atteintes qui pourraient être graves, qu'il
tend à revenir, par certains points, à la barbarie primitive.

Que dirait, par exemple, Richelieu, le proscripteur des
duels, si, revenant en ce monde, il contemplait son successeur, premier ministre en exercice, et le ministre de la
guerre de la veille, en train de se couper la gorge, sous l'œil
complaisant du directeur de la sûreté générale faisant le
guet pour écarter la police ?

Que diraient aussi nos anciens jurisconsultes s'ils assistaient à tous ces extraordinaires acquittements de gens qui
se tuent ou se blessent sous le prétexte que, étant époux ou
amants ou rivaux, ou bien encore ayant quelque motif de
rancune et de haine, leurs démêlés échappent à la justice
des hommes ?

Que penseraient-ils de cette théorie, que tout coupable,
étant un malade, a droit à de l'intérêt et à des soins, non à
un châtiment ?

Quelle idée auraient également de nos progrès nos anciens
administrateurs, s'ils voyaient dans chaque foule et dans
chaque bagarre des individus sortir de leur poche un revol-
ver, s'en servir ou en menacer, témoignant ainsi que des
classes entières de citoyens sont toujours clandestinement

armées, ce qui est peut-être pire que de l'être ouvertement? Notre civilisation, qui a bien des raisons de s'enorgueillir, en aurait beaucoup aussi d'être modeste : le civilisé, même occidental, laisse, à mainte occasion où il s'oublie, reparaître le barbare.

Si des villes on passait aux campagnes, on verrait aussi s'y épanouir le maraudage impuni, sinon protégé, presque toléré, témoignant, en tout cas, que, au point de vue de la sécurité purement matérielle, on est loin d'approcher de la perfection.

A ce point de vue, l'État moderne, engagé dans les liens électoraux, courbé sous le joug électoral perpétuel, ne jouit que d'une médiocre liberté et franchise d'allures. C'est là un mal secondaire et auquel, si agaçant qu'il soit, on peut se résigner, car il n'entame pas profondément le corps social.

---

(1) L'observation que nous faisions dans une note de la 1re édition de cet ouvrage (voir plus haut page 99), sur l'exception temporaire que formaient les États-Unis à la conception militaire et agressive de l'État, a été complètement confirmée par les événements de 1898. La grande fédération américaine s'y est montrée aussi arrogante, aussi portée à la guerre et aux conquêtes, que les plus ambitieuses nations européennes. A Cuba, à Porto-Rico et aux Philippines elle a étalé et étale encore les mêmes défauts, sinon les mêmes vices. Elle a fait preuve, en outre, dans la conduite des opérations militaires d'une rare imprévoyance, d'une singulière incohérence et, dit-on, de beaucoup de favoritisme et de corruption. (Note de la 3e édition.)

CHAPITRE III

L'ÉTAT ORGANE DU DROIT. — CARACTÈRE ET LIMITES
DE CETTE FONCTION.

Les erreurs sur la mission de justice de l'État et l'esprit
dans lequel il la doit remplir peuvent avoir une infinie gravité. La justice se rattache à la sécurité, mais elle en est
distincte.

L'État, avons-nous dit, est par excellence le définisseur
des droits et des responsabilités juridiques : c'est la fonction
la plus haute, la plus intellectuelle qui lui soit échue.

Il importe de bien s'entendre sur le caractère et les limites de cette mission. La plupart des publicistes la conçoivent mal; la plupart des États l'accomplissent plus mal
encore.

La question est de savoir ce que fait réellement l'État
quand il fait une loi réglant les rapports de la vie civile ou
commerciale. Agit-il en être omnipotent, infaillible, créant
le droit? Certains théologiens enseignent que le mal est ce
qui est contraire à la volonté de Dieu. L'injuste est-il
simplement ce qui est contraire à la volonté de l'État?
Le juste est-il tout ce qui est conforme à cette volonté ?
Cette façon de raisonner est contraire à la nature des choses, à la nature des hommes, à tout le développement historique des sociétés humaines.

Il importe d'étudier comment s'est constitué le droit.

Les publicistes anciens et les modernes, jusqu'à la fin du
xviie siècle, concevaient surtout la loi comme une règle
fixe, sinon absolument immuable, du moins durable, formant opposition à l'arbitraire. C'est ainsi que Bossuet décrivait un État « où personne n'est sujet que de la loi et où la
loi est plus puissante que les hommes ». La Salente de Fénelon abonde en actes de révérence pour les lois ainsi con-
çues, qui dominent les rois aussi bien que les peuples.
Grâce à ces règles permanentes, les citoyens ou les sujets
jouissaient de la certitude dans leur sphère d'action : quelles
que fussent les fantaisies de leurs souverains ou de leur

administrateurs, ils entrevoyaient certains droits qui devaient leur être conservés, des catégories d'actes qu'il était impossible de leur interdire.

Cette façon de concevoir la loi manquait, certes, de précision : elle se taisait sur les origines ; elle était cependant beaucoup plus juste que celle de certains publicistes ou théoriciens plus modernes, Bentham entre autres. Ce dernier n'a-t-il pas écrit que le gouvernement remplit son rôle « en créant des droits qu'il confère aux individus, droits de sécurité pour les personnes, droit de protection pour leur honneur, droits de propriété, etc. ? » En vérité, les vues de Bossuet et de Fénelon, quoique incomplètes, valaient mille fois mieux que celles de cet empirique. Beaucoup de jurisconsultes s'en vont encore répétant que la loi crée la propriété, par exemple. On institue je ne sais quel droit divin des peuples ou de la majorité variable des peuples qui est plus dangereux, parce que ses prétentions sont encore plus absolues, que l'ancien droit divin des rois.

Une analyse exacte témoigne que la loi ne crée aucun droit : elle reconnaît le droit, elle le définit, elle le sanctionne, elle le précise et surtout elle en règle l'exercice et les rapports avec les autres droits.

Im Anfang war die That ! dit Faust dans son monologue. Au commencement on trouve l'acte, l'acte instinctif, toute une répétition d'actes plus ou moins uniformes, qui constituent une série en se développant, en se précisant. Ces actes ne se renouvellent, ne se perpétuent, ne s'étendent que parce qu'ils sont conformes aux nécessités de la vie humaine et de la vie sociale.

Comme le langage, comme l'échange, le droit naît spontanément par le développement d'embryons successifs.

Le langage, la syntaxe même, ont précédé les grammairiens ; l'échange et toutes ses applications ont devancé les économistes; le droit a précédé les législateurs. Si, pour le développement humain, il eût fallu attendre les décisions vacillantes, incertaines, contradictoires, de la raison raisonnante, l'humanité, après tant de siècles, ne se serait guère élevée au-dessus de l'animalité.

Aussi, c'est la coutume d'abord qui, non pas crée le droit, mais le constate et le sanctionne. Partout le droit non écrit, non formulé, a devancé le droit écrit. Les premiers législateurs ne sont, en quelque sorte, que des scribes qui recueillent et mettent en ordre des coutumes sorties graduellement du sentiment populaire ou plutôt de la nécessité des choses. Ils s'en réfèrent toujours aux *mores majorum*. L'idée d'innover ne leur vient pas. Le fameux mot de réforme, qui aujourd'hui fait sottement tourner tant de têtes, leur est inconnu.

Une fois fixé par l'écriture, par des textes précis et concis, le droit continue cependant à être en mouvement et en développement. Mais ici encore, pour tout analyste exact, l'initiative ne vient pas du législateur. Vous avez partout un droit prétorien, une jurisprudence qui graduellement se superpose au droit écrit, le fait dévier, le corrige, l'amplifie : or, ce droit prétorien, c'est pour certaines espèces particulières, soit nouvelles, soit modifiées par les circonstances et le milieu social, l'application graduelle des règles qu'exige la nature des choses transformée. Ce droit prétorien lui-même ne fait guère que copier les usages nouvellement établis ; le législateur arrive en dernier lieu pour une suprême sanction.

Voulez-vous que nous assistions à la genèse de quelques droits, et vous verrez combien il est faux que ce soit la loi qui les crée. On a dit, par exemple, que c'est la loi qui crée le droit de propriété : il n'est pas de proposition plus frivole et plus contraire à l'histoire.

J'ai montré dans mon ouvrage sur le *Collectivisme* par quels tâtonnements le droit de propriété privée s'est dégagé de la propriété collective (1). Dès qu'un peuple est passé du régime pastoral au régime agricole, les demeures deviennent fixes : chaque ménage est propriétaire de sa hutte ou maison et souvent d'un petit enclos y attenant. Cette propriété primitive, c'est la nature même qui la recommande et qui l'indique à l'homme, la promiscuité lui étant antipathique.

En dehors de cette chétive maison et de cet enclos, tout le reste du territoire est commun ; mais il comprend deux parties distinctes : celle qui entoure le village et qui sert à la culture ; celle qui est plus éloignée, qui reste inculte ou n'est affectée qu'au pacage.

La première forme bien une propriété collective, mais divise ; on la répartit par lots tous les ans d'abord, puis à des intervalles de plus en plus éloignés, entre les habitants. Ce qui tend à donner à la possession précaire des lots une durée de plus en plus longue, à espacer par conséquent de plus en plus le partage, c'est la nécessité même d'une culture qui se perfectionne. En un an on ne peut donner à la terre que bien peu de façons ; en deux on fera davantage, puis en trois, puis en quatre. C'est ainsi qu'il arrive que, dans le *mir* russe, les partages parfois ne se font plus que tous les dix-huit ans. Tous ces lots sont égaux à l'origine et tirés au sort ; mais les moyens d'exploitation des habitants deviennent bientôt inégaux : l'un est acharné au travail, habile, prévoyant, il fait de bonnes récoltes, il

---

(1) On trouvera dans mon *Collectivisme, examen critique du nouveau socialisme* (3ᵐᵉ édition, Guillaumin, 1892), pages 71 à 205, des développements étendus sur les origines et la constitution de la propriété chez les différents peuples.

Dans mon *Précis d'économie politique*, j'ai également montré comment il se constitue naturellement des droits nouveaux de propriété, s'appliquant à des objets immatériels, les marques de fabrique, les productions littéraires, etc., au fur et à mesure que la civilisation se perfectionne.

se constitue des réserves de blé, de fourrages, il entretient
bien ses animaux ; l'autre est indolent et vit au jour le jour ;
bientôt il n'a plus même de blé pour la semence, ses animaux dépérissent ou disparaissent, il se trouve sans aucun
moyen de culture : à quoi lui servirait son lot, puisqu'il ne
pourrait le cultiver ? il se voit obligé d'en céder la jouissance
à son voisin et de donner également sa personne à gages.
Bientôt la coutume sanctionne tous ces arrangements et
décide que ceux qui n'ont pas de moyens de culture suffi-
sants ne seront pas admis au partage.

Ainsi l'inégalité de la richesse mobilière, provenant du
travail et de l'épargne, détermine à la longue l'inégalité de
la tenure foncière. Il se crée graduellement ce que les
paysans du *mir* russe appellent « les familles fortes » et
« les familles faibles » ; les premières qui accroissent leurs
lots, les secondes qui finissent par s'en trouver privées et
ne sont déshéritées que parce qu'elles ont été incapables de
faire valoir leur part de l'héritage collectif. Les générations
passent sur tous ces faits, les consolidant, les généralisant ;
les partages, devenant de moins en moins fréquents, s'opé-
rant entre un nombre de plus en plus restreint de familles,
finissent par disparaître complètement, par avoir pour compensation quelque impôt ou quelque redevance.

La date de ces transformations reste obscure, précisément parce qu'aucun texte de loi, d'ordinaire, ne les a
effectuées.

Dans la seconde partie du domaine collectif, celle qui
est située loin du village, des faits analogues constituent
la propriété privée. Quelques hommes entreprenants prélèvent, sans opposition de personne, car personne n'a
d'intérêt sérieux à s'y opposer, quelque parcelle dans ce
territoire surabondant ; ils la travaillent, la fécondent, l'en-
closent : l'exemple est suivi · tout le monde en profite,

même ces familles faibles dont je parlais, qui, n'ayant pas su garder leurs instruments de travail, parviennent à se donner en service et, sur une production accrue, à obtenir des gages ou plus assurés ou plus élevés.

Cette genèse de la propriété privée, elle est parfaitement indiquée, non seulement par l'étude attentive des textes anciens et des chartes du moyen âge, mais beaucoup plus encore par l'examen de ce qui s'est passé, sous les yeux des Anglais, dans beaucoup de districts de l'Inde, et de l'évolution dont on est témoin encore aujourd'hui dans le *mir* russe et dans la *dessa* (collectivité) javanaise (1).

Partout le fait instinctif, inconscient, généralisé, a précédé la loi.

En voulez-vous d'autres exemples? La propriété littéraire ou artistique, la propriété des inventions : certes, ce sont là, suivant beaucoup d'observateurs frivoles, des créations absolues de la loi; sans elle, dit-on, aucun de ces droits n'existerait. Si, ils existeraient tous, parce qu'ils sont conformes à la nature des choses : seulement, l'exercice en serait entravé.

Il n'est pas besoin que la loi édicte qu'un auteur est propriétaire de son manuscrit et le peut vendre à qui il lui plaira, pour que, en fait, tout écrivain soit libre de disposer de sa chose et ait quelque facilité pour y réussir, au moins en partie. Au siècle dernier, il y a deux siècles, un auteur en renom pouvait vendre son manuscrit quelques milliers de francs à un libraire; celui-ci l'imprimait en cachette, le tirait à un grand nombre d'exemplaires et le lançait dans le public. Sans doute, d'autres libraires pouvaient en faire

(1) Dans mon ouvrage sur le *Collectivisme*, j'ai étudié avec quelques détails le *Mir* russe, la *Dessa* javanaise, les *Allmenden* et autres débris de la propriété primitive, et je crois avoir corrigé des observations incomplètes ou erronées qui ont cours à ce sujet.

des contrefaçons que la loi ne punissait pas. Mais le premier détenteur du manuscrit avait l'avance sur tous les autres, une avance de plusieurs mois (car il faut du temps pour publier un ouvrage); en outre, les concurrents tard-venus devaient hésiter, sauf pour des ouvrages tout à fait recherchés, à se lancer dans de grands frais quand le libraire ayant traité avec l'auteur aurait épuisé la première vogue, qui est de beaucoup la plus abondante.

Ainsi, la propriété littéraire existe avant toute loi; seulement, sans le secours de la loi, l'exercice de ce droit est entravé, il n'est que partiellement productif.

De même pour la propriété des inventions; elle est bien avant la loi, pour une certaine durée du moins, dans la nature des choses et dans le sentiment des peuples. M. de Molinari, dans son récit de voyage au Canada, nous fait connaître un singulier précédent de la propriété des inventions. Quand un sauvage, nous dit-il, a découvert un terrier, il le marque d'un certain signe, et personne ne vient lui disputer le droit exclusif de prendre les animaux qui s'y peuvent trouver.

Le propriétaire d'une invention mécanique ou chimique peut en garder le secret pendant quelque temps, l'appliquer en silence, faire le mystère autour d'elle; cela le gêne sans doute, mais il peut néanmoins ainsi en tirer un certain parti, quelquefois un parti considérable. Ce droit, c'est la nature qui le lui a dévolu; mais l'exercice en est précaire, sujet à troubles, comme le serait, pour celui qui a semé, le droit de récolter, si aucune force n'arrêtait les maraudeurs. Était-il nécessaire que la loi proclamât chose vénale une clientèle commerciale pour que pût se produire le droit et même le fait de vendre ces clientèles? En aucune façon : des milliers de transactions de ce genre se sont exécutées avant que le législateur y ait pensé.

Aujourd'hui encore un mendiant vend ou loue sa place, quand elle est bonne, et qu'il renonce à l'occuper. Aucun tribunal ne lui confère ce pouvoir. Mais le droit du premier occupant est si général, si conforme à la nature humaine, à la nature des choses, à la paix sociale, qu'on en retrouve des applications tout à fait imprévues en l'absence de toute sanction légale.

Croit-on encore que c'est la loi qui a créé les marques de fabrique et le prestige qui s'y attache? Non; seulement les fabricants étaient obligés, pour éviter la contrefaçon, de multiplier et de modifier, en s'entendant avec leurs principaux clients, leurs signes conventionnels.

Croit-on aussi que c'est la loi qui a créé le prêt à intérêt, quand les trois quarts des législateurs se sont acharnés à le proscrire ou à le mutiler? Il a survécu à toutes les proscriptions, parce qu'il est conforme aux nécessités du développement humain.

Il en est de même pour tous les droits. Il faut ramener à la modestie cet homme présomptueux et vain que l'on appelle le législateur : il ne crée pas le droit, il en règle l'exercice; il n'a aucune puissance créatrice; il ne possède qu'une force régulatrice, qui, malheureusement, dans des mains étourdies, se transforme en un immense pouvoir de perturbation. La foi absolue en la raison raisonnante est l'une des plus funestes superstitions que le XVIIIᵉ siècle nous ait léguées.

Ce même siècle, cependant, avait trouvé la vraie définition de la loi. Elle est admirable, elle incarne toute la sagesse législative, cette magistrale parole : « Les lois, dans la signification la plus étendue, sont les rapports nécessaires qui dérivent de la nature des choses. »

J'ai été fort étonné qu'un écrivain aussi judicieux et aussi sagace que M. Sorel en ait méconnu, dans son étude sur

Montesquieu, toute la profondeur, toute l'exactitude, et j'ajoute toute la netteté. Il trouve que cette formule est la plus vague et la plus générale de toutes ; » la plus générale, oui, mais non pas la plus vague ; je serais tenté de dire la plus précise. « C'est une formule d'algèbre, dit M. Sorel, elle ne s'adapte qu'à une grande distance et assez indistinctement aux lois politiques et aux lois civiles. » Tout autre est mon avis.

Je ne m'occupe ici que des lois civiles, la formule de Montesquieu s'y adapte merveilleusement. Le législateur, par exemple, engage pendant des siècles, sur toute la surface de la terre, une lutte contre l'intérêt du capital ; ce n'est pas l'intérêt, c'est le législateur qui est réduit à capituler.

De même, non seulement pendant la révolution, mais auparavant, au xviii° siècle, en France, en Angleterre, on fait des lois ou des arrêtés pour établir le maximum du prix des marchandises ou du prix des loyers (il y a bien des arrêts du parlement de Paris en ce sens), et la nature des choses fait violence au législateur. Un décret gouvernemental, en 1848, non abrogé depuis, interdit le marchandage, c'est-à-dire les sous-entreprises morcelées par un entrepreneur général ; le marchandage se dissimule, mais il persiste.

Aujourd'hui encore, on parle de supprimer plusieurs degrés de succession. La chambre peut-être votera cette mesure ; un ministre des finances naïf inscrira au budget un certain nombre de millions comme produit probable de la confiscation qu'il projette. Mais le droit de succession est inhérent à la nature de l'homme, à l'empreinte personnelle qu'il tient à avoir et à laisser sur les choses, aux liens d'affection que crée en général la communauté d'ancêtres, de nom, la persistance des relations ; le testament déjouera les projets du ministre ; au lieu de quelques dizaines de

millions par année, la voracité irréfléchie de l'État ne re-
cueillera que quelques dizaines de mille francs (1).

(1) Il a été très souvent question en France de la suppression d'un
certain nombre de degrés successoraux pour l'héritage *ab intestat*.
Divers députés ont fait depuis 1880 des propositions dans ce sens, et
en 1888, M. Peytral, ministre des finances, préparait un projet de loi à
ce sujet. On s'imaginait trouver ainsi, les uns disaient 30, les autres 50
à 60 millions qui reviendraient annuellement à l'État. Si l'on en vient à
voter un jour de semblables mesures, on éprouvera de vives et promptes
déceptions.

Si certaines législations, comme la nôtre, bornent au douzième degré,
ce qui est très éloigné, car les cousins germains ne sont qu'au quatrième
degré, les successions *ab intestat*, ce n'est pas qu'elles admettent qu'en
aucun cas la succession dévolue à l'État vaille mieux que la succession
dévolue à des particuliers; c'est par une raison purement pratique et
qui tient aux conditions de la vie moderne. On a pensé que dans nos
sociétés mouvementées où les déplacements sont fréquents, où les familles ne restent guère perpétuellement à leur lieu d'origine, la parenté
au delà du douzième degré devient en général fort incertaine, qu'elle
est sujette à contestation, à procès et que, dans ce cas, les successions,
quand aucun testament n'est intervenu, ne sont, d'ordinaire, que la
cause de litiges inextricables qui absorbent tout l'actif. Voilà la raison,
la seule, qui a dicté notre législation. C'est en quelque sorte un conseil
qu'adresse le Code aux personnes n'ayant que des parents excessivement
éloignés de faire un testament pour éviter que leur héritage soit dévoré
par les gens d'affaires.

Ce n'est pas dans une pensée de lucre que l'État a fixé cette lointaine
limite du douzième degré; en fait, cette limitation ne lui apporte que
peu de profit; les successions en déshérence qui échoient à l'État sont
insignifiantes. En 1898, on les estime à 1,502,270 francs sur 3 milliards 361 millions de recettes budgétaires. Encore cette somme
modique provient-t-elle d'un nombre considérable de toutes petites
successions. Il suffit qu'il y en ait cinq ou six mille par an de quelques
centaines de francs pour former ce maigre total. C'est ainsi que l'on
voit, chaque trimestre ou chaque semestre, le *Journal officiel* publier
le montant des dépôts aux Caisses d'épargne qui ont été abandonnés.
Il s'en trouve des quantités, dont la plupart s'élèvent soit à quelques
centimes, soit à quelques francs, très peu atteignant ou dépassant
50 francs. Au-dessous de ce chiffre, il est bien des hommes dont la vie
est mouvementée et qui, changeant de lieu, de métier, passant par
des vicissitudes diverses, oublient de retirer les quelques francs, parfois
seulement les quelques centimes qu'ils ont dans une caisse d'épargne
lointaine. Mais dès que la somme est importante, soit pour un dépôt à
ces caisses, soit pour un actif mobilier ou en valeurs, le mourant s'en
souvient et, à moins que la mort ne le saisisse soudain en pleine santé
et en pleine activité, il aime mieux léguer son avoir soit à un parent
éloigné, soit à un ami, soit à un domestique, soit à une œuvre de bien-

S'agit-il d'impôts dont le législateur veut faire un instrument d'égalisation des conditions? le phénomène de la ré-

faisance ou de charité; les fortunes privées ont horreur de l'impersonnalité; elles n'aiment pas à s'y perdre; elles font tous leurs efforts pour y échapper : or, l'État, ce grand État moderne de 40 millions d'âmes, de 60 millions, de 100 millions, de 3('0 millions même, suivant les cas, c'est l'impersonnalité par excellence.

Si l'on veut juger de la faible relation qui existe entre les successions en déshérence dont profite l'État et les successions qui sont dévolues à des étrangers, le calcul est facile à faire. Le *Bulletin de statistique et de législation comparée du Ministère des finances* (tome II de 1898, pages 394 et 395) nous en fournit les moyens. En 1897, l'ensemble des successions dévolues à des personnes non parentes s'est élevé à 253 millions 493,597 francs; or, les successions en déshérence dont l'État profite ne montent qu'à 1.502,000 francs, soit 0,60 p. 100 environ du total des successions entre étrangers. Dans la même année 1897, les successions au delà du quatrième degré jusqu'au douzième (or, remarquez qu'il n'est question de supprimer le droit successoral qu'au delà du sixième degré) n'ont monté qu'à 120,102,599 francs. En appliquant à cet ordre de succession la même proportion de déshérences qu'aux successions entre étrangers, on voit que l'État hériterait seulement, par la suppression du droit successoral *ab intestat*, de 720,000 francs environ par an.

La suppression de plusieurs degrés successoraux serait une œuvre de brutalité, mais aussi de naïveté. Ce n'est pas tout que de vouloir confisquer les biens, il faut encore rendre la confiscation inévitable ; or, le testament ouvre une porte par laquelle passeraient toutes les fortunes privées pour échapper à l'État, et quand même le testament serait interdit, le placement à fonds perdu supprimerait en fait l'hérédité de l'État.

Voici pour l'année 1897 comment se sont répartis en France les valeurs successorales et les droits fiscaux dont elles ont été grevées.

Degrés de parenté.	Taux du droit (décimes compris).	Valeurs successorales.	Droits perçus par l'État.
		Francs.	Francs.
1º En ligne directe...........	1.25 0/0	3.718.414.168.80	46.480.175.11
2º Entre époux..............	3.75 —	602.656.095.16	22.674.164.91
3º En ligne collatérale : entre frères et sœurs, oncles et tantes, neveux et nièces.......	8.125—	767.956.759.65	62.396.485.91
4º Entre grands-oncles, grand'tantes, petits-neveux, petites-nièces, cousins germains...	8.75 —	159.075.216.45	13.919.082.44
5º Entre parents au delà du quatrième degré jusqu'au douzième	10 » —	120.102.599.80	12.010.258.98

percussion ou de la diffusion des taxes vient déjouer ses efforts. Il y a, dans la nature des choses, une ironie qui se rit du législateur et se venge de ses atteintes.

L'État moderne malheureusement, avec sa présomption de vainqueur électoral, de représentant d'une majorité fraîchement formée, avec sa hâte de détenteur précaire du pouvoir, veut souvent ignorer la nature des choses et la nature des hommes. Il a établi, sous le nom de parlements permanents, des usines de législation continue, travaillant comme les métiers continus de filature. Il jouit ainsi d'une grande force perturbatrice. Heureusement l'obstruction des oppositions parlementaires arrête souvent la vitesse de cette orgueilleuse machine. Heureusement aussi la plasticité sociale, plus ou moins entravée, finit par trouver des combinaisons qui suppriment ou atténuent les effets des fantaisies législatives.

6° Entre personne non parentes....................	11.25 0/0	253.493.597.06	28.518.029.67
Totaux........		5.621.698.436.92	185.998.197.62

Il appert de tout ceci que l'État, s'il veut supprimer des degrés de succession, n'en retirera aucun profit, à moins qu'il ne supprime également la faculté de tester; même alors le placement à fonds perdu, qu'on ne peut pas empêcher, lui ferait concurrence et, avec le temps, réduirait sa part presque à néant.

On peut se reporter, sur les droits successoraux et les fraudes que provoque leur énormité dans certains cas, à notre *Traité de la Science des Finances*, 6e édition, 1899.

CHAPITRE IV

FONCTION DE CONSERVATION GÉNÉRALE.

J'arrive à la troisième fonction de l'État, l'une des plus importantes et des moins bien remplies. Je ne ferai qu'en indiquer les grandes lignes.

L'État est le représentant de la perpétuité sociale, il doit veiller à ce que les conditions générales d'existence de la nation ne se détériorent pas; c'est là le minimum; ce qui vaudrait mieux encore, ce serait de les améliorer.

Les conditions générales d'existence de la nation sont des conditions physiques et des conditions morales. Je ne parlerai en ce moment que des premières, qui sont moins sujettes à contestation.

Elles consistent d'abord, autant que l'homme y peut réussir, dans le maintien ou l'amélioration du climat, dans la conservation du territoire cultivable, dans la protection des richesses naturelles qui ne se reproduisent pas. Pour l'accomplissement de cette tâche multiple, qui est l'une de celles que le passé a le plus négligées, l'État doit lutter tantôt contre certaines forces naturelles qui ne se laissent pas aisément contrôler, tantôt contre la cupidité ou l'imprévoyance des générations actuelles.

Maintenir intact le sol contre les fléaux de la nature qui sans cesse le menacent, c'est-à-dire, dans des contrées comme l'Europe, protéger le littoral contre les envahissements de la mer, les terres intérieures contre les inondations et les ravages des cours d'eau, préserver le pays de la sécheresse par la conservation des forêts, voilà des tâches qui n'incombent pas à l'État seul, mais pour lesquelles il a qualité. Il peut être aidé par les particuliers et les associations; il ne doit pas se résigner, toutefois, à l'abstention.

La Hollande a fait des merveilles dans sa lutte contre la mer. Tous les éléments de la nation y ont contribué : M. de Laveleye, grand partisan en général de l'intrusion de l'État, a exposé, dans son ouvrage sur l'*Agriculture belge*, toutes les conquêtes agricoles que des particuliers entreprenants ont faites sur les flots dans les Flandres et en Néerlande : ces riches terres que l'on appelle des *polders* sont des triomphes de l'industrie privée; mais il avait fallu auparavant que soit des syndicats libres de propriétaires de tout un district, soit plus généralement des communes ou des provinces, construisissent des digues et fissent les ouvrages principaux. Le ministère des eaux est l'un des premiers départements ministériels de la Hollande.

Le profit actuel ou prochain n'est pas toujours suffisant pour pousser les particuliers à l'action en ces matières; puis, l'œuvre, pour être efficace, doit souvent s'étendre sur une surface considérable; il faut parfois l'entente et le concours, non seulement d'un grand nombre d'habitants d'un district, mais de tous ou presque tous les détenteurs du sol dans ce district. Quand cette entente vient à manquer, l'intervention de l'État, soit sous la forme mitigée, soit sous la forme absolue, est justifiée. La France peut se vanter de quelques beaux travaux dans ce genre. L'inspecteur général des ponts-et-chaussées Brémontier trouva, vers la fin du XVIIIe siècle, le moyen de fixer les dunes du golfe de Gascogne entre la Gironde et l'Adour et les couvrit de fort belles forêts de pins, préservant ainsi les villages et les terres cultivées. Dans le courant de ce siècle un autre ingénieur du même corps, M. Chambrelent, sut faciliter l'écoulement des eaux dans les Landes, assainir le pays par de nouvelles plantations, de sorte que des terrains ont été gagnés sur des marécages et sont devenus productifs pour la nation. On peut citer quelques autres exemples soit d'études théoriques, soit de travaux pratiques entrepris par des fonctionnaires de l'État pour des œuvres de conservation générale. Un ingénieur public, M. Surrel, a publié notamment un fort beau livre sur les torrents et a demandé le reboisement des Alpes. Son appel a amené le gouvernement à faire voter des lois et à prendre des mesures, incomplètes encore, pour reboiser les montagnes et régulariser les eaux

On peut dire que la politique hydraulique est chez les peuples de l'Europe encore en enfance. Les cours d'eau doivent être régularisés, endigués; jusqu'ici, on les a considérés principalement au point de vue de la circulation des marchandises. Il y a un autre intérêt, celui des irrigations, celui de la régularisation du débit, de la création de réservoirs et de forces motrices. On peut, par des travaux sagement conduits, gagner à la fois du terrain, de la sécurité et de l'eau.

Le dessèchement des marais est aussi une des tâches dont l'État peut s'occuper, soit pour la concéder en la surveillant, soit pour l'exécuter lui-même. Les particuliers ne sont pas toujours impropres à cette tâche : on sait que le prince Torlonia vient de dessécher en Italie le lac Fucino, œuvre d'ostentation peut-être, appartenant à ce genre de *sport* aristocratique, presque royal, dont je parlais ici dans un précédent chapitre. En Grèce, une compagnie française a desséché le lac Copaïs. En Algérie, la grande compagnie minière de Mokta-el-Hadid s'est chargée du dessèchement du lac Fezzara, près de Bône. L'État n'est donc pas seul à pouvoir exécuter ces grandes tâches; mais là où l'initiative privée languit et où les ressources publiques abondent, il ne doit pas s'en désintéresser.

Aux eaux se rattachent les forêts : c'est ici encore que le rôle de l'État peut être considérable.

Partout où l'homme s'établit, sous le régime pastoral ou au premier stage du développement agricole, il détruit les bois : il le fait d'abord dans un intérêt de sécurité, puis dans un intérêt de salubrité, enfin par avidité, pour étendre les pâturages de ses troupeaux ou pour vivifier avec les cendres les terres qu'il ne sait pas amender. Ces destructions, pendant longtemps, n'ont que des inconvénients modiques, parce que, les bois couvrant presque tout le pays, on peut, sans troubler le régime des eaux, en restreindre l'étendue.

Mais un jour arrive où il faut maintenir, particulièrement sur les plateaux et sur les pentes, les massifs qui ont survécu, les restaurer même. Il ne s'agit pas dans cette œuvre d'assurer des bois à la marine, ou d'empêcher le bois de renchérir, ou bien encore de faire participer l'État, c'est-à-dire indirectement tout le monde, aux bénéfices éventuels

de la hausse du bois; ce sont là des considérations secondaires. Il s'agit surtout de maintenir le régime des eaux et
les conditions climatologiques.

L'intervention de l'État, représentant la perpétuité, est
ici justifiée : elle est, toutefois, inégalement utile dans les
différents pays, suivant diverses circonstances. Elle est plus
essentielle dans les contrées méridionales que dans les tempérées; elle est plus nécessaire dans les pays démocratiques
que dans les pays aristocratiques, ou dans ceux qui comptent de nombreuses et fortes corporations.

Presque partout le paysan n'aime pas la forêt; dans le
Midi, il n'aime pas l'arbre; il n'a qu'une faible idée de l'utilité indirecte des choses. Les grandes et les moyennes propriétés, les parcs auxquels s'attaque la frivolité démocratique, rendent, à ce point de vue, de réels services à la
communauté; ce sont des réserves d'arbres, de gazon,
d'humidité, d'oiseaux.

En Angleterre, grâce au climat, aux propriétés géantes,
aux goûts des port, l'État peut se passer d'intervenir dans le
régime des forêts et des eaux. Il y a là en quelque sorte une
forêt diffuse et espacée sur tout le territoire. De même en
Belgique; il n'en est pas ainsi en France, ni en Espagne, ni
en Italie, ni surtout en Afrique.

L'intervention de l'État dans le régime forestier repose
sur de tout autres principes que son intervention dans la
production agricole habituelle : ici, il n'a rien à faire, ou
presque rien; là son rôle peut reposer sur des considérations d'un ordre tout à fait général. Ce n'est pas pour accroître la production présente, ni pour suggérer des méthodes
nouvelles, ni pour guider l'agriculteur; l'État ne s'y enten-
drait guère : c'est simplement pour opposer l'intérêt perpétuel, universel, à l'intérêt immédiat et local. Ainsi le
déboisement des Alpes nuit à la Provence tout entière.

Autrefois, l'action de l'État était beaucoup moins nécessaire dans ce service; plus nombreuses, les forêts se trouvaient beaucoup mieux entretenues, à cause des corporations, notamment des religieuses, qui ont plus en vue la
perpétuité et pratiquent le détachement du temps présent;
à cause aussi des préjugés nobiliaires qui, pour la conservation de la chasse, préservaient les forêts.

Aujourd'hui, une grande partie de cette tâche incombe à
l'État, à l'État central, non pas à la commune, souvent
ignorante et imprévoyante. Ce n'est pas seulement en France,
c'est au Canada, en Australie, au Brésil, qu'il en est ainsi.

Si l'État français aménageait bien les 986,000 hectares de
forêts domaniales, dont beaucoup, dans les circonscriptions
de Chambéry, Ajaccio, Gap, sont de simples terrains em-
broussaillés, estimés à une valeur de 300 francs, de 280,
de 220 francs par hectare en moyenne; s'il repeuplait d'arbres les pentes des montagnes; si, par un contrôle attentif,
il forçait les communes à reconstituer les 1,823,000 hectares de bois qu'elles possèdent, et à transformer en forêts
une partie des 2,696,000 hectares de communaux incultes,
pâtures ou garigues, indépendamment des 335,000 hectares
communaux en culture qu'il pourrait laisser dans leur
situation présente, l'État remplirait son rôle de représentant
de la perpétuité nationale, il rendrait des services sérieux
aux générations futures (1). De même pour les lois sur la

_____

(1) Les États allemands se préoccupent beaucoup plus que ne le fait la
France de la conservation des forêts. Au million d'hectares de nos forêts
domaniales et à nos 1,800,000 hectares de médiocres bois communaux,
l'Allemagne, dont le territoire n'est que de 4 p. 100 environ supérieur
à celui de la France, peut opposer 4 millions 431,000 hectares de forêts
appartenant aux États, 2 millions 315,000 hectares de bois communaux
et 170,000 hectares appartenant aux églises ou aux corporations, outre
5,959,000 hectares qui sont la propriété de particuliers (Voir notre
Traité de la science des finances, 6e édition, tome I, page 48).

La France et l'Allemagne pendant longtemps se plaçaient, d'ailleurs,

chasse, sur la pêche, non seulement fluviale, mais maritime, pour la préservation de toutes ces richesses naturelles que l'homme épuise, l'État devrait avoir une prévoyante rigueur. Beaucoup d'entre elles disparaissent, traquées et exploitées sans miséricorde : ici ce sont certaines espèces de poissons, là les oiseaux, ailleurs les baleines, dont il n'existe plus guère ; ailleurs encore les éléphants avec leur ivoire, autre

à des points de vue différents, en ce qui concerne les forêts domaniales. Chez nous on ne les considérait guère que comme une source de revenu. On ne s'occupait guère de les améliorer, de repeupler les clairières. Malgré que, à la fin du second empire, on eût voté des lois pour le reboisement, le crédit affecté à ces travaux en 1876 ne s'élevait qu'à 1,183,000 fr. En 1879, il a été porté à 1,683,000 fr., puis, en 1883, à 2,667,000 fr.; au budget de 1898, parmi 13,804,583 fr. affectés à l'administration des forêts figurent deux crédits, l'un de 1,340,583 fr. pour « amélioration et entretien des forêts, dunes et cours d'eau », l'autre de 3,500,000 fr. pour « restauration et conservation des forêts ».

Les États allemands ont fait, de tout temps, de bien plus grands sacrifices pour sauvegarder leurs richesses forestières.

Dans le duché de Bade, de 1850 à 1856, on a semé ou planté 21,262 arpents, c'est-à-dire environ 6,000 hectares, un millier d'hectares par an : la France, si elle opérait avec la même activité, devrait semer ou planter 20,000 ou 25,000 hectares annuellement : encore ce chiffre serait-il trop faible. Dans le Wurtemberg de 1830 à 1852 on a planté ou semé complètement 32,287 arpents, environ 9,000 hectares, qui auparavant n'étaient pas en forêts, et l'on a amélioré 267,709 arpents, soit 70,000 hectares, c'est une moyenne de 410 hectares mis en forêts et 3,200 améliorés tous les ans : si l'on multiplie ces chiffres par 20, ou verra ce que la France devrait faire. Bade, en 1870, a dépensé 58,000 florins, soit 124,000 francs en culture forestière (*Waldculturen*); la Bavière, dans la même année, 308,000 florins, soit 659,000 francs : la France a huit fois la population et beaucoup plus de huit fois la richesse de la Bavière : elle devrait donc dépenser plus de 5 millions de francs pour la même destination : la Prusse proprement dite a consacré, en 1870, aux cultures forestières et aux améliorations (*Vermehrung und Einrichtung*) 814,000 thalers, soit 3,043,000 francs : la même proportion, par rapport à notre population, exigerait de nous une dépense annuelle de 4 millions de francs : or, les cultures forestières proprement dites ne prélèvent pas sur notre budget plus de 2 millions et demi ou 3 millions au plus.

L'État démocratique, plus agité, à personnel plus variable, plus soumis aux influences électorales, craignant de mécontenter quelques villages ou quelques groupes d'usagers, ayant, d'ailleurs, dans toute sa manière d'être, moins le sentiment du lointain avenir, reste fort en deçà des vieilles organisations administratives stables pour ces grandes œuvres de préservation générale.

part la gutta-percha, autre part encore le quinquina. Oui, pour la préservation de ces richesses exceptionnelles, l'État a un rôle conservatoire à jouer, car l'État, nous l'avons vu, est surtout un organe de conservation.

L'État moderne doit jouer ce rôle : est-il bien préparé à le remplir? Rappelons-nous ce qu'est l'État moderne : il est électif à tous les degrés, électif pour de brèves périodes; il a la terreur de l'électeur, particulièrement des électeurs remuants, agités.

Que se passe-t-il sous nos yeux? Un ministre de l'agriculture (1) emploie son temps à détruire la belle ordonnance de Colbert sur les eaux et forêts. Il disperse l'École de Nancy; il accroît les tolérances pour le pacage, pour les droits usagers; il tend à faire de la forêt une proie pour les riverains; il annule les procès-verbaux ou défend d'en faire. Il transforme les gardes-généraux et les inspecteurs en agents politiques, c'est-à-dire dépendants, dégradés, impuissants.

Pour la chasse, pour la pêche, sur tout le territoire, du grand au petit, on tolère les mêmes abus.

L'État trahit ainsi sa cause; il se fait l'associé, le complice, presque le provocateur de ce pillage acharné des richesses collectives.

J'ai examiné dans ce livre trois des principales tâches de l'État, les trois plus incontestables; j'ai mis en présence de ces tâches l'État moderne; je l'ai interrogé sans passion, sans désir de le trouver en faute, scrutant simplement les moyens d'action dont il dispose et l'esprit qui l'inspire.

J'ai vu que, distrait par d'autres soins d'ordre subalterne et frivole, l'État moderne s'acquitte assez mollement de sa

---

(1) M. Viette. Le ministère de ce vil politicien a montré ce qu'il advient des richesses nationales quand on se place uniquement au point de vue électoral. On a élevé une statue à ce destructeur de la richesse publique.

fonction de sécurité ; qu'il porte, au contraire, une activité confuse, déréglée, souvent perturbatrice, dans sa mission législative, qui consiste simplement à reconnaître les différents droits, à les sanctionner, à en régler l'exercice et les rapports réciproques, à définir, à constater et généraliser les adaptations nouvelles que les variations du milieu social ont rendues nécessaires et qu'elles ont déjà effectuées sous la forme d'usages libres.

Enfin, quant à la tâche de conservation des conditions physiques du développement national, il ne m'a pas paru que l'État moderne s'en acquittât avec la fermeté et l'esprit de suite qui importe à l'avenir de la nation. Nous allons passer maintenant en revue les besognes multiples et accessoires dont l'État moderne s'est chargé ou qu'il prétend accaparer.

LIVRE IV

LES TRAVAUX PUBLICS, L'ÉTAT CENTRAL ET LES MUNICIPALITÉS

CHAPITRE PREMIER

COUP D'ŒIL RÉTROSPECTIF SUR LE DÉVELOPPEMENT DES TRAVAUX PUBLICS.

Impossibilité d'une règle fixe et universelle pour l'intervention de l'État en cette matière, page 130. — Les travaux publics pacifiques et les travaux publics militaires, page 130.

Caractères très divers des travaux publics : ceux de conservation générale incombent incontestablement à l'État, page 130. — L'exécution peut en être déléguée à des particuliers ou à des associations, page 131.

Le genres de travaux publics qui passionnent le plus les contemporains, les entreprises de viabilité, laissaient presque indifférents les peuples anciens, page 131. — La construction de routes ou de chemins est l'une des applications les plus tardives du principe de la division du travail et de celui de la capitalisation, page 131. — L'usage de la bête de somme reste à introduire sur des immensités de territoires, page 132.

Les diverses phases de l'art des communications se présentent encore successivement à l'observateur qui passe d'un continent à un autre, page 132. — Les porteurs humains, les caravanes ou les convois de mulets, le roulage accéléré, la locomotive, page 132. — Différence de prix de revient de chacun de ces transports, page 133.

Proportions de la surface de la planète qui ne jouissent que de l'un des modes inférieurs de communication, page 134.

C'est la guerre qui a fait ouvrir les premières routes, et qui en fait encore construire dans les pays barbares soumis aux Européens, page 134. — La voie romaine, les routes des Alpes, les chemins de fer de l'Asie centrale, page 134. — L'esprit se familiarisa graduellement

9

avec l'idée que les routes sont un instrument de paix, page 135. — Les travaux publics ont successivement, pour les peuples, été un objet d'indifférence, puis d'intérêt, ensuite d'engouement, enfin de passion, page 136.

Après la sécurité et la justice, il semble que les travaux publics constituent la fonction la plus essentielle de l'État. Il est certain qu'il ne peut complètement s'en abstenir; il ne l'est pas moins qu'il y peut commettre de grands abus.

Une règle précise, fixe, universelle, pour l'intervention de l'État en cette matière, ne se peut guère indiquer. L'observation et l'expérience fondée sur l'histoire, sans fournir des formules exactes, suggèrent, toutefois, aux États judicieux la conduite qui, dans cet ordre d'entreprises, convient le mieux au bon aménagement des forces nationales.

On peut diviser d'abord les travaux publics en deux grandes catégories : les pacifiques et les militaires. Pour ces derniers, il n'y a aucune contestation : la charge en incombe à l'État, c'est-à-dire à ce pouvoir général coercitif qui soumet tout le territoire à la double contrainte de la loi et de l'impôt.

Ce ne sont pas les villes ou les districts fortifiés qui doivent faire seuls les frais des forteresses et des ouvrages défensifs; c'est aussi tout le pays qui est derrière eux et dont ils ferment l'accès.

Quant aux travaux publics pacifiques, qui de beaucoup sont les plus nombreux, le caractère en est singulièrement varié et se prête à des solutions très diverses.

Certaines œuvres appartiennent évidemment à la catégorie que nous désignions, dans le livre précédent, par la formule d'entreprises de conservation générale : ainsi les travaux de digues, de protection contre les inondations, les ouvrages purement défensifs contre les dérèglements de la nature. Ils incombent en principe à l'État sous l'une de ses trois formes de pouvoir national, pouvoir provincial ou pouvoir communal.

La plupart d'entre eux n'étant susceptibles d'aucune rémunération directe, exigeant, en outre, le concours très malaisé à obtenir de tous les habitants ou de tous les propriétaires d'un district, le pouvoir général coercitif est le seul qui, d'ordinaire, s'en puisse charger. Mais il faut, même ici, distinguer la question d'application de celle de principe : ces tâches élémentaires, qui incontestablement sont du ressort de l'État, celui-ci peut, avec avantage, dans certaines circonstances déterminées, en déléguer l'exécution à de simples particuliers et à des associations libres.

Sauf en quelques rares pays comme la Hollande, les travaux dont je viens de parler ne tiennent qu'une place très secondaire dans l'activité nationale. Ce sont en général les voies de communication qui, chez les peuples modernes, ont accaparé le titre de travaux publics.

De tout temps, sans doute, on s'est occupé de rendre le pays accessible aux hommes et aux marchandises : les anciens n'ont pu se désintéresser des travaux de ports ; ils y joignaient la rectification, parfois la canalisation de certains cours d'eau ; ils construisaient des ponts ; quelques peuples de l'antiquité ont excellé aussi dans les grandes œuvres urbaines, les Romains, par exemple, pour les égouts.

Mais le genre de travaux publics qui passionne le plus nos contemporains, les entreprises de viabilité, laissait assez indifférents les peuples de l'ancien temps. Ils n'avaient pas la conception exacte des résultats que, pour la richesse nationale et la facilité de la vie, l'on peut obtenir d'un bon réseau de voies de communication.

On peut dire que la construction des routes et des chemins est l'un des produits les plus tardifs du principe de la division du travail, l'une des applications les plus récentes de l'idée de capitalisation. La mer, les fleuves, les rivières, l'étendue brute et informe des plaines, les clairières des forêts, les sentiers étroits et mal frayés, voilà ce qui composa, pendant de très longues séries de siècle, l'appareil circulatoire des nations.

Michel Chevalier écrivait, il y a une quarantaine d'années, que la charrette était inconnue des neuf dixièmes de la planète. Encore ne disait-il pas assez : même l'usage de la bête de somme reste aujourd'hui à introduire sur des immensités de territoires beaucoup plus vastes que l'Europe.

Sans remonter, certes, à l'âge de pierre, en s'en tenant à la terre habitée du XIXᵉ siècle, les diverses phases de l'art des communications se présentent à l'observateur, qui passe d'un continent à un autre, exactement comme les flores des divers climats s'offrent successivement à l'ascensionniste dans les montagnes des tropiques.

Voici d'abord l'énorme file des porteurs, chargés chacun d'une trentaine de kilogrammes sur la tête, processions interminables pour un mince bagage; les gravures des journaux géographiques illustrés ont rendu familiers ces cortèges encombrants de Stanley, de Brazza et de leurs émules. Même des pays avancés en civilisation, comme l'Annam et le Tonkin, en dehors de la zone des voies navigables, en sont encore à ces pénibles et coûteux transports par les coolies.

Puis vient la caravane de chameaux que l'on rencontre dans le nord de l'Afrique et dans les déserts de l'Asie, ou bien encore le défilé indéfini de plusieurs milliers de mulets qui est nécessaire à la moindre de nos colonnes expéditionnaires en Tunisie et dans le sud algérien; ensuite la lente pérégrination des pesantes et énormes voitures de roulage traînées avec des relais fréquents par cinq, six ou huit chevaux; enfin la locomotive aux grandes roues accouplées remorquant, sans effort, sur une surface presque absolument plane et exempte de toute courbe accentuée, cinquante wagons de dix tonnes chacun.

Voilà, en s'en tenant à nos connaissances actuelles, les quatre procédés, successifs pour les nations civilisées, mais simultanés encore ou juxtaposés sur la surface du globe, qui représentent les quatre phases principales de l'art des communications.

Et l'on ne saurait dire lequel des progrès a été le plus efficace et le plus bienfaisant, la substitution de la bête de somme au porteur humain, ou celle de la charrette au bât de la bête de somme, ou celle toute récente du wagon sur la voie ferrée à la charrette perfectionnée.

Un statisticien exact et ingénieux, M. de Foville, a calculé que le transport d'une tonne de marchandises coûte en moyenne par des porteurs humains 3 fr. 33 par kilomètre, par bête de somme, cheval ou mulet 0 fr. 87, par chameau 0 fr. 42 centimes, par le roulage ordinaire 0 fr. 20 à 0 fr. 25, par le roulage accéléré 0 fr. 40 à 0 fr. 45; enfin le tarif moyen des chemins de fer français est aujourd'hui inférieur à 0 fr. 06 (1).

Encore ces prix, qui représentent des moyennes, ne sont-ils pas les prix extrêmes. Il est des voies ferrées en Amérique où le transport de la tonne de charbon coûte 0 centime 9 par kilomètre; il est des contrées, d'autre part, comme naguère l'intérieur du Sénégal, avant le chemin de fer du Haut-Fleuve, où le transport d'une tonne représentait plus de 5 ou 6 francs par kilomètre. C'est donc dans la proportion presque de 1 à 1,000 que varie, sur notre globe, au moment présent, le prix du transport kilométrique des marchan-

_____

(1) *La transformation des moyens de transport et ses conséquences économiques et sociales*, par A. de Foville (1880), pages 47 et suivantes.

dises (1). Un cinquième peut-être de la planète attend encore la substitution de la bête de somme au porteur humain;
trois autres cinquièmes de la planète n'ont pas encore effectué le remplacement de la bête de somme par le chariot; et,
en dépit des 550,000 kilomètres de chemins de fer dont s'enor-
gueillit la civilisation occidentale, il n'y a pas, à l'heure actuelle, un vingtième des localités du monde habité qui soit
à la distance de moins d'une journée d'une voie ferrée.

Nous disions que les chemins et les routes ont été une
des applications les plus tardives de la notion de capitalisation. Soustraire à la production immédiate des bras et des
et des moyens de consommation pour créer cet instrument
d'une utilité aujourd'hui si évidente, la route, c'est une
idée qui ne pouvait venir facilement à l'esprit des peuples
primitifs.

Comme dans bien d'autres cas, c'est la guerre ici qui a
préparé l'avènement de l'art de la paix. C'est dans un intérêt stratégique qu'ont été faites les premières routes. Ces
voies romaines, dont on retrouve et dont on admire les
vestiges, avaient pour objet principal le passage facile des
légions; leurs très grandes pentes, qui étonnent nos ingénieurs, indiquent un très faible usage du chariot.

Aujourd'hui encore, la première œuvre d'une nation con-
quérante dans un pays barbare, c'est, pour un intérêt mili-

_____

(1) Quant aux durées de transport, un colporteur ne peut guère faire
en moyenne que 30 kilomètres par jour; un chameau peut faire 40 kilomètres par jour pendant un mois consécutif; les deux carrosses publics
qui partaient deux fois par semaine de Paris pour Dijon et de Dijon
pour Paris, vers 1692, mettaient huit jours en hiver et sept en été pour
faire ces 75 lieues. Les diligences ou les messageries mettaient de Tou-
louse à Paris, huit jours en 1782, cent dix heures en 1832, quatre-vingts
heures en 1848, de Lyon à Paris cinq jours en 1782, quatre-vingt-
quatre heures en 1832 et cinquante-cinq heures en 1848. Aujourd'hui
pour les mêmes distances, par les trains les plus rapides, il ne faut que
treize heures et huit heures respectivement (Voir Foville, *opus cita-
tum*, pages 4 et suivantes).

taire, la construction de routes. Nous l'avons fait, chez nous-mêmes, à la suite de guerres civiles, dans notre Vendée; nous le faisons dans notre Afrique, dans notre Indo-Chine.

Les routes des Alpes, sous Napoléon Ier, même les superbes voies carrossables de Louis XIV, noyaux de nos routes nationales actuelles, avaient tout aussi bien un intérêt de police qu'un intérêt de production.

Le chemin de fer de l'Asie centrale, construit par le général Annenkof, est le plus bel exemple contemporain de ces œuvres stratégiques tournant au profit de la civilisation universelle.

L'État, cet organisme qui est avant tout et qui restera toujours par-dessus tout un organisme militaire et diplomatique, a donc créé l'embryon d'un réseau de routes simplement dans un intérêt de sécurité. La fonction économique ne lui apparaissait pas ; elle ne se dégageait pas de la fonction stratégique.

Une fois ce premier effort fait, l'État, que les nécessités militaires ne contraignaient plus, eut une tendance à se reposer. Il se reposa longtemps.

Mais la charrette avait été trouvée ; le bienfait des routes se faisait sentir aux riverains et, de proche en proche, aux habitants de l'intérieur. L'esprit se familiarisa avec l'idée que les routes sont un instrument tout comme les outils ou les machines.

D'autres progrès survinrent dans la locomotion : le plus récent et le plus soudainement efficace, l'application de la vapeur, jeta l'enthousiasme dans les esprits. En même temps, sur ces voies de communication naturelles, la mer et les fleuves, des bateaux chaque jour plus perfectionnés circulaient ; mais plus longs, plus larges et plus profonds, ils ne s'accommodaient plus des simples criques, des petits havres tout faits par la nature, des cours d'eau au niveau changeant.

Ainsi les travaux publics qui, sans avoir été inconnus au moyen âge, n'y avaient tenu qu'une place subordonnée, arrivaient graduellement à prendre de l'importance aux yeux de la nation. A l'indifférence séculaire dont ils étaient l'objet succéda d'abord une faveur, puis un engouement, puis presque une passion.

Comment se sont comportés, en cette matières presque toute neuve, l'État et les individus ou les associations libres? Dans quelle mesure historiquement chacune de ces forces a-t-elle contribué aux progrès contemporains? Quel est le rôle qui échoit à chacune d'elles? Sans nous arrêter à trop de détails, mais sans nous en tenir à des généralités vides, nous allons brièvement le rechercher.

CHAPITRE II

LA PART DE L'ÉTAT, DES PARTICULIERS ET DES ASSOCIATIONS DANS LES TRAVAUX PUBLICS.

Les trois formes sous lesquelles l'État peut intervenir dans les travaux publics : en usant de son pouvoir réglementaire, en accordant un subside pécuniaire, en prenant l'entreprise même à son compte et sous sa direction, page 138. — Le premier mode est indispensable pour presque tous les travaux publics importants : le droit d'expropriation, page 139. — Presque toutes les entreprises considérables sont obligées d'emprunter une partie du domaine public de l'État et d'avoir son autorisation, page 139. — Influence de l'ouverture ou de l'étroitesse d'esprit, de la bonne ou de la mauvaise humeur des hommes au pouvoir, page 140.

Au point de vue de la réglementation des entreprises d'intérêt collectif, l'État peut pécher par abstention ou par excès, page 140. — Les États-Unis ont souvent péché par abstention, dans le régime des chemins de fer ; réaction actuelle contre cette indifférence, page 140. — En France on a presque toujours péché par excès, page 141. — Obstacles artificiels qu'ajoute aux nombreux obstacles naturels le pédantisme administratif, page 141.

L'État doit s'abstenir de toute jalousie ou malveillance à l'endroit des sociétés privées ou des capitalistes, page 141. — Le succès des sociétés ou des capitalistes entreprenants profite à l'État, page 141. — L'État moderne est trop porté à la jalousie : inconvénients de ce penchant en France, page 142.

L'État doit se garder du goût du monopole : les Français sont grands monopoleurs, page 142.

Pour la participation effective de l'État aux travaux publics ou leur gestion absolue par l'État, il est deux systèmes opposés : le système anglo-saxon et le système continental européen, ou plutôt le système allemand, page 143. — Le premier s'en remet surtout aux particuliers, aux associations ou aux corporations locales ; le second fait jouer à l'État le rôle prédominant, page 143.

Ce ne sont pas seulement le degré et la nature de la civilisation qui déterminent le choix entre ces deux systèmes, page 144. — La solidarité universelle des capitaux et leur extrême mobilité modifient les conditions propres à chaque peuple, page 144.

Les peuples, pourvus les premiers et le plus largement de travaux publics, sont ceux qui ont eu le plus de confiance dans l'initiative libre et se sont le mieux gardés de la réglementation à outrance, page 145.

En Angleterre l'État central a généralement suivi une politique d'abstention en matière de travaux publics; les pouvoirs locaux cèdent davantage à la tendance intrusive, et l'État central doit parfois les modérer, page 145.

L'initiative privée en Angleterre a constitué un excellent réseau de routes à péage un demi-siècle avant que la France ne possédât des chemins convenables, page 146. — Exemples analogues pour les canaux créés par l'initiative privée en Angleterre, page 148. — Exemple semblable pour les ports, les bassins, et pour les chemins de fer, même en Irlande, page 148.

Utilité pour un pays de grandes fortunes bien assises, page 149. — Néanmoins, même dans des pays égalitaires, les sociétés anonymes peuvent remplacer les grandes fortunes, page 150.

Pratique des États-Unis pour les travaux publics, page 150.

Résultats généraux que l'on obtient en laissant l'initiative privée au premier rang : les divers travaux sont exécutés dans leur ordre naturel, c'est-à-dire suivant leur degré d'importance pour la communauté, page 151. — Le crédit public est beaucoup mieux ménagé et les fonds publics se tiennent à des cours beaucoup plus élevés, page 152. — L'initiative privée évite plus les séductions de l'*esthétisme* et proportionne mieux l'instrument à l'usage auquel il est destiné, page 153. — Ce système conserve les habitudes d'action collective, page 153. — En quoi il est plus conforme à l'équité, page 153. — Le système contraire amène, dans la nation, un affaiblissement général de la prévoyance et du discernement, page 154.

L'État, sous l'une de ses trois formes de pouvoir central, pouvoir provincial ou pouvoir municipal, peut intervenir de trois façons dans les travaux publics :

1° En usant seulement de sa puissance réglementaire, par l'autorisation d'expropriation, par la reconnaissance comme personne morale de la société ou du syndicat entrepreneur, par des faveurs, des charges ou des restrictions à l'exercice de l'industrie qui fait l'objet d'une concession ou d'une réglementation ;

2° Il peut aller plus loin: consentir à l'entreprise une participation pécuniaire, un subside une fois donné, ou une garantie plus ou moins déterminée, une sorte d'aval tout au moins comme celui que des commerçants riches et bien posés accordent, pour leur faciliter le crédit, à des confrères plus pauvres et moins connus, en qui ils ont confiance ;

3° L'intervention de l'État, au lieu d'être mitigée et en quelque sorte auxiliaire, peut être principale et aller jusqu'à l'absorption : l'État peut se faire directement entrepreneur et même exploitant; non seulement il peut construire, mais gérer lui-même, les services dont il a constitué les éléments matériels : ce dernier mode d'action peut comprendre deux degrés, suivant que l'Etat admet une concurrence à ses propres entreprises ou qu'il les constitue en absolu monopole.

Ces trois modes d'intervention ou d'action de l'État sont très inégaux et ont des résultats bien différents.

Le premier peut être considéré comme indispensable, dans une certaine mesure, pour toutes les vastes entreprises qui, à défaut de l'adhésion volontaire de groupes compactes d'individus, supposent la contrainte imposée aux récalcitrants. Il est mille cas où une œuvre ne peut se passer de l'expropriation pour cause d'utilité publique. Le droit individuel, si respectable qu'il soit, ne peut tenir absolument en échec un intérêt commun qui est évident et notable.

D'autre part, la violence fait au droit individuel, dans l'intérêt commun, ne doit être qu'une mesure extrême à laquelle on ne recourt que dans des cas tout à fait graves et pour une utilité qui n'est susceptible d'aucune contestation sérieuse.

Ce droit d'expropriation, l'État est le seul, en principe, à le posséder. Il en peut déléguer le délicat exercice à des syndicats de propriétaires ; encore doit-il apporter beaucoup de prudence dans cette délégation, exiger des conditions de majorité et de délais qui assurent que le droit individuel ne sera pas légèrement sacrifié.

En dehors de l'hypothèse que nous venons de faire, il en

est une autre, dont la réalisation est également fréquente, et qui justifie une réglementation de la part de l'État. Il est rare qu'une grande entreprise de travaux publics n'ait pas besoin d'emprunter une partie du domaine de l'État, qu'elle ne soit pas ainsi, sous un certain aspect, son obligée et sa cliente. Il lui faut donc faire appel à l'obligeance de l'État, par conséquent se soumettre aux règlements qu'il plaira à celui-ci d'édicter.

Il n'y a guère que les pays tout à fait neufs, sans population et sans voies de communication, où les grandes entreprises libres échappent à cette nécessité.

Ainsi, quoi qu'on fasse, l'État, dans les vieux pays surtout, a toujours un certain rôle à jouer dans les travaux publics; l'ouverture ou l'étroitesse d'esprit des hommes qui sont au pouvoir, leur bonne ou leur mauvaise humeur, influent dans des proportions considérables sur le sort même des entreprises libres.

Au point de vue de cette réglementation, on peut pécher par abstention ou par excès. Il semble que, jusqu'à ces dernières années, aux États-Unis d'Amérique, on ait péché par abstention, en ne soumettant, par exemple, les concessions de chemins de fer à aucune limite de durée, en n'assujettissant à aucune surveillance, à aucun contrôle, à aucune règle, la gestion de ces compagnies, qui avaient eu besoin de l'État, cependant, pour constituer leur réseau grâce à l'expropriation publique, qui parfois, en outre, avaient reçu de lui des dons considérables de terres domaniales.

On réagit maintenant en Amérique contre cette absolue indifférence de l'État; la constitution d'une grande commission, comme celle qui, depuis une vingtaine d'années, fonctionne en Angleterre, pour établir et faire respecter par les compagnies de voies ferrées certaines règles de simple équité et de bonne harmonie, est un retour à l'une des naturelles fonctions de l'État.

En France, au contraire, on a toujours péché par excès d'intrusion, en ne permettant pas aux particuliers qui sont d'accord entre eux de faire des entreprises d'utilité commune sans des formalités, des délais considérables et des charges coûteuses ; en faisant payer trop cher aux sociétés l'usage de certaines parties du domaine public ; en réglementant, sans utilité, tous les détails de leur gestion ; en voulant tout prévoir pour elles, se substituer en quelque sorte à elles pour toute l'organisation et le maniement de leurs entreprises. Le pédantisme administratif a ajouté des obstacles artificiels aux obstacles naturels déjà si nombreux que toute société doit surmonter pour prospérer.

Il est deux écueils surtout que l'État doit éviter dans ce premier mode de son intervention, qui consiste à réglementer les entreprises que l'on ne peut constituer sans son concours ou sa reconnaissance.

Il doit s'abstenir de toute espèce de jalousie ou de malveillance à l'endroit des sociétés ou des groupes de capitalistes. Pourquoi serait-il jaloux d'eux ? Ils remplissent les tâches auxquelles ils sont aptes et qui encombreraient l'État, le détourneraient de ses fonctions essentielles, ou le ruineraient.

Le succès des sociétés ou des groupes de capitalistes entreprenants profite à l'État ; il en retire des avantages de toute sorte, pécuniaires et moraux. Un État est d'autant plus florissant, il a d'autant plus de crédit, que les grandes entreprises privées y sont mieux assises.

Supposez à ces pays pauvres : la Turquie, l'Espagne, une demi-douzaine ou une douzaine de sociétés privées jouissant d'une prospérité incontestée, vous pouvez être sûr que l'entraînement de leur exemple transformerait le pays en un quart de siècle.

Les contrées riches elles-mêmes ne peuvent pas se passer davantage du succès des sociétés privées bien conduites : l'Angleterre et les États-Unis d'Amérique lui doivent beaucoup de leur force.

Malheureusement, l'État moderne jalouse, d'ordinaire, les sociétés libres. On a dit que la démocratie, c'est l'envie ; la définition est morose ; elle comporte beaucoup de vérité. La jalousie ou la malveillance des pouvoirs publics à l'endroit des capitalistes et de leurs groupements est un fléau pour un pays, une cause pour lui d'énormes pertes et de lenteur dans son développement.

De même qu'un particulier doit, en général, être de bonne humeur pour réussir, de même un État doit être de bonne humeur ; sa mauvaise humeur entrave tout.

On verra plus loin que l'étroitesse d'esprit et la jalousie des pouvoirs publics ont retardé de quinze ans dans notre France l'établissement des chemins de fer ; ce sont les mêmes vices de caractère des mêmes pouvoirs qui font que la France actuelle profite beaucoup moins que l'Angleterre, les États-Unis, l'Allemagne, la Belgique, la Hollande de toutes les découvertes récentes, que les tramways, les téléphones, les entreprises d'électricité, même de gaz, sont moins répandues dans notre riche nation, et à prix beaucoup plus élevé, que partout ailleurs.

Le second écueil que doit éviter l'État dans la réglementation préliminaire des travaux publics qui ne peuvent se passer absolument de lui, c'est le goût du monopole

Les Français sont grands monopoleurs. Leurs antécédents historiques et les tendances de leur esprit les y disposent.

La centralisation séculaire et l'absence de particularisme local, un penchant aussi pour l'uniformité, pour une sorte d'ordre plus apparent que réel, qui consiste dans la similitude des contours extérieurs, une conception bizarre et très inexacte de la justice qui la confond avec l'absolue égalité, tout cela incline le Français au monopole, car c'est par le monopole seulement qu'on peut obtenir ces prétendus avantages, aux dépens de biens beaucoup plus réels et plus importants : l'activité, la diversité, le progrès, le bas prix de revient.

La jalousie des pouvoirs publics à l'endroit des sociétés libres et le goût du monopole sont les deux fâcheuses conditions morales où se trouve la France pour les entreprises d'utilité générale.

Il serait superflu de se livrer à des réflexions plus prolongées sur le premier mode d'intervention de l'État en matière de travaux publics, la réglementation. Le débat véritable, le plus contesté, porte surtout sur les deux autres modes : la participation pécuniaire de l'État aux travaux, et la gestion directe des travaux et des services par l'État.

Cette question, si grave pour tout l'ensemble de la civilisation, peut être étudiée, soit au point de vue historique, soit au point de vue théorique. Historiquement, on se trouve en présence de deux pratiques contradictoires : le système de l'Angleterre et des États-Unis d'Amérique, et le système continental européen, ou plus exactement le système allemand.

Dans le premier, c'est aux particuliers, aux corporations, tout au plus aux localités, qu'incombent les grandes œuvres de travaux publics : l'État peut, sinon s'en désintéresser absolument, du moins n'y intervenir que dans une mesure très restreinte, et, en général, plutôt par de simples avances remboursables qui font profiter les entreprises de la supériorité de son crédit que par des subventions, des garanties d'intérêt ou une gestion directe.

Le système continental européen, ou plus exactement, disons-nous, le système allemand, fait, au contraire, de l'État le grand organisateur, le grand metteur en œuvre, le grand exploitant de la plupart des travaux publics ; les particuliers ou les corporations n'y interviennent que comme des auxiliaires.

On dira peut-être que le choix entre ces deux systèmes dépend du degré et de la nature de civilisation du peuple, de la puissance de l'esprit d'association, de l'accumulation des capitaux dans le pays. Cette observation n'est exacte qu'en partie et au début.

Il faut tenir compte, en effet, d'un phénomène nouveau qui atténue toutes ces distinctions nationales : c'est la solidarité universelle des capitaux et leur extrême mobilité d'un pays à l'autre. Ainsi, des pays pauvres, peu doués de l'esprit d'entreprise, comme naguère l'Autriche, l'Italie, l'Espagne, la Russie, ont pu, malgré l'inertie et le peu d'aisance de leurs nationaux, jouir d'abord du bienfait des chemins de fer sans une intervention de l'État.

Si, plus tard, l'État est intervenu en Russie, en Autriche-Hongrie, en Italie, c'est par choix, non par nécessité. L'Espagne, où l'État s'est toujours maintenu dans une certaine réserve, se contentant d'allouer des subventions d'importance médiocre, arrive, malgré sa faible population et le relief tourmenté de son territoire, à posséder presque autant de chemins de fer relativement que l'Italie.

Cet exemple de l'Espagne est topique : ce sont d'abord des compagnies françaises, puis, concurremment avec celles-ci, des compagnies anglaises, enfin des compagnies tout à fait espagnoles, qui, instruites par les deux premières, se chargent de ces grandes œuvres. Sous le régime de solidarité financière et de rapide circulation des capitaux du monde entier, les influences intrinsèques de chaque pays perdent beaucoup de leur importance.

Que la Turquie et que la Chine permettent seulement

qu'on construise sur leurs territoires des lignes ferrées, qu'elles y aident, non par des subventions en argent, mais par quelques concessions connexes de mines inexploitées et de forêts abandonnées, elles verront bientôt accourir d'Angleterre, de France, de Hollande, de Belgique, d'Allemagne, des États-Unis d'Amérique même, des entrepreneurs, des ingénieurs et des capitaux à foison. J'ai cité déjà le cas de la route à péage de Beyrouth à Damas construite par des capitaux français et les rémunérant convenablement.

Ainsi, pour décider de l'entreprise et de l'exploitation des travaux publics par l'État ou les particuliers, il ne faut pas consulter seulement les circonstances spéciales du pays, puisque les capitaux et les entrepreneurs sont toujours prêts à venir du dehors, pour peu qu'on leur ouvre la porte, produisant cette action singulièrement stimulante qui résulte dans un pays neuf, endormi ou pauvre, de tout afflux de capital étranger. Il y a là un phénomène analogue à celui de la transfusion du sang, mais sans aucun des dangers et des risques que cette dernière opération comporte.

La question doit être décidée par des considérations plus générales. L'histoire, qui est l'expérience des nations, a d'abord ici un grand poids.

Les peuples qui ont été, les premiers, le plus largement pourvus de travaux publics et où ces grandes œuvres offrent l'organisation à la fois la plus complète, la plus souple, la plus perfectible, sont ceux qui ont montré le plus de confiance dans la simple initiative privée et qui ont su le mieux se garder de la réglementation à outrance.

En Angleterre, l'abstention de l'État a été, jusqu'à ces derniers temps du moins, presque complète. Depuis quelques années, les tendances au socialisme gouvernemental ont commencé d'envahir la nation anglaise. Néanmoins, le pouvoir central s'en est assez préservé. Il fait aujourd'hui des prêts aux localités ; mais ce sont de simples avances remboursables, non pas des subventions, ni même des garanties d'intérêts. Le seul avantage de la méthode consiste à faire profiter les administrations locales de la supériorité du crédit national britannique.

Les localités du Royaume-Uni ont cédé davantage aux séductions du socialisme administratif, en matière d'eaux, de gaz, d'électricité. L'État a dû intervenir, cette année encore (1888), pour refréner ou endiguer leurs empiètements. Mais cette tendance, qui ne touche que les pouvoirs locaux et non le pouvoir national, est relativement récente.

Si l'on considère les routes, les canaux, les chemins de fer, les docks et les ports, dans la Grande-Bretagne, on trouve à leur origine une initiative individuelle ou une initiative d'associations libres et de corporations; les localités y ont joué aussi un certain rôle, mais généralement secondaire, simplement auxiliaire.

Quant au pouvoir central, il est presque demeuré spectateur, se contentant d'accorder, quand cela était nécessaire, des *bills* d'incorporation, de faire des chartes ou des cahiers des charges, la plupart assez larges pour qu'on s'y pût mouvoir à l'aise.

On sait comment, en dehors des grandes routes stratégiques, les routes à péages, construites et administrées par des commissions ou des syndicats, ont constitué chez nos voisins un précieux réseau de viabilité cinquante ou soixante ans avant que l'Europe continentale jouît, par les sacrifices de l'État, du même bienfait (1).

Cette organisation, sans doute, ne pouvait être éternelle, le développement de l'industrie et l'extrême mobilité des

(1) Il est intéressant de rappeler que dès le troisième quart du xviiie siècle l'Angleterre, grâce à ce système, possédait un réseau fort étendu de chemins en suffisant état de viabilité, tandis, au contraire,

personnes et des marchandises dans le monde contemporain exigeant la gratuité des routes. Mais l'anticipation d'un demi-siècle dont la Grande-Bretagne a profité sous ce rapport, relativement aux autres peuples d'Europe, a contri-

que la France avait seulement quelques superbes routes, mais sans voies de moindre importance.

Laissons la parole sur ce point à Adam Smith qui avait longtemps résidé en France. Ses observations sont curieuses en ce sens qu'elles peuvent s'appliquer aujourd'hui à la construction des chemins de fer et des ports.

Voici comment Smith parle des routes à péages d'Angleterre :

« Lorsque les grandes routes, les ponts, les canaux, etc., sont ainsi construits et entretenus par le commerce même qui se fait par leur moyen, alors ils ne peuvent être établis que dans les endroits où le commerce a besoin d'eux, et par conséquent où il est à propos de les construire. La dépense de leur construction, leur grandeur, leur magnificence, répondent nécessairement à ce que ce commerce peut suffire à payer. Par conséquent, ils sont nécessairement établis comme il est à propos de le faire. Dans ce cas il n'y aura pas moyen de faire ouvrir une magnifique grande route dans un pays désert, qui ne comporte que peu ou pas de commerce, simplement parce qu'elle mènera à la maison de campagne ou au château de quelque grand seigneur auquel l'intendant cherche à faire sa cour. On ne s'avisera pas d'élever un large pont sur une rivière à un endroit où personne ne passe, et seulement pour embellir la vue des fenêtres d'un palais voisin, choses qui se voient quelquefois dans les provinces où les travaux de ce genre sont payés sur un autre revenu que celui payé par eux-mêmes.

« Dans les progrès du despotisme, l'autorité du pouvoir exécutif absorbe successivement celle de tout autre pouvoir de l'État, et s'empare de l'administration de toutes les branches de revenu destinées à quelque objet public. Néanmoins, en France, les grandes routes de poste, celles qui font la communication entre les grandes villes du royaume, sont, en général, bien tenues, et dans quelques provinces elles sont même de beaucoup au-dessus de la plupart de nos routes à barrières. Mais ce que nous appelons *chemins de traverse*, c'est-à-dire la très majeure partie des chemins du pays, sont totalement négligés, et dans beaucoup d'endroits sont absolument impraticables pour une forte voiture. En certains endroits il est même dangereux de voyager à cheval, et pour y passer avec quelque sûreté, on ne peut guère se fier qu'à des mulets, etc. » Adam Smith, livre V, chapitre I.

Arthur Young, dans ses *Voyages en France*, s'étend aussi sur le contraste entre les superbes routes royales en petit nombre et l'absence de tous chemins de petite communication, tandis que, en Angleterre, les associations, se rémunérant par des péages, avaient amplement pourvu à ces dernières.

bué à l'avance économique dont elle bénéficie encore sur les autres nations.

C'est l'initiative de la haute et opulente noblesse qui a doté également ce pays d'un tissu de canaux, antérieur de beaucoup aux chemins de fer. Le duc de Bridgewater, bientôt et longtemps suivi par une foule de ses pairs, a commencé, en 1758, cette canalisation du Royaume-Uni(1); en un demi-siècle ou trois quarts de siècle, des milliers de kilomètres de canaux étaient ainsi livrés à la circulation, grâce à cette sorte de *sport* aristocratique, humanitaire et mercantile à la fois, dont les économistes, perdant de vue la réalité, ont si légèrement méconnu l'importance.

On ne peut guère citer comme œuvre de l'État que le canal calédonien, considéré comme œuvre stratégique, parce qu'il était navigable aux frégates.

La classe des marchands a pris sa revanche dans les entreprises de ports et de docks, dont elle s'est presque uniquement chargée, avec le concours parfois des corporations municipales, mais sans mendier pendant des années, comme on le voit sans cesse chez nous, 20, 30, 40 ou 100 millions de la faveur du gouvernement central épuisé.

Cette méthode anglaise a fini par être appréciée des corps compétents français. Il y a une quinzaine d'années, la chambre de commerce de Bordeaux faisait répandre une intéressante étude d'un ingénieur en chef, M. Pastoureau-Labesse, qui recommandait la construction et l'entretien des ports sans subsides du pouvoir central, au moyen de droits locaux.

Qand on en vint à la construction des chemins de fer dans la Grande-Bretagne, la haute aristocratie, qui avait fait preuve de tant de zèle pour la construction des canaux,

(1) On peut consulter sur ce point : Michel Chevalier *Cours d'économie politique*, tome II, 3ᵐᵉ leçon.

fit à l'entreprise nouvelle une opposition acharnée. Mais tout le public se ligua contre elle ; et, avec une rapidité sans exemple en Europe, la Grande-Bretagne, sans aucun concours pécuniaire de l'État, se couvrit de plus de 30,000 kilomètres de chemins de fer.

On crut un instant que l'Irlande ne pourrait attirer les capitaux, et que, si le gouvernement ne venait à son secours, l'île sœur, dans son dénûment, resterait privée de toute communication perfectionnée. Aussi la commission de 1836 recommandait l'exécution des chemins irlandais par l'État. La chambre des communes vota alors des résolutions à cette fin, résolutions qui n'eurent d'ailleurs pas de suite. D'une brochure publiée par M. Chamberlain, sur la question irlandaise, il résulte que les chemins irlandais ont été construits par l'initiative privée, et qu'ils ont reçu seulement du Trésor impérial des subventions montant en tout à 4 millions de livres sterling (100 millions de francs), sur lesquels 3 millions de livres (75 millions de francs) ont été remboursés. L'aide de l'État a donc été insignifiante. Aujourd'hui, l'Irlande doit à l'initiative privée, à peine un instant soutenue dans les conditions qui précèdent, environ 5,130 kilomètres de chemin de fer, ce qui, pour sa population de 4,541,000 habitants représente une proportion très analogue à celle de l'ensemble des chemins de fer français au total de notre population.

On a cherché des raisons particulières à cette exécution de la plupart des travaux publics dans la Grande-Bretagne par les seules forces de l'initiative privée. On a parlé du caractère aristocratique de la société anglaise, des énormes richesses de la noblesse, des énormes richesses du commerce. Nous ne méconnaissons certes pas que ce soient là de précieux avantages.

C'est une erreur de croire que l'existence de **grandes for-**

tunes bien assises soit un mal pour un pays. On y trouve,
au contraire, un inappréciable élément d'activité, d'initiative, et, dans une certaine mesure, de liberté. Un peuple
qui veut être progressif ne peut guère se passer de fortunes
concentrées. L'exemple de l'Angleterre et celui des États-
Unis d'Amérique sont singulièrement probants.

Elle est bien arriérée, la conception qu'un château fait
tort aux chaumières qui l'entourent, qu'il vit aux dépens de
celles-ci et les ruine; elle se rapporte à un état social et à
une phase de la production tout différents des nôtres. Même
les hommes sagaces d'Allemagne, le statisticien Sœtbeer,
par exemple, vantent l'action stimulante et protectrice à la
fois des grandes fortunes. Une agglomération de Lillipu-
tiens ne fera jamais qu'une nation lilliputienne.

Prenez un pays où la fortune soit presque uniformément
répandue, où l'on ne rencontre presque pas de richesses
concentrées, vous y aurez moins d'ouverture et de hardiesse
d'esprit, moins d'initiative et de persévérance, moins de
force et de souplesse d'organisation; il possédera moins ces
conditions matérielles et morales qui facilitent ce que l'on
appelle le progrès.

Néanmoins, même dans les contrées où l'égalité est plus
près d'être atteinte, l'organisme nouveau des sociétés anonymes, de la formation de gros capitaux au moyen de la
juxtaposition d'atomes infinis d'épargne, peut, dans une
certaine mesure, quoique incomplètement, compenser l'action des grandes fortunes. Ajoutez-y l'apport des capitaux
du dehors, et vous comprendrez que toutes les nations
soient beaucoup plus à même aujourd'hui qu'il y a un demi-
siècle de réduire l'intervention utile de l'État dans les travaux publics.

Les États-Unis ne démentent pas l'exemple de l'Angleterre.
On a fait valoir, il y a un demi-siècle, Michel Chevalier

entre autres, que l'abstention des pouvoirs publics, en matière de travaux d'utilité générale, n'y a pas été aussi absolue qu'on le dit parfois. La défense de s'occuper de travaux publics ne s'applique, écrit Michel Chevalier, dans ses belles *Lettres sur l'Amérique du Nord*, qu'au pouvoir fédéral, non aux États particuliers. C'est déjà un grand point que la fédération n'intervienne jamais que pour les eaux et les ports.

Quant aux États particuliers, dans le premier tiers de ce siècle, quelques-uns d'entre eux se sont occupés de la construction de canaux. Le canal Érié leur est dû ; mais, depuis cinquante ans, cette intervention des États a presque été abandonnée ; l'initiative privée s'est montrée tellement empressée et débordante qu'on a renoncé, soit à l'aider, soit à la contenir, soit à la diriger ; sauf des concessions de terres publiques aux compagnies de chemins de fer dans certains cas, on ne trouverait plus aux États-Unis de traces d'immixtion présente de la fédération ou des États dans ce prodigieux mouvement de travaux qui a plus complètement et plus rapidement encore transformé le vieux continent que le nouveau.

Les colonies anglaises d'Australie, il est vrai, en ce qui concerne la réserve de l'État, ne suivent l'exemple ni de la mère-patrie ni de leur puissante sœur aînée, la fédération américaine du Nord. A divers symptômes saisissants, on peut se demander si les jeunes sociétés australiennes parviendront à maintenir intact le dépôt des traditions et des libertés britanniques.

Les avantages du système anglo-américain pour la conception, l'exécution et l'exploitation des travaux publics, méritent d'être signalés à notre continent qui suit une pratique si opposée.

En laissant l'initiative privée au premier rang, on obtient les résultats suivants. Il est pourvu aux différents besoins de la nation avec beaucoup plus d'ordre, suivant la hiérarchie naturelle, c'est-à-dire le degré d'importance sociale des travaux ; les plus importants, au point de vue de l'ensemble de la société, sont, en effet, les plus rémunérateurs.

Cela ne veut pas dire que toute œuvre utile à une nation doit, de toute nécessité, être immédiatement et directement rémunératrice ; mais celles qui n'offrent pas de rémunération directe et immédiate sont évidemment moins utiles et moins opportunes que celles qui, dès le premier jour, peuvent récompenser les capitaux employés. Les 800 kilomètres de voie ferrée de Paris à Marseille offrent, pour le développement national, un intérêt bien supérieur à 2,000 ou 3,000 kilomètres de voie ferrée en Bretagne et en Auvergne ; 50 millions consacrés aux ports et aux docks du Havre ou de Marseille importent autrement à la prospérité nationale que 100 millions éparpillés sur trente ou quarante criques secondaires.

En même temps que cet avantage technique, qui est considérable, on obtient aussi pour le crédit de l'État un avantage financier correspondant. L'État n'empruntant pas, son budget est moins chargé, assujetti à moins de fluctuations, son crédit est moins discuté. Ce qui fait l'énorme écart des cours entre les fonds consolidés britanniques et notre 3 pour 100 français, ce n'est pas tant la supériorité de richesse ou d'épargne de la Grande-Bretagne, car les deux pays à ce point de vue se valent presque, ni même l'infériorité des risques politiques auxquels nos voisins sont assujettis, c'est surtout que la Grande-Bretagne, depuis trois quarts de siècle, a presque cessé d'emprunter ; l'État français, au contraire, même en temps de paix, emprunte directement ou indirectement chaque année. Or les emprunts publics répétés, annuels ou biennaux, si solide que soit le crédit d'un État, produisent sur lui une action, en quelque sorte mécanique, déprimante.

·· Un troisième avantage du système britannique, c'est que, l'intérêt personnel étant naturellement plus éveillé, cédant moins aux séductions de l'esthétisme, il y a bien des chances pour que les dépenses soient plus proportionnées au but actuel et réel de l'entreprise (1).

Un autre avantage, plus grand encore peut-être parce qu'il est plus général, consiste dans le maintien des habitudes de l'association libre, de l'esprit d'initiative qui, lorsqu'on lui ferme son champ naturel d'action, finit par s'alanguir, et qu'on ne peut plus réveiller lorsqu'on aurait besoin de lui.

Enfin, un dernier caractère du système britanno-américain est d'être beaucoup plus conforme à l'équité. Si des erreurs ont été commises dans la conception ou dans l'exécution des travaux, si l'on a cédé à des entraînements, commis des folies, chacun de ceux qui ont exalté l'entreprise et s'y sont associés supporte le poids des mécomptes et des pertes en proportion de ses propres fautes ou de sa propre crédulité, puisque ni les actionnaires ni les obligataires ne se recrutent par contrainte.

Au contraire, si l'État fait des folies en matière de travaux publics, même les citoyens sages et avisés les payent, puisque l'État dispose de la contrainte pour répartir sur l'ensemble des habitants la rançon de ses erreurs.

Outre l'iniquité qui en résulte, il en ressort aussi dans la nation un affaiblissement général de la prévoyance et du discernement. Un peuple où tous les citoyens qui épargnent et qui font des placements doivent eux-mêmes vérifier l'utilité

(1) On trouvera plus loin (page 160) divers exemples de cette disproportion dans la plupart des entreprises de l'État entre l'instrument et l'usage dont il doit être.

des entreprises auxquelles ils confient leurs fonds devient bientôt supérieur, en affaires et en sens pratique, à un peuple où les capitalistes, grands et petits, n'ont qu'à verser chaque année leurs épargnes à des emprunts d'État dont le service est assuré.

Ainsi la méthode britannique offre à la fois des avantages techniques précieux et une conséquence générale singulièrement heureuse, celle de ne pas endormir les particuliers, de ne les point réduire au simple rôle d'épargnants purement passifs.

CHAPITRE III

ESPRIT DIFFÉRENT DE L'ÉTAT ET DES ASSOCIATIONS A L'ÉGARD DES TRAVAUX PUBLICS.

Quand on descend dans le détail, la supériorité du système anglo-américain, pour les travaux publics, ressort avec beaucoup de relief.

Rien n'est plus malaisé que d'apprécier sûrement d'avance l'utilité d'un travail public. Pour les ports, pour les canaux, pour les chemins de fer même, cette difficulté se présente.

Il y a, dit-on, deux sortes d'utilités : l'une directe, rémunératrice pour les capitaux engagés ; l'autre indirecte, qui n'est pas suffisamment productrice pour indemniser les capitaux, mais qui, étant en quelque sorte diffuse pour l'ensemble de la nation, profite largement à celle-ci.

On a souvent abusé de cette distinction ingénieuse, qui contient une parcelle seulement de vérité. On a reproché aux capitalistes de ne vouloir se charger que des travaux de la première catégorie, ceux qui sont pécuniairement productifs, et de négliger tous les autres qui n'ont qu'une utilité indirecte et diffuse.

Les ministres et les députés, pour justifier leurs plans les plus extravagants, ont fort insisté sur cette dernière. Un ingénieur, M. Bouffet, leur a fourni des arguments, en se livrant à des calculs dont il a été fait beaucoup d'abus.

Une ligne ferrée peut, dit-on, être stérile pour les capitaux engagés et féconde pour l'État, à cause de la différence entre les tarifs des chemins de fer et les frais de transport sur une route de terre. Sur celle-ci, la tonne coûte à transporter 0 fr. 25 ou 0 fr. 28 par kilomètre : supposons une petite ligne de chemin de fer qui ne lui fait payer que 0 fr. 08 à 0 fr. 10 ; outre la somme que l'exploitant de la ligne aura encaissée, l'expéditeur ou le consommateur aura bénéficié de 0 fr. 15 à 0 fr. 20 par tonne et par kilomètre : c'est ce bénéfice qui est occulte et qui n'entre pas en compte. Grâce à lui, l'utilité d'une voie ferrée serait souvent double ou triple de celle que ses recettes nettes semblent indiquer. Si la petite ligne ferrée transporte 50,000 tonnes par kilomètre, à raison de 0 fr. 08, elle ne perçoit que 4,000 francs, recette tout à fait insigni-. fiante, en y joignant celle des voyageurs, pour rémunérer le capital de construction ; mais les expéditeurs ou les consommateurs auront profité, en outre, affirme-t-on, de 0 fr. 20 par tonne et par kilomètre, soit de la différence entre 0 fr. 08 (tarif de la voie ferrée) et 0 fr. 28, coût du transport sur la route de terre. Ainsi cette petite ligne dédaignée, dont le trafic des marchandises ne produit que 4,000 francs bruts à l'exploitant, rapporterait en réalité 14,000 francs au pays.

C'est par des raisonnements de ce genre que l'on a cherché à justifier toutes les folies faites en France et dans bien d'autres pays pour la construction prématurée de lignes ferrées actuellement superflues. On y ajoute encore des considérations sur le prétendu trafic que les lignes nouvelles apportent aux anciennes lignes.

Mais toute cette façon de raisonner est singulièrement exagérée et conduit aux résultats les plus inexacts.

On suppose arbitrairement, contrairement même à tout bon sens, que tout le trafic d'une voie ferrée nouvelle est du trafic nouveau, détourné seulement des lignes de terre ; c'est absolument faux dans un pays où le réseau des voies ferrées est déjà un peu serré : ce trafic, pour les deux tiers ou les trois quarts, est du trafic enlevé aux lignes anciennes ; bien loin d'être des affluents, beaucoup de ces lignes nouvelles, pendant très longtemps du moins, sont des concurrentes.

Il est donc très délicat d'apprécier l'utilité exacte de beaucoup de travaux publics : les particuliers, les compagnies non garanties ou non subventionnées, se tiennent en garde contre tous les calculs de complaisance, contre toutes les argumentations sophistiques. L'État, au contraire, qui a toujours le goût de « faire grand » et qui est assiégé par des solliciteurs de toute sorte, cède avec empressement à toutes les raisons captieuses qu'on lui donne pour excuser des œuvres dépourvues de toute utilité actuelle ou prochaine.

Ce que nous venons de dire des chemins de fer vaut aussi des routes et des chemins de terre.

Tout chemin vicinal est-il utile? Oui, dans une certaine mesure, puisqu'il ajoute à la commodité des transports pour quelques personnes. Mais quand le chemin nouveau est parallèle à un autre, quand il ne fait qu'abréger très faiblement la distance pour un petit nombre de propriétés, il ne vaut souvent pas la peine que les pouvoirs publics le construisent et l'entretiennent (1).

Dans nombre de départements de France, il y a eu, depuis une dizaine d'années, un aussi grand gaspillage pour l'établissement de chemins vicinaux parallèles ou superflus que pour la construction de voies ferrées.

A plus forte raison en est-il de même des ports et des canaux. Il est utile qu'un grand pays possède sur chaque mer un ou deux ports de premier rang parfaitement outillés; mais la nation, considérée dans son ensemble, n'a aucun intérêt à voir se multiplier indéfiniment les petits havres insuffisamment aménagés. C'est pour elle un gaspillage à la fois de capitaux et de forces humaines.

La multiplicité des ports est moins utile aujourd'hui qu'autrefois, parce que, avec le développement des voies de communication intérieure, le rôle du cabotage tend à diminuer.

La difficulté pour l'État d'apprécier exactement l'utilité des travaux publics fait qu'il a une tendance à se décider par des considérations politiques et électorales, d'où il

---

(1) Voir plus haut la note de la page 147, où nous rapportons l'opinion si frappante d'Adam Smith. Les abus actuels ont leur origine, non dans le désir de plaire à quelque grand seigneur, mais dans celui de flatter et de satisfaire quelque électeur influent, quelque politicien de marque.

résulte à la fois un gaspillage des deniers publics et un affaiblissement des libertés réelles et pratiques de la nation.

Ce défaut est encore accru par différentes circonstances.

Quand les travaux publics sont alimentés avec l'impôt ou
avec l'emprunt public, qui entraîne naturellement l'impôt à
sa suite, il s'établit dans la nation et chez les représentants
mêmes de l'État le préjugé que toutes les parties du territoire, quelles que soient leur population, leur industrie, la
richesse ou la misère de leur sol, ont un droit égal à l'exécution de ces travaux.

Bien plus, il arrive même bientôt qu'on regarde comme un
devoir de l'État de compenser les inégalités naturelles du
relief et de la fertilité du sol en dotant avec plus de largesse
certaines catégories de travaux dans les régions pauvres que
dans les régions riches.

Les travaux publics perdent ainsi leur caractère technique pour devenir une sorte d'œuvre de charité.

On en trouve un exemple chez nous dans ce que l'on appelle « le fonds commun » réparti entre les départements
peu opulents.

L'uniformité des travaux publics entrepris par l'État procède du même principe.

Dans un pays où c'est l'initiative libre qui se charge de ces
entreprises, on proportionne toujours l'instrument au résultat probable; on modifie la voie ferrée suivant le trafic
espéré; on lui donne, soit moins de largeur, soit plus de
pentes et plus de courbes; on réduit le nombre des trains
jusqu'à un ou deux par jour.

L'uniformité de l'administration d'État se prête mal à ces
tempéraments et à ces modifications. Il a fallu tous nos embarras budgétaires pour introduire en France tardivement
les chemins de fer à voie étroite (1).

(1) Une des plus grandes erreurs de l'administration en ce sens est

De même jamais notre administration centralisée n'admet moins de trois trains par jour dans chaque sens, dussent certains de ces trains, comme cela arrive parfois, ne transporter pas un seul voyageur.

Le même vice se retrouve pour beaucoup de chemins vicinaux. Certaines contrées montagneuses sont mal desservies, uniquement parce que le corps des agents voyers, qui s'est mis à copier celui des ponts et chaussées, ne veut avoir que des chemins en quelque sorte parfaits, ayant une largeur minima de 5 à 6 mètres, comportant des ponts ou des ponceaux sur chaque petit filet d'eau.

Dans les pays, au contraire, comme les États-Unis d'Amérique, où l'initiative privée règne en maîtresse, de simples particuliers, des syndicats de propriétaires, des embryons de communes, s'entendront pour exécuter un chemin provisoire de 3 mètres de large, sans aucun ponceau ni pont sur les ruisseaux et les torrents. On passera à gué ; si un orage survient, la circulation sera suspendue pendant un jour, peut-être pendant huit jours au plus ; mais, tout le reste de l'année, voyageurs et marchandises passeront assez facilement.

Ainsi, dans les pays où les pouvoirs publics ont tout accaparé, on fera avec un même capital beaucoup moins de kilomètres, soit de chemins de fer, soit de routes, on obtiendra des résultats beaucoup moins utiles que dans un pays qui a su entretenir les habitudes d'initiative libre et d'association. Ce qui existe pour les chemins de terre en Amérique s'y retrouve aussi pour les chemins de fer. On sait que, dans la grande fédération, sauf les lignes maîtresses, la plupart des

le chemin de fer à large voie de Batna à Biskra ; il suffisait de le faire à voie étroite, et, sans plus de dépense, on eût pu le pousser jusqu'à Tougourt. Jamais une entreprise privée ne se serait livrée à une semblable folie. (Voir notre ouvrage l'*Algérie et la Tunisie*, 2ᵉ édition 1897.)

voies ferrées ont été construites à la hâte, à très peu de frais, en dehors de toute préoccupation de satisfaire les yeux ou l'esprit. Il est difficile à l'État et à ses agents de se guérir du travers qui consiste à s'assujettir à une règle uniforme et à se laisser toujours dominer par le sentiment esthétique, le plus mortel ennemi des travaux publics rationnels.

Un autre défaut encore de l'accaparement ou de la direction des travaux publics par l'État, c'est l'éparpillement de ces derniers. L'État moderne surtout, l'État purement électif, étant sous le joug des exigences électorales, commence tout à la fois, c'est-à-dire qu'il n'achève rien qu'avec un temps infini. En France, dans ces dernières années, on travaillait simultanément à soixante ou quatre-vingts ports, de Nice à Port-Bou, de Saint-Jean-de-Luz à Douarnenez, et de ce point à Dunkerque. On poursuivait avec une lenteur désespérante une centaine de lignes de chemins de fer.

Les crédits disséminés sur ce nombre prodigieux de chantiers exigent une proportion énorme de frais généraux relativement à la main-d'œuvre employée et au résultat obtenu. Les capitaux restent engagés dix ou quinze ans dans un travail avant que celui-ci ne soit achevé, c'est-à-dire avant de produire un effet utile. Les ouvrages souvent se dégradent, et il faut les reprendre à nouveau (1).

Un exemple des plus curieux de cette méthode de gaspil-

---

(1) On a vu encore en mars 1889 un exemple de cette absurde méthode. Un ministre des travaux publics, qui avait passé la première partie de sa vie à dénoncer et à poursuivre les abus, M. Yves Guyot est venu supplier la commission du budget, malgré nos incontestables embarras financiers, de relever de 142 à 160 millions le crédit pour les constructions de chemins de fer, afin de pouvoir commencer, avec ces 18 millions de plus, 17 lignes nouvelles éparpillées sur toute la France, ayant ensemble 506 kilomètres et devant coûter 117 millions. On veut les amorcer toutes à la fois. Une compagnie privée, agissant avec ses propres fonds, aurait porté ces ressources sur deux ou trois lignes seulement, afin de les achever rapidement. La commission, obéissant aux invincibles tendances de l'État moderne, a naturellement cédé au vœu du ministre.

lage, c'est le chemin de fer de Mazamet à Bédarieux, dont l'infrastructure est faite par l'État. Il a été commencé avant la guerre de 1870; il n'a jamais été abandonné depuis lors; il n'est pas encore complètement livré à la circulation au moment où j'écris ces lignes (1889). On y aura travaillé, sans discontinuité, pendant vingt années.

Sans prendre toujours un temps aussi phénoménal, la plupart des lignes entreprises par l'État français ou sous sa direction exigent dix ou douze années pour leur construction. Dans les pays qui ont conservé les habitudes des entreprises privées, en Amérique et en Angleterre, un tronçon de voie ferrée est toujours livré au trafic trois ou quatre ans au plus tard après avoir été commencé.

Les assemblées provinciales qui se chargent de travaux publics encourent, elles aussi, les reproches que je viens d'adresser à l'État. J'écris ces lignes dans un des départements les plus riches de France; j'ouvre le compte rendu des délibérations du conseil général : j'y vois qu'on travaille simultanément à la construction de vingt ou trente chemins d'intérêt commun ou de grande communication, et que chacun de ces chemins exige huit ou dix ans au moins pour être terminé.

La méthode suivie pour les entreprises d'État aboutit encore, par cette raison, à la conséquence déjà signalée de réduire le résultat utile relativement à la somme employée.

Une autre circonstance essentielle, qui caractérise les entreprises d'État, c'est la tendance à la gratuité de tous les services dont l'État se charge.

Tout ce que perçoit l'État paraît un impôt et une contrainte, parce que, en effet, les sommes qu'il recueille d'ordinaire rentrent par la contrainte et constituent des impôts. L'opinion finit ainsi par être complètement faussée sur la

relation des recettes et des dépenses des services de l'État (1).
Il en résulte que des travaux publics qui, naturellement

(1) L'exemple le plus frappant de l'inévitable tendance à la gratuité
de tous les services de l'État, même quand il serait facile d'en retirer,
sans nuire aucunement au public, une rémunération légitime, est fourni
par l'administration des postes et des télégraphes. Ce service paraît
merveilleusement prospère,] si l'on ne tient compte que des recettes
brutes ; mais si l'on examine les dépenses qu'il coûte, toutes les dépenses, dont beaucoup ne sont pas inscrites au budget même des postes,
on voit que le revenu net s'évanouit complétement. C'est une industrie
que la nation exerce, sinon à perte, du moins, sans presque aucun gain.
Si l'on s'en tient aux chiffres fournis par l'administration en France,
on voit que, dans l'année 1896, les postes ont produit une recette brute de
179,775.523 fr. et les télégraphes une de 37,436,725, ensemble 217 millions
en chiffres ronds. D'autre part, les dépenses officielles de ces deux
services ont atteint dans la même année 157 millions. La recette nette
serait donc d'environ 60 millions de francs et représenterait plus de
27 p. 100 de la recette brute. Mais ce n'est là qu'une apparence : en
réalité, le service des postes et des télégraphes fait à peine ses frais.
Quelques développements vont le démontrer.
Les dépenses dont l'administration des postes et des télégraphes nous
fournit le chiffre ne sont qu'une partie des dépenses. Ainsi, aucun
intérêt n'y figure pour le capital engagé ; or, il y a là des capitaux considérables : ceux des hôtels des postes, ceux des installations des lignes
télégraphiques, ceux du matériel de toute sorte. Certainement, plusieurs
centaines de millions ont été ainsi consacrées par l'État à cet outillage ; ne mettons que 200 millions, ce qui est fort au-dessous de la
réalité, l'État ne compte aucun intérêt pour ce capital ; s'il comptait
4 p. 100, soit 8 millions, les bénéfices nets apparents seraient réduits de
60 millions à 52. Les localités, en outre, se sont chargées de beaucoup de dépenses ou de subventions, soit pour la location des bureaux,
soit pour le payement de certaines catégories de facteurs ; il y aurait
bien encore là 6 ou 7 millions à retrancher ; le bénéfice net tomberait
à 45 millions.
Une lacune bien autrement importante, c'est celle des pensions de
retraite de tout cet énorme personnel des postes et des télégraphes. Ce
n'est pas aux frais généraux de ce service spécial, c'est au chapitre de
la dette viagère (ministère des finances) que figure cette dépense. Dans
l'année 1896, le nombre des pensions servies à des télégraphistes et
à des postiers, ainsi qu'à des veuves et des orphelins de fonctionnaires de
ces branches d'administration, atteignait le chiffre de 14,879 pour une
somme totale de 8,261,557 fr. Ajoutons cette somme, comme c'est incontestablement régulier, aux dépenses des postes et des télégraphes, et
le prétendu bénéfice de cette double administration tombe au-dessous
de 37 millions. Dans 15 ou 20 ans le chiffre des pensions aura doublé.
Il y a une autre très importante déduction à faire, qui absorbe bien
au delà de ces bénéfices apparents. On sait que l'administration des

et légitimement, au grand avantage de la société, devraient être rémunérateurs, cessent bientôt de donner une rémunération dans la main de l'État. Cette tendance est d'autant plus accentuée que l'État repose davantage sur le principe électif et qu'il est plus incapable de résister aux pressions parlementaires ou aux pressions locales.

Un des exemples de cet abandon des recettes les plus équitables, c'est la renonciation en France depuis vingt années aux droits de navigation sur les canaux, qui produisaient de 4 à 5 millions par an et en donneraient 9 ou 10 aujourd'hui (1).

postes, en vertu des cahiers des charges, ne paye aucune redevance aux Compagnies de chemins de fer pour ses transports : ce n'en est pas moins une dépense, seulement elle va grossir un autre compte, celui de la garantie d'intérêt par exemple. Or, d'après le *Bulletin de statistique et de législation comparée* de 1890, tome 1er, pages 190 et 191, les grandes Compagnies portent, pour l'année 1886 (les publications officielles de notre ministère des finances ont cessé depuis lors de donner ces renseignements), à 62,896,000 fr. la dépense des transports de l'administration postale et à 5,766,000 fr. les sommes qu'elles supportent pour le service télégraphique de l'État, soit ensemble 68 millions 1/2. Ne tenons pas compte de l'augmentation d'au moins un tiers de ces dépenses depuis 1886, parce que les Compagnies de chemins de fer peuvent les avoir exagérées dans une certaine mesure, il n'en ressort pas moins que le bénéfice apparent des administrations télégraphiques et postales se trouve changé en une perte de 31 millions.

Il est vrai que l'administration a, comme contre-partie en bénéfices la correspondance gratuite, tant postale que télégraphique, dont jouissent ses fonctionnaires. Mais outre qu'il y a là un grand gaspillage, on ne peut évaluer à plus d'une vingtaine de millions cette franchise, soit au onzième de l'ensemble des communications totales.

On dira aussi que les subventions aux paquebots, qui montent à 26 millions environ, représentent en partie des dépenses politiques ou d'encouragement général du commerce : soit, déduisons-en la moitié, ainsi que 20 millions pour les franchises gouvernementales, il n'en demeure pas moins vrai qu'un des services qui, dans l'opinion publique, est le plus productif pour l'État, couvre à peine ses frais, si même il n'est pas en perte. Or, sans entraver en rien les relations postales et télégraphiques, on pourrait faire produire à cette administration un revenu net de 15 à 20 p. 100 sur l'ensemble de ses recettes, soit de 32 à 44 millions.

Cette tendance à la gratuité ou plutôt à l'onérosité des services de l'État se manifeste en tout pays. Ainsi l'*Economist* (de Londres) se plaignait en 1888 que l'administration des télégraphes perdît annuellement 6 à 7 millions de fr. sur le prix, trop réduit, des dépêches de la presse.

(1) Nous entendons parler ici non pas de droits destinés à payer l'in-

C'est un cadeau immérité dont l'État gratifie les localités
que ces canaux desservent, au grand détriment des autres
contrées qui, n'ayant ni cours d'eau ni canaux, non seulement ne profitent pas de la même faveur, mais doivent
même contribuer au payement des frais d'entretien de ces
entreprises dont elles sont privées. L'État bouleverse ainsi
les conditions naturelles de la concurrence.

Dans une moindre mesure, cette observation s'applique à
la gratuité des ports. Les droits de ports, tels qu'ils sont
établis en Angleterre, font que les navires étrangers, qui font
escale, participent à l'entretien des travaux dont ils se servent ; ces droits empêchent ainsi l'armateur étranger de jouir
d'une sorte de protection à rebours relativement à l'armateur national.

En créant, en outre, une hiérarchie naturelle entre les
ports, ils empêchent la dissémination des travaux sur un
nombre indéfini de criques; ils concentrent l'outillage sur
les points importants où il est le plus utile à l'ensemble du
pays et préviennent le gaspillage des capitaux.

Les remarques que nous a suggérées l'accaparement des
travaux publics par l'État sont vraies en principe pour tous
les États sans exception ; elles ont une inégale importance
pratique suivant qu'il s'agit d'États organisés d'une façon
stable, avec une forte administration, tout à fait indépen-
dante des vicissitudes électorales, comme l'État prussien,
ou bien, au contraire, d'États vacillants, flottants, dépendants, assujettis dans tout leur personnel à tous les caprices

térêt et l'amortissement des capitaux engagés dans la construction des
canaux, quoiqu'il fût juste de les récupérer sur le trafic, quand cela
est possible, mais des simples frais d'entretien des voies navigables; il
est absurde de ne pas les percevoir sur les marchandises qui se servent
de ces moyens de communication. Il n'y a pas ici les mêmes raisons
d'immunité que pour les routes de terre, savoir la gêne, les embarras,
les pertes de temps, dont souffriraient les relations.

des électeurs, comme les États reposant sur une base uniquement élective.

Il est clair que la puissante administration prussienne, uniquement dirigée par des vues techniques et par le suprême intérêt national, sait atténuer dans une certaine mesure, sans pouvoir les faire complètement disparaître, les vices que nous venons d'énumérer; l'État purement électif, au contraire, comme l'État français, les intensifie au plus haut degré.

Une autre fâcheuse méthode de l'État français consiste dans un singulier procédé de confusion de l'action du pouvoir central et de l'action des pouvoirs locaux en matière de travaux publics.

Les localités rurales, à savoir, les départements et les petites communes, n'ayant en France que fort peu de ressources, parce que l'État accapare pour son propre compte plus de la moitié des contributions directes, il en résulte qu'elles sont dépourvues des moyens d'effectuer par leurs propres forces des travaux de quelque importance. L'État leur alloue alors des subventions pour leurs chemins, pour leurs ponts, pour leurs écoles.

Ces subventions, il les faut solliciter pour les obtenir, du moins pour les obtenir vite; même lorsque la quote-part de l'État dans ces travaux est fixée d'après une proportion connue d'avance, le délai pour l'obtention n'est pas déterminé, le classement ne se fait pas d'après l'ordre de date des demandes.

Ainsi les localités, surtout les communes rurales, sont toujours transformées en solliciteuses vis-à-vis du pouvoir central. C'est un vasselage, plutôt même un servage, presque un esclavage, auquel elles sont rivées. La dépendance et la servitude électorales en ressortent. Il faut que ces communes se montrent complaisantes, payent en services le pouvoir central des subventions qu'il veut bien leur accorder; or ces services qui témoignent de la reconnaissance des communes ou qui en fournissent des gages ne peuvent être que des services électoraux. Le mécanisme théorique de l'État moderne, qui repose sur la liberté des élections, en est ainsi faussé.

Avouée ou occulte, impudente ou hypocrite, la candidature officielle, ou l'assujettissement des électeurs à l'endroit du pouvoir central, est une des conséquences inévitables du régime français des travaux publics.

Quand même on transporterait aux autorités provinciales, en France aux conseils généraux, le pouvoir de répartir les subventions aux communes, on ne supprimerait pas ces inconvénients; on déplacerait seulement la servitude. C'est envers la majorité du conseil général que les communes devraient se montrer complaisantes, solliciteuses, humbles et dépendantes, sous peine d'être exclues des subventions, ou d'y être moins bien traitées, du moins, que les communes dociles.

Ainsi, ce système, qui ne laisse pas aux localités assez de ressources pour suffire seules à leurs dépenses essentielles, constitue un joug électoral d'une épouvantable lourdeur.

Il a des inconvénients techniques qui ne sont pas moindres. Il pousse à un gaspillage effréné. L'État intervient dans certains travaux communaux dans des proportions qui vont jusqu'à 50, 60 et même 80 p. 100 de la dépense, suivant le degré de richesse de la commune. Une petite commune rurale n'a qu'à s'imposer de 1,000 fr., pour que l'État lui en donne 4,000.

L'énorme disproportion entre l'allocation de l'État, qui est considérée comme un don gratuit, et l'imposition locale, induit beaucoup de localités à entreprendre des œuvres médiocrement utiles, à exagérer du moins la dépense. Etant donné le point de vue borné auquel se placent les paysans, beaucoup d'entre eux n'hésitent pas à voter un crédit de 1,000 francs pour une dépense médiocrement justifiée, quand ce crédit entraîne une subvention nationale de 4,000 francs qui se répandra dans la communes en salaires, en achat de terrains cu de matériaux. Servitude et gaspillage, voilà les résultats du régime français (1).

Si l'on voulait revenir à un mode naturel, il faudrait cons- tituer aux pouvoirs locaux des ressources sérieuses, indé- pendantes, et renoncer absolument aux subventions du pouvoir central.

Si, pour ces subventions de toute nature, celui-ci dépense annuellement une centaine de millions, mieux vaudrait qu'il abandonnât d'une manière permanente 100 millions du produit des quatre contributions directes. Son budget n'en souffrirait pas, puisque ce qu'il céderait d'une main, le pro- duit de certains impôts, il le retiendrait de l'autre, en n'ac- cordant plus de subventions. Les communes et les départe- ments seraient ainsi affranchis, les premières de leur double

(1) L'État central en Angleterre fait bien des prêts aux localités; mais ce sont des prêts, non des dons ou des subsides, ce qui est tout diffé- rent. En général, le taux de l'intérêt était de 3 et demi p. 100. Par suite de la hausse des consolidés depuis 1886 et de la conversion du 3 p. 100 britannique en 2 3/4 dans l'année 1888, ce taux d'intérêt des prêts faits par l'État aux administrations locales a pu et pourra être diminué.

Depuis la fin du siècle dernier, soit de 1792 à 1898, le montant des prêts faits par l'État, pour les grands travaux d'hygiène publique et de salubrité, aux administrations locales soit urbaines, soit rurales, s'est élevé à 133,061,201 liv. sterl. (3,353 millions de fr.), sur lesquelles 81,434,350 liv. sterl. (2,040 millions de fr.) ont été remboursées.

Quoique ce système de prêts puisse se justifier et qu'il n'ait pas les principaux inconvénients de notre système de subsides, on n'a pas laissé de constater que les localités anglaises se laissaient entraîner à des dépenses excessives. Étudiant le rapport du *Local Government Board* pour 1883-84, l'*Economist* (de Londres) terminait ainsi : « Il est peu sage de faire des emprunts trop rapides et trop considérables, même pour des objets utiles. On doit modérer un taux d'accroissement d'après lequel la dette des localités est devenue quatre fois et demie plus forte qu'il y a quatorze ans. »

servitude à l'endroit du pouvoir central et de l'assemblée départementale, les seconds de leur servitude envers le pouvoir national. On rentrerait dans l'ordre ; les responsabilités ne seraient plus déplacées. On y gagnerait au point de vue technique et financier : l'on y joindrait le bénéfice inappréciable de conditions plus favorables à l'exercice de la liberté.

On ne saurait dire à quelle atrophie de l'initiative individuelle conduit le régime français des travaux publics. Habituées à compter sur des subventions de la commune, du département ou du pouvoir central, les diverses agglomérations d'habitants, dans les campagnes surtout, ne savent plus rien entreprendre par elles-mêmes ni se mettre d'accord sur rien.

J'ai vu des villages de deux cents ou trois cents habitants, appartenant à une grande commune dispersée, attendre pendant des années et solliciter humblement des secours pour une fontaine qui leur était indispensable, et que 200 ou 300 francs, soit une contribution de 1 franc par tète, suffisaient à mettre en bon état.

J'en ai vu d'autres n'ayant qu'un seul chemin pour faire sortir leurs denrées et ne sachant pas se concerter, quand, avec une première dépense de 2,000 francs et 200 ou 300 fr. d'entretien par an, ils pouvaient rendre aisément viable cette seule voie dont ils disposaient. Je parle, cependant, de pays relativement riches, beaucoup plus aisés que la généralité des communes de France.

Il est vrai que l'on adresse à l'initiative privée, en matière de travaux publics, certains reproches dont plusieurs peuvent avoir quelque portée. Mais, outre qu'on exagère les inconvénients qu'on lui impute, il est facile souvent d'obvier à ceux qui sont réels par un contrôle qui n'a rien d'excessif.

La première de ces critiques, c'est que, en s'en tenant aux entreprises libres non subventionnées et non réglementées, les pays riches ou les quartiers riches sont seuls bien desservis. Ils posséderont plusieurs lignes concurrentes de chemins de fer ou de tramways ou d'omnibus, pendant que les pays ou les quartiers pauvres seraient délaissés. Ce serait là, dit-on, un manque à la justice et à la solidarité nationale.

Ce raisonnement contient une sorte de pétition de principe. Il faudrait prouver que la mission de l'État consiste en ce que des territoires, inégalement doués de la nature, inégalement peuplés, fussent également pourvus d'un outillage collectif perfectionné. Or, c'est là un prétendu axiome dont rien ne démontre la justesse.

Si l'État ne donne pas de subvention, il n'y a aucune injustice à ce que les pays riches soient mieux pourvus de voies de communication que les pays pauvres ; l'impôt, en effet, n'aura servi à payer aucune partie de ces œuvres. Ensuite cette organisation, qui résulte de la liberté, est plus conforme à l'économie naturelle. Il est inutile de s'obstiner à vouloir maintenir le population dans les pays pauvres, où elle prospère moins que dans les pays riches. Les efforts qu'on y fait n'aboutissent pas ; parfois même, ils ont un résultat contraire à celui qu'on recherche.

Le perfectionnement prématuré des communications dans les districts médiocrement fertiles ou peu industriels, en y détruisant la vie patriarcale et en y rendant plus sensible la concurrence avec les pays mieux doués de la nature, a plutôt aidé au dépeuplement de ces districts.

En fût-il autrement, de même qu'un propriétaire a plus d'avantage à porter l'effort de ses capitaux sur les meilleures terres, tant que celles-ci ne sont pas suffisamment améliorées, plutôt que de les disperser sur des terres médiocres ou arides, ainsi une nation tire beaucoup plus de profit de l'emploi de ses capitaux dans les districts les plus propices à l'agriculture intensive et à l'industrie que de leur dissémination sur tous les points du territoire, même sur ceux qui sont naturellement les plus ingrats. Quand cet emploi naturel s'effectue en dehors de toute contrainte de l'État, c'est-à-dire en dehors de toute ressource d'impôts ou d'emprunts publics, personne dans la nation ne peut se plaindre que l'équité soit lésée.

Quelques personnes, accoutumées à l'arbitraire administratif, jugeront peut-être cette doctrine empreinte de dureté. Elles ne prennent pas garde que certaines circonstances naturelles en tempèrent l'application. L'expérience prouve, en effet, que, même sans une intervention active de l'État, les pays pauvres peuvent être tolérablement desservis.

J'ai cité plus haut (voir page 149) l'exemple si topique de l'Irlande, qui, presque sans aucune aide gouvernementale, par l'action des sociétés privées, possédait 5,133 kilomètres de chemins de fer en 1897, soit 1 kilomètre par 886 habitants, tandis que la France, beaucoup plus riche, après plus de cinquante ans d'active intervention gouvernementale dans la constitution de son réseau ferré, possède 41,485 kilomètres de chemins de fer, tramways non compris, en 1897, ou 1 kilomètre par 933 habitants, situation un peu plus défavorable.

Il est aisé, en outre, à l'État, de même qu'aux municipalités, lors des concessions d'entreprises de travaux publics, de stipuler que, au delà d'un certain bénéfice assez élevé, la moitié des profits nets supplémentaires sera employée à étendre le réseau des entreprises de chemins de fer, de gaz, d'électricité, de tramways, etc., ou à diminuer les tarifs.

Ne le fît-il pas, que la concurrence qui existe entre les différentes sociétés libres et la jalousie qu'elles ont entre elles, quand l'État ne cherche pas à en restreindre le nombre, le goût des innovations qui lutte chez beaucoup de ces sociétés avec le strict intérêt pécuniaire, les porteraient à se charger d'un bon nombre de voies de jonction ou de raccordement qui sont pour elles médiocrement utiles. Si l'État évitait de faire plier les compagnies sous le poids d'impôts écrasants, comme ceux qui existent en France sur le prix des places et les transports à grande vitesse, on obtiendrait beaucoup plus aisément de ces sociétés privées l'extension et la meilleure utilisation de leur réseau.

En France, on semble s'être proposé en tout de renverser l'ordre de choses naturel. L'État donne des subventions, sous la forme d'annuités, pour la construction des voies ferrées nouvelles ; il sert, en outre, des garanties d'intérêts qui ont monté, dans certaines années, jusqu'à 80 ou 100 millions de francs. En revanche, il perçoit des taxes extravagantes, comme les 23 1/2 pour 100 sur le prix des places, de 1871 à 1892, réduits depuis 1892 à 12 p. 100 ; il reçoit, en définitive, à peu près autant qu'il donne ; mais il se met lui-même et les compagnies dans une situation confuse, donnant d'une main, prenant de l'autre, laissant la responsabilité des travaux, et en partie de l'exploitation, indécise et flottante.

Quand on juge que l'initiative privée négligerait trop les districts pauvres, on omet une circonstance importante. L'État a, nous l'avons établi, une fonction stratégique et policière ; c'est même, avec l'organisation de la justice, le fond essentiel de sa mission ; or, pour que cette fonction soit bien remplie, il faut que tout le pays, même dans les districts peu favorisés de la nature, soit doté, dans une certaine mesure, des organes absolument essentiels de la civilisation contemporaine, comme les routes ; qu'aucun canton ne soit trop éloigné d'une ligne de chemin de fer ; mais il s'agit ici seulement de quelques rares travaux qui doivent être exécutés avec économie. Il est facile de les mettre, sans excès, à la charge des compagnies privées, comme devant être pourvus avec une partie de l'excédent des bénéfices que fournissent, en plus du taux normal dans le pays, les grandes œuvres maîtresses, toujours largement rémunératrices.

Un certain ordre d'activité de l'État profite aussi aux pays naturellement pauvres et fait qu'ils ne peuvent se plaindre d'être déshérités. J'ai dit que, parmi les devoirs qui incombent à l'État, se trouve une mission de conservation générale des conditions physiques du pays : cette mission consiste particulièrement dans l'entretien et l'amélioration des forêts et l'aménagement des eaux.

Si l'État s'était toujours bien acquitté de cette tâche importante, les pays montagneux et les hauts plateaux, c'est-à-dire les contrées d'ordinaire les plus pauvres, seraient plus peuplés et plus prospères, sans qu'il fût nécessaire d'y faire beaucoup d'autres travaux publics artificiels.

Un autre reproche, parfois adressé à l'initiative privée, c'est que, fonctionnant en dehors de toute réglementation, elle constitue des monopoles particuliers intolérables. Il y a beaucoup d'exagération et une petite part de vérité dans cette assertion. Si la liberté est absolue, comme en Amérique et en Angleterre, la concurrence devient en général effrénée, du moins dans les districts tout à fait riches et pour les principaux parcours ; il ne peut pas s'agir ici de monopole, mais plutôt d'une certaine anarchie qui rend très instables et très variables les services, tout en leur conservant l'avantage d'être en général très progressifs et très peu coûteux.

Cette instabilité et cette variabilité ont des inconvénients pour le public, quoique l'expérience prouve que ce système examiné dans son ensemble, n'est pas défavorable au commerce. Les États-Unis s'en sont accommodés, et jamais aucun Yankee n'avouera que le régime continental européen des voies ferrées soit préférable au régime américain.

Des peuples plus rassis, toutefois, moins agités, moins tourmentés de la fièvre des affaires, moins habitués aux changements continuels, se sentiraient troublés des brusques et incessantes variations, souvent arbitraires, auxquelles donne lieu l'exploitation des voies ferrées en Amérique. Mais, sans dépouiller l'initiative privée de ses droits et de sa force, il est aisé d'y remédier.

L'État, qui a délégué aux grandes entreprises de travaux publics un de ses droits régaliens dont elles n'auraient pu se passer, celui d'expropriation ou celui encore de l'usage de la voirie, ne sort pas de son rôle quand il les soumet, dans leur exploitation, à un contrôle discret, impartial, exempt de jalousie. C'est une question de mesure qui implique, de la part des pouvoirs publics, non seulement une stricte équité, mais une certaine bienveillance à l'endroit des sociétés privées.

L'Angleterre et les États-Unis d'Amérique, en instituant une commission d'État pour le contrôle de l'exploitation des voies ferrées, se sont conformées à ce rôle. Quand on connaît l'esprit qui anime les pouvoirs et l'opinion de ces deux grands pays, on peut être assuré qu'ils rempliront ce devoir de contrôle avec plus de modération et d'impartialité qu'on ne le fait d'ordinaire sur le continent européen (1).

---

(1) Depuis qu'ont paru les deux premières éditions de cet ouvrage, l'Afrique française a fourni deux exemples éclatants, l'un de la capacité des sociétés privées, l'autre de l'incapacité de l'État en matière de construction de chemins de fer; le premier est l'établissement en dix-huit mois, dans une contrée à moitié déserte, des 250 kilomètres de chemins de fer de Sfax à Gafsa et aux mines de phosphates, en Tunisie; cette voie ferrée, construite sans subvention ni garantie d'intérêt, a été l'œuvre de la Société des phosphates de Gafsa; l'autre exemple, démontrant l'effroyable incapacité de l'État, est celui des 84 kilomètres d'Aïn Sefra à Djenien Bou Resq dans le Sud Oranais; commencée en 1892 par l'action concertée du génie militaire et de l'administration des ponts et chaussées, cette petite ligne n'était pas encore terminée en 1899, c'est-à-dire sept ans après qu'on l'avait entreprise (Note de la 3e édition).

CHAPITRE IV

RÉSUMÉ HISTORIQUE DU ROLE DE L'ÉTAT ET DES PARTICULIERS DANS LA CONSTITUTION DU RÉSEAU DES CHEMINS DE FER ET DES COMMUNICATIONS MARITIMES A VAPEUR.

Pour éclairer les rôles respectifs de l'initiative privée et de l'État dans les travaux publics, il peut être utile de jeter un coup d'œil sur la constitution de l'industrie qui, depuis soixante années environ, a profondément changé les conditions économiques du monde civilisé ; je veux parler des chemins de fer et de l'application de la vapeur à la locomotion.

Ces deux progrès, qui nous paraissent aujourd'hui connexes, se sont produits séparément et à des époques différentes. Ils se sont complétés l'un l'autre et si bien unis qu'on les regarde presque comme inséparables.

L'histoire des voies ferrées et de la vapeur témoigne hautement du manque d'esprit d'invention de l'État et de l'inépuisable fécondité, au contraire, de l'initiative libre.

Les chemins de fer sont beaucoup plus anciens qu'on ne pense. Un aventurier proposait récemment d'en célébrer le cinquantenaire : il raccourcissait de moitié leur âge.

Bien longtemps avant que l'opinion publique générale en connût l'existence, ils fonctionnaient sur beaucoup de points. Ce que nous appelons les tramways, les tramways à marchandises, qu'on ne connaît guère plus, ont vu le jour au dernier siècle, silencieusement, sans attirer l'attention, dans les districts houillers de la Grande-Bretagne.

Dans une des nombreuses sessions où la chambre des députés, sous le règne de Louis-Philippe, discuta, sans jamais aboutir, la question de l'établissement des voies ferrées,

Arago avait déposé un rapport, en 1838, qui, à côté de beaucoup d'erreurs, contenait quelques observations frappantes. Il disait que « l'auteur inconnu » de la substitution du roulage ou du transport en voiture au transport à dos de cheval avait réduit par son invention le prix des transports au dixième du chiffre antérieur (1). Il voyait une amélioration aussi importante dans le remplacement des empierrements des routes ordinaires par des bandes de fer sur lesquelles porteraient les roues des voitures. Il avait calculé que, en atténuant ces résistances, « ces bandes ont en quelque sorte décuplé la force du cheval, celle du moins qui donne un résultat utile ». Il ajoutait que le poids placé sur un wagon est centuple de celui que le cheval qui le traîne peut porter sur son dos.

Ce qu'ignorait Arago, c'est combien la pratique avait devancé l'observation du savant. « Un auteur inconnu » avait introduit, dès le milieu du XVIIIe siècle, et peut-être même bien auparavant, l'usage des rails, — en bois il est vrai, — dans les exploitations minières britanniques pour le transport de la houille.

Habile à inventer, l'industrie privée l'est également à propager les inventions et à les perfectionner. En 1776, on pose dans une mine de Sheffield des rails en fer que l'on croit les premiers de cette espèce. Ce procédé se développe et s'étend rapidement, grâce à l'esprit d'émulation et d'initiative des entreprises libres. Vers 1820, on comptait, aux environs de Newcastle, 600 kilomètres de rails dans les galeries souterraines ou à la superficie des mines. Les wagons arrivaient jusqu'au bord de la Tyne et se vidaient d'eux-mêmes dans

(1) Arago exagérait beaucoup. Comme on peut le voir plus haut (page 133), d'après les calculs de M. de Foville, la réduction des prix de transport, par la substitution de la charrette au dos de cheval et de mulet, n'est que dans la proportion de 4 à 1.

les navires. A l'autre extrémité de l'Angleterre, dans le pays de Galles, il existait à la même époque 400 kilomètres de voies ferrées desservant les houillères. C'était le tramway à marchandises; ce n'était pas encore le chemin de fer tel que nous le concevons.

L'application de la vapeur à la locomotion réussit plus tôt sur l'eau que sur terre. On connaît les essais, théoriquement heureux, de notre marquis de Jouffroy sur le Doubs, en 1776. L'invention française, comme la machine à coudre et comme tant d'autres de nos découvertes, nous revint d'Amérique où elle s'acclimata, se perfectionna, se développa, au point qu'on l'y crut indigène.

C'est une histoire connue que celle des dédains de Napoléon, représentant l'État moderne, pour Fulton en 1803. L'inventeur évincé retourna dans son pays et, en 1807, traversa sur son bateau à vapeur le lac Érié. Le premier bateau britannique du même genre fut construit, en 1811, par Bell; il était mû par une force de 4 chevaux, jaugeait 25 tonneaux et navigua sur la Clyde, entre Helensborough, Greenock et Glasgow.

La navigation à vapeur parut d'abord faite pour les rivières, puis pour le cabotage, plus tard pour les transports de voyageurs, tout récemment à peine pour les transports de marchandises à très grande distance. Il n'y a pas dix années que les transports à vapeur sont devenus un peu communs entre l'Europe et l'Australie, aussi bien par le Cap que par Suez. Un très grand développement de cette navigation s'effectua, vers 1820, sur les fleuves et les côtes de l'Amérique.

Toute découverte se répand surtout et d'abord dans les pays où abondent l'esprit d'association et les capitaux. Le premier facteur est encore, si l'on peut dire, plus important que le second; aussi, comme rien n'y peut suppléer, y a-t-il à l'entretenir un très grand intérêt social.

En 1825, on comptait aux États-Unis 150 bateaux à vapeur, dont quelques-uns de 500 chevaux; tous ensemble représentaient 16,000 tonneaux. On sait que la plus grande fortune individuelle du monde civilisé, celle des Vanderbilt, se rattache, par ses origines, aux débuts de la navigation à vapeur, le premier Vanderbilt, celui qu'on appelle le *commodore*, ayant gagné dans ces entreprises, alors nouvelles et audacieuses, bon nombre de millions de dollars.

La navigation à vapeur sur mer, un peu plus tardive, date de 1818. On garde encore le souvenir du navire *Rob-Roy*, traversant la mer d'Irlande, de Greenock à Belfast. Vers la même époque, la *City of Edimburg*, entre Leith et Londres, faisait d'un trait 650 kilomètres. De 1820 à 1825 s'établissaient les premiers services réguliers, reliant, à travers la Manche, Dieppe et Brighton ou, à travers la mer du Nord, Rotterdam et Londres.

La grande navigation s'inaugurait pour la vapeur en 1825, par un voyage hardi qui rappelle celui de Vasco de Gama : le steamer *Enterprise* partit de Londres le 16 août avec 24 passagers, dont six femmes, entra le 6 octobre au Cap, en partit le 21, et le 9 décembre mouilla à Calcutta, ayant parcouru 18,000 kilomètres en trois mois et vingt-quatre jours.

Dans tous ces progrès, la part de l'État fut mince et toute négative : l'administration britannique des postes décida qu'elle se servirait des navires à vapeur partout où il en existerait.

L'application de la vapeur à la locomotion sur terre fut plus lente. Comme pour la navigation, c'est en France aussi qu'on en fit les premiers essais. En composant les célèbres vers : *Sic vos non vobis*,.. le poète latin transcrivait la fortune des Français.

En 1769 et en 1770, un ingénieur lorrain, Cugnot, essaya

avec un succès relatif une sorte de locomotive routière. Bachaumont en parle dans ses *Mémoires*, et l'on peut voir cette machine à notre *Conservatoire des arts et métiers*. Au commencement de ce siècle, dans le pays de Galles, en 1804, on reprit ces essais. Ils n'eurent qu'un succès médiocre.

De 1826 à 1833, l'opinion publique britannique s'éprit de ces tentatives et les multiplia. Un ingénieur, Gurney, institua un service régulier de locomotives routières pour les voyageurs. Vers 1831, une quarantaine de voitures fonctionnaient ainsi, ne faisant, d'ailleurs, que trois ou quatre lieues à l'heure. Loin de favoriser ces commencements, le parlement porta un coup terrible à ces entreprises en mettant sur ces voitures une surtaxe excessivement élevée, par la raison, disait-il, qu'elles usaient plus les routes que les voitures ordinaires. Plus tard, on diminua cette surtaxe; mais déjà les locomotives routières étaient en décadence. L'automobilisme ne reparut qu'après soixante ans.

Il fallait, pour réussir d'abord, combiner les rails et la vapeur. Dès 1814, George Stephenson le tentait dans une concession houillère. Un membre de l'aristocratie britannique, lord Ravensworth, faisait les frais de cet essai, qui excitait alors l'universelle moquerie.

Une des raisons qui font que l'État est moins apte que l'individu à seconder le progrès, c'est que, pour obtenir son concours, il faut convaincre tout le monde, ou du moins la majorité des conseils techniques; or, toute majorité a une propension à la routine, du moins à la lenteur, aux précautions infinies qui lassent et déconcertent. Pour se gagner l'aide des capitalistes ou des sociétés libres, il suffit, au contraire, de convaincre ou de séduire quelques personnes, quelques esprits entreprenants, quelques joueurs même, ou- sur toute la surface d'un vaste pays, un grand nombre de personnes qui chacune apportent à l'entreprise nouvelle une contribution modeste.

L'État est absolument étranger, aussi bien en Angleterre qu'en France, aux premiers chemins de fer réguliers.

La première ligne ferrée de ce genre dans la Grande-Bretagne est celle de Stockton à Darlington, d'une longueur de 61 kilomètres, autorisée en 1821, ouverte en 1825, revenant à un prix kilométrique de 430,000 francs et desservie d'abord par des chevaux.

Mais la grande industrie des chemins de fer ne date vraiment que de la ligne de Liverpool à Manchester, concédée en 1826, inaugurée en 1830, ayant 50 kilomètres de longueur qu'on parcourait en une heure et demie. Elle avait coûté la somme énorme de 39 millions ou 800,000 francs par kilomètre. Ainsi que les dépenses, les recettes, heureusement, dépassèrent de beaucoup les prévisions.

L'impulsion était donnée et ne se ralentit pas. A la fin de 1830, l'Angleterre avait autorisé 567 kilomètres de voies ferrées, dont 279 étaient en exploitation ; trois ans plus tard (1833), les kilomètres autorisés atteignaient le chiffre de 963, et l'on en comptait 356 exploités.

C'était l'industrie privée seule qui non seulement avait donné l'élan, mais, sans aucune aide de l'État, tout exécuté. Le promoteur de toutes ces œuvres était un simple ouvrier ou contremaître, un *selfmade man*, comme disent les Anglais, un autodidacte, comme on dit encore, fils de parents indigents, tour à tour conducteur de chevaux, surveillant de voies, raccommodant le soir les pendules et les montres, George Stephenson, traité de visionnaire ou d'excentrique, et qui, dans presque aucun pays, n'aurait pu être ingénieur de l'État (1).

_____

(1) Il serait superflu de s'étendre ici sur l'histoire subséquente des

Aux États-Unis comme dans la Grande-Bretagne, les chemins de fer procèdent presque uniquement de l'initiative privée.

chemins de fer en Angleterre. Ce sont les commencements surtout qui importent.

Disons, cependant, que, de 1833 à 1836, le développement des voies ferrées dans la Grande-Bretagne fut un peu plus lent. Le Parlement était médiocrement empressé ; les grands propriétaires fonciers, les lords, dont les voies nouvelles devaient couper les domaines et qui voyaient là aussi à une concurrence pour les canaux où ils étaient fort intéressés, firent longtemps une vive opposition aux concessions. Le formalisme parlementaire était, d'ailleurs, en dehors de tout parti pris, une cause de lenteur. Le projet de chemin de fer entre Londres et Birmingham, devant avoir 180 kilomètres, fut repoussé par la Chambre des Lords en 1832 et ne fut voté qu'en 1833 ; un peu plus tard, on concéda celui de Londres à Brighton. Au 1er janvier 1836 on comptait 461 kilomètres ferrés exploités et 1,500 concédés. A partir de 1836 eut lieu ce que l'on a appelé la *Railway Mania :* les résultats des premières lignes ayant été favorables et l'opinion publique se prononçant énergiquement, le Parlement ne résista plus à l'enthousiasme général. En 1836 on concéda 1,599 kilomètres devant coûter 572 millions. L'agiotage s'empara de toute la nation et pénétra jusque dans les villages. L'immobilisation des capitaux ayant été rapide, il y eut une crise d'une certaine intensité. Dans les années suivantes, 1838 et 1839, on ne construisit plus qu'un petit nombre de lignes, puis, à partir de 1840, le mouvement reprit toute son intensité. En 1842 l'Angleterre possédait 2,989 kilomètres en exploitation, le chemin de Londres à Birmingham produisait 11 p. 100 de revenu, d'autres 10 ou 7 p. 100, la généralité 5 à 6. Les deux plus anciennes voies, celles de Darlington à Stockton et de Liverpool à Manchester, rapportaient, l'une 15 p. 100, l'autre 10 p. 100. Il n'y avait que la cinquième partie du réseau exploité qui fournit moins de 4 p. 100. Ainsi la *mania* de 1836 n'avait pas été si folle. C'est une prétention exagérée que de vouloir empêcher ces crises : les résultats restent acquis ; les actionnaires ne pouvant se recruter par contrainte, ils deviennent plus rares, quand les entreprises cessent d'être lucratives ; le gouvernement pourrait, en principe, essayer de les modérer ; mais, d'ordinaire, il participe à l'illusion.

En 1845 sévit une nouvelle crise qu'on appelle la grande folie, *great mania.* On en voyait les prodromes dès 1843, où le Parlement passa 24 lois relatives à la construction de chemins de fer ; en 1844, on vota 48 lois du même genre, autorisant la construction de 4,344 kilomètres. Ce fut une époque de grand agiotage ; mais les époques d'agiotage semblent être périodiques et inévitables chez les nations civilisées : l'expérience seule pourra peut-être un jour les atténuer. Après la *mania* de 1845, il y eut une période d'assoupissement ; on n'autorisa plus que 26 kilomètres en 1849 et 13 en 1850.

L'observation prouve que les gouvernements se laissent tout aussi

Le plus ancien railway américain, long de 5 kilomètres à peine, apparaît, de 1825 à 1828, dans le Massachusetts. Un autre, embryonnaire aussi, long de 30 kilomètres, fonctionne en Pensylvanie vers 1829. La première ligne importante, celle de Baltimore à l'Ohio, longue de 96 kilomètres, s'ouvre en 1832. Beaucoup de tronçons existaient déjà, et, depuis lors, les constructions se multiplient.

En 1833, près de 1,200 kilomètres, trois fois plus qu'en Angleterre, étaient exploités dans l'Amérique du Nord, pays qui, à cette époque, possédait peu de capitaux ; mais il savait admirablement s'en servir, en les épargnant et en en tirant le maximum d'utilité : le coût kilométrique ne dépassait pas en moyenne 100,000 francs.

Plus tard, et pendant une courte période, quelques-uns des États qui composent la fédération de l'Amérique du Nord accordèrent quelques subventions aux entreprises de chemins de fer, l'État de New-York, par exemple, 31 millions pour le railway d'Hudson. Quelques autres l'imitèrent : il en résulta du gaspillage, et même la suspension des payements de plusieurs États, celui de Pensylvanie notamment.

On revint bientôt de cette fâcheuse pratique. Le gouvernement fédéral s'interdit toute dotation en argent ; il ne se permit plus que des allocations de terres aux compagnies de voies ferrées, système bien moins dispendieux, plus jus-

bien entraîner que les particuliers : cela est arrivé à la France avec la folie Freycinet, et aussi à l'Autriche-Hongrie et à l'Italie, à la République Argentine. En tout cas, il est préférable que l'on ait agi avec ardeur que d'avoir attendu indéfiniment, comme en France, par crainte de l'agiotage et par incertitude gouvernementale. Mieux vaut aussi que les particuliers qui participent à ces entraînements en supportent les conséquences que l'ensemble des contribuables.

Le réseau anglais, construit ainsi sans sacrifices de l'État et avec un minimum de formalités administratives, a gardé dans son organisation une incessante tendance au progrès qui le distingue avantageusement des réseaux du continent, où la bureaucratie gouvernementale a plus d'influence.

tifié dans un pays neuf, contre lequel, cependant, proteste aujourd'hui la plus grande partie de l'opinion américaine.

Différents États, imitant la fédération, ont inscrit dans leurs constitutions un article qui interdit à leurs législateurs de garantir des emprunts privés.

On peut donc considérer le magnifique réseau des chemins de fer aux États-Unis comme la plus merveilleuse œuvre de l'initiative particulière, presque sans assistance publique, ou du moins avec un minimum d'assistance qui est en complète opposition avec la pratique du continent européen.

Grâce à l'esprit d'association libre, plus fécond encore que la puissance des capitaux, à l'absence aussi de formalités vexatoires et dilatoires, le réseau ferré américain a toujours été en avance sur celui des autres nations et, depuis vingt ans, il a presque toujours équivalu, comme longueur kilométrique, à l'ensemble des lignes de tout le reste du monde. Il comprenait 14,500 kilomètres exploités en 1850, 49,000 en 1860, 85,000 en 1870, 148,000 en 1880, 205,000 en 1885, 291,000 kilomètres en 1893.

Malgré le prix plus élevé qu'en Europe de la main-d'œuvre, du fer et, jusqu'à ces derniers temps du moins, des capitaux, malgré aussi des procédés souvent condamnables de majoration du capital des lignes au profit des fondateurs ou des directeurs, les 291,0J0 kilomètres (177,753 milles) de voies ferrées qui existaient aux États-Unis en 1893 n'avaient coûté, comme frais de construction et d'établissement, que la somme totale de 9 milliards 574 millions de dollars, soit 49 milliards 780 millions de francs, ce qui représente une dépense kilométrique de 171,000 francs approximativement (1), guère plus de la moitié du coût moyen d'établissement des chemins de fer français.

(1) *Statistical Abstract of the United States*, 1894, pages 305 à 312.

Le continent européen, entravé par les habitudes administratives gouvernementales, par les lisières où l'on y a toujours tenu l'initiative individuelle, par la timidité et l'inex-
périence de l'esprit d'association, ne pouvait que suivre d'un
pas tardif et pesant le magnifique exemple d'activité féconde
que lui donnaient les grandes nations jouissant d'un régime
civil traditionnellement libéral, l'Angleterre et les États-
Unis.

Ce dernier pays avait réalisé dans l'établissement de ses
voies ferrées les trois conditions idéales : la rapidité, l'efficacité, le bon marché (1). L'Angleterre avait obtenu la première et la seconde sans la dernière.

Le continent européen, enveloppé dans les préjugés, le
formalisme administratif, l'orgueil des pouvoirs publics, à la
fois prétentieux, indécis et envieux, était destiné à ne pouvoir atteindre dans la constitution de son réseau ferré ni la
rapidité d'exécution, ni la complète efficacité d'exploitation,
ni le bon marché.

Il serait superflu de nous attacher à un historique étendu.
Quelques mots seulement, surtout sur la France, seront ici
d'usage.

De 1830 à 1835, alors que la Grande-Bretagne et les États-
Unis possédaient déjà un ensemble de tronçons ferrés respectable, l'Autriche-Hongrie avait seulement 128 kilomètres
de chemin de fer, de Budweis à Linz.

La Belgique, née de la veille, il est vrai, mais se perdant

---

(1) Nous n'entendons pas contester ici qu'il n'y ait eu et qu'il n'y ait
encore de grands abus dans la conduite financière des chemins de fer
américains, notamment les majorations des capitaux et ce que l'on
appelle le *watering*. Mais la plupart de ces vices sont postérieurs à
l'établissement du réseau primordial des chemins de fer. En outre, il
eût été aisé de les prévenir ou de les modérer, ce que l'on commence
à s'efforcer de faire, par quelques lois interdisant les pratiques condamnables et par un contrôle discret, sans aucune participation directe
de l'État ou des États à la constitution ou à l'exploitation des lignes.

en discussions oiseuses sur les mérites comparatifs de l'exécution par l'État ou par les compagnies, ne devait se mettre à l'œuvre qu'à partir de 1835.

La Prusse et la Russie possédaient chacune un échantillon de chemin de fer, l'un de 26 kilomètres, l'autre de 28.

Nation intellectuellement active, individuellement bien douée, la France ne pouvait attendre patiemment pour faire l'essai des voies ferrées que l'État daignât s'y intéresser. Aussi est-elle au premier rang de celles qui ont adopté l'instrument nouveau. L'initiative individuelle ne se montra ni paresseuse ni timide, et si les discussions des Chambres ne l'eussent pas arrêtée pendant près de vingt ans, si les formalités administratives, si la jalousie et l'étroitesse d'esprit des pouvoirs publics ne l'eussent pas condamnée à l'inaction, notre pays, dix ou quinze ans plus tôt, aurait joui des chemins de fer.

Dès le commencement du siècle et peut-être auparavant, des voies à rails se rencontraient en France, dans les houillères d'Anzin et dans les mines de Poullaouen en Bretagne : là elles étaient de bois ; à l'usine d'Indret, à celle du Creusot, on en trouvait de fer. Diverses publications, en 1817 et en 1818, attiraient l'attention des industriels sur ces agencements, en recommandant l'imitation des voies ferrées anglaises pour l'exploitation des mines de houille.

Les concessionnaires des mines de la Loire eurent les premiers l'honneur d'inaugurer les voies ferrées régulières. Après une étude des voies ferrées de Newcastle, M. Beaunier traça le plan d'un chemin de fer de 18 kilomètres entre Saint-Étienne et Andrézieux. L'administration, n'attachant aucune importance à ces travaux, accorda la concession, sans aucune limite de durée, en 1823 (1).

(1) Dans les pays neufs ou les vieux pays qui se réveillent, il peut surgir des entreprises analogues à celles qui virent le jour à la fin de la

Quelques années après, deux hommes dont le nom mérite d'être retenu, comme celui des pionniers français en cette matière, MM. Séguin frères, obtenaient en 1826 la concession d'un chemin de fer de Saint-Étienne à Lyon, long de 57 kilomètres. La France n'était donc guère en retard sur l'Angleterre et les États-Unis.

Une troisième ligne fut concédée, en 1828, de Saint-Étienne à Roanne.

Ces trois chemins de fer furent ouverts, l'un en 1828, le second en 1830, le troisième en 1834. Le chemin de fer d'Andrézieux à Saint-Étienne coûta 115,000 francs par kilomètre, celui de Lyon à Saint-Étienne 254,000 francs, celui de Saint-Étienne à Roanne 90,000 francs.

Toutes ces entreprises furent bien conduites. Comme résultats financiers elles représentent les trois destinées qui se partagent les grandes œuvres industrielles : le succès éclatant, le succès modeste et l'échec.

C'est naturellement au chemin de Saint-Étienne à Lyon qu'est échu le succès brillant. La propriété de cette ligne était divisée en actions de capital et en actions d'industrie ou d'apport, celles-ci n'ayant droit aux bénéfices qu'au delà de 4 pour 100, mais prélevant la moitié de ce qui excédait ce taux; quelques années après l'ouverture à l'exploitation, l'action de capital recevait 7 1/2 pour 100 et l'action d'industrie une somme presque triple de celle que touchait l'action de capital. Moins fortuné, mais suffisamment heureux encore, le chemin de Saint-Étienne à Andrézieux servit en moyenne 5 à 6 pour 100 à ses actionnaires. La victime, dans ces trois premières lignes ferrées françaises, ce

Restauration : ainsi, en Algérie, le petit chemin de fer industriel de Bône à Aïn Mokra (33 kil.), construit par la Société de Mokta el Hadid pour l'exploitation de ses mines, est ouvert aussi au trafic public, de même le chemin de fer de 250 kilomètres qui vient d'être construit (1899) en Tunisie, de Sfax à Gafsa et aux mines de phosphates.

fut celle de Saint-Étienne à Roanne, qui n'a presque jamais rien produit à ses auteurs.

Inauguré dans le district de la Loire, le mouvement s'étendait à l'entour. En 1830, on concédait 28 kilomètres d'Épinac au canal de Bourgogne. La région méditerranéenne s'animait. Dans les houillères du Gard et de l'Hérault, on pensa de bonne heure aux chemins de fer. Un homme qui a laissé un grand nom dans l'histoire industrielle de ce temps, Paulin Talabot, songeait à tout un réseau de lignes ferrées dans ces départements du Midi.

En 1833, l'on concédait le chemin de fer d'Alais à Beaucaire, c'est-à-dire au canal qui conduit à la mer. C'est la première ligne dont la concession fût temporaire, toutes les précédentes étant perpétuelles. La réalisation des chemins de fer du Gard et de l'Hérault ne devint définitive qu'en 1837.

A la fin de l'année 1833, la France possédait 75 kilomètres de chemins de fer en exploitation; 214 kilomètres étaient concédés. Les capitaux dépensés par les compagnies concessionnaires atteignaient 17 millions. Quant à l'État, contraste instructif, il avait consacré à des études de projets de voies ferrées 102,600 francs sur une somme de 500,000 francs qu'une loi avait récemment mise à sa disposition.

Toutes ces premières concessions avaient été accordées, presque sans formalités, par le pouvoir exécutif, sans intervention de la loi. Les cahiers des charges étaient sommaires; ils pensaient aux tarifs des marchandises, non à ceux des voyageurs. Le gouvernement de la Restauration, chose curieuse, agissait à l'américaine.

Comment, après de si beaux débuts, dont n'eût rougi ni l'Angleterre ni l'Amérique, la France se laissa-t-elle autant attarder? C'est une histoire intéressante, qui a bien des applications au temps présent, qui éclaire tout ce qui se passe sous nos yeux pour les tramways, les téléphones, l'électricité, et dont la répétition ininterrompue nous rend semblables au colimaçon, à un colimaçon dissertant et discutant sans avancer.

Ce qui caractérise les petits chemins de fer concédés ou exécutés en France sous la Restauration, ce sont les traits suivants : concessions perpétuelles, faites par décret, sans intervention des Chambres et sans sacrifices de l'État. A la perpétuité on eût pu substituer la concession de quatre-vingt-dix-neuf ans ; on eût pu également faire intervenir les Chambres, même lorsqu'on n'imposait aucun sacrifice au pays ; mais il eût fallu que ces assemblées délibérantes, pour aboutir, eussent été animées d'un esprit d'équitable bienveillance envers les compagnies et qu'elles se fussent toujours placées, dans l'examen des concessions, au simple point de vue technique.

Il n'en fut pas ainsi, et, pendant vingt ans, la construction des lignes ferrées ne fut guère en France qu'un sujet de discussion.

Ce n'est pas que le pays fût indifférent ou ignorant en cette matière ; la presse s'en occupait avec ardeur ; un brillant publiciste, Michel Chevalier, signalait, sans se lasser, les procédés anglais ou américains. Presque chaque année dans les Chambres on se livrait sur ce thème aux discussions les plus approfondies. Des savants comme Arago, des poètes comme Lamartine, animaient le débat en y mêlant tour à tour des éclats d'éloquence, des vues profondes et des préjugés enfantins.

En 1837, en 1838, en 1842, il se produisit un de ces défilés de harangues dont on dit qu'elles honorent un parlement ; mais tout se passait en paroles, et après ce flot de discours, l'opinion publique était plus confuse et plus indécise qu'auparavant.

Il semblait qu'un excès de raisonnement eût rendu la volonté malade.

Cinq obstacles empêchaient de passer à l'action; nous les énumérons, car on les retrouve encore aujourd'hui au travers de la plupart des nouveautés industrielles qui ont besoin pour se produire, sinon absolument du concours de l'État, du moins de son assentiment.

Le premier obstacle était de nature doctrinale : il consistait en d'interminables discussions pour savoir si l'on confierait l'exécution des voies ferrées à l'État ou aux compagnies. L'abus de la controverse, l'argumentation infinie sur les avantages et les inconvénients de l'une et l'autre solution, plongeaient les esprits dans une perplexité qui retardait d'une année à l'autre la décision (1).

(1) On peut consulter sur les débuts des chemins de fer français l'ouvrage très intéressant d'Audiganne : *Les chemins de fer aujourd'hui et dans cent ans*, Paris, 1858. En 1837 le gouvernement avait proposé un projet rationnel qui, s'il eût été adopté, eût assuré la prompte exécution du réseau : il voulait confier l'exécution et l'exploitation des chemins de fer aux Compagnies sous diverses formes, avec ou sans subvention du Trésor, par des concessions directes ou par des adjudications. On avait pris judicieusement le terme de quatre-vingt-dix-neuf ans pour maximum de la durée des concessions; on s'était réservé la faculté de reviser les tarifs à l'expiration des trente premières années, et ensuite après chaque période de quinze ans. Tout cela était excellent; il eût seulement fallu stipuler que les subventions étaient remboursables par un prélèvement de moitié sur les bénéfices au delà de 7 à 8 p. 100 et maintenir, même après ce remboursement, une certaine participation de l'État dans les bénéfices.

Chose singulière, mais qui arrive parfois, le gouvernement de 1837 sembla combattre lui-même ses projets qui étaient bons. Le ministre des travaux publics, M. Martin du Nord, déclara qu'il était très porté à partager l'avis de ceux qui voulaient que les grandes lignes appartinssent exclusivement à l'État. Le directeur des ponts et chaussées, M. Legrand, chargé de soutenir les projets en qualité de commissaire du gouvernement, les combattait indirectement. Il ne cachait pas qu'il serait à désirer que l'État pût se charger des grandes lignes qui devaient devenir des *instruments de la puissance publique*. « Les grandes lignes de chemins de fer, disait-il, sont de grandes rênes du gouvernement; il faudrait que l'État pût les retenir dans sa main; et si nous avons consenti à confier ces travaux à l'industrie particulière, c'est sous la con-

Le second obstacle était de nature parlementaire et électorale. Il tenait aux intérêts locaux de chaque représentant
et s'offrait sous la forme de discussions âpres et sans cesse
renouvelées (notamment en 1837 et en 1842) pour le classement et la priorité des lignes à exécuter, pour la préférence
à donner au système d'une ligne unique dans chaque direction ou au système des tronçons.

Le troisième obstacle était de nature uniquement politique : c'était le parti pris de l'opposition, quelle qu'elle fût,
de repousser le système, quel qu'il fût, que proposait le
gouvernement. En 1837, le ministère propose l'exécution
des voies ferrées par les compagnies ; la Chambre rejette ce
projet ; en 1838, le ministère propose l'exécution par l'État ;
la Chambre repousse également ce projet opposé au précédent.

Un quatrième obstacle, que l'on voit aussi se dresser sur
la route de toutes les découvertes qui ont à obtenir de l'État
un laisser-passer, c'était une affectation de puritanisme qui,
feignant de croire toujours ou croyant réellement à la corruption, à l'agiotage, appréhendant de favoriser la spécula

dition écrite dans la loi, qu'un jour le gouvernement pourra rentrer
dans la possession pleine et entière de ce grand moyen de communication, si l'intérêt du pays le requiert. » Ainsi le gouvernement combattait presque ses propres projets, lesquels pourtant étaient très judicieux.

En dehors du ministère ou de ses agents, deux hommes ayant une
grande situation dans le pays et dans la Chambre se livrèrent avec une
persistance infatigable à ce tournoi sur les mérites respectifs de l'exécution et de l'exploitation par l'État ou par les compagnies : tous deux
appartenaient à l'opinion démocratique : Lamartine et Arago. Le premier soutenait l'exécution par l'État, le second celle par les compagnies.
Le mathématicien voyait beaucoup plus juste que le poète.

En tous cas, ces controverses interminables n'aboutissaient à aucune
décision.

La Chambre, ne sachant se prononcer pendant tout le règne de Louis-
Philippe entre les deux systèmes de l'exécution par l'État ou par les
compagnies, ressemblait à l'âne philosophique qui se laissait mourir de
faim entre deux bottes de foin, par embarras du choix.

tion, les banquiers, les capitalistes, finissait par écarter successivement toutes les solutions pratiques.

Un cinquième obstacle enfin était de nature mi-partie financière, mi-partie administrative : on était tellement jaloux des droits de l'État, qu'on voulait réduire les concessions à des périodes beaucoup trop courtes, imposer aux compagnies des charges trop lourdes; on leur laissait toutes les chances mauvaises de l'entreprise, en réservant à l'État toutes les chances favorables. Il en résulta que plusieurs sociétés sérieuses se retirèrent, et que celles qui acceptèrent des contrats périlleux effrayèrent par leur échec l'opinion publique et accrurent la pusillanimité des capitalistes.

Il serait trop long d'entrer dans les détails de cette instructive histoire. Qu'on s'y reporte et l'on aura la confirmation des observations qui précèdent (1). M. Martin du Nord, par exemple, voulait, dès le début, faire un plan général, ce qui est une chimère par toutes les contradictions qu'il soulève. Le principal était de commencer, fût-ce d'une façon défectueuse.

On limita les concessions à une durée très brève, ce qui rendit effroyables les charges d'amortissement. Presque seule, la ligne d'Amiens à Boulogne fut concédée pour la période raisonnable de cent ans; mais c'était une petite ligne. On fixa la durée de la concession à quarante ans pour les chemins du Centre, à vingt-sept ans pour Orléans à Bordeaux, à vingt-quatre ans et onze mois pour Creil à Saint-Quentin, à quarante et un et quarante-quatre ans pour Tours à Nantes, à quarante-trois ans et demi pour Paris à Strasbourg.

Que pouvaient, en face de si courtes périodes, des sociétés de capitalistes? On leur interdisait les longs espoirs et les

(1) Voir le livre d'Audiganne, cité plus haut.

vastes pensées. Les courtes concessions étaient d'autant plus lourdes qu'il s'agissait de compagnies naissantes dont aucune n'avait de réseau productif.

On leur imposait aussi des formalités, des charges, des services gratuits, qui faisaient beaucoup plus que compenser les subventions de l'État, quand l'État accordait des subventions (1).

(1) On ignore généralement que l'État a imposé aux Compagnies de chemins de fer beaucoup de transports gratuits pour les administrations publiques, notamment celui des wagons postaux qui est très onéreux.

Le *Bulletin de statistique et de législation comparée* (publié par le ministère des finances) estime ainsi qu'il suit (1er volume de 1890, pages 190-191) les profits procurés à l'État par les chemins de fer, du chef des économies réalisées relativement aux prix de transports payés par le public, en 1886 : 62,896,839 fr. pour les transports postaux ; 41,807,496 fr. pour les transports de militaires ou de marins ; 1,754,919 fr. pour les transports de la guerre ; 1,171,002 fr. pour les transports de l'administration des finances (tabacs, poudres, papier timbré, etc.), économie sur les prix du commerce ; 1,791,825 fr. pour le transport des prisonniers ; 1,235,532 fr. pour les transports des agents des douanes et autres ; 5.766,667 fr. pour l'administration, par les employés des compagnies, des lignes télégraphiques ; soit en tout 116 423,280 fr. de charges imposées aux compagnies à son profit propre par l'État. En supposant que l'on taxe d'exagération cette évaluation qui est officielle et qu'on la réduise de 25 p. 100, il reste établi que les charges indirectes imposées aux compagnies par l'État français, en dehors des impôts proprement dits, étaient de 87 millions, soit 2,800 fr. par kilomètre (le chiffre officiel de ces charges est de 3,782 fr. par kilomètre). Cela compenserait une subvention de 2 milliards pour le réseau, ou bien encore cela dépasse le chiffre moyen des garanties d'intérêt avancées par l'État depuis vingt-ans. Depuis 1891 les publications officielles cessent de donner ces renseignements intéressants.

Les gens réfléchis se rendent compte que d'aussi énormes charges, qui n'ont rien de comparable en Angleterre et aux États-Unis, ont été de nature à ralentir singulièrement la construction du réseau français.

La concession temporaire, pour quatre-vingt-dix-neuf ans, opposée à la concession perpétuelle qui est le système en vigueur aux États-Unis et en Angleterre, est déjà en soi une cause d'infériorité pour l'exploitation présente du réseau français.

« Les législateurs qui ont pris des mesures pour le retour final des chemins de fer français à l'État, dit Herbert Spencer (l'*Individu contre l'État*, page 37), n'ont jamais songé qu'il pourrait en résulter des facilités moindres pour le transport des voyageurs. Ils n'ont pas prévu que le désir de ne pas déprécier la valeur d'une propriété devant éventuellement faire retour à l'État, empêcherait d'autoriser la création de

On ne comprenait pas qu'il est singulièrement avantageux pour un pays, par l'émulation et la confiance qui en résultent, que les sociétés qui les premières y introduisent un genre nouveau et fécond d'entreprises soient récompensées de leur hardiesse par un brillant et rapide succès.

Dans la situation d'esprit des membres du gouvernement et surtout des membres des chambres, l'exécution des grandes lignes, les plus productives, devait être longtemps différée.

L'initiative privée devait se contenter de petits tronçons suburbains, comme le petit chemin de fer de Paris au Pecq, concédé, en 1835, à M. Pereire, exécuté en deux ans, sur une longueur de 19 kilomètres, ou comme les deux lignes de Paris à Versailles encore, concédées en 1836, livrées à la circulation, l'une en 1839, l'autre en 1840.

Ce fut un tort que d'autoriser, dès le début, cette concurrence. La ligne de Versailles (rive gauche) fut ruinée : l'infime revenu net qu'elle donnait oscillait entre 0 fr. 43 et 1 fr. 84 p. 100 du capital engagé. Elle servit d'épouvantail aux capitalistes. Sans être prospère, la ligne de Versailles (rive droite) était moins misérable, gagnant entre 2 fr. 24 et 3 f. 54 p. 100 du capital. Beaucoup plus heureuse était celle

lignes concurrentes, et que, faute de concurrence, la locomotion serait relativement lente, coûteuse et les trains moins fréquents; car le voyageur anglais, comme Sir Thomas Farrer l'a démontré récemment, a de grands avantages sur le voyageur français sous le rapport de l'économie, de la rapidité et de la fréquence avec lesquelles il peut accomplir ses voyages. »

S'il y avait des raisons sérieuses pour borner à quatre-vingt-dix-neuf ans la concession des chemins de fer, malgré les inconvénients actuels de cette limitation de durée, du moins les charges indirectes excessives mises en France sur les voies ferrées, ainsi que les impôts déraisonnables (23 1/2 p. 100 sur le prix des places des voyageurs de 1871 à 1892, aujourd'hui 12 p. 100), n'avaient aucune excuse.

Mieux eût valu que l'État ne donnât aucune subvention et qu'il ne grevât pas autant le trafic.

Mais le politicien dit pratique s'imagine que l'on peut taxer à outrance toute entreprise privée, sans en empêcher la naissance ou le développement.

du Pecq, où le produit, par rapport aux frais d'établissement, variait entre 5,50 et 9 p. 100.

Il n'eût dépendu que du gouvernement que l'initiative privée se chargeât, dès cette époque, de quelques grandes lignes, au lieu de ces infimes tronçons.

La politique étroite, envieuse à l'égard des compagnies, avait presque arrêté le mouvement de construction des voies ferrées : au mois de janvier 1848, le bilan des chemins de fer en France se bornait à 4,702 kilomètres concédés, dont 1,830 seulement exploités. Ils avaient coûté 630 millions, dont 68 à peine avaient été fournis par le trésor : la recette brute kilométrique atteignait 45,000 francs, et la recette nette 22,000 francs, représentant, en 1847, 7.17 p. 100 du capital de premier établissement.

C'est assez dire que si, dès 1835, on avait su bien accueillir l'initiative privée, lui faire un sort équitable, lui accorder des concessions de longue durée, tout en se réservant un droit de rachat dans des conditions bienveillantes et une participation dans les bénéfices au delà de 8 ou 10 p. 100, la construction des chemins de fer en France, sans aucun sacrifice sérieux pour le trésor, eût été avancée de vingt ans.

Même aujourd'hui, le trésor ne fait, quoi qu'il en dise, pour les lignes ferrées, aucun sacrifice bien réel, puisque, s'il leur sert une centaine de millions de garanties d'intérêts ou d'annuités, il retire d'elles une somme plus que double d'impôts ou de transports gratuits (1).

On nous reprocherait peut-être de nous en tenir à la France pour le continent européen. Disons donc quelques

(1) Nous avons dit que les services gratuits ou les économies sur les transports des administrations publiques représentaient, en 1886, une somme de 116 millions 1/2. Il faut y joindre les impôts perçus sur les chemins de fer ou sur leurs titres, soit 172 millions en 1886, ensemble 288 millions. Cette charge est infiniment supérieure aux charges correspondantes dans les pays les plus avancés, les États-Unis et l'Angleterre.

mots de trois pays, placés dans des conditions très différentes et où l'État joua un rôle important dans la construction des voies ferrées : la Belgique, la Prusse et l'Autriche.

Quand on commençait de construire les chemins de fer
en Europe, le petit État belge venait de se constituer en
s'émancipant de la Hollande. Le pays était propice à l'établissement des voies ferrées : très peuplé, abondant en
grandes villes, offrant une surface plane, sauf dans une petite partie du territoire. Deux jeunes ingénieurs, MM. Si-
mons et de Ridder, formèrent les premiers projets de voies
ferrées. L'État belge, né d'hier, tenait à s'affirmer, à montrer sa force, il était préoccupé de la question stratégique
et nationale, craignant que les voies nouvelles ne tombas
sent aux mains de capitalistes hollandais de nation, ou
orangistes d'opinion (1). Le premier ministre d'alors, repré-

---

(1) M. Lehardy de Beaulieu, député au Parlement belge, dans un
rapport officiel fait, au nom de la section centrale, à la Chambre des
représentants de Belgique, sur le budget des travaux publics pour
l'année 1880, donne les raisons, toutes politiques et de circonstance,
qui firent construire les principales lignes du réseau belge par l'État.
Voici comment il s'exprime :

« Jusqu'en 1835, en Belgique, le transport des choses et des hommes,
avait été considéré comme appartenant à l'activité individuelle, isolée
ou combinée en associations de diverses formes ou natures...

« En 1830 la mise en exploitation, par une compagnie d'entrepreneurs
de transports au moyen de locomotives, d'un chemin de fer entre Liverpool et Manchester fit ouvrir un nouveau champ et de nouveaux
horizons à cette industrie des transports...

« Divers entrepreneurs ou Sociétés d'entrepreneurs proposaient au
nouveau gouvernement belge de se charger, moyennant péage, de construire divers chemins de fer et d'y organiser des moyens de transport
rapides et puissants.

« L'affranchissement de l'Escaut n'était pas encore réalisé à cette
époque, et les hommes politiques virent dans la nouvelle invention un
moyen d'arriver à la conquête de cet affranchissement en le rendant
moins indispensable.

« Mais on croyait alors, comme on le croit encore aujourd'hui, que
l'exploitation de cette industrie nouvelle devait constituer un monopole.

« *A qui confier le monopole des chemins de fer d'Ostende ou d'Anvers*

sentant le parti libéral, aux tendances centralisatrices tirées de la Révolution française, M. Rogier, proposa l'exécution par l'État.

La lutte fut vive dans le Parlement. Le projet fut voté par 56 voix contre 28 à la Chambre des représentants, par 33 contre 8 au Sénat. Le réseau devait embrasser 464 kilomètres. On ne proscrivait pas complètement l'initiative privée : on caressait cette chimère, qui séduisait aussi, par intervalles, le gouvernement français, que les lignes principales seraient construites par l'État et les lignes secondaires par l'industrie privée. On admettait que les tronçons concédés à des Compagnies particulières viendraient se souder au tronc primitif.

Ce qui détermina ce mode d'action du gouvernement, ce fut donc le désir de jeter quelque prestige sur l'État belge si jeune encore, puis des considérations stratégiques qui, dans la situation contestée du royaume, faisaient impression sur les esprits, enfin l'admiration pour l'ancienne administration impériale.

En 1837 on élargit encore ce programme. C'est en vain que l'industrie privée avait offert de se charger de la construction des chemins de fer belges. Une association, dont la carrière a été et se trouve encore très brillante, la *Société générale (belge) pour favoriser l'industrie nationale*, avait fait d'actives démarches pour qu'on l'admît à cette grande

---

au Rhin ? *On risquait de le voir tomber aux mains des orangistes, qui étaient les gros capitalistes d'alors. Les patriotes ne pouvaient admettre cette possibilité et la question politique décida la majorité du corps législatif, comme elle avait décidé le gouvernement, à décréter, non seulement l'exécution des voies et stations par le gouvernement, mais encore provisoirement et à titre d'expérience, l'exploitation par ses agents, aux frais, risques et périls des contribuables. »*

Nous empruntons ce morceau caractéristique à la publication intitulée : *Extraits du Rapport de la Commission d'enquête parlementaire sur l'exploitation des chemins de fer italiens* (Dentu, éditeur, 1882).

œuvre. L'État voulut agir tout seul, au début du moins.

Il prit les meilleures lignes, qui furent d'un bon rapport. En 1835 il ouvrait la section de 20 kilomètres de Bruxelles à Malines, l'année suivante celle de 24 kilomètres de Malines à Anvers. On continua les années d'après et, à la fin de 1843, le réseau primitif pouvait être considéré comme achevé.

C'est à coups d'emprunts naturellement que l'État avait construit ces voies. Les résultats financiers furent d'abord favorables. Les deux premières années fournirent des bénéfices. Mais après et pour douze ans le réseau d'État tomba en persistant déficit. Ce n'est qu'à partir de 1852 que les bénéfices revinrent. A la fin de 1851 le déficit total, consistant dans les insuffisances soit d'exploitation sur certaines lignes, soit des rentrées pour payer l'intérêt et l'amortissement des capitaux engagés, montait à 31,606,000 francs depuis l'origine.

Malgré les résultats favorables donnés depuis 1852, le déficit accumulé restait encore de 10,300,000 francs en 1855 ; au 1er janvier 1861, soit 25 ans après l'ouverture de la section de Bruxelles à Malines et 24 ans et demi après l'achèvement de la voie de Bruxelles à Anvers, le déficit total, depuis l'origine, n'avait pas tout à fait disparu. Il s'élevait à 3,418,303 francs. Il est vrai que l'État belge avait la prétention d'amortir en 40 ou 50 ans, au lieu de 99 comme en France, les sommes empruntées pour la construction de son réseau ; mais même en tenant compte de cette différence, l'opération faite par le gouvernement belge avait médiocrement réussi.

Aussi, à partir de 1842, le système de la construction du réseau ferré par l'État perdit beaucoup de sa faveur auprès du public. On se mit alors à concéder des lignes à des particuliers. La première qui fut l'objet d'une concession de ce genre est celle d'Anvers à Gand par Saint-Nicolas, en vertu d'une loi du 16 novembre 1842. Un réseau de Compagnies privées surgit donc en Belgique à côté du réseau de l'État; mais celui-ci comprenait la plupart des lignes principales; il était ainsi dans des conditions de productivité supérieure (1). Aussi était-il difficile que les deux systèmes se maintinssent indéfiniment côte à côte.

Cédant à l'esprit centralisateur, au désir peut-être aussi d'offrir des places à sa clientèle électorale, l'État belge agrandit son réseau par des rachats : au 1er janvier 1897 le réseau de l'État, se composant de presque toutes les lignes importantes, comprenait 3,309 kilomètres contre 1,279 appartenant à des Compagnies privées, non compris les chemins de fer vicinaux : les recettes brutes par kilomètre des lignes de l'État atteignaient en moyenne 48,000 fr. ; celles des sociétés privées ne montaient par kilomètre qu'à 29,000 fr. Mais prenant une revanche éclatante, les Compagnies exploitaient leurs lignes, quoique plus défavorables, à 47.3 p. 100 des recettes brutes, tandis que l'État les exploitait à 56.7 p. 100 (2).

Ce sont des circonstances accidentelles, une situation d'esprit momentanée, qui ont fait exécuter en Belgique les chemins de fer par l'État. Ils eussent pu l'être aussi bien par l'industrie privée ; il est probable que l'octroi de concessions

(1) On se convaincra de cette supériorité de situation du réseau de l'État en sachant que le projet de 1834, concernant les chemins à exécuter par le gouvernement, prenait Malines pour point central et comprenait quatre lignes, se dirigeant l'une à l'est, vers Louvain et Liège, une autre au nord vers Anvers, une troisième à l'ouest vers Ostende par Gand et Bruges, une quatrième enfin vers Bruxelles ; que la Chambre des représentants prolongea ces lignes jusqu'à la frontière de Prusse et jusqu'à la frontière de France, et qu'elle décida une ligne nouvelle se rendant de Gand à notre frontière par Courtray, des prolongements vers Namur et les frontières du Limbourg et du Luxembourg, etc.

(2) Voir l'*Annuaire statistique de la Belgique* pour 1897, paru en 1898, pages 354 à 361. On trouvera plus loin (page 225) un tableau puisé à une autre source, donnant le résultat de l'exploitation par l'État et de l'exploitation par les compagnies dans les principaux pays d'Europe.

à des sociétés eût mieux valu. Bien des symptômes économiques le font penser. Au point de vue politique, l'État eût été ainsi soustrait au joug des servitudes électorales. D'autre part, la liberté politique eût été mieux assurée; au fur et à mesure qu'on approchera du suffrage universel et surtout quand on l'aura complètement atteint, on verra que la possession des chemins de fer par l'État et la main mise par le gouvernement sur des dizaines de milliers d'employés dans un petit pays, sur des centaines de mille dans un grand, faussent nécessairement les élections.

Ce n'est, certes, pas cette considération qui pouvait influencer l'État prussien. Pays essentiellement militaire où, comme le disait le grand chancelier de l'Empire, chacun nait avec une tunique, la Prusse, ainsi d'ailleurs que beaucoup d'autres États allemands, était encore engagée dans les restes des liens de l'organisation féodale. L'État, de l'autre côté des Vosges, possède et exploite d'immenses domaines, non seulement des forêts, mais des terres arables, non seulement des salines, mais des mines de toutes sortes, même des hauts fourneaux. La richesse privée, les banques opulentes, les fortes et anciennes maisons de capitalistes étaient beaucoup plus rares alors en Prusse et en Allemagne que dans la France ou l'Angleterre du même temps. Néanmoins, il s'en faut que l'État prussien ou les États allemands aient exécuté directement toutes leurs voies ferrées. Près de la moitié fut concédée et construite par des Compagnies privées, les unes subventionnées avec clause de partage des bénéfices, les autres agissant avec leurs seuls capitaux.

Depuis lors, le mouvement centraliste que M. de Bismarck a imprimé à toute la machine allemande, l'a conduit à faire racheter par l'État la plupart des chemins appartenant à des Compagnies privées. Mais c'est en raison d'un plan politique, non de considérations techniques.

Tout entière imprégnée à cette époque de l'esprit allemand, l'Autriche crut devoir faire construire par l'État ses premières lignes ferrées ; ce fut aussi l'État qui les exploita ; mais les résultats furent manifestement insuffisants. L'exploitation, alors qu'il ne s'agissait que de grandes lignes maîtresses, ayant un trafic très intense, absorbait l'énorme proportion de 73 p. 100 des recettes brutes. En 1854 et les années suivantes, le ministre des finances, M. de Bruck, dut céder le réseau de l'État à deux puissantes Compagnies internationales qui se constituèrent l'une sous le nom de Société des chemins de fer autrichiens, l'autre sous celui de Société des chemins de fer du Sud de l'Autriche. La première versa au gouvernement 200 millions. Cet aveu de l'insuffisance de l'État à exploiter un réseau ferré étendu est loin d'être le seul qu'enregistre l'histoire des chemins de fer.

L'exemple de l'Italie, de l'Espagne et du Portugal, pays tous trois pauvres alors, tous trois placés dans une situation politique défavorable soit par le morcellement du territoire en nombreuses principautés, soit par le mouvement révolutionnaire, témoigne que dans le monde moderne, avec la tendance cosmopolite des capitaux, l'État n'a qu'à donner sa sanction, se montrer accueillant, équitable, pour que les grandes œuvres d'utilité publique naissent d'elles-mêmes. Ce qui retarda la confection des chemins de fer italiens, ce fut seulement la jalousie et les appréhensions réactionnaires des petits gouvernements ; dès que ces obstacles furent levés, on vit les capitaux étrangers affluer pour la construction des chemins romains.

Si l'on considère l'Espagne, la situation d'anarchie intermittente et de discrédit financier où se trouvait ce pays, eût empêché pendant longtemps l'État de mener à bien la construction d'un réseau de chemins de fer. L'industrie privée, avec de modiques subventions, ouvrit en 1848 le tronçon de 28 kilomètres de Barcelone à Mataro, sur la ligne de Barcelone en France ; en 1851 elle livra à l'exploitation les 48 kilomètres de Madrid à Aranjuez sur la ligne de Madrid à Alicante ; en 1852 elle terminait 25 autres kilomètres, puis 116 en 1853, 114 en 1854, 142 en 1855 ; en 1859 on ouvrait 297 kilomètres, et dans la seule année 1860 on en livrait à la circulation le chiffre énorme de 765. L'Espagne avait, à cette date, 1,914 kilomètres ferrés en exploitation. En 1865 elle jouissait de 4,835 kilomètres exploités.

Dans ce pays où le sol est tourmenté, où les rivières débordent souvent, où la population est rare, où les routes manquaient alors, l'industrie privée, soutenue par de médiocres subventions gouvernementales, avait fait cette merveille. A la fin de 1882, l'Espagne possédait 7,630 kilomètres ouverts à l'exploitation, qui avaient coûté aux Compagnies, en actions ou en obligations, 1 milliard 746 millions de piécettes, et au gouvernement environ 569 millions de subventions, soit moins du quart de la dépense totale (1).

On pourrait encore citer le Mexique, où les Compagnies privées, malgré le discrédit de l'État, ont fait de 1870 à 1889, plus de 10,000 kilomètres de chemins de fer.

Tels sont les gestes de l'initiative privée, des capitaux libres cherchant sur toute la surface du globe un point qu'ils puissent féconder. Un pays est-il riche, comme l'Angleterre, l'initiative privée s'y épanouit à l'aise et y suffit aux tâches les plus énormes. Un pays est-il pauvre, comme l'Espagne,

---

(1) La piécette vaut environ un franc. Les chiffres donnés pour les subventions gouvernementales dépassent un peu la réalité, parce qu'ils s'appliquent non seulement aux 7,630 kilomètres exploités à la fin de 1882, mais à quelques lignes en cours de construction à cette époque. Ces chiffres sont tirés du document officiel récapitulatif intitulé : *Memoria sobre las obras publicas del* 1881 *y* 1882 *en lo relativo á ferrocariles*, par Gabriel Enriquez, director general de obras publicas, Madrid, 1884. En 1898, le réseau ferré espagnol comprend 13.000 kilomètres.

le Portugal, le Mexique, l'initiative privée y vient du dehors ; avec de médiocres secours gouvernementaux, elle y crée des instruments de travail que le gouvernement seul ne serait parvenu à constituer qu'après plusieurs quarts de siècle. Puis cette initiative privée étrangère instruit, forme, rend audacieux les habitants du pays. A côté des compagnies francaises ou anglaises, il s'est organisé depuis 1870 des compagnies espagnoles, des compagnies portugaises. Les grandes œuvres, étrangères par l'origine, finissent par se nationaliser. Le crédit de l'État tend à se développer à la suite et à la faveur du crédit des Compagnies privées (1). C'est celui-ci qui a remorqué celui-là.

(1) Ce phénomène est bien manifeste, notamment en Espagne et en Portugal : les obligations des Compagnies de chemins de fer de ces pays, dirigées par des capitalistes étrangers, ont fini par habituer le public européen aux fonds même de l'État portugais et de l'État espagnol. (Note de la 1re édition).

Depuis les deux premières éditions de cet ouvrage divers faits se sont produits qui ont encore mis en plus vive lumière la supériorité générale de l'exploitation des voies ferrées par des compagnies, surtout dans les pays démocratiques. Ainsi le gouvernement brésilien, ayant racheté les plus importants des chemins de fer du pays, qui étaient très productifs dans les mains des compagnies privées, a vu leur revenu complètement s'évanouir par suite de la mauvaise gestion gouvernementale et des abus de toutes sortes. Depuis 1897 le gouvernement du Brésil est arrivé à la conviction que l'un des moyens les plus efficaces de restaurer ses finances est d'affermer à l'industrie privée son réseau de chemins de fer. C'est notamment l'une des parties essentielles du programme réformateur du nouveau président élu en 1898, M. Campos Salles.

Ce sont les goûts de gaspillage démocratique et les préjugés populaires qui ont jusqu'ici empêché la réalisation de cette ressource nécessaire (note de la 3e édition).

CHAPITRE V

DE L'EXPLOITATION DES CHEMINS DE FER PAR L'ÉTAT.

L'exploitation des chemins de fer par l'État ne s'est pas encore faite en grand par un gouvernement constitué démocratiquement, page 205.

Les arguments déductifs invoqués en faveur de l'exploitation par l'État, page 206. — La conclusion légitime de ces arguments, s'ils étaient vrais, serait seulement de conférer à l'État un droit de contrôle, page 207.

Il y a bien une tendance au monopole de fait dans l'industrie des chemins de fer; mais cette tendance ne peut jamais aboutir, de la part d'entreprises privées, à un monopole absolu; exemples, page 207. — Les deux méthodes, l'ancienne et la nouvelle, de pratiquer le commerce; celle-ci s'impose nécessairement aux compagnies, page 208. — L'État doit se réserver une certaine juridiction et un certain contrôle sur les voies ferrées, page 209.

Assimilation inexacte du service des voies ferrées à ceux de la poste et du télégraphe, page 209.

Arguments déductifs contre l'exploitation par l'État; 1º L'État manque de plasticité pour une organisation embrassant une infinie variété de détails et exigeant des décisions promptes, page 211. — 2º L'État moderne tend à faire dégénérer l'exploitation des chemins de fer en un instrument de pression et de corruption électorale, page 213. — 3º Tous les services d'État ont une tendance à la gratuité; exemple des postes et télégraphes, page 214. — 4º Le crédit de l'État moderne a besoin de se ménager pour les circonstances exceptionnelles, exemple des États-Unis et de l'Angleterre, page 215. — 5º La rigidité du budget d'État est incompatible avec une exploitation aussi compliquée que celle des chemins de fer : un rapport parlementaire en Belgique, page 216. — 6º Les responsabilités pour retards, avaries, accidents, sont beaucoup plus difficiles à faire valoir contre l'État que contre des compagnies privées, page 218. — 7º L'exploitation par l'État met dans la main du gouvernement des centaines de mille employés et altère la sincérité et l'indépendance du corps électoral, page 219.

Arguments purement inductifs contre l'exploitation par l'État, page 220. — Comparaison des retards, des accidents, des frais généraux dans les chemins allemands exploités par l'État et dans ceux qu'exploitent les compagnies privées, page 221.

Tableau des frais d'exploitation des chemins de fer d'État et des chemins de fer privés dans les divers pays d'Europe, page 225.

On a écrit des milliers de volumes ou de brochures sur ce sujet : nous n'y consacrerons que quelques pages. L'exploitation des voies ferrées par l'État est un problème plus délicat et plus important que celui de leur construction par l'État. Réellement, en effet, l'État ne construit jamais, ou du moins presque jamais les chemins de fer : ce sont des entrepreneurs qui construisent pour lui. Au contraire, l'État peut directement exploiter.

Que doit-on penser de l'exploitation gouvernementale ? On peut à ce sujet raisonner au point de vue déductif ou au point de vue inductif, en tirant des conclusions de la notion même de l'État ou, au contraire, de l'expérience technique.

Au point de vue inductif, on doit remarquer que, si vaste que semble au premier abord l'expérience de l'exploitation des chemins de fer par l'État, elle ne s'est pas faite jusqu'ici dans les conditions qui sont habituelles à une démocratie moderne.

L'exploitation des chemins de fer par l'État s'est étendue depuis 1880 dans beaucoup de pays ; les États Scandinaves la Hongrie, la Russie pour des raisons, très contestables, d'ordre politique, mais elle est surtout prépondérante dans deux contrées : l'Allemagne, notamment la Prusse, et la Belgique.

Or, ni l'une ni l'autre ne sont dans les conditions d'organisation de pouvoir démocratique qui constituent, à proprement parler, l'État moderne.

En Prusse, et dans les petits États allemands qui gravitent autour, le pouvoir est très fortement constitué ; il est indépendant du Parlement, sinon absolument pour la direction générale de la politique, du moins pour le choix et la conduite du personnel administratif. Les ministres, surtout le principal ministre, durent dix ou vingt ans en place ; les fonctionnaires ne sont, à aucun degré, dans la main des députés.

Quant à la Belgique, elle se rapproche davantage de la vie démocratique ; elle en diffère, cependant, encore par deux points essentiels ; elle n'est pas assujettie au suffrage universel : elle jouit d'une relative permanence ministérielle, les différents cabinets y durant cinq ou six années et les ministres y étant réellement, non pas seulement en apparence, les chefs de la majorité.

Ces circonstances ne sont pas indifférentes : car, lorsqu'on parle de l'État, il peut s'agir de l'État autoritaire, patriarcal, traditionnel, comme la Prusse, où l'autorité est très forte, la machine administrative très solidement charpentée et très rigidement conduite ; ou bien du pouvoir parlementaire, censitaire, de la classe bourgeoise, avec ses qualités de prudence et de méthode, comme en Belgique ; ou du pouvoir démocratique à personnel variable, à idées changeantes, aux brusques engouements, aux revirements soudains, comme en France et aux États-Unis d'Amérique.

Suivant ces cas si différents, ces milieux si opposés, l'influence de l'extension des attributions de l'État pourra singulièrement varier.

Au point de vue purement déductif, voici les principaux arguments que l'on fournit en faveur de l'exploitation des chemins de fer par l'État :

1° Les lignes ferrées constituent des monopoles de fait qui ne peuvent s'établir qu'au moyen d'une délégation de la puissance publique — le droit d'expropriation, et qui tiennent en leur pouvoir, non seulement le transport des personnes, mais encore, par le jeu des tarifs, les destinées des localités ; elles rentrent ainsi dans les attributions de l'État ;

2° Les compagnies privées qui poursuivent un but de

lucre personnel ne pourront jamais exploiter les lignes ferrées dans l'intérêt général ;

3° L'exploitation des lignes ferrées est un service colossal,
qui gagne à être concentré, à être uniformisé pour toute
l'étendue du territoire et qui peut être aussi bien dirigé
par l'État que le service des télégraphes et des postes.

A ces arguments on doit répondre que, fussent-ils vrais,
ce qui est au moins en partie contestable, la conclusion légitime à en tirer, serait qu'il conviendrait, non pas nécessairement de remettre l'exploitation des lignes ferrées dans
les mains de l'Etat, mais de confier à l'État une **surveillance** et un contrôle sur la gestion des compagnies
privées.

Les trois arguments, d'ailleurs, pèchent du moins par
l'exagération.

En ce qui concerne le monopole de fait et inévitable
qui écherrait avec le temps à chaque ligne ferrée, il n'y a
là qu'une part de vérité. Sans doute il y a une tendance
au monopole en ce sens que, le nombre des lignes dans une
même direction ne pouvant être indéfiniment accru, les
compagnies qui desservent une même région peuvent finir
par s'entendre et se coaliser. Quoique cette tendance existe,
on ne peut dire, toutefois, qu'elle conduise à un monopole
absolu.

L'expérience de l'Angleterre, où plusieurs compagnies
fonctionnent de la même ville à la même ville, celle même
de la France, où six grandes compagnies ont chacune une
région distincte, mais où cinq d'entre elles partent de Paris et
aboutissent à des ports, rivaux quoique éloignés, témoignent
qu'il n'y a jamais une entente complète et permanente entre
ces sociétés. Il subsiste toujours entre elles quelque rivalité ;
l'émulation n'est pas absente, si faible que soit le nombre
des concurrents et si limitée même que puisse être la con-

currence. On a vu des compagnies anglaises, comme celle du *Midland*, prendre l'initiative des réformes les plus hardies, comme l'adjonction des troisièmes classes dans les trains les plus rapides, et imposer bientôt, par la force de l'exemple, la même mesure aux compagnies rivales (1).

Ceux qui soutiennent que les compagnies de chemins de fer doivent arriver nécessairement avec le temps à une entente, qui fasse disparaître toute concurrence, ne tiennent pas assez compte des divers mobiles auxquels obéissent les hommes. Nous avons déjà démontré (2) combien est borné le point de vue des économistes, qui ne reconnaissent dans l'homme qu'un seul mobile, l'intérêt pécuniaire. Les administrateurs des compagnies sont sensibles aussi à l'amour-propre, au désir de se distinguer, de se faire honneur, d'attirer sur soi l'attention, à l'esprit aussi de jalousie envers les administrateurs ou les chefs des sociétés de même ordre.

Cette observation répond déjà en partie au second argument qu'invoquent les partisans de l'exploitation des chemins de fer par l'État, à savoir que les compagnies privées, poursuivant un but personnel, ne pourront exploiter que dans un intérêt privé. On oublie, d'ailleurs, que l'intérêt privé, qui consiste à recueillir des dividendes, coïncide, en général, avec l'intérêt général qui est l'accroissement du trafic.

Il y a deux méthodes de pratiquer le commerce et de faire des gains ; l'ancienne méthode, qui recherche surtout de gros gains sur de petites quantités et, en réduisant considérablement le volume des opérations, n'aboutit qu'à un bénéfice total assez médiocre ; la méthode moderne, fruit de l'expérience, qui se contente d'un petit gain sur chaque opération, mais

(1) Il faut signaler, en outre, que les compagnies de chemins ont à lutter dans un très grand nombre de cas contre la concurrence très efficace du cabotage par mer et de la navigation sur les rivières et les canaux.

(2) Voir plus haut les pages 34 à 37.

cherche à multiplier les opérations autant que possible. C'est cette dernière méthode qui prévaut maintenant dans toutes les grandes administrations privées. Elle a trouvé sa formule en France et en Angleterre : en France, elle s'appelle « le gagne-petit », en Angleterre, elles s'est incarnée dans ce proverbe : « il vaut mieux travailler pour un million d'hommes que pour les millionnaires. »

Ce qui reste vrai, c'est que l'industrie des voies ferrées, ne pouvant se constituer qu'au moyen de l'octroi du droit régulier d'expropriation et par l'occupation de certaines parties du domaine public, étant, d'ailleurs, soustraite, par ses conditions nécessaires d'existence, sinon à la concurrence relative et restreinte, du moins à la concurrence absolue et indéfinie, ne doit pas être abandonnée, sans aucun contrôle ni aucune surveillance, à des compagnies ou à des particuliers. L'État doit se réserver une certaine juridiction élevée pour empêcher les coalitions, les brusques changements de tarifs, comme il s'en produit aux États-Unis d'Amérique, les inégalités de traitement imposées aux producteurs qui se trouvent dans des conditions similaires. Ce droit supérieur de contrôle, l'État ne doit pas s'en dessaisir ; mais il n'en doit user qu'avec discrétion : une intervention intrusive et minutieuse de sa part dans le régime des voies ferrées offre bien plus d'inconvénients que d'avantages.

Il reste un argument aux partisans de l'exploitation des chemins de fer par l'État, c'est l'assimilation du service des transports par voies ferrées au service de la poste et des télégraphes. Puisque l'État se charge de celui-ci dans tous les pays du monde, pourquoi n'entreprendrait-il pas aussi le premier. La réponse ici est aisée : il n'y a aucune assimilation à établir, ni pour l'ampleur, ni pour la diversité des opérations, ni pour l'étendue des responsabilités, entre le service de la poste et du télégraphe, et celui du transport par chemins de fer. L'un représente en France une recette brute de 230 à 235 millions de francs environ; l'autre, une recette brute de 1,350 à 1,400 millions de francs. L'écart est encore plus considérable dans d'autres pays. Dans la Grande-Bretagne et l'Irlande, en 1898, le total des revenus de la poste et des télégraphes est porté au budget pour 380 millions de francs (15,180,000 liv. sterling); le produit brut des voies ferrées dans le même pays atteignait alors 2,350 millions de francs (93,737,054 liv. sterl.) (1). Ainsi le service des chemins de fer est six ou sept fois plus important, comme ensemble de recettes, que celui de la poste et des télégraphes. De ce que l'État s'acquitte passablement et sans de trop graves inconvénients sociaux d'un service relativement restreint, on ne peut conclure qu'on lui en doive confier un autre infiniment plus étendu (2).

Là n'est pas la seule différence. Le service des postes et des télégraphes est un service simple, élémentaire; les tarifs sont peu nombreux; ils peuvent être uniformes. Tout autre apparaît le service des transports des marchandises et des personnes; il offre une grande complication à la fois pour les recettes et pour les dépenses; ce n'est plus une entreprise administrative, c'est une entreprise commerciale. Il ne peut y avoir d'uniformité de taxes, ni pour toutes les marchandises, ni pour toutes les directions. Il faut tenir compte que dans certaines circonstances on doit lutter contre la concurrence du cabotage, ou de la navigation intérieure ou des voies ferrées d'un pays voisin. Il faut, sans cesse, tâter les goûts du public et les besoins de la consommation, pour les marchandises et pour les voyageurs en ce qui concerne les abonnements, les billets d'aller et de re-

(1) *Statistical Abstract for the United Kingdom* paru en 1898, pages 13 et 211.
(2) Il faut ajouter que le service postal est, dans nombre de pays, notamment en France, tout à fait défectueux.

tour, les trains de plaisir. Il ne suffit pas d'attendre le trafic, il faut le chercher, le susciter, l'attirer. L'expérience prouve que la productivité d'une ligne ferrée dépend de toutes ces conditions.

La partie des dépenses est aussi beaucoup plus compliquée que pour les postes et les télégraphes. Il faut vendre les vieux rails en temps opportun ; il faut aussi en temps opportun commander les nouveaux, savoir pour les achats de charbon, pour les machines, choisir le moment le meilleur. L'État est fort empêtré pour ces besognes : sans cesse exposé au soupçon des partis, obligé d'assujettir tous ses employés à des contrôles multipliés, il se voit forcé de recourir à des procédés d'une efficacité médiocre : le système de l'adjudication pure et simple par exemple, dont les défauts sont aujourd'hui universellement reconnus, mais auquel une administration d'État ne saurait renoncer. On sait à combien de critiques donnent prise, en tous lieux, les marchés passés par l'État pour la guerre, pour la marine ; que serait-ce si l'on allait encore, surtout dans les pays démocratiques ou libéraux, à administration changeante, confier à l'État toutes les dépenses des voies ferrées qui atteignent celles de la guerre et de la marine réunies, mais qui ont un caractère encore plus variable et plus diversifié ?

Ainsi tombent les arguments déductifs qu'invoquent les partisans de l'exploitation des chemins de fer par l'État ; passons maintenant aux arguments déductifs des adversaires de ce régime. Les voici, les uns d'ordre économique ou technique, les autres d'ordre politique, ce qui n'importe pas moins. Ces derniers se réfèrent à la nature de l'État et plus spécialement de l'État moderne que nous avons décrite dans les deux premiers livres de cet ouvrage.

1° L'État n'a pas la plasticité, la souplesse nécessaire à une organisation qui embrasse une infinie variété de détails, qui exige des décisions promptes, une certaine liberté et beaucoup d'initiative laissées aux différents chefs de service et même à leurs sous-ordres.

Les règles strictes auxquelles l'État ne peut renoncer dans ses administrations, sans rendre immédiatement sa gestion suspecte et encourager les calomnies, le contrôle financier lent et formaliste qui est une nécessité de son fonctionnement régulier, ne se prêtent pas aux tâches qui sont très diversifiées, très complexes, qui n'offrent pas une uniformité presque absolue.

Un journal belge, le *Moniteur des Intérêts matériels*, citait, il y a quelques années, les marchés malencontreux passés par l'administration des chemins de fer de l'État du royaume de Belgique, lors des grands mouvements dans les prix du fer et de l'acier en 1873-74. Par suite des lenteurs qu'imposent les règlements de l'État, cette administration avait acheté ses rails neufs à peu près dans les plus hauts cours et avait vendu ses vieux rails presque dans les cours les plus bas. La décision prompte, qui importe tant dans les affaires commerciales, la confiance en la capacité d'un seul homme technique, chef de service expérimenté, répugnent à l'organisme même de l'État (1).

---

(1) Tous ces passages et ceux qui suivent étaient écrits depuis longtemps déjà quand nous en avons trouvé la justification dans le rapport fait à la Chambre des Représentants de Belgique par M. Lehardy de Beaulieu, au nom de la Section centrale sur le budget du ministère des travaux publics pour 1880 (on trouve ce rapport *in extenso* dans la publication intitulée : *Extraits du rapport de la Commission d'enquête parlementaire sur l'exploitation des chemins de fer italiens*, Dentu, éditeur, 1882).

Voici comment s'exprime M. Lehardy de Beaulieu :

« Tout est anormal dans l'organisation des transports aux frais de l'État. Dans une entreprise particulière, ce sont ceux qui courent les risques qui gèrent, qui dirigent et qui sont responsables. En fait, *personne n'est responsable dans le sens juridique du mot, dans le système de l'administration par l'État.* La seule responsabilité qui garantisse le

2° L'État moderne, qui appartient, d'une façon précaire, à un parti, dont le personnel est changeant et sort des élections, serait forcément amené à transformer l'exploitation des voies ferrées en un instrument de pression ou de corruption électorale. Il n'aurait aucune force pour résister à la multiplication des trains, à l'augmentation du nombre des employés, à la révocation des « mal pensants » et à leur remplacement par d'autres. L'État moderne est presque complètement asservi aux considérations électorales, ce qui est une menace pour tous ses services; aussi importe-t-il qu'on lui en confie le moins possible (1).

pays, c'est celle de l'homme politique qui occupe *momentanément* le ministère des travaux publics.

« Il résulte de là que nos chemins de fer de l'État sont dirigés, administrés et contrôlés administrativement, au lieu de l'être commercialement. De là des tiraillements, des conflits d'intérêts avec le public qui sa traduisent sans cesse en pertes de force et d'argent.

« Une administration publique, bien que composée d'hommes habiles et éminents dans leur spécialité, n'aura jamais le flair commercial que l'on acquiert dans les luttes incessantes de l'industrie et du commerce privés. La liberté et le pouvoir de se décider à l'instant leur font défaut.

« Les sources d'information, d'ailleurs, ne sont pas non plus les mêmes, ni aussi sûres, ni aussi rapides. De plus *on n'ose pas négocier avec une administration publique comme avec un particulier*, c'est la nature même des choses.

« Sa manie (de l'administration de l'État) de vouloir tout régler, tout diriger de ses cabinets bien chauffés de Bruxelles, a fait faire plus d'une fausse manœuvre au matériel qui parfois encombrait certaines gares où il y avait pléthore, tandis qu'à quelques lieues de là les voies de chargement étaient vides. »

(1) Nous croyons devoir reproduire encore ici quelques lignes du rapport fait au Parlement belge, au nom de la Section centrale (commission du budget), en 1880, par M. Lehardy de Beaulieu.

« Le personnel des chemins de fer de l'État est beaucoup plus nombreux en raison de l'étendue de ses lignes et du trafic, que celui des compagnies particulières faisant des transports plus considérables. Il faut veiller que cette proportion excédante ne devienne pas excessive. Trop souvent, le personnel de l'État prend ses aises, arrive trop tard, part avant l'heure et morigène le public par-dessus le marché.

« La tendance des administrations publiques est d'élargir sans cesse leurs cadres afin d'augmenter les chances d'avancement rapide. Pour justifier ces besoins de personnel nouveau, on multiplie outre mesure

3° On remarque dans tous les services d'Etat une tendance à la gratuité. Les tarifs sont regardés comme des impôts. Le public exerce une pression des plus vives pour en obtenir la constante réduction; la productivité financière nette des services de l'État va, sans cesse, en diminuant (1). L'État français et divers autres ont cru devoir supprimer définitivement tous les droits sur les canaux, même les droits légers servant simplement à en payer l'entretien. Maître des chemins de fer, l'État serait amené à les exploiter d'une façon non rémunératrice. Il rejetterait sur la communauté l'intérêt et l'amortissement des capitaux engagés, au lieu de les faire payer, comme la régularité et l'intérêt public l'exigent, aux voyageurs et aux marchandises (2).

la correspondance et la paperasse inutile, superflue et encombrante.

« Il y a lieu, dans l'opinion de la section centrale, d'appeler sérieusement l'attention de l'administration supérieure sur les moyens de réduire et de supprimer, dans la plupart des cas, la correspondance entre les chefs de service qui ont leurs bureaux dans le même bâtiment ou dans la même ville. »

(1) Voir plus haut, page 163, la note concernant le service des postes et des télégraphes, qui a cessé d'être rémunérateur en France et dans divers autres pays.

L'administration des postes est, d'ailleurs, infiniment routinière. Elle ne sait pas proportionner les tarifs au service rendu ou aux frais. C'est ainsi que, pour le transport des sommes par la poste en France, le prix des lettres chargées est tel que l'on a avantage à ne déclarer qu'une faible partie de la valeur et à faire assurer le surplus par des compagnies spéciales. Après vingt ans de ces droits exorbitants contre lesquels les publicistes, dont nous fûmes, s'étaient vivement élevés, on s'est décidé à réduire ces tarifs en 1892, mais d'une façon insuffisante encore.

De même, le dernier délai pour la remise des correspondances à destination des départements, continue à varier à Paris suivant les bureaux postaux entre cinq heures et six heures du soir, quoique, les trains étant devenus depuis sept à huit ans plus rapides, les départs des gares s'effectuent entre huit heures et demi et dix heures, soit une heure et demie à deux heures plus tard qu'auparavant.

L'administration des postes n'a su encore utiliser (1899) d'une façon étendue ni la bicyclette ni l'automobile.

En un mot, le service des postes peut être considéré comme l'un des plus crassement routiniers qui soient.

(2) M. Lehardy de Beaulieu, dans un rapport parlementaire, fait, il

4° L'État moderne a besoin de conserver son crédit intact pour les grandes circonstances, une guerre par exemple. Son crédit finit par s'affaiblir, par perdre du moins en ampleur, s'il lui faut émettre constamment des titres. Or, l'exploitation des chemins de fer exige d'incessantes émissions de titres pour l'achat du matériel, la pose des voies nouvelles, l'agrandissement des gares, etc.

Une des raisons du crédit de premier ordre dont jouissent les gouvernements de l'Angleterre et des États-Unis, c'est que l'émission des titres nationaux est, dans ces deux pays, absolument suspendue, sauf des circonstances exceptionnelles. Une des causes de la valeur, c'est la rareté de l'offre, quand la demande est naturellement constante. Or, indépendamment même de l'éclatante solvabilité des deux gouvernements dont nous parlons, cette extrême rareté de leurs émissions doit conduire à des prix singulièrement élevés de leurs titres. Au contraire, des emprunts fréquents

---

ne faut pas l'oublier, au nom de la Section centrale (commission du budget) de la Chambre des députés belge, confirme encore ici notre assertion :

« Il y a lieu, dit-il, d'aviser au moyen de modifier cette situation et de la renverser, c'est-à-dire de faire produire aux chemins de fer un surplus au lieu d'un déficit, sans s'arrêter à la théorie souvent émise, mais qui attend encore sa justification, que l'État exploitant doit transporter à prix coûtant sans faire de bénéfices.

« Nous savons que le problème est difficile et que l'État est moins bien placé pour le résoudre que l'industrie privée. Les intérêts privés n'hésitent pas à attaquer le Trésor public dès qu'ils entrevoient un avantage, *fût-il incertain, précaire et momentané*. Ils n'hésiteraient pas un moment à bouleverser les intérêts politiques les plus graves et les plus permanents du pays, dans l'espoir, même incertain, d'un profit immédiat. C'est là le grand inconvénient et le grand danger de l'ingérence de la force sociale dans les entreprises industrielles et commerciales.

« Le public attribue volontiers aux chemins de fer, postes et télégraphes exploités par l'État, un caractère providentiel, comme celui du soleil ou des saisons. Il s'inquiète médiocrement des voies et moyens de cette providence de création humaine ; il murmure volontiers quand elle ne se plie pas à ses exigences ou même à ses caprices momentanés. »

presque quotidiens, si justifiés qu'ils soient, exercent une action mécanique déprimante sur le crédit d'un gouvernement. En vain objecterait-on l'exemple de la Prusse : c'est peut-être une des causes qui maintient, à l'heure actuelle, le crédit prussien encore si distant du crédit anglais. Il y a aujourd'hui (1899) un énorme écart entre les deux, le 3 prussien se cotant 18 points plus bas que le 2 3/4 anglais.

Les compagnies disposent, en outre, pour l'écoulement habituel de leurs obligations, de moyens auxquels l'État ne peut guère recourir. Elles les livrent peu à peu dans presque toutes les gares importantes de leur réseau, en faisant varier le taux à chaque oscillation de la Bourse. L'organisation parlementaire de l'État, les contrôles financiers superposés, la suspicion qui pèse toujours sur les ministres, les députés, ne permettent pas une action si rapide et une pareille souplesse à suivre toutes les oscillations du marché des capitaux.

5° L'exploitation d'une industrie aussi compliquée que celle des chemins de fer ne se prête pas à la rigidité du budget de l'État. Les résultats sont tellement inégaux d'une année à l'autre, l'engagement des dépenses déjoue tellement les prévisions, que toute l'organisation budgétaire en éprouve une perturbation profonde. L'État a besoin de recettes qui varient aussi peu que possible ; il ne doit se charger que de dépenses qu'il est aisé d'estimer d'avance et dont il est facile de suivre le cours. L'État, en outre, ne peut dresser ses comptes aussi vite qu'une compagnie. Trois mois ou cinq mois après l'expiration de l'année, les grandes compagnies françaises, notamment celles du Nord, de l'Orléans, de Lyon qui exploitent jusqu'à 4, 7 ou 9,000 kilomètres de voies ferrées, peuvent communiquer à leurs actionnaires la situation et les résultats de l'exercice. L'administration française du réseau de l'État, quoiqu'on se soit efforcé de la constituer sur le patron de celles des grandes compagnies privées, est toujours, relativement à celles-ci, pour l'arrêt des comptes, en retard de dix-huit mois ou deux ans (1).

(1) Les observations du rapporteur au Parlement belge, M. Lehardy de Beaulieu (voir le document cité plus haut) viennent encore sur ce point à l'appui de notre opinion :

« Le budget des travaux publics, dit le rapporteur, est déposé, suivant les vœux de la loi, dix mois avant l'ouverture de l'exercice et, bien qu'il ne soit jamais discuté, amendé et voté que pendant le cours de l'exercice auquel il s'applique, et que, par conséquent, les faits qui peuvent motiver les dépenses soient en cours de développement, il arrive rarement que l'on n'ait pas besoin, dans la session suivante, de modifier les crédits votés, de les compléter ou de les augmenter, et, parfois même, de légaliser des dépenses qui n'avaient pas été prévues ou inscrites au budget.

« *Une pareille situation est évidemment anormale et contraire aux principes les plus certains, prescrits par la constitution pour le contrôle des dépenses publiques. La Cour des comptes est obligée, contrairement aux lois sur la comptabilité de l'État, d'apposer son visa sur un grand nombre de mandats dont la dépense n'est pas encore votée par la législature. Le tiers et parfois la moitié du budget des travaux publics est dépensé ou engagé sans que la dépense ait été régulièrement autorisée.* Il peut arriver ainsi que, dans des moments où des incidents politiques amèneraient des changements subits et imprévus d'administration, les ministres les mieux intentionnés pourraient se trouver en présence de responsabilités imprévues qu'il leur serait impossible d'éviter ou de repousser......

« Le budget des travaux publics présente pourtant en Belgique, on ne peut se le dissimuler, des difficultés spéciales pour rentrer dans la règle strictement constitutionnelle. Comment calculer dix mois à l'avance les nécessités toujours imprévues, constamment variables, d'une exploitation absolument commerciale et industrielle, comme celle des chemins de fer, des bateaux à vapeur, etc. ? Comment assouplir assez les règles sévères et strictes d'un budget voté à l'avance pour y comprendre des dépenses, dont les éléments varient, pour ainsi dire, à chaque instant ? Prix, quantités, lieux, tous les éléments constitutifs d'une évaluation changent et se modifient sans cesse......

« A ce propos, nous avons fait remarquer, dans le rapport de l'année dernière, l'écart considérable qui existait entre le bilan du chemin de fer de l'État et celui que mentionne la situation du Trésor. Cet écart était, à la fin de l'exercice 1878, de 88,631.097 francs; il s'est encore agrandi à la fin de l'exercice suivant et s'est élevé à 142,095,195...... Nous persistons à croire qu'il vaudrait mieux que les deux administrations se missent d'accord pour établir à un moment donné une situation identique, acceptée de part et d'autre, d'accord avec la Cour des comptes,

L'exploitation des chemins de fer par l'État rompt nécessairement tout l'organisme financier constitutionnel.

6° Au point de vue juridique, ce régime n'a pas de moindres inconvénients, notamment la difficulté de faire valoir les responsabilités. Les particuliers ont à plaider contre l'État pour les avaries, les retards, les accidents. C'est pour eux une situation plus défavorable que s'ils actionnaient les compagnies. L'État est un plaideur, souvent prépondérant, qui parfois limite lui-même arbitrairement sa responsabilité (1).

C'est ce qui est arrivé pour les télégraphes et les postes. Chaque dépêche télégraphique porte en France la mention d'une loi qui exonère l'État de toute responsabilité pour les erreurs dans la transmission des télégrammes. On a vu des procès dont le résultat a confirmé cette injustice. Quelque temps avant le fameux *krach* de 1882 un capitaliste lyonnais, ayant télégraphié à un agent de change d'acheter

---

fournissant ainsi aux Chambres les garanties d'un contrôle qu'elles n'auraient plus à vérifier...... »

(1) Ici encore le rapporteur au Parlement belge vient, par ses observations pratiques, confirmer nos remarques théoriques : « Une partie importante et difficile de l'administration, dit-il, c'est la responsabilité en cas de destruction, de perte, d'avarie ou de soustraction ou vol de marchandises. Le Code de commerce rend le voiturier responsable de la marchandise qui lui est confiée; il est tenu de la remettre au destinataire dans l'état où elle lui a été confiée; c'est à lui à faire constater cet état à la remise, s'il lui paraît qu'elle est endommagée ou avariée.

« *L'État exploitant les chemins de fer a voulu et veut encore se soustraire à cette obligation du droit commun. Il a invoqué tous les prétextes pour s'en dégager. Il fait, lui-même, sans le concours de la législature ni des intéressés, des règlements et des tarifs qui mettent tous les risques à la charge du public, sauf certaines indemnités parfois dérisoires et qu'il ne paye pas toujours de bonne grâce*, après avoir essayé de s'y soustraire. »

Suivant des développements sur les accidents de chemins de fer et la nécessité pour l'État d'indemniser les victimes : « les tribunaux anglais et américains sont très sévères pour toutes les sortes d'accidents, et ils allouent de fortes indemnités aux victimes. »

pour lui 100 actions d'une société déterminée, l'employé du télégraphe mit par inadvertance 1,000 actions, au lieu de 100; il en résulta une perte énorme que ni l'agent de change ni le capitaliste ne voulaient supporter; ils actionnèrent l'État; mais ils furent déboutés en vertu du texte de loi qui exonère l'État de toute responsabilité pour les erreurs dans la transmission des télégrammes. Au contraire, les compagnies de chemins de fer, ayant inscrit sur leur bulletin de bagages que leur responsabilité est limitée à 150 francs par malle perdue, croyaient pouvoir arguer de cette clause; mais les tribunaux ont maintes fois décidé qu'elle n'était pas valable.

De même pour le transport des lettres chargées ou déclarées les États ont parfois, au moyen de lois ou de règlements, réduit leur responsabilité à une somme déterminée, d'où il résulte que les financiers, pour cette catégorie d'envois, recourent à des compagnies d'assurances privées qui leur donnent la sécurité que leur refuse l'État.

Dans tous les services de l'État le particulier, quand il veut plaider ou se plaindre, risque de se heurter à l'éternel et universel : *Quia nominor leo.*

Entre l'État et les particuliers il n'y a pas de droit commun, les deux parties étant trop inégales et l'une d'elles, d'ailleurs, légiférant, à elle toute seule, sur sa responsabilité envers l'autre.

7° L'un des énormes inconvénients de l'exploitation des voies ferrées par l'État, c'est d'assujettir au joug officiel un nombre énorme d'employés de toutes sortes, sans parler des fournisseurs, etc. Pour un pays comme la Grande-Bretagne il s'agit d'environ 300,000 employés, en France de plus de 200,000, et le nombre va croissant. L'expérience prouve que dans tous les pays le gouvernement prétend contraindre ses employés à être dévoués corps et âme à sa politique. Cela est aussi vrai des États-Unis que de l'Europe. Nul n'ignore que lorsque l'élection présidentielle amène un nouveau parti au Capitole, c'est un branle-bas général dans toutes les administrations de l'Union américaine. Jusqu'aux facteurs des postes sont remplacés. En France aucun gouvernement et beaucoup moins le régime républicain que tout autre, n'a reconnu à ses fonctionnaires la liberté du vote et l'indépendance d'esprit (1). Moins un pays compte de fonctionnaires, plus il a de chances de conserver ce bien précieux, la liberté politique ; c'est le cas de l'Angleterre et des États-Unis. Quand, au contraire, le nombre des employés de l'État dépasse 5 à 6 p. 100 du corps électoral, la liberté politique est bien compromise. Elle cesse d'exister quand les fonctionnaires de l'État forment 10 p. 100 du nombre des électeurs.

Nous avons passé en revue tous les arguments déductifs qui militent contre l'exploitation des chemins de fer par l'État. Il s'est trouvé que, quoiqu'ils fussent purement rationnels, ils ont reçu, néanmoins déjà, comme on l'a vu par les nombreuses notes dont nous les avons appuyés, une confirmation expérimentale.

Arrivons aux arguments purement inductifs, à ceux qui sont directement tirés de l'exploitation des voies ferrées par divers États depuis cinquante ans, la Belgique, l'Allemagne notamment. On trouve dans ce service d'État bien des

(1) On peut lire à ce sujet, comme manifestation curieuse de cet état d'esprit, la circulaire de M. Viette, ministre de l'agriculture, reproduite plus haut en note, page 81. On peut aussi se rappeler l'étrange raisonnement dont on fait tant d'abus que « les fonctionnaires doivent soutenir le gouvernement qui les paye », comme si, en payant les fonctionnaires, le gouvernement agissait autrement qu'en simple intermédiaire qui dispose des fonds du public. Une circulaire de M. Yves Guyot, naguère député radical, devenu ministre des travaux publics, en date du 20 mai 1889, consacre la servitude des ingénieurs et du personnel des Ponts et Chaussés à l'égard des préfets, agents politiques et policiers.

preuves qui sont en faveur de l'exploitation privée ; elles ne peuvent, cependant, atteindre l'absolue certitude, de manière à supprimer complètement l'opinion opposée. La raison en est que jamais deux lignes de chemins de fer ne sont dans une situation tout à fait semblable, d'où les exploitations de deux réseaux même voisins ne sont pas, dans toute la rigueur du mot, comparables. C'est ce qui fait que l'on ne peut obtenir une évidence géométrique dans cette recherche de la supériorité du système de l'exploitation par l'État ou de l'exploitation par l'industrie privée. Mais pour les esprits qui ont l'habitude des questions d'affaires, les faits qui ressortent de la pratique des deux régimes sont assez concluants pour ne comporter aucune hésitation.

Il ressort, en effet, de toutes les comparaisons que l'exploitation par l'État est plus coûteuse ; sur ce point, la contestation n'est pas possible ; elle semble, en outre, avoir moins de ponctualité et être plus sujette aux accidents.

Parlons, d'abord, de ces deux derniers points, qui pourraient être les plus controversés.

D'après des tableaux publiés par un spécialiste bien connu en Allemagne, le Dr Émile Sax (1), les chemins de fer prussiens se divisent en trois catégories : ceux qui appartiennent à l'État, ceux qui, appartenant à des Compagnies, sont exploités par l'État, enfin ceux qui appartiennent à des Sociétés et sont exploités par elles.

La rapidité moyenne des trains a toujours été un peu supérieure sur les chemins exploités par les Compagnies privées que sur les deux autres groupes. Les retards, *Verspälungen*, étaient, relativement au nombre des trains, beaucoup moins fréquents sur les chemins de fer exploités par les

---

(1) *Die Eisenbahnen*, von Dr Emil Sax, Wien, 1879.

Compagnies que sur les lignes appartenant aux Compagnies et exploitées par l'État. Il est vrai que ces retards étaient moindres encore sur les lignes même appartenant à l'État; mais l'auteur, d'ailleurs fort impartial dans ses comparaisons, fait ressortir que c'est là une illusion, qui tient à ce que le réseau de l'État proprement dit avait une proportion de doubles voies deux fois plus forte que celle du réseau des Compagnies.

Les accidents de chemins de fer avaient fait, en 1877, dans tout l'Empire d'Allemagne, 1,661 victimes, tant blessés que tués. Ce nombre, réparti entre les diverses catégories d'exploitation, représentait pour les chemins de fer de l'État une victime par 17 kilomètres 68 de ligne et par 3,894,000 essieux kilométriques (*Achskilometer*)(1); pour les chemins de fer privés, une victime seulement par 26 kilomètres 49 de trains et par 4,911,000 essieux kilométriques, soit un avantage de 25 p. 100 en faveur des lignes privées (2).

L'exploitation plus économique des Compagnies privées ressort soit de l'examen des détails, soit de celui de l'ensemble. En ce qui concerne les frais généraux d'administration, d'après le Dᴿ Sax, pour les cinq années de la période 1872-1876, ils ont représenté en Prusse, sur les chemins de fer exploités par l'État, 7,74 p. 100 en moyenne du total des dépenses, sur les lignes appartenant à des Compagnies, mais exploitées par l'État, 7,5 p. 100 de ce même montant, sur les lignes exploitées par les Compagnies, 5,14 seulement des

(1) On doit entendre par là, pensons-nous, non pas ce que l'on appelle en langage technique en France les kilomètres trains, mais ceux-ci multipliés par le nombre de voitures, ce qui est beaucoup plus exact, car un train peut se constituer d'un nombre très inégal de voitures.

(2) Le *Bulletin de statistique* (de notre ministère des travaux publics), dans sa livraison de janvier 1884, indique, pour l'Autriche-Hongrie, une moindre proportion d'accidents sur les lignes exploitées par les compagnies que sur celles exploitées par l'État.

dépenses totales, soit un tiers de moins : cependant, les lignes privées de chaque Compagnie ayant en général une étendue beaucoup moindre que les lignes de chaque direction de l'État, la proportion des frais généraux eût dû être plus forte pour les premières (1).

L'exploitation par l'État allemand des lignes françaises de l'Alsace-Lorraine, confiées, avant 1870, à notre Compagnie des chemins de fer de l'Est, a fourni immédiatement la preuve du renchérissement qu'occasionne le régime de la gestion gouvernementale. En 1873, la recette brute kilométrique des 847 kilomètres ainsi cédés par la France à l'Allemagne s'est élevée à 40,256 francs ; la dépense kilométrique a atteint 35,688 francs, laissant ainsi pour produit net la somme insignifiante de 4,568 francs seulement. Les frais absorbaient donc près de 90 p. 100. Sous la direction de la Compagnie de l'Est ils ne dépassaient pas 60 p. 100 et laissaient un produit net près de quatre fois supérieur à celui que réalisa l'administration gouvernementale. En admettant que certaines considérations politiques aient relevé, dans les premiers temps de la cession de l'Alsace-Lorraine à l'Allemagne, les frais d'exploitation, la supériorité, au point de vue de l'économie, de notre Compagnie de l'Est n'en demeure pas moins évidente.

Les documents sont, en ce sens, parfaitement concordants.

D'après des tableaux publiés par M. Maurice Block (*Économiste français* du 15 avril 1876), les frais d'exploitation des chemins de fer de l'État seraient toujours supérieurs en Allemagne aux frais d'exploitation des lignes qu'exploitent les compagnies privées.

Un tableau très instructif, qui a été dressé et nous est

---

(1) Pour tous ces détails et beaucoup d'autres, voir *Die Eisenbahnen*, von Dr Emile Sax, notamment pages 161 à 175.

communiqué par M. l'inspecteur général des ponts et chaussées Cheysson sur les différents réseaux exploités en Europe soit par les États, soit par les Compagnies, démontre que l'exploitation des États donne un moindre revenu net proportionnellement à la recette brute. Sans doute, il est divers éléments qui influent sur la proportion du revenu net et dont il est difficile de se rendre un compte absolument exact : tarification, nature des marchandises transportées, intensité du trafic ; néanmoins, il semble bien ressortir du tableau qui suit que l'exploitation par l'État offre plus de dangers financiers que d'avantages. Ajoutons que les gouvernements allemands, dans ces derniers temps, notamment la Prusse, ont fait de la tarification sur leurs lignes l'usage le plus arbitraire, se servant des tarifs pour accorder des faveurs, des primes d'exportation détournées, soit à telle industrie, soit à telle fabrique.

Résultats de l'exploitation des chemins de fer de France et des autres principaux pays d'Europe.

DÉSIGNATION DES PAYS ET DES RÉSEAUX.	LONGUEUR MOYENNE exploitée.	RÉSULTATS DE L'EXPLOITATION			Coefficient d'exploitation.	OBSERVATIONS.
		Recettes.	Dépenses.	Produit net.		
	km	milliers de fr.	milliers de fr.	milliers de fr.	0/0	
FRANCE.						
Chemins de fer concédés, exploités par les compagnies...	33.491	1.252.246	652.333	599.913	52.0	Exercice 1896.
Chemins de fer de l'Etat exploités par l'Etat.............	3.120	45.397	34.277	11.120	75.5	
ALLEMAGNE.						
Chemins de fer de l'Etat exploités par l'Etat.............	41.352	1.776.658	1.010.715	765.943	56.9	Exercice terminé au 1er avril 1896.
Chemins de fer { exploités par l'Etat..	104	2.865	1.925	940	67.2	
concédés { — par les compagnies...........	3.471	92.586	52.498	40.088	56.7	
AUTRICHE.						
Chemins de fer de l'Etat { exploités par l'Etat (1)	7.941	193.403	114.300	79.103	59.1	Non compris la Hongrie. Exercice 1895.
{ — par les compagnies..........	38	2.158	880	1.279	48.0	(1) Y compris 571 km de chemins de fer concédés, exploités pour le compte de l'Etat.
Chemins de fer concédés { exploités par l'Etat..	965	6.614	3.684	2.930	55.7	
{ — par les compagnies..........	7.411	322.804	137.306	185.498	42.5	
BELGIQUE.						
Chemins de fer de l'Etat exploités par l'Etat.............	3.299	154.467	90.436	64.031	58.6	Exercice 1895. (2) Non compris les chemins de fer vicinaux.
Chemins de fer concédés, exploités par les compagnies (2).	1.481	42.168	20.055	22.113	47.6	
DANEMARK.						
Chemins de fer de l'Etat { exploités par l'Etat (3).	1.731	28.738	21.456	7.282	74.7	Exercice terminé au 1er avril 1896.
{ — par une compagnie...........	20	149	122	27	81.9	(3) Y compris 47 km concédés, exploités par l'Etat.
Chemins de fer concédés, exploités par les compagnies....	457	2.780	1.868	912	67.2	
NORVÈGE.						
Chemins de fer de l'Etat exploités par l'Etat.............	1.655	12.165	9.509	2.656	78.2	Exercice terminé au 30 juin 1896.
Chemins de fer concédés, exploités par les compagnies...	95	2.628	1.471	1.157	55.9	
PORTUGAL.						
Chemins de fer de l'Etat, exploités par l'Etat.............	830	10.045	5.017	5.028	50.0	Exercice 1896.
Chemins de fer concédés, exploités par les compagnies...	1.328	26.739	10.398	16.341	39.0	
RUSSIE						
Chemins de fer de l'Etat, exploités par l'Etat.............	21.757	679.643	394.444	285.199	58.0	Exercice 1895.
Chemins de fer concédés, exploités par les compagnies...	11.912	366.698	211.066	155.632	58.0	
SUÈDE.						
Chemins de fer de l'Etat, exploités par l'Etat.............	3.369	37.875	24.686	13.189	65.0	Exercice 1895.
Chemins de fer concédés, exploités par les compagnies...	6.204	46.141	25.343	20.798	55.0	

Pour les conversions, on a admis : mark = 1f.25, florin = 2f.12, krone = 1f.39, rouble crédit = 2f.67, verste = 1k.067.

On voit par le tableau qui précède que dans la plupart des pays où les réseaux sont comparables, les frais d'exploitation sont moindres pour les lignes exploitées par des Compagnies que pour celles de l'État. Ainsi en Allemagne les frais d'exploitation pour les Compagnies étaient de 56,7 p. 100 contre 56.9 et 67.2 pour les lignes exploitées par l'État : cependant, les recettes brutes kilométriques des réseaux privés étant beaucoup moindres que celles du réseau de l'État, il eût été naturel que le coefficient d'exploitation fût plus élevé pour les premiers que pour le second, ce coefficient ne s'élevant pas proportionnellement avec la recette brute. En Autriche l'écart est beaucoup plus considérable au profit des compagnies. En Belgique le réseau de l'État donne une recette brute kilométrique qui est de 60 p. 100 plus forte que la recette brute des réseaux privés, et la recette nette de l'État excède à peine d'un tiers la recette nette de ces derniers. En Russie, le produit net est à peu près le même pour le réseau de l'État que pour les réseaux privés. En Suède, la recette brute kilométrique du réseau de l'État dépasse de 40 p. 100 celle du réseau privé, tandis que la recette nette kilométrique du premier n'est que de 30 p. 100 supérieure à celle de celui-ci. Il semble que les États, dans l'exploitation de leurs voies ferrées, soient de médiocres administrateurs et de médiocres commerçants pour l'entretien et le renouvellement de leur matériel, qu'ils donnent en outre dans le travers du fonctionnarisme à outrance : tout au moins sont-ils enclins, en général, par des considérations électorales, à sacrifier le côté financier de l'entreprise. C'est là un trait qui apparaît comme général, d'après le tableau ci-dessus.

Aussi a-t-on vu la Commission d'enquête nommée par le Parlement italien en 1880, après un travail très intéressant qui remplit tout un volume, se prononcer à l'unanimité pour le retour à l'exploitation des voies ferrées par des Compagnies privées (1). L'Italie a renoncé ainsi au régime d'exploitation gouvernementale qu'elle avait essayé pendant quelques années.

Indépendamment même de toutes les considérations techniques, quand on devrait admettre, ce qui n'est pas le cas, qu'une administration d'État éprouvée, comme l'administration prussienne par exemple, pût égaler ou même dépasser en économie et en efficacité l'administration des Compagnies, il n'en demeurerait pas moins vrai que, au point de vue politique et social, pour sauvegarder la liberté individuelle, l'indépendance électorale, pour entretenir les habitudes d'association spontanée, d'entreprises collectives libres, pour conserver en un mot, ce qui est si important, la plasticité de la Société, l'État doit s'abtenir d'accaparer l'exploitation des chemins de fer.

Cette dernière considération est quasi plus importante encore et plus décisive que les raisons techniques qui, cependant, sont en général très concluantes contre l'exploitation par l'État.

Tout développement des industries exercées par l'État tend, en augmentant les moyens de puissance et d'influence du gouvernement, à enlever aux citoyens une partie effective de

(1) Voir les *Extraits du rapport de la Commission d'enquête parlementaire sur l'exploitation des chemins de fer italiens,* un volume in-8° de 382 pages, Paris, Dentu, 1882.

A la page 64 de ce volume et avant les annexes on trouve la résolution de la Commission, ainsi formulée :

« VOTE DE LA COMMISSION.

« Les motifs allégués par les deux partis ont été mûrement étudiés par la Commission qui, dans une réunion spéciale, où étaient présents ses quinze membres, a émis l'avis, à l'unanimité, qu'il est préférable que l'exploitation des chemins de fer, en Italie, soit confiée à l'industrie privée.

« Arrivée au terme de son travail, la Commission d'enquête fait des vœux très ardents pour que l'État et le Parlement, sans autres délais, donnent aux chemins de fer italiens le régime définitif que le pays attend depuis longtemps. »

leur liberté de vote. Déjà dans une nation comme la France, sur 11 millions d'électeurs, il se trouve au moins 1 million de fonctionnaires publics ou de gens, à un titre quelconque, subventionnés par le gouvernement. Tout accroissement de ce nombre ne peut qu'être nuisible à la liberté de la nation.

Un économiste allemand d'une rare impartialité d'esprit, Roscher, le reconnaît à l'égard des chemins de fer de l'État. Tout en tombant dans l'erreur qu'en principe une admini-tration d'État, pour un service aussi compliqué et aussi variable, peut être aussi compétente, aussi souple et aussi agile qu'une administration privée, tout en négligeant cette observation importante, faite plus haut par nous, que l'État, surtout l'État démocratique, à états-majors instables, se place rarement, dans le choix de son personnel, au seul point de vue technique, Roscher écrit : « L'essentielle et inéluctable différence entre les chemins de fer d'État et les chemins de fer privés consiste en ce que les premiers accroissent d'une façon monstrueuse (*ungeheuer*) la puissance actuelle du gouvernement : non seulement par les places dont il dispose, mais beaucoup plus encore par l'influence sur le commerce, à un degré d'autant plus élevé l'un et l'autre que la situation économique du peuple est plus développée et son système de transports plus intensif (1) ». Le savant allemand expose que l'on a calculé qu'en 1876 l'administration des chemins de fer prussiens d'État absorbait entre le tiers et la moitié de la production totale du fer, entre le cinquième et le sixième de la production du charbon et qu'environ le dixième de la population de l'État dépendait d'elle.

Parlant de la reprise future de tous les chemins de fer privés par l'État français vers le milieu du xxᵉ siècle,

---

(1) Roscher, *Nationalökonomik des Handels und Gewerbfleiszes*, 2ᵗᵉ *Auflage*, page 402.

Roscher s'écrie : « Ainsi, un gigantesque domaine auquel serait attachée une influence bien plus pénétrante que celle du domaine royal au moyen âge, et cela à une époque où presque tous les obtacles qui existaient alors à la toute-puissance de l'État ont disparu ».

Traitant des chemins de fer allemands qui, pour la plus grande partie, appartiennent aux divers États germaniques, aussi bien aux petits et aux moyens États qu'à la grande Prusse, mais dont aucun, à l'exception du réseau alsacien-lorrain, n'appartient à l'empire à proprement parler, et exami-nant le projet d'un certain nombre de publicistes de transférer tous les chemins de fer du pays à l'Empire Allemand, Roscher dit : « Il appartient aux libéraux de voir si ce gigantesque accroissement de force de la puissance gouvernementale répond à leur idéal », et il conclut : « Si l'on ajoute à la cen-tralisation commencée de notre système de banque et de tant d'autres moyens de puissance du gouvernement prussien encore l'administration impériale de tous les chemins de fer, alors le gouvernement impérial et prussien sera du fait comme sans limites; *so wird die Reichs-und preussische Staats-regierung thatsächlich so gut wie unbeschränkt* (1).

On doit applaudir à cette clairvoyance et déplorer la folie du peuple suisse qui remet à la fois à la confédération la banque d'émission et les chemins de fer. Tous les amis de la liberté politique et de la liberté privée doivent s'opposer aux invasions successives de l'État dans les domaines où le génie moderne a constitué de grandes installations permanentes (2).

(1) Roscher, *op. cit*, pages 404 et 409.
(2) Mentionnons l'ouvrage : *Die Eisenbahn-Politik Frankreichs,* von Richard von Kaufmann (2 tomes, Stuttgard, 1896); l'auteur, professeur à l'Université de Berlin, compare le système d'exploitation en France et en Allemagne; il donne à presque tous les points de vue et comme con-clusion, dans l'ensemble, la supériorité au régime français, quoique aucun pays ne possède une administration plus capable et plus rigou-reuse que l'administration prussienne. (Note de la 3e édit.).

CHAPITRE VI

LES SERVICES D'USAGE COLLECTIF ET LES MUNICIPALITÉS.

Le procès qui se débattait en France, de 1830 à 1848, pour

la construction des chemins de fer, s'est reproduit, à divers intervalles plus ou moins rapprochés, pour les entreprises de gaz et d'eaux, aujourd'hui pour celles d'électricité, de téléphones, de tramways; demain il se reproduira pour d'autres inventions que nous ne soupçonnons pas.

Les différents pays ont inégalement profité de ces découvertes : elles n'ont plus à lutter contre la jalousie, l'accaparement de l'État central, mais contre l'accaparement ou la jalousie d'une autre forme de l'État, les municipalités.

Les pays où l'on trouve le plus répandu et au meilleur compte l'usage et des tramways, et de l'éclairage électrique, et des téléphones, sont ceux en général où l'État se montre le plus discret et le plus bienveillant envers les entreprises libres. Il ne s'agit pas de chercher à les enrichir; il s'agit seulement de ne pas poursuivre leur ruine systématique.

Nous ne craignons pas de dire que, parmi les nations riches et de vieille civilisation, la France est l'une des plus mal partagées pour la possession et le bon marché de ces précieux instruments d'usage collectif. Le gaz y coûte plus cher que partout ailleurs; l'électricité commence à peine à éclairer quelques rues dans quelques villes; les transports urbains y sont à l'état barbare; les tramways, peu nombreux, n'y existent guère que dans les villes de premier ordre et dans quelques-unes seulement de second rang; les compagnies qui se livrent à cette industrie, sauf deux ou trois peut-être sur tout l'ensemble de notre territoire, sont ruinées; les capitalistes, qu'effrayent ces échecs, ne se sentent aucune inclination à doter nos villes d'un réseau de communications urbaines perfectionnées. Le téléphone coûte à Paris deux ou trois fois plus qu'à Londres, à Berlin, à Bruxelles, à Amsterdam, à Genève, à New-York (1).

(1) Les téléphones, depuis juillet 1889, sont devenus en France un

Ainsi, un grand pays se trouve, en plein XIXᵉ siècle, ne profiter que dans une mesure très restreinte des progrès récents et nombreux qui ont transformé depuis cinquante ans la vie urbaine. Est-ce parce que l'État n'intervient pas assez ? Non, c'est parce qu'il intervient trop.

Les municipalités qui le représentent usent à l'excès de leur double pouvoir de contrainte : la contrainte réglementaire et administrative, qui multiplie les injonctions ou les prohibitions, les charges en nature, et qui, parfois, soumet, sans aucune restriction, les compagnies à l'arbitraire variable des conseils municipaux ; la contrainte fiscale, qui de chaque société de capitalistes veut faire pour la municipalité une vache à lait inépuisable ; il faut y joindre encore ce sentiment étroit d'envie qui considère comme un attentat aux pouvoirs publics toute prospérité des compagnies particulières.

Je ne citerai que deux faits qui prouvent combien ces pratiques de l'État municipal sont funestes aux progrès : aux États-Unis, où ils foisonnent, les tramways ne sont l'objet, en général, que de taxes infimes. En Californie, le Code civil (*civil code*), c'est-à-dire une loi générale, s'appliquant à tout l'État et limitant les pouvoirs des municipalités elles-mêmes, interdit de mettre un droit (*licence fee*) de plus de 50 dollars ou 250 francs par an sur chaque voiture servant aux transports communs dans la ville de San-Francisco, et de plus de 25 dollars, 125 francs, dans les autres villes. Or, à Paris, le droit perçu sur chaque voiture d'omnibus ou de tramway était récemment de 1,500 francs, et se trouve aujourd'hui de 2,000, juste huit fois le maximum de taxation autorisé par la loi californienne.

Voici l'autre fait : la jalousie des municipalités à l'endroit

monopole d'État ; l'abonnement coûte 400 francs à Paris contre 160 à 350 francs dans les autres grandes villes d'Europe et d'Amérique.

des compagnies auxquelles elles ont accordé des concessions réduit souvent ces compagnies à une gêne si intolérable, que non seulement elles ne payent plus aucun intérêt à leurs actionnaires, mais que, même, elles cessent tout service.

Dans une ville importante et très intellectuelle du midi de la France, Montpellier, une compagnie avait accepté de construire un réseau de tramways avec un parcours trop étendu, des départs trop nombreux et des charges trop lourdes. Elle fit faillite : on mit plusieurs fois aux enchères le réseau qui était exploité depuis plusieurs années : le cahier des charges était tellement pesant qu'il ne se présenta d'acquéreur à aucun prix. A la fin, une société s'offrit pour reprendre la concession, à la condition de n'exploiter que les lignes principales et de diminuer le nombre des départs. La ville refusa ; il se produisit alors ce fait vraiment inouï : on arracha les rails, établis à tant de frais, on les vendit comme du vieux fer. Une quinzaine d'années plus tard seulement une autre compagnie installa des tramways nouveaux à Montpellier. Voilà pourquoi Montpellier et vingt villes de France d'une importance analogue sont restés si longtemps sans tramways, tandis qu'on en trouvait partout à nos côtés : en Angleterre, en Allemagne, en Belgique, en Hollande, en Italie même et en Espagne.

Une école bruyante prône l'accaparement par les municipalités de tous les services ayant un caractère public ou quasi public. Le socialisme municipal tend à s'épanouir partout, notamment dans la Grande-Bretagne et même aux États-Unis (1), Il devient quasi plus dangereux que le socialisme d'État.

(1) On peut consulter sur ce point toute la série des opuscules publiés par la *Liberty and Property Defence League*, notamment celui intitulé *Municipal Socialism*, 1885, et d'autre part, pour l'Amérique, la série des études réunies sous le titre de *the Relation of modern Municipalities to quasi public Works. American Economic Association, january* 1888.

Chez ces nations anglo-saxonnes, on a vu les conseils municipaux accaparer parfois les tramways, ou les téléphones et plus encore les entreprises d'eaux, de gaz et d'électricité.

Il ne semble pas que l'on ait à se louer de cet industrialisme municipal, sujet ou enclin, dans des mesures variables, à l'arbitraire, à la corruption, au favoritisme, surtout à ces changements fréquents de direction qu'entraîne toute dépendance du corps électoral.

D'après l'*Economist* (de Londres), du 20 novembre 1886, le total des capitaux engagés dans l'industrie du gaz en Angleterre, en Écosse et en Irlande, s'élevait à 1,380 millions de francs, dont bien près de 500 millions ou 36 pour 100 environ représentaient le capital des entreprises gazières appartenant aux autorités locales. Pour ces dernières, sur 110 millions de francs de recettes, les frais d'exploitation atteignaient 79 millions environ, soit plus de 70 pour 100; les recettes nettes ne montaient qu'à 31 millions de francs, dont 22 1/2 représentaient les charges d'intérêt et d'amortissement des emprunts spéciaux contractés pour ce service. En 1895-96, d'après le *Statistical Abstract* pour 1897, les localités de la Grande-Bretagne, (l'Irlande laissée en dehors) retiraient 3,710,322 livr. (93 millions de fr.) des entreprises d'eaux; 5,945,754 livr. st. (151 millions de fr.) de celles de gaz et 244, 125 liv, st. (6,160,000 fr.) de celles d'électricité; il doit s'agir ici des recettes brutes; ce document n'indique pas les frais d'exploitation.

On peut douter de la capacité des municipalités dans ces questions industrielles. On a attribué à l'esprit étroit et jaloux des conseils municipaux la lenteur des progrès de l'éclairage électrique dans la Grande-Bretagne, relativement à l'extension de ce même procédé d'éclairage aux États-Unis. On a voté, au printemps de 1888, une loi pour modifier et restreindre les pouvoirs des autorités locales en cette matière.

Les discours tenus par plusieurs personnages importants,

lord Salisbury notamment, chef du cabinet actuel, et lord Herschel, ancien *lord-chancellor* dans l'administration libérale, témoignent que le socialisme municipal n'est pas nécessairement progressif.

Voici le résumé de l'analyse que les journaux donnaient de ce débat : « Lord Salisbury, parlant du rôle que pourraient être appelées à jouer les municipalités en matière d'éclairage électrique, signale le danger de se laisser entraîner par le désir de donner aux municipalités le contrôle de ces choses-là. Nous avons, a-t-il dit, un nombre suffisant d'exemples qui portent sur la compétence des municipalités à se charger d'opérations commerciales sur une grande échelle. Nous savons que les tentations sont énormes, et le danger qu'il faut envisager est non pas tant celui de voir les municipalités administrer ces entreprises elles-mêmes, mais bien de les voir administrer par les fonctionnaires salariés de ces municipalités, aux mains desquels se trouverait un pouvoir énorme et irrésistible qui les expose à des tentations nombreuses, sans responsabilité pour eux.

« Lord Herschel, à son tour, dit qu'il n'a pas de parti pris à l'égard du rôle des municipalités, mais que pourtant il n'est nullement certain que la balance des avantages ne soit pas du côté de l'interdiction aux municipalités d'exercer des entreprises commerciales. Il penche même plus particulièrement vers cette opinion dans le cas de l'éclairage électrique... Dans tous les cas, la faculté de rachat ne doit pas se présenter sous une forme qui paralyse les progrès de l'invention. Ce serait trop aussi de demander à la génération actuelle de se passer de l'éclairage électrique uniquement pour en diminuer le coût dans trente ou quarante ans. »

Le parlement s'est rangé en partie à ces judicieuses observations. Il a modifié, dans un sens de restriction des pouvoirs des municipalités, la loi de 1882 sur l'éclairage électrique. Tandis que, d'après cette loi, les autorités locales avaient le droit de racheter les installations des sociétés privées à l'expiration d'une période de vingt-deux ans, elles ne le pourront faire désormais qu'après quarante-deux années, cette durée étant considérée comme nécessaire pour que des entreprises sérieuses puissent se constituer.

Que dire du conseil municipal de Paris qui voulait réduire à dix années la durée des concessions électriques? En même temps, la loi britannique nouvelle donne au *Board of Trade* le droit, à titre exceptionnel, il est vrai, d'accorder des concessions auxquelles s'opposeraient les autorités locales. Ainsi, après un quart de siècle d'exercice de l'industrie de l'éclairage public par un grand nombre de municipalités britanniques, il s'est produit en Angleterre une réaction contre cette pratique.

Les municipalités américaines se sont jusqu'ici plus abstenues de l'exploitation directe des services de ce genre. L'enquête faite, dans l'année 1888, par l'*American Economic Association* sur les rapports des municipalités avec les entreprises quasi publiques (*Relation of modern Municipalities to the quasi public works*) ne citait que les villes suivantes qui fussent propriétaires d'usines à gaz : Philadelphie, Richmond Danville, Wheeling et Alexandria. Encore ne nous dit-on pas que ce soient là des monopoles municipaux.

Quelques municipalités, dont on ne nous indique pas le nombre, possèdent des usines électriques. Mais ce sont là des faits très exceptionnels. Au contraire, un grand nombre de municipalités gèrent des entreprises d'eaux. Sur 1,402 villes ou cités aux États-Unis, les renseignements ont manqué pour 183 : quant aux autres, dans 544 les établissements d'eaux appartenaient aux villes, et dans 675 à des entreprises privées. Parmi les 135 villes ayant plus de

10.000 habitants, dans 91 les entreprises d'eaux sont des propriétés municipales et dans 44 seulement des propriétés privées.

L'enquête américaine, toutefois, est incomplète sur un point capital : elle ne nous parle que de la propriété des installations d'eaux (*ownership of waterworks*); elle ne nous dit rien de l'exploitation, ce qui est tout différent. La propriété peut être municipale et l'exploitation être conférée à une compagnie fermière ; c'est le cas de Paris et de différentes autres villes de France. Or, c'est surtout l'exploitation par les pouvoirs publics qui a des inconvénients.

Quoi qu'il en soit, il est clair que les entreprises d'eaux diffèrent notablement des entreprises d'éclairage ou de transport : on peut prétendre que les premières ont un caractère beaucoup plus public, concernant des questions d'hygiène générale et de salubrité commune, qu'elles constituent aussi des industries beaucoup plus simples, plus uniformes, moins gigantesques et moins variables. Il semble que, dans beaucoup de ces propriétés municipales d'installations d'eaux en Amérique, le pouvoir local agit plutôt comme contrôleur et surveillant que comme exploitant direct.

Dans ce pays de *self government*, les municipalités sont très loin de jouir toutes du droit de régler à leur guise l'organisation de ces différentes entreprises d'utilité commune, les tramways, le gaz, les téléphones, l'eau même. Elles n'ont en général que les pouvoirs qui leur ont été spécialement délégués par les États. Un grand nombre de ceux-ci interdisent aux corporations locales toute entreprise industrielle : d'autres vont même jusqu'à limiter le pouvoir de taxation dont elles disposent relativement à ces services (1).

---

(1) Voir l'opuscule cité, *Relation of modern Municipalities to quasi public Works*, notamment pages 57 à 60. Depuis 1890, toutefois, l'industrialisme municipal tend à se développer aux États-Unis pour le gaz, l'électricité, les tramways, etc.

Ces restrictions, à nos yeux, sont sages. On devrait les introduire en France. Ce serait une des bonnes réformes à accomplir dans notre pays que d'interdire absolument aux municipalités l'exploitation d'une entreprise industrielle, quelle qu'elle soit. Les fantaisies du grand conseil municipal de Paris et du petit conseil municipal de Saint-Ouen prouvent surabondamment les inconvénients des énormes pouvoirs dont jouissent sur ce point nos conseils municipaux, si garrottés sous d'autres rapports.

Outre les causes d'infériorité technique que nous avons énumérées en traitant d'une façon générale du caractère de l'État moderne, les municipalités, plus encore que le pouvoir central, souffrent d'autres infirmités. Moins que lui, elles consentent à se placer, dans leurs actes, au simple point de vue technique. Des considérations étrangères, de nature purement électorale et politique, influent sur toute leur conduite.

Elles sont plus courbées sous le joug des élections, plus dans la dépendance des coteries; elles ont plus de penchant à gagner des suffrages individuels par des faveurs, des créations de places superflues. Elles cèdent plus à l'arbitraire et à la fantaisie; sous un régime électif variable et sans contre-poids, les services municipaux dont elles ont l'absolue direction tendent à se transformer en des expériences humanitaires, plus ou moins coûteuses et chimériques (1).

---

(1) A propos des méfaits des municipalités, en ce qui concerne les services d'usage collectif, il est impossible de ne pas citer l'exemple du Conseil municipal de Paris, de 1880 à 1899, moment où nous revoyons ces lignes. Il semble que l'Assemblée qui administre la « Ville-Lumière », comme disait Victor Hugo, ait juré d'empêcher le développement et le bon marché tant de l'éclairage que des transports urbains et du service des eaux dans notre capitale.

Voilà près de vingt ans que la Compagnie parisienne du gaz a gagné tous les procès que le Conseil municipal lui a intentés; voilà autant d'années qu'elle proposait de réduire graduellement ses prix de vente

Dussent-elles ne pas verser dans ces abus comme Paris et Saint-Ouen aujourd'hui, comme beaucoup d'autres in-

pourvu qu'on lui accordât une prolongation modérée de sa concession qui expire en 1905.

Si l'on avait traité sur cette base avec la Compagnie, en discutant ses propositions et en obtenant quelques modifications de détail, ce qui eût été aisé, le public parisien ne payerait depuis longtemps le gaz que 20 ou 21 centimes le mètre cube, au lieu de 30 centimes, taux absolument déraisonnable. Les consommateurs parisiens perdent donc, par l'obstination du Conseil municipal, 9 à 10 centimes sur chaque mètre cube de gaz qu'ils consomment ; la ville de Paris perd, elle aussi, 2 ou 3 centimes sur le prix moitié moindre qu'elle paye à la Compagnie et qui eût été abaissé, dans le cas d'une entente avec elle.

Or, l'on consomme 300 millions de mètres cubes de gaz, les trois quarts environ pour les particuliers et un quart pour la Ville. L'entêtement du Conseil municipal fait donc perdre aux consommateurs parisiens et à la Ville approximativement 18 à 20 millions par an. La perte que la présomption municipale a infligée aux Parisiens est, de 1880 à 1899, de plus de 300 millions de francs.

Cette perte va se prolonger, peut-être en s'aggravant, jusqu'à 1905. Ainsi le Conseil municipal de Paris aura, de 1880 à 1905, imposé à ce pauvre peuple parisien un sacrifice de 400 à 500 millions de francs, uniquement pour la satisfaction de dire qu'il ne veut jamais traiter avec une Société anonyme.

Notez, d'ailleurs, l'absurdité du refus de s'entendre avec la Compagnie du gaz pour une prolongation de la concession moyennant un abaissement des tarifs. Le Conseil municipal se fonde sur ce que, la concession expirant en 1905, il sera alors maître de l'industrie du gaz, puisque, d'après les traités, il lui reviendra gratuitement toute la canalisation et, en outre, la moitié de l'actif de la Compagnie, usines et terrains compris.

Mais, du train dont vont les inventions, qui sait si, dans quelques années, le gaz sera encore le principal mode d'éclairage ? En tous cas, il est bien probable que, dans le courant du vingtième siècle, la concurrence, soit de procédés perfectionnés de l'éclairage électrique, soit de l'acétylène et de découvertes nouvelles, forcera les Compagnies de gaz à diminuer leurs tarifs. Ainsi, en sacrifiant la génération de 1880 à 1905, sous prétexte de sauvegarder les intérêts des gens qui vivront dans le vingtième siècle, le Conseil municipal de Paris fait une bêtise manifeste : il abandonne un bien présent, certain, l'abaissement actuel du prix du gaz qui est aujourd'hui le principal agent d'éclairage, sous le prétexte de ménager un prix du gaz plus réduit aux Parisiens du vingtième siècle, alors que le gaz sera peut-être devenu un procédé d'éclairage subalterne.

Le Conseil n'a pas procédé autrement pour l'éclairage électrique ; il voulait d'abord n'accorder que des concessions d'une demi-douzaine d'années, il a consenti à tripler à peu près cette période, ce qui est très insuffisant, puisque le Parlement anglais a porté cette durée, après une

connues, il n'en resterait pas moins les grands inconvénients politiques et sociaux. Il importe de s'élever à une

longue expérience, comme on l'a vu dans le texte, à quarante-deux ans.

Les Compagnies n'ont que des charges et presque pas de chances de
bénéfices : des périodes de concession d'une excessive brièveté qui
resserrent sur une période beaucoup trop courte l'amortissement des
capitaux engagés ; l'obligation d'étendre leurs services à des rues ou à
des quartiers où il est notoire qu'elles ne pourront recruter qu'un nombre insignifiant d'abonnés ; la faculté de rachat réservée à la Ville dans
des conditions qui ne laissent à l'actionnaire aucune chance notable de
profits.

On sait aussi que le Conseil municipal s'est avisé de vouloir créer,
pour l'exploiter directement, une usine centrale d'électricité.

Si mal desservi pour l'éclairage, Paris ne prend pas sa revanche
pour les moyens de communication. C'est un des points noirs de l'organisation parisienne. On sait déjà comment l'affaire du Métropolitain,
étudiée, remaniée pendant vingt ans, a été rejetée dans les limbes d'où
l'Exposition de 1900 est venue tardivement la tirer. La conception qu'on
s'était faite de cette entreprise, c'est qu'il fallait absolument ruiner la
Société qui s'en chargerait : aussi avait-on accumulé les charges, ren-
chéri par des clauses socialistes le prix des travaux, limité les bénéfices
éventuels, purement éventuels, à un taux très bas. Il en résulte que les
Parisiens ont été privés pendant un quart de siècle du Métropolitain

Il leur restait, comme consolation, les tramways, les omnibus et les
fiacres. Mais ici encore le Conseil municipal intervient pour empêcher
que l'un quelconque de ces moyens de transport puisse se développer.
Il y a, dans toutes les décisions du Conseil municipal, un fond de mali-
gnité simiesque. Jouer des tours aux Compagnies, c'est le premier et le
dernier mot de sa politique. Plusieurs des principales lignes de tramways
sont restées longtemps sans maître, livrées à une exploitation précaire :
les Compagnies sont tombées en faillite ; on avait traité avec la Compagnie
des omnibus ; mais le Conseil municipal ou le Conseil général de la
Seine, ce qui est à peu près la même chose, rêvait de se faire exploiteur
de tramways, et, comme les lois ne le permettaient pas, tout demeura
en suspens, toujours jusqu'à l'Exposition de 1900.

En ce moment le Conseil est dans le plein de la lutte, une lutte homérique
avec la Compagnie des omnibus. Cette Compagnie ne consent pas à multiplier indéfiniment les voitures dans les quartiers excentriques où il
n'y a pas de voyageurs. Elle offrait d'améliorer son service en augmentant
le nombre des départs ; on n'a pas voulu examiner seulement ses propositions. La formule que veut appliquer le Conseil municipal aux
Sociétés avec lesquelles il traite, ce n'est même pas : se soumettre ou
se démettre, c'est simplement : se soumettre, toujours, perpétuellement,
de plus en plus.

La Compagnie des omnibus a un monopole ; mais elle ne demanderait
pas mieux que de s'en démettre et de recouvrer sa liberté. Nous préfére-
rions de beaucoup aussi la simple liberté au régime actuel. La solution

vue synthétique des choses : le côté purement technique ne doit pas seul retenir l'observateur ; les conséquences, soit indirectes, soit différées, générales et lointaines, doivent être aussi pesées.

La transformation d'une foule de services de l'industrie privée en entreprises publiques ne se peut effectuer sans un certain et regrettable affaiblissement de l'indépendance électorale d'une part et, de l'autre, des habitudes d'association

de la question serait dans la réduction des taxes épouvantables que la Ville impose aux Omnibus ; chaque voiture doit payer 2,000 francs par an, ce qui est au moins quatre fois trop ; en outre, les dépôts et les écuries de la Compagnie doivent être situés dans l'intérieur de la ville, ce qui renchérit à la fois les installations par le prix du terrain, et les fourrages par les droits d'octroi.

Il n'y a pas de monopole pour les voitures de place, mais la ville de Paris travaille à créer un monopole pour les cochers. Sous l'impulsion de quelques collectivistes, on a organisé, depuis peu de temps, un examen obligatoire pour les cochers de fiacre. Le jury que l'on a institué se compose, en majorité, d'individus qui se proposent pour but de diminuer, autant que possible, l'offre des cochers, afin de faire hausser les salaires de ceux-ci. Il en résulte qu'il refuse, comme ne connaissant pas assez Paris ou ne sachant pas le nom exact de chaque objet du harnachement, la moitié environ des candidats ; dans les deux derniers mois, on en a refusé 300, soit 43 p. 100. Ces candidats évincés s'en retournent chez eux et éloignent tous les gens de leur entourage de venir se placer comme cochers de fiacre à Paris.

On manque donc de cochers de fiacre. Cinq cents voitures environ de Compagnies diverses ou de loueurs particuliers n'attendaient en 1888 que des cochers pour être mises en circulation ; mais le jury, institué cette année-là même par le Conseil municipal, apportait le plus grand soin à empêcher le recrutement. Cette protection que les corps électifs accordent aux intérêts particuliers contre l'intérêt général est un gros danger.

Pourquoi ne supprime-t-on pas cet examen des cochers de fiacre et ce jury, puisque les cochers de maître, les camionneurs et autres ne sont soumis à aucun examen de ce genre ?

Le Conseil municipal ne s'en tient pas à ses luttes, soit ouvertes, soit sournoises, avec les Compagnies d'éclairage et de locomotion. Il en veut tout autant, ou à peu près, à la Compagnie de régie des eaux de Paris. Il s'est avisé de décréter l'abonnement obligatoire aux eaux pour chaque habitant ; mais, comme toujours, à cette première manie il en joint une seconde : le rachat de la régie intéressée, exercée par la Compagnie des eaux, Société qui jouit, d'ailleurs, d'une excellente réputation.

Voilà comment tous les services collectifs sont désorganisés à Paris ou incapables de se développer.

volontaire. La tyrannie du sultan est moins redoutable que la tyrannie d'une paroisse.

Pour résumer ces observations, voici quelques formules dont l'exactitude ne paraît guère pouvoir être contestée : le développement rapide et l'exploitation progressive des grandes œuvres d'utilité publique semblent dépendre surtout :

1° De la force de l'esprit d'initiative libre et des habitudes d'association volontaire ; ces conditions ont plus d'importance même que l'abondance des capitaux ;

2° Du minimum des formalités administratives requises ;

3° De la bienveillance, tout au moins de l'équité et de l'absence de jalousie des pouvoirs publics de tout ordre envers les sociétés privées et les capitalistes ;

4° Là où l'initiative privée est somnolente et où l'intervention du gouvernement est active, du maximum d'esprit de suite et, par conséquent, de stabilité dans le gouvernement, soit général, soit local, et du minimum d'esprit de parti dans l'opposition.

Voilà pourquoi certains États à organisme fortement hiérarchisé et puissamment autoritaire, comme l'État prussien, ont pu, avec un moindre dommage pour la communauté, jouer un rôle actif dans la constitution ou l'exploitation des travaux publics.

Mais nous, peuples occidentaux, à gouvernements précaires et changeants, nous ne pouvons prétendre aux avantages d'unité et de continuité d'action d'une monarchie demi-despotique. Conservons au moins les mérites et les bienfaits d'une initiative privée, agile, souple, entreprenante ; sinon, nous perdrons notre bien, sans gagner, comme compensation, celui d'autrui (1).

(1) Depuis 1890, les municipalités même en France ont voulu constituer d'autres services : des boulangeries municipales, des pharmacies municipales, des maisons à loyer municipales, etc.

LIVRE V

L'ÉTAT, LA RELIGION, L'ÉDUCATION ET L'ASSISTANCE PUBLIQUE.

CHAPITRE PREMIER

LA POURSUITE PAR L'ÉTAT D'UN IDÉAL SOCIAL.

Contestations auxquelles prête le rôle de l'État en ce qui concerne la religion, l'éducation et l'assistance, page 243. — Suivant certains écrivains l'État aurait mission de faire régner la vertu et de répandre la vérité, page 244. — L'État, d'après une formule allemande, doit pétrir la société conformément à « l'Idée », page 244.

Les politiciens et les théoriciens politiques tournent le dos à la doctrine qui prévaut aujourd'hui dans les sciences, page 244.

La recherche d'un idéal social par l'État a été la cause d'une foule de crimes et de la plus oppressive intolérance, page 244.

Les hommes d'État, à tous étages, sont des hommes d'action ; leurs conditions mentales ne se prêtent pas à la découverte ou à la propagande de la vérité absolue, page 245.

Nul sujet n'a donné, ne donne et ne donnera lieu à plus de contestations que le rôle de l'État à l'égard de cette grande force, à la fois individuelle et collective : la religion, et de ces deux grandes tâches, dont on discute si elles doivent être plus collectives qu'individuelles : l'éducation des générations nouvelles et l'assistance des malheureux.

Je voudrais, en m'éclairant de l'expérience du temps passé et du temps présent, indiquer les données générales de ces délicats problèmes, et suggérer, sinon des solutions précises, du moins l'esprit dans lequel on les doit chercher.

Nombre d'écrivains ont conçu l'État comme appelé à faire régner la vertu et à répandre la vérité. Il serait si commode d'obtenir le triomphe de l'une et de l'autre par l'action d'un mécanisme unique, qui, grâce à une hypothèse opiniâtre, paraît aux esprits simples et aux âmes naïves capable de vaincre toutes les résistances !

Un écrivain brillant, Michel Chevalier, conviait l'État à « diriger la société vers le bien et à la préserver du mal ». Il avait, sans doute, plutôt en vue le bien et le mal matériels.

Mais, allant plus loin, les théoriciens allemands affirment que l'État doit être de plus en plus pénétré de « l'idée sociale ». Ils se représentent le grand homme comme celui qui exprime le plus complètement l'esprit de son temps : *den Geist seiner Zeit zum vollen Ausdruck bringt.*

Et l'État leur apparaît comme le grand homme par excellence, l'être merveilleux dont les conceptions peuvent immédiatement se traduire en volontés et les volontés en actes. C'est à lui qu'échoit la tâche formidable de pétrir la société conformément à « l'idée ».

L'idée, l'idéal, mots fascinateurs qui devraient peut-être moins subjuguer les esprits dans un siècle dont toute la doctrine scientifique repose sur la croyance en l'évolution, c'est-à-dire en un développement lent, spontané, presque uniquement instinctif !

Il est écrit que les politiciens et les théoriciens politiques de notre siècle tourneront le dos à la doctrine qui prévaut aujourd'hui dans les sciences. La sagesse vulgaire a découvert et répété sans cesse que l'enfer est pavé de bonnes intentions ; elle ne semble pas encore s'être aperçue que la plupart des grandes fautes politiques se rattachent à la poursuite par l'État d'un idéal social, à sa prétention de « diriger la société vers le bien et de l'écarter du mal ».

Les persécutions des empereurs romains contre les chrétiens, le tribunal de l'inquisition, les excès des anabaptistes, le despotisme de Calvin ou de Knox, la Saint-Barthélemy, la révocation de l'édit de Nantes, les crimes de la révolution, tous ces méfaits, dont l'histoire frémit et dont nous souffrons encore, ont eu pour artisans non pas seulement la perversité ou l'égoïsme des hommes d'État, mais la croyance qu'ils possédaient la vérité absolue et qu'il était de leur devoir de lui soumettre le genre humain.

Aujourd'hui, l'État ou ceux qui le représentent ont-ils un meilleur critérium du vrai et du bien ? Ne sont-ils plus exposés à l'erreur ? Après les développements où nous sommes précédemment entré et les constatations que chacun peut faire, il semble que la réponse ne soit pas douteuse.

Pas plus que leurs prédécesseurs, les hommes qui, en tout pays, détiennent l'État moderne, qui parlent en son nom et commandent ou punissent en son nom, ne se trouvent dans des conditions mentales qui facilitent la recherche, la découverte et la propagande de la vérité absolue.

Les hommes d'État, depuis le ministre le plus célèbre jusqu'au plus obscur politicien de village, sont, pour les neuf dixièmes, des hommes d'action ; leur cerveau n'est pas fait pour l'étude patiente et minutieuse ; dans nulle catégorie de gens on ne trouve une moindre aptitude à la métaphysique.

S'ils ont quelques idées générales, ce sont, d'ordinaire, celles que les circonstances et les hasards de la lutte leur ont presque inconsciemment inculquées. Ils se font gloire souvent de n'y pas tenir. Ils n'ont ni le goût ni le loisir d'étudier à fond les problèmes.

Ce sont, en outre, des hommes de parti, engagés dans

des liens auxquels, malgré quelques glorieux exemples, il leur est presque toujours impossible de se soustraire. Ils représentent des passions et des intérêts bien plus que des idées pures et réfléchies. Nulle classe d'hommes ne diffère davantage du type classique du sage que le détachement et la sécurité ont préparé à comprendre et à chérir le vrai.

Ce sont encore des hommes absorbés par les intérêts présents; la devise de la plupart est qu'à chaque jour suffit sa peine, que le contingent seul mérite qu'on s'y arrête, que la fécondité et la souplesse de leur esprit trouveront des ressources imprévues pour les difficultés futures, dont il serait puéril et vain de s'embarrasser à l'avance.

A moins de reconnaître au suffrage populaire et à ses élus une vertu merveilleuse, surnaturelle, on doit juger que les détenteurs de l'État moderne, en raison même des procédés, des qualités et des défauts auxquels ils doivent le pouvoir, sont médiocrement qualifiés pour être les interprètes de la vérité absolue et du bien absolu.

Qu'ils le fussent, ce serait un mystère aussi impénétrable à la raison humaine que les dogmes religieux réputés les plus incompréhensibles.

CHAPITRE II

L'ÉTAT ET LES RELIGIONS.

Peu de problèmes seraient aussi simples à résoudre que celui des rapports de l'État moderne et des religions, mais il faudrait s'inspirer du mot : « Paix aux hommes de bonne volonté. »

Le monde, depuis l'origine, a toujours été livré à la controverse; c'est par elle, par la variété et la liberté des opinions, surmontant tous les obstacles extérieurs, que se sont transformées la barbarie et la rigidité primitives en cette sorte de développement ascensionnel qu'on nomme la civilisation.

La gloire de l'État moderne, ç'a été jusqu'à ce jour de laisser le champ libre à la controverse, à la variété des pensées et des actes dans la plupart des voies ouvertes à l'activité de l'homme : les lettres, les arts, les sciences, l'industrie, les groupements entre les individus.

Il n'est qu'un domaine jusqu'ici où, non pas tous les États, mais certains, de nos jours aussi bien qu'autrefois, s'acharnent à vouloir supprimer la controverse et ses manifestations extérieures, c'est le domaine religieux.

L'État, qui devrait être, d'après la théorie, un organe de pacification et de concorde, cherchant à calmer les haines, devient, dans maint pays, le principal agent de discorde.

Une idée juste, celle de l'État laïque, s'est transformée, sans qu'on en eût conscience, en une idée fausse, celle de l'État athée. L'État laïque, c'est-à-dire l'État qui ne se fait le champion temporel d'aucune théorie religieuse particulière, qui regarde les religions avec bienveillance, mais sans subordination et sans servilité, qui les considère comme des forces avec lesquelles on doit compter, à qui on ne doit pas imposer le joug et de qui on ne doit pas le recevoir, l'État laïque est la vraie formule, la seule digne de la société contemporaine.

La laïcité de l'État n'implique pas l'hostilité contre la religion, ni la malveillance, ni l'indifférence même; elle marque seulement l'indépendance. Mais de ce que deux personnes sont indépendantes l'une de l'autre, il n'en résulte pas qu'elles doivent être des adversaires, ni même qu'elles doivent cesser d'avoir entre elles des rapports quelconques.

Une société où l'État et la religion sont en lutte ne peut être qu'une société profondément troublée ; d'autre part, une société où la religion et l'État prétendent s'ignorer mutuellement est presque une société impossible. Nous le montrerons tout à l'heure.

L'État athée, c'est tout autre chose que l'État laïque. On pourra discuter tant que l'on voudra sur la signification de cette formule : tant par l'étymologie que par la conception populaire, elle n'a qu'un sens, celui de négation de la divinité et de tout ce qui s'y rapporte ; elle n'implique pas l'indifférence, elle implique l'hostilité.

Comment l'État pourrait-il être indifférent à l'égard de la religion, des cultes et de Dieu même ? Comment surtout prétendrait-il se cantonner dans une sorte de positivisme qui lui permettrait d'ignorer qu'il existe parmi les citoyens certaines croyances ardentes, précises et collectives sur l'origine, les devoirs et la fin de l'homme ?

Par un miracle d'abstraction, de contention d'esprit, de surveillance de toutes ses paroles et de tous ses actes, un simple particulier peut à peine arriver à pratiquer ce positivisme dans toute sa rigueur ; un État ne le peut pas. A chaque instant, il rencontre le problème religieux ; il est obligé de compter avec lui.

Tant qu'une communion, c'est-à-dire une foi commune sur la destinée humaine, réunira de nombreux groupes d'hommes, l'État sera obligé de chercher, soit à l'extirper, soit à se la concilier, tout au moins à vivre passablement avec elle ; mais il ne pourra l'ignorer.

Comment l'État, cet organisme qui a la responsabilité de la paix sociale et qui d'ailleurs aujourd'hui touche à tant de choses, qui prétend, notamment, accaparer l'éducation,

l'instruction, le soulagement des malheureux, l'amélioration
des condamnés, perdrait-il tout contact avec la force la plus
ancienne, la plus générale, la plus agissante que connaisse
la société?

L'État a des écoles : aussitôt s'offre la question délicate
des textes, des livres de classes, certains mots qu'on rencontre, qui forment le fonds traditionnel de la langue et
qu'il faut expliquer, à moins que, par le procédé ridicule
qu'a adopté le conseil municipal parisien, on ne proscrive
ces mots, on ne mutile les auteurs les plus célèbres, on
ne s'interdise non seulement de prier, mais même de
jurer.

La pudeur de nos pères mettait des feuilles de vigne aux
statues trop peu voilées; l'étrange pudeur de certains de
nos corps enseignants va couvrant de vocables ineptes et
dénués de sens les mots de Dieu, d'âme, de vie future.

Non seulement l'État a des écoles, mais il a pris la charge
de l'éducation complète de catégories nombreuses d'individus : il élève des orphelins, des enfants assistés, des aveugles, des sourds-muets, de jeunes prisonniers; ceux-là, en
grande partie, sont soustraits à toute autorité paternelle;
c'est l'État qui est leur père; quelle croyance leur appren-
dra-t-il, car il ne peut renoncer à leur en apprendre une? il
faudra, ou qu'il les élève dans le sein d'une religion, ou
qu'il les élève contre toutes les religions.

De même pour l'armée, pour la marine, pour le personnel
employé aux travaux publics, pour les jours de repos fériés,
pour toutes les observances ayant une origine religieuse,
répondant aux pratiques religieuses du plus grand nombre,
l'État contemporain ne peut ignorer toutes ces choses. Il
faut ou qu'il les admette et les respecte, ou qu'il les nie et
les détruise.

Fera-t-il comme le conseil municipal de Paris, qui, **pour** varier la nourriture dans certains de ses établissements, y impose un jour de maigre, mais en stipulant que ce jour ne sera jamais le vendredi? Dans le mouvement qui porte les employés, les ouvriers, à exiger le repos hebdomadaire, à vouloir même qu'il soit obligatoire, l'État viendra-t-il à délaisser le dimanche et à choisir le lundi?

Ainsi l'État contemporain (nous ignorons ce qui sera loisible à l'État du xxve ou du xxxe siècle), rencontrant, dans son activité propre, à chaque instant, les prescriptions ou les observances religieuses, ne peut simplement répondre : *Nescio vos;* il doit ou les respecter ou les combattre.

La ligne de conduite à tenir par l'État moderne est toute tracée. Nous avons dit que l'État manque au plus haut degré de la faculté d'invention. Ce n'est certes pas lui qui fait les religions, qui les conserve ou qui les détruit.

A certains moments, il a pu constater officiellement, comme sous Constantin, le triomphe d'une religion, vieille déjà de plusieurs siècles. A d'autres heures de l'histoire, lors de la réforme, il a pu aider à certaines modifications, d'ailleurs de détail, que favorisaient le tempérament des peuples et le courant populaire.

Mais nulle part on n'a vu un État, soit créer une religion de toutes pièces, soit en détruire une, soit substituer aux idées positives enfermées dans des dogmes, aux sentiments intimes et traditionnels, un simple ensemble de sèches et abstraites négations.

L'État doit donc respecter cette force, qu'il ne réussirait pas, le voulût-il, à entamer. Il est d'autant plus tenu à ce respect, à ces bons rapports, que la religion, en dehors de son objet principal de soulagement des âmes, concourt à un objet, pour elle accessoire, mais, pour l'État, d'une importance capitale, la conservation sociale.

Il n'y a plus actuellement d'homme assez irréfléchi,

parmi ceux dont l'opinion a quelque autorité, pour croire que l'homme naisse originellement bon, que ses heureux instincts s'épanouissent naturellement, quand on ne cultive pas artificiellement les mauvais. La doctrine de Jean-Jacques-Rousseau et des philosophes du xviii⁰ siècle sur la bonté native de l'homme a été tellement battue en brèche et détruite par l'expérience, qu'on peut la considérer comme une des plus manifestes inepties qui aient un moment abusé le genre humain.

La tâche de l'État moderne, au point de vue du maintien de la paix sociale, de la simple conservation de la société, est devenue de plus en plus ardue : il n'a pas trop de tous les concours. L'État est assailli par tant de passions, par tant de haines, tant d'impatiences, tant d'illusions, la morale publique et privée souffre de tant d'attaques de théories désespérantes et dégradantes, qu'on ne comprend pas par quelle folie l'État moderne, si menacé, si ébranlé, va déclarer la guerre à la puissance moralisatrice qui a conservé le plus d'empire sur les âmes.

On a écrit que la barbarie frémit au sein de nos sociétés civilisées, et certains publicistes ont cru pouvoir indiquer l'heure où elle viendrait à triompher. Sans aller jusqu'à ces alarmes, peut-être excessives, la religion chrétienne, qui, quelque opinion qu'on ait de ses dogmes, prêche la modération dans les désirs, la lutte contre la concupiscence, l'assistance du prochain, l'espérance indéfinie au milieu des épreuves et des souffrances, qui cherche à reconcilier l'homme avec la dureté de son sort, peut être considérée comme une sorte de ciment social qu'il sera singulièrement malaisé de remplacer.

N'eût-elle d'influence que sur les femmes, qu'elle rendrait encore à l'État de précieux services ; car les femmes dans la vie civile, dans l'éducation, par les premières notions qu'elles donnent à l'enfant, par l'influence qu'elle conservent dans tous les actes du ménage, contribuent, pour une bonne part, à la direction réelle d'une société.

On pourrait faire un parallèle, frappant par les contrastes, entre le simple curé ou le pasteur de village et l'instituteur public tel qu'on cherche à le former depuis dix ans : l'un devant sa culture d'esprit et de cœur aux deux grandes sources qui ont fécondé la civilisation occidentale, la source chrétienne et la source latine ; l'autre, dont l'intelligence, à peine dégrossie par une instruction souvent interrompue, toujours incohérente, surchargée de détails sans lien, ne possède que des embryons confus et indistincts de sciences abstraites ; l'un qui cherche à contenir les appétits désordonnés, qui enseigne la patience, l'amour du travail et la résignation ; l'autre qui répand dans toutes les couches du peuple la théorie nouvelle de la lutte pour l'existence, qui suscite les ambitions immodérées, la convoitise des hauts emplois ou des professions réputées plus élevées, et qui, inconsciemment, par la direction que lui impriment ses chefs et qu'il suit avec empressement, travaille au déclassement et presque au mécontentement universels.

D'une part, le curé de village de Balzac, de l'autre, le Homais de Flaubert, représentent ces deux types d'agents auxquels les pouvoirs publics font un sort si inégal.

L'État devrait avoir un parti pris général de bienveillance pour tout ce qui est respectable. Il a tant de crimes ou de délits réels à châtier ou à prévenir qu'il ne devrait jamais créer des crimes ou des délits artificiels.

Comment les idées du peuple sur la justice, sur le bien et sur le mal ne seraient-elles pas troublées, quand, dans un pays qui se dit libre, on voit plusieurs jeunes filles tuées par des gendarmes pour s'obstiner à prier dans une chapelle vieille de vingt ans, mais non régulièrement autorisée, et que, d'aventure, à la même heure, le chef du gouvernement fait grâce de la vie à des misérables convaincus d'avoir tué leur père et mère (1)?

L'État moderne n'a pas le droit d'apporter dans les problèmes religieux la frivolité dont firent preuve nos ancêtres inexpérimentés de la fin du siècle dernier.

Tous les esprits un peu impartiaux de ce temps, quelles que fussent leurs idées philosophiques, ont compris que, si l'État moderne ne doit pas être le serviteur de la religion, il ne saurait, sans pousser l'imprudence à son comble, en devenir l'ennemi. Un ministre des cultes ne doit pas se déclarer, comme on prétend que certain le fit naguère, le geôlier des cultes.

Littré, qui pressentait le discrédit où le gouvernement de la république allait se jeter, écrivit d'admirables pages, non pas de chrétien, mais d'honnête homme et de politique clairvoyant, sur « le catholicisme selon le suffrage universel ».

Michel Chevalier, à peine échappé encore de la doctrine saint-simonienne, dans ses *Lettres sur l'Amérique du Nord*, en 1834, signalait à bien des reprises l'influence du sentiment chrétien et des pratiques chrétiennes aux États-Unis. Il notait les signes nombreux et éclatants de la puissance des habitudes religieuses dans cette démocratie. Il citait des faits de pression de l'opinion religieuses sur la liberté individuelle qui nous paraissent invraisemblables.

L'État et les religions sont séparés aux États-Unis; mais cette séparation n'implique de la part du premier aucun

---

(1) On se rappelle l'affaire de Châteauvillain en 1887. Le gouvernement français a été, de 1878 à 1889, aux mains d'une sorte de confrérie de fanatiques libres penseurs qui se sont appliqué à semer dans toute la France la haine et la discorde. Jamais on n'a vu un plus étrange oubli de la mission essentiellement pacificatrice qui s'impose à l'État.

sentiment de malveillance. C'est en quelque sorte une simple séparation de biens : de temps à autre, dans les malheurs publics ou les circonstances solennelles, les pouvoirs fédéraux ou locaux croient devoir donner des signes ostensibles de déférence envers le sentiment chrétien. La religion et la société, la religion et les mœurs n'ont jamais été complètement séparées dans la grande Union américaine du Nord.

Quoique, depuis Michel Chevalier et Tocqueville, cette situation se soit un peu modifiée, on ne trouve encore dans cette jeune et florissante démocratie aucun symptôme de ces luttes où s'engagent si maladroitement et si imprudemment quelques États européens contre les croyances traditionnelles.

Un publiciste avisé, sorti du peuple, appartenant à l'opinion radicale et en partie socialiste, M. Corbon, dans un livre ancien et peu connu, le Secret du peuple de Paris, a consacré toute une partie à ce qu'il appelle la « religion du peuple ». Il a pris soin de démêler et de nous indiquer la part de l'abandon des croyances chrétiennes dans le mouvement révolutionnaire qui se développe chaque jour et menace de tout emporter. Parlant de la vie future : « Tout ce qui avait autrefois germé en ce sens dans l'âme populaire a été presque complètement étouffé par un prodigieux développement d'aspirations ayant pour objet exclusif les choses de ce monde. »

M. Corbon est enfant de Paris, et il prend Paris ou plutôt les quartiers ouvriers de Paris pour la France entière ; dans les trois quarts du pays, cette semence ancienne n'est ni tout à fait détruite ni complètement remplacée.

Mais quel intérêt peut avoir l'État moderne, qui n'est pas un sectaire, qui doit se proposer, non le triomphe d'une doctrine spéculative, mais la conservation sociale, quel intérêt peut-il avoir à favoriser, dans tous les lieux et dans toutes les couches, « ce prodigieux développement d'aspirations ayant pour objet exclusif les choses de ce monde », quand il sait parfaitement que, « ce prodigieux développement d'aspirations », il ne le pourra jamais satisfaire ?

Si, dans tous les pays et dans tous les temps, l'État doit se montrer bienveillant et sympathique au sentiment religieux, si cette déférence et ces bons rapports, par des raisons spéciales, s'imposent particulièrement comme un devoir de prévoyance à l'État moderne, la question de la séparation des églises et de l'État ne peut être tranchée que par les antécédents de chaque peuple et le nombre des confessions qui se partagent dans chacun d'eux la population. S'il serait absurde de renoncer à la séparation des églises et de l'État dans la grande fédération américaine, il ne le serait pas moins de vouloir transporter ce régime en France; ce serait un nouvel élément de désorganisation et de discorde ajouté à tant d'autres.

Il est curieux que les idées les plus justes, les plus raisonnables, les plus équitables aussi en cette matière, aient été émises, à la fin du dernier siècle, par deux sceptiques, on pourrait dire deux athées : David Hume et Adam Smith.

Ce n'est certes pas en homme religieux, mais en politique prévoyant, que parlait Hume quand, après avoir décrit les inconvénients pratiques que pouvait avoir l'exaltation des « inspirés prédicants », il conseillait à l'État de les modérer indirectement par de bons offices :

« Au bout de tout, concluait-il, le magistrat civil finira par s'apercevoir qu'il a payé bien cher son économie prétendue d'épargner la dépense d'un établissements fixe pour les prêtres, et que, en réalité, la manière la plus avantageuse et la plus décente dont il puisse composer avec les guides spirituels, c'est d'acheter leur indolence en assignant des salaires fixes à leur profession, et leur rendant superflue toute autre activité que celle qui se bornera simplement à empêcher leur troupeau d'aller s'égarer loin de leur bercail à la recherche d'une nouvelle pâture ; et, sous ce rapport, les établissements ecclésiastiques, qui d'abord ont été fondés par des vues religieuses, finissent cependant par servir avantageusement les intérêts politiques de la société. »

Il y a loin de ces vues judicieuses d'un sceptique avisé aux frivoles déclamations des démocrates contemporains.

Quant à Adam Smith, il établit, en ce qui concerne le problème de la séparation des églises et de l'État, une distinction qui nous paraît capitale, et que nous ne voyons pas qu'on se soit rappelée.

Dans un pays, dit-il, où il y a plusieurs centaines de sectes qui se partagent, sinon par parts égales, du moins sans prédominance accentuée de deux ou trois d'entre elles, l'opinion des habitants, l'État peut ne pas s'occuper d'elles, malgré « l'insociabilité habituelle aux petites sectes » ; elles se tiennent en échec mutuellement. « Mais il en est tout autrement dans un pays où il y a une religion établie ou dominante. Dans ce cas, le souverain ne peut jamais se regarder comme en sûreté, à moins qu'il n'ait les moyens de se donner une influence considérable sur la plupart de ceux qui enseignent cette religion. » Or, ce moyen, ce ne peut être que les récompenses, les bénéfices, un concours habilement exercé dans les nominations.

Le philosophe écossais ne laisse aucune ambiguïté à sa pensée. Il s'agit pour lui de contenir le clergé non par la violence, mais par une bienveillance adroite : « La crainte, ajoute-t-il, est presque toujours un mauvais ressort de gouvernement, et elle ne devrait surtout être jamais employée contre aucune classe d'hommes qui ait la moindre prétention à l'indépendance. En cherchant à les effrayer, on ne

ferait qu'aigrir leur mauvaise humeur et les fortifier dans
une résistance qu'avec des manières plus douces ou aurait
pu les amener peut-être aisément ou à modérer ou à abandonner tout à fait. »

Voilà comment s'exprimaient, en plein triomphe du vol-
tairianisme, deux philosophes sagaces ; ils n'avaient l'expérience ni des luttes de la révolution française contre l'Église,
ni du *Culturkampf* allemand, ni de tous les démêlés récents
du canton de Genève ou de la Suisse avec l'Église catholique,
ni de la scission opérée, cent ans après la révolution, dans
la population française ; mais ils avaient le souvenir de
toutes les luttes ardentes de l'antiquité, du moyen âge et
des temps modernes entre les États et les religions ; puis,
surtout, ils connaissaient le cœur de l'homme, science rare
et que les politiciens des démocraties ont presque toujours
méconnue.

La séparation des églises et de l'État, si justifiée par des
circonstances historiques et par la multiplicité des sectes
aux États-Unis d'Amérique, doit être considérée, sur notre
continent européen, comme un des projets les plus subver-
sifs de la paix et de la cohésion sociale.

On doit juger superficielle l'objection souvent répétée
que l'État, en soutenant, ou en subventionnant des églises
qui sont en lutte sur les questions de doctrine, comme
l'Église catholique, deux églises protestantes et le judaïsme,
prête son concours à des théories contradictoires, dont
trois sont nécessairement fausses, en admettant que l'une
soit vraie.

C'est là un raisonnement d'enfant ou de pédant. L'État
en reconnaissant, et même en salariant des églises diverses,
ne peut pas avoir la prétention de se prononcer sur la véra-
cité des dogmes de chacune d'elles ; il n'a pour le faire aucune qualité. Il se borne à juger que le culte et l'instruction

religieuse, même sous des formes différentes et avec des variantes dogmatiques, exercent une utile action sociale et morale, qu'en outre il y aurait de l'imprudence de la part de l'État à prendre vis-à-vis d'aussi grandes forces une attitude d'indifférence qui finirait par être considérée comme de l'hostilité et par la provoquer. Il agit ainsi en pacificateur éclairé et prévoyant.

CHAPITRE III

L'ÉTAT ET L'INSTRUCTION PUBLIQUE.

Si l'État moderne tend à méconnaître la force des religions, s'il est téméraire en se montrant envers elles, soit rogue, soit agressif, il témoigne, au contraire, pour l'éducation ou plutôt pour l'instruction du peuple d'un zèle infatigable.

Il accumule à ce sujet les lois, les circulaires, les subventions. Il est saisi, pour cette tâche, d'un engouement, d'un fanatisme empreints d'illusions naïves.

Dans cette œuvre qu'il considère comme sa mission principale, le sentiment général qui l'anime part d'un bon naturel; il conduit parfois à des aberrations.

On peut se demander si avec cette passion irréfléchie qui le porte à transformer toutes les connaissances en enseignement dogmatique, officiel et universel, l'État ne s'expose pas à troubler une foule de cerveaux, à ébranler la société au lieu de l'asseoir, à amener un déclassement croissant des conditions, et à affaiblir, plutôt qu'à développer, la productivité nationale.

Dans les idées répandues sur les bienfaits de l'instruction, il y a une part de préjugé.

Il est, sans doute, utile aux hommes, sans exception, de savoir lire, écrire et compter; ce sont des instruments qu'il acquièrent et qui, dans mainte circonstance, leur rendent service. Il en est de même, suivant la nature des esprits et le genre des occupations, pour toutes les autres connaissances moins embryonnaires.

Mais c'est une erreur puérile de s'imaginer que l'instruction par-elle-même suffise à rendre les hommes meilleurs, à changer leurs instincts, à réfréner leurs passions. On a prouvé par des arguments décisifs, Herbert Spencer notamment, qu'il n'y a aucune corrélation entre les notions techniques que distribuent les écoles, soit primaires, soit moyennes, soit supérieures, et la force morale qui donne de la dignité à la vie.

On prétendait autrefois que l'instruction diminuait les délits et les crimes. Aucune observation sérieuse n'a justifié cette affirmation. Ni les crimes ni les délits ne deviennent moins nombreux depuis que la population est plus instruite. On voit fréquemment s'asseoir, pour des crimes odieux, sur les bancs de la cour d'assises, des hommes qui ont de la littérature ou des connaissances scientifiques.

L'instruction même peut éveiller un certain genre de concupiscence, celui des honneurs, des grandes places, de la fortune rapidement acquise. Isolée, elle peut mettre l'homme plus au-dessus des appréhensions morales et des remords. Le Raskolnikof, de Dostoïewski, n'est pas un personnage aussi irréel que beaucoup le supposent. Les singuliers écarts de certains de nos « décadents » prouvent que les raffinements littéraires ne rendent pas nécessairement la tête solide et le cœur sain (1).

Les connaissances scientifiques peuvent, elles aussi, suggérer des attentats nouveaux, comme celui de cet Allemand qui, ayant fait assurer sur un navire pour une somme considérable des caisses remplies de pierres, y joignit une autre caisse pleine de dynamite, qu'un mouvement d'horlogerie fit sauter avec le navire lui-même (2).

---

(1) On peut citer, par exemple, l'affaire Chambige qui se plaida en 1888 devant la Cour d'assises de Constantine; il y a, dans ces dernières années, une foule de cas analogues.

(2) Le procédé des *Assurances*, qui date de ce siècle (fondation de la

L'instruction doit être considérée simplement comme un instrument qui permet à l'homme de mieux utiliser les forces qu'il a en lui et hors de lui, et qui, en outre, peut lui procurer certaines satisfactions, les unes morales, d'autres inoffensives, d'autres condamnables.

Quant à entourer l'instruction d'une sorte d'auréole magique qui la fait apparaître comme ayant la vertu de transformer la nature morale de l'homme, c'est une superstition, une nouvelle forme de l'idolâtrie (1).

première grande Compagnie française, les *Assurances générales* en 1818), suscite un nombre considérable de forfaits dont se rendent surtout coupables des hommes appartenant aux classes éclairées ; il suffit de rappeler les affaires célèbres du Dr Lapommeraye, puis du Dr Maisonneuve ; il y en a des centaines de ce genre de connues et probablement autant d'inconnues.

(1) Les statistiques démontrent, pour la France, la vanité du préjugé qui attribue à l'instruction en elle-même une action moralisatrice. C'est à partir de 1851, et plus encore de 1865, que l'instruction primaire s'est fort répandue en France. Aujourd'hui à peu près tout le monde la possède. Or, si nous considérons les crimes les plus caractérisés et les plus répugnants, à savoir les meurtres, les assassinats, les parricides, les infanticides, les empoisonnements, nous trouvons que l'ensemble de ces crimes odieux a beaucoup plus augmenté que la population, en dépit de toute l'instruction primaire. Le tableau suivant en fournit la preuve. Il s'agit de moyennes décennales ou quinquennales et de l'année 1895.

Nombre moyen des affaires soumises annuellement aux assises pour les crimes de :

	1851-60	1861-65	1866-69	1876-80	1881-85	1895
Parricides.........	14	14	9	10	14	18
Infanticides.......	197	206	128	194	176	147
Assassinats........	124	175	209	197	216	251
Meurtres..........	121	105	119	143	186	211
Empoisonnements.	33	24	23	14	10	14
	489	524	483	558	602	641

Ainsi l'accroissement de ces crimes est de 20 p. 100 dans la période 1881-85 et de 30 p. 100 en 1895, par comparaison aux périodes de 1851 à 1860 où l'instruction primaire des adultes était certainement moitié moindre de ce qu'elle est aujourd'hui. Or, la population de la France, qui est d'environ 38 millions et 1/2 d'âmes à l'heure actuelle, se trouvait être de 35,783,000 en 1851, de 37,386,000 en 1861 et de 38,067,000 en 1886. Elle n'a donc augmenté que dans une proportion négligeable. Encore le tableau ci-dessus représente-t-il l'aggravation

Réduite à ce caractère d'instrument qui ajoute aux forces de l'homme, l'instruction reste un bien précieux. Une nation qui en est douée n'est nécessairement ni plus morale, ni plus sage, ni mieux en état de se gouverner, mais elle jouit de précieux avantages au point de vue

de la grande criminalité comme moindre qu'elle n'est réellement. On remarquera, en effet, que le nombre des infanticides semble avoir diminué depuis 1851-60; il n'en est rien. Mais devant la faiblesse du jury qui acquitte fréquemment les femmes coupables de ce crime, le ministère public préfère, dans bien des cas, substituer une poursuite en abandon d'enfant, laquelle est soumise aux tribunaux correctionnels, à la poursuite pour infanticide. De même la diminution notable des poursuites pour empoisonnements pourrait peut-être venir des progrès de la science qui rendent plus aisée à dissimuler la perpétration de ces forfaits.

Il serait facile de prouver, en remontant au commencement de ce siècle, que le nombre des crimes et des délits contre les mœurs a augmenté.

Quant à un genre d'actes, qui, sans constituer à proprement parler un crime ou un délit, est profondément regrettable et jette dans la société et dans les familles une profonde perturbation, à savoir le suicide, sa multiplication semble coïncider avec les progrès mêmes de l'instruction.

Maximum et minimum du nombre annuel des suicides par périodes d'années.

Périodes d'années.	Maximum.	Minimum.
1840-49	3,647	2,752
1850-59	4,189	3,415
1860-69	5,547	4,050
1876-80	6,638	5,804
1881-85	7,902	6,741
1894-95	9,703 (1894)	9,275 (1895)

Ainsi le minimum de la période 1881-85 est presque double du maximum de la période 1840-49. En outre, de 1881-85 à 1894-95, il y a eu une augmentation de 20 p. 100.

Nous sommes loin de dire que soit l'augmentation de la grande criminalité, soit l'accroissement du nombre des suicides, n'aient pas d'autres causes que le développement de l'instruction; mais il est incontestable que tout homme qui étudiera avec soin les statistiques criminelles se trouvera dans l'impossibilité de reconnaître une vérité quelconque à la frivole proposition, considérée longtemps comme un axiome, que l'instruction porte en soi, et abstraction faite de toute autre circonstance, une vertu moralisatrice.

Les statistiques qui figurent dans cette note ont été tirées de la *Statistique de la France*, par Maurice Block, et de l'*Annuaire statistique* du même auteur.

de la production, de ses jouissances, de ses distractions.

C'est, en quelque sorte, une nation plus humaine.

L'instruction est à la fois, pour une société, comme pour un homme, une force et une parure.

S'il est bon de la développer et de la répandre, il s'en faut que l'État, sous ses trois formes de pouvoir central, de pouvoir provincial et de pouvoir communal, la doive accaparer.

Quand il s'en mêle, ce qui est le cas universel chez les peuples civilisés, et ce que nos antécédents rendent en quelque sorte, même aujourd'hui, nécessaire, il ne saurait faire provision de trop de tact et de mesure. Sur nul terrain l'entraînement n'offre plus de dangers ; il est certains modes d'instruction officielle qui sont uniquement perturbateurs.

Quelques mots sur chacune des trois grandes catégories de l'enseignement suffiront à jeter un peu de jour sur une matière que des volumes entiers ne sauraient épuiser.

L'instruction supérieure, celle qui conserve et qui accroît le dépôt général des connaissances humaines, se délivre, à part quelques hautes écoles spéciales, dans ces établissements que, par une antique tradition, l'on nomme encore des universités.

Ce furent, à l'origine, des institutions fondées et dirigées par des corporations ecclésiastiques pour former les gens d'église. Peu à peu leur clientèle s'élargit, les futurs gens de robe, puis la jeunesse de plus en plus nombreuse appartenant à la classe supérieure ou moyenne qui recrute les professions libérales, y affluèrent. La théologie, la philosophie, la linguistique, y admirent, à côté d'elles, d'autres connaissances : le droit civil comme le droit ecclésiastique, la médecine, les mathématiques, et tardivement toute la variété des sciences physiques et naturelles, ainsi que les lettres modernes.

Ces établissements n'ont pu rester, dans la plupart des pays, complètement indépendants de l'État. Mais l'ingérence de ce dernier s'est produite à des degrés divers : chez certaines nations, comme la nôtre, il a agi, suivant son procédé habituel, en révolutionnaire et en accapareur, supprimant toutes les traditions, tous les groupements et aussi tous les liens entre les diverses branches d'enseignement, détruisant non seulement toute réalité, mais même toute apparence d'autonomie, établissant avec rigueur son monopole, fondé sur l'absolue dépendance des maîtres et des collèges, sur l'uniformité des méthodes dans tout le territoire et sur l'interdiction de toute concurrence libre.

Dans d'autres pays, soit par des circonstances historiques qui donnaient à l'État moins de force, soit par une sagesse refléchie qui limitait son ambition et sa présomption, l'État eut la main moins lourde. Les diverses universités, plus nombreuses qu'en France, une quinzaine par exemple en Allemagne, conservèrent chacune sa vie propre, ses ressources spéciales, son recrutement presque spontané, son administration, sinon complètement autonome, du moins dotée d'assez de libertés ou de franchises. Les méthodes gardèrent ou prirent avec le temps de la variété et de la souplesse : les maîtres ne soutinrent pas tous la même thèse : il y eut parmi eux cette diversité de vues et de jugement qui fait la vie et le mouvement intellectuels.

Les professeurs ne furent pas de simples fonctionnaires, rétribués par un traitement fixe, égal pour tous ceux du même rang, invariable, quels que fussent les efforts et le succès. Ils eurent, comme fonds de subsistance, un salaire modique, annuel, puis, comme les avocats, comme les médecins, comme les architectes, comme les simples maîtres privés, des « honoraires » que leur payèrent leurs auditeurs, un ou deux « frédérics d'or » par semestre.

Bien plus, même le traitement fixe n'était pas absolument uniforme : il est, en effet, telle branche de la science,
comme l'enseignement du sanscrit ou de l'hébreu, qui ne
peut attirer autour d'une chaire un grand nombre d'étudiants ; les « honoraires » pour cet enseignement doivent
naturellement être médiocres ; il fallait que le traitement
fixe fût plus relevé. L'amour-propre des universités y pour-
voyait. Toutes celles du premier rang, bien pourvues de
ressources, tenaient à s'assurer un maître dont le nom jetât
sur elles de l'éclat. On en voyait deux ou trois entrer en
lutte, Gœttingen et Leipzig, je suppose, pour se disputer un
professeur célèbre ; elles bataillaient à coups d'enchères,
chacune faisant ses offres, et l'homme illustre se décidait
par toutes les raisons variées qui peuvent influer sur l'esprit de tout homme et dont l'une, n'en déplaise à une hypocrite délicatesse, est la rémunération pécuniaire.

Dans l'intérieur de chaque université allemande aussi, on
copie presque les procédés des industries vulgaires et libres :
pour chaque enseignement, il y a deux ou trois chaires rivales,
certaines qui attirent une affluence d'auditeurs, d'autres
qui sont occupées dans le désert. Il y a bien près d'un quart
de siècle, j'assistai, à Berlin, aux leçons d'un philosophe
qui eut son heure de célébrité, mais qui alors était déchu ;
quatre étudiants seulement écoutaient sa parole discré-
ditée ; devant la chaire d'à côté, sur le même sujet, on
comptait régulièrement deux cents auditeurs.

Puis l'enseignement est ouvert, à leurs risques et périls,
aux jeunes hommes qui ont rempli certaines conditions de
diplômes et qui se croient du talent. Ils peuvent s'essayer,
sans attendre une nomination qui souvent serait arbitraire
ou lente.

Ainsi, pour le haut enseignement, on a su, dans certains
pays, dans un surtout, l'Allemagne, limiter l'action bureau-

cratique de l'État, maintenir une certaine indépendance d'administration à chacun des centres universitaires, y copier les modes de l'industrie privée : la concurrence, soit intérieure, soit extérieure, l'inégalité des traitements, la rémunération directe et personnelle, pour une partie du moins, par l'auditeur,

Cette méthode, si féconde dans toutes les professions commerciales et libérales, s'est montrée efficace pour la plus élevée des carrières humaines ; l'émulation, aussi bien entre les groupes scolaires qu'entre les maîtres et les élèves, a porté ses fruits habituels.

Les universités allemandes ont été des centres vivants et actifs, remuant les idées, rayonnant chacune dans sa région et pénétrant, par une répercussion indéfinie, d'un esprit scientifique presque toutes les couches sociales (1).

Nous, Français, avec notre rigoureux monopole d'État et notre organisation bureaucratique de l'instruction, nous avons eu d'aussi grands savants et d'aussi grands littérateurs que l'Allemagne ; mais nous avons manqué de cette pléiade de maîtres, dans l'acceptation exacte du mot, et de ces légions de véritables étudiants.

Bien plus, nous n'avons pas su retenir dans l'enseignement ceux qu'une vocation naturelle, les circonstances et leurs études elles-mêmes y destinaient : pendant une dizaine d'années, sinon une vingtaine, toute la tête de notre école normale des lettres se dérobait aux postes obscurs que, par un mécanisme absurde, on lui offrait, et allait con-

---

(1) On me permettra de faire remarquer que j'ai une expérience personnelle des universités allemandes. Après mes études classiques en France, j'ai suivi, comme étudiant régulièrement immatriculé, pendant neuf mois, en 1864-65, les cours de l'université de Bonn où j'apprenais particulièrement la philosophie, en y associant quelques cours d'histoire et d'économie politique. J'ai suivi aussi en 1865, pendant quatre mois, mais comme auditeur libre et sans être inscrit en qualité d'étudiant, les cours de l'université de Berlin.

sumer des forces précieuses dans une littérature souvent
hâtive, superficielle et presque sans profit pour le pays.

On est revenu depuis quelques années, en partie du
moins, de cette fausse voie. On a cherché à diminuer le
joug de la bureaucratie d'État sur le haut enseignement
français; on s'est essayé à rétablir les anciennes universités,
à leur rendre un souffle d'autonomie. On a multiplié les
maîtres de conférences, on a prodigué les bourses; à défaut
d'élèves spontanés et payants, on a institué des quantités
d'élèves payés.

Tous ces efforts n'ont pas été inefficaces : certain de nos
maîtres sont de grands professeurs, dans toute l'acception
du terme. Mais le succès est encore bien incomplet, parce
que l'on a un mauvais point de départ.

On ne retrouve pas ici, comme en Allemagne, cette indépendance et cette vitalité, en quelque sorte naturelles, parce
qu'elles sont traditionnelles et ininterrompues, des universités régionales; on n'y voit pas ces méthodes analogues à
celles de l'industrie privée : l'inégalité des traitements, la
concurrence sous ses formes diverses, la rémunération four-
nie directement au maître par l'élève même. En Allemagne,
il est vrai, devons-nous dire, la prépondérance nouvelle
que tend à gagner chaque jour davantage, l'université de
Berlin commence à modifier un peu l'organisation si souple
et si vivante qui a fait des universités allemandes de si grandes choses (1).

(1) On sait que les Anglais n'ont qu'une organisation assez rudimentaire de l'enseignement supérieur, leurs vieilles universités de Cam-
bridge et d'Oxford étant loin d'embrasser toute la vaste sphère des
connaissances qui sont enseignées en Allemagne et en France. Cela
n'empêche pas l'Angleterre de n'être inférieure à aucun pays, soit pour
l'éclat et l'abondance de la littérature, soit pour l'ampleur et la nou-
veauté des recherches philosophiques, soit pour les découvertes scientifiques théoriques, soit pour les applications des nouvelles méthodes
aux arts industriels. La vie est dans le milieu social; elle peut s'y passer

Un mérite incontestable que nous avons eu, ç'a été d'introduire la liberté de l'enseignement supérieur. Il s'est créé chez nous des universités libres, ayant un caractère confessionnel il est vrai ; certaine a recueilli des dotations d'origine privée montant à 14 ou 15 millions de francs.

Il serait exagéré de prétendre que l'initiative particulière est impuissante pour le haut enseignement, quand elle n'est pas poussée par le sentiment religieux. Nous ne sommes qu'au début d'une période de liberté ; encore celle-ci est-elle précaire, toujours menacée par les jacobins ou par les centralisateurs ; néanmoins déjà, des organes remarquables se sont spontanément constitués : nous n'en voulons pour preuve que l'École libre des sciences politiques avec ses trois cents élèves, dont un bon tiers vient de toutes les contrées étrangères ; c'est probablement l'établissement scolaire de France qui contient relativement le plus d'étrangers ; son nom brille et attire vers nous d'au delà des frontières.

Cette institution, à ses origines, a eu un mérite que d'autres fondations privées pourront reproduire : celui de confier ses chaires à de jeunes hommes presque inconnus, dénués de grades universitaires, que l'enseignement officiel n'aurait sans doute jamais formés, et qui, au bout de quelques années, se gagnèrent une réputation très étendue. L'observatoire Bischoffsheim, les écoles supérieures de commerce, beaucoup d'autres fondations plus ou moins analogues, prouvent que l'argent privé ne manque pas aux choses reconnues utiles.

Notre Institut plie sous le faix des dons nombreux que lui font chaque année des émules de Monthyon. On finira par se convaincre qu'il y a un meilleur usage à faire de

des quelques organes officiels auxquels d'autres nations confient le soin de leur progrès.

milliers de francs ou de centaines de mille francs que de les
employer à multiplier indéfiniment les prix de vertu ou
à susciter et couronner des quantités de livres souvent médiocres (1). Mieux inspirés, les hommes bienfaisants em-
ploieront leurs générosités à créer quelque chaire, à former
un fonds pour quelque bibliothèque ou pour quelque musée, à constituer des ressources pour des voyages d'exploration ou de découverte.

L'opinion généralement répandue que l'initiative privée
ne peut pourvoir aux œuvres d'instruction qui ne sont pas
rémunératrices a ses origines dans un temps tout différent
du nôtre. On ne tient pas compte du développement de la
richesse, de la multiplication des grandes fortunes laissant
un large superflu, de ce genre de *sport* dont j'ai parlé, qui
consiste à attacher son nom à une œuvre originale et
utile.

Il s'est bien rencontré un groupe d'hommes pour fournir
à M. Maspero les frais nécessaires à la continuation de ses
fouilles égyptiennes ; l'Institut Pasteur a bien trouvé, par
des souscriptions particulières, 2 millions 1/2 de francs,
quoique la ville de Paris, ce dont nous nous félicitons, ait
refusé de céder même le terrain ; l'inspiration pourra venir
aussi bien à quelque millionnaire de fonder une chaire
de sanscrit ou de science des nombres, ou de toute
autre connaissance réputée abstruse. Certains pourront
même aller plus loin et créer des universités de toutes
pièces.

Les Américains le font chez eux : on regarde presque comme
anormal aux États-Unis qu'un homme, jouissant d'une

---

(1) A l'heure actuelle les Académies diverses de l'Institut de France
sont très suffisamment dotées, notamment pour les prix à décerner ; les
hommes libéraux devraient subventionner d'autres Sociétés ayant plus
de liberté d'action.

grande fortune, meure sans avoir fait quelque donation
d'intérêt général. Quelque marchand de porcs, ou quelque
découvreur de sources de pétrole, ou quelque heureux
aventurier nanti d'un bon filon d'or ou d'argent, relève et
rachète la vulgarité de sa richesse par la création d'un collège pour des sciences qu'il n'a jamais apprises et dont souvent il ignore même le nom.

Laissez faire, par les voies légitimes, des fortunes considérables, laissez passer, sans entrave et sans formalité, les
inventions, les découvertes, les efforts individuels : la société
moderne, comme autrefois l'église, recevra, par des fondations intelligentes, le prix de la reconnaissance des plus
heureux de ses enfants, quelquefois aussi le rachat de leurs
fautes ou de leurs fraudes.

L'instruction moyenne, dénommée instruction secondaire,
que l'État, pendant si longtemps, a accaparée en France
avec une si jalouse obstination, mériterait bien des réflexions,
des critiques, si les cadres de cette étude se prêtaient à des
développements. Qu'il suffise ici de quelques remarques sur
les méthodes, sur les établissements, sur les secours et les
bourses.

On sait que la règle de toutes les institutions d'État, c'est
l'uniformité. L'État est essentiellement un organisme bureaucratique qui répugne, dans son action, à la variété et à la
souplesse. Tous les efforts pour lui donner ces qualités ont
partout échoué.

Les établissements d'État, pour l'instruction moyenne,
offrent donc, sur tous les points du territoire, dans les petites villes comme dans les plus grandes, exactement le même
type et le même régime. Les maîtres enseignent les mêmes
choses; seulement les maîtres sont, dans les petits endroits,
d'une qualité inférieure.

Les collèges communaux, quoique formant des institu

tions à caractère mixte, que se divisent, pour la direction
et la surveillance, les municipalités et l'État central, ont des
cadres nominalement aussi complets que ceux des premiers
lycées du pays. Mais un même maître fait deux ou trois de
ces classes, et parfois même, quoique ayant deux ou trois
élèves, l'une d'elles manque de maître titulaire.

Il faut avoir assisté à cette misère pédagogique, à ce déla-
brement des humanités dans les petites sous-préfectures,
pour comprendre l'étendue du mal qui en résulte. De malheureux adolescents sont retenus dans un demi-jour d'instruction, où des ombres confuses passent devant leurs yeux,
ne laissant aucune trace précise dans leur esprit.

On a bien essayé de créer officiellement un enseignement
plus approprié à ces localités de moyenne importance, dont
émigrent, pour leurs classes, tous les jeunes gens des familles aisées, et où il ne reste plus que les enfants de la petite
bourgeoisie et des familles ouvrières : on a inventé l'enseignement secondaire spécial, dépourvu de grec et de latin,
fortifié de plus de français, de plus de sciences et de langues
vivantes. Mais l'Etat ne sait pas insuffler la vie à ses
créations.

Des milliers d'enfants continuent ainsi à recevoir, dans
des établissements d'une lamentable indigence intellectuelle, une sorte de parodie de l'instruction secondaire ; les
produits de ces petits collèges sont par rapport à ceux des
grands ce qu'est l'argenterie ruolz par rapport à l'argenterie
véritable, ayant de métal précieux une couche superficielle
d'une extrême ténuité qui ne tient pas au fond et qui, au
moindre usage, disparaît et met à nu la matière brute dans
sa grossièreté primitive.

Outre cette uniformité absolue, malgré l'inégalité des
moyens dont il dispose, l'enseignement d'État offre un
autre défaut, c'est l'alternance entre la routine prolon-

gée des méthodes et leur soudain et radical changement.

L'État moderne, en proie à la lutte d'opinions ardentes, ne connaît ni le juste milieu ni les transitions adoucies. Il restera pendant un quart de siècle sans rien modifier à ses programmes ; puis, tout à coup, pris d'un beau zèle, il fauchera en quelque sorte tous les exercices en usage, et il leur en substituera violemment de nouveaux ; comme un malade qui va d'une prostration complète à une agitation fiévreuse, l'ère des changements constants succédera à celle de la stagnation. Tous les ans ou toutes les deux années, on modifiera, soit l'ordre des diverses connaissances enseignées, soit les proportions de l'instruction orale ou des travaux écrits, soit les livres et les manuels, déclarant détestable tout ce qui se faisait la veille, sans se douter que l'avenir portera peut-être le même jugement sur ce qui se fait aujourd'hui.

L'enseignement privé, quand on lui laisse le champ absolument libre, qu'on permet aux associations, quel que soit l'esprit qui les anime, de se former et de vivre, a de tout autres procédés. Il offre à la fois des échantillons divers, qui se corrigent les uns les autres, qui se partagent les faveurs du public : on aura l'enseignement positif de l'École Monge ou de l'École alsacienne, mais aussi celui des anciennes méthodes des jésuites ; peu à peu il en naîtrait de mixtes qui emprunteraient à l'un et à l'autre types. On aurait aussi des écoles techniques comme celles de la Martinière, à Lyon, et bien d'autres encore.

Mais, quand tant d'établissements existent, soutenus par l'État, pourquoi les particuliers feraient-ils tant d'efforts et de sacrifices pour doter des institutions scolaires ?

L'État envahissant ressemble à un grand chêne dont les puissantes racines et les ombrageux rameaux ne permettent à aucune plante de vivre au-dessous ou à côté de lui ; mais si un jour arrive où le chêne vieilli, battu par la tempête, perd ses branches et sa frondaison, le sol apparaît nu ou à peine couvert de quelques maigres broussailles.

Quels que soient les défauts que je viens de décrire, c'est surtout par les secours qu'il donne sous le nom de bourses que l'enseignement de l'État a de fâcheux effets.

A l'époque mouvementée de la civilisation où nous sommes placés, la plupart des hommes n'ont que trop de tendance à sortir de la situation où ils sont nés. L'envie démocratique, l'exemple de nombreux et célèbres parvenus dans la politique, dans les lettres, dans les sciences, rendent l'ambition universelle.

Tout le monde fait l'éloge du travail manuel et personne n'en veut plus. Cependant, il est dans la nature des choses que le travail manuel doive occuper les neuf dixièmes de l'humanité. Les travaux purement intellectuels, ceux du savant, du lettré, de l'ingénieur, du médecin, de l'avocat, de l'administrateur, les travaux mixtes, comme ceux du contremaître et de diverses catégories de commerçants, ne peuvent employer qu'une certaine élite des hommes.

Et il faut bien s'entendre sur ce mot d'élite : s'il est utile que les hommes tout à fait supérieurs abandonnent les professions manuelles, il est bon, néanmoins, qu'il se trouve dans celles-ci un assez grand nombre de gens ayant de l'intelligence naturelle. Ils communiquent de l'animation et de la vie à la masse qui les entoure ; s'ils en étaient retirés, cette masse deviendrait plus inerte. Qu'un grand médecin ou qu'un grand ingénieur soient perdus pour la société, c'est un malheur véritable ; mais qu'un homme qui aurait pu être un médecin ordinaire, ou un ordinaire avocat, ou un architecte comme tant d'autres, demeure ouvrier ou paysan, je n'y vois, quant à moi, aucun mal.

Il est utile que beaucoup de ces intelligences un peu plus

fortes que celles du vulgaire restent parmi le vulgaire, si l'on
ne veut pas voir les couches inférieures de la population
devenir beaucoup plus rebelles encore à toute culture
qu'elles ne le sont aujourd'hui. Un ouvrier intelligent,
frayant avec ses camarades qui le sont moins, exerce
sur leur esprit une heureuse influence ; tirez-le de ce milieu, faites-le avocat, ou médecin, ou employé de bureau,
la société n'y gagnera rien, car elle foisonne de gens de cette
sorte, mais le petit groupe d'ouvriers où il vivait en deviendra moins éveillé, moins actif, plus somnolent.

Les démocrates se sont épris de ce qu'ils appellent « l'instruction intégrale », c'est-à-dire d'un procédé qui puiserait
dans toutes les couches de la population tous les esprits
ayant quelque valeur, et qui les placerait sur des échelons
sociaux plus ou moins élevés suivant leurs facultés.

Trois députés, dont l'un jouit de la plus haute faveur
dans le monde radical, MM. Charonnat, Legludic et Anatole
de La Forge, ont déposé dans ce sens une proposition de loi
qui a reçu l'adhésion d'un grand nombre de membres de la
Chambre. Il s'agit de trier « tous les capitaux intellectuels
du pays ». Les instituteurs de France, « même ceux des
hameaux les plus reculés », seraient « obligés » de présenter
à un concours annuel « toutes les intelligences qui som-
meillent ou qui s'ignorent ». Les lauréats primés devien-
draient « les enfants de la France ». En cette qualité, ils seraient distribués gratuitement dans tous les lycées de France.
Mais comme c'est une dérision que «la gratuité de la science
offerte à un malheureux sans lui donner celle du lit et du
pain », l'État suivrait ses pupilles dans toutes les étapes de
l'enseignement intégral et supérieur. Il ne se croirait le droit
de les lâcher que lorsqu'ils seraient pourvus d'un diplôme
d'ingénieur, d'avocat, de médecin ou d'architecte.

Ce que nous reprochons à ce plan, ce n'est pas seulement

d'être chimérique, c'est surtout que, si on pouvait le réaliser, il en résulterait, au rebours de ce que croient ses auteurs, un singulier affaiblissement mental du pays.

Chimérique, certes, il l'est ; car, sauf pour quelques intelligences tout à fait exceptionnelles, en très petit nombre, il est impossible de démêler avec exactitude, parmi les enfants ou les adolescents doués d'un peu de facilité ou d'imagination, les indices certains d'une véritable force intellectuelle ; en outre, l'intelligence n'arrive dans la vie à produire tous ses effets que lorsqu'elle est soutenue par le caractère ; or, le caractère échappe à tous les contrôles d'examen : que de brillants lauréats des concours généraux n'ont su fournir aucune carrière ! Enfin la faveur, le prix des services électoraux, joueraient dans cette inextricable opération de triage des intelligences leur rôle habituel.

Mais supposons les vœux de MM. Legludic, Charonnat et Anatole de La Forge pleinement accomplis. Quelle calamité ce serait et pour les trois quarts de « ces capitaux intellectuels » ramassés dans les villages les plus reculés et pour tout l'ensemble du pays ! Combien Proudhon était-il mieux inspiré lorsque, au début de cette ère d'engouement irréfléchi, il s'écriait, dans ses *Contradictions économiques :* « Quand chaque année scolaire vous apportera cent mille capacités, qu'en ferez-vous ?.. Dans quels épouvantables combats de l'orgueil et de la misère cette manie de l'enseignement universel va nous précipiter ! » Au lieu de ces mots d'enseignement universel, mettez ceux d'instruction intégrale, et l'exclamation de Proudhon sera le cri du bon sens.

Malgré sa perspicacité, toutefois Proudhon ici ne pénètre pas assez avant : ce qui me touche, ce n'est pas seulement le sort de ces « cent mille capacitaires » qui, pour la plupart, resteront dépourvus de pain, obligés de le mendier au gouvernement, sous la forme de fonctions publiques infimes ; c'est surtout le sort de toute cette masse ouvrière et paysanne à laquelle on aura enlevé tous ceux de ses membres qui avaient l'esprit un peu ouvert, l'intelligence un peu aiguisée. Elle ne se composera plus, si le « triage des capitaux intellectuels » a été fait avec exactitude, que d'éléments tout à fait grossiers, incapables et vils. Privée des éléments de valeur qu'elle contient encore aujourd'hui, elle tombera dans une absolue somnolence. Elle sera l'objet de tous les dédains des autres classes, et elle les méritera par hypothèse, puisque non seulement ce sera une classe inférieure par situation, mais aussi par ses facultés naturelles.

Y a-t-il combinaison plus antidémocratique que celle imaginée par ces grands démocrates ? Ce siècle, qui s'est ouvert par l'apothéose du travail manuel, finit en France par le discrédit, non seulement pratique, mais théorique, du travail manuel.

Tolstoï, au milieu de ses rêveries souvent folles, est du moins un vrai démocrate quand, au lieu de vouloir arracher à la masse du peuple tous les éléments un peu intelligents, il prétend que même les hommes les mieux doués redeviennent peuple et vivent de sa vie.

Une société triée et classée par le procédé de M. de La Forge et ses amis serait la plus antisociale de toutes les sociétés : d'une part, tous les gens ayant l'intelligence un peu active ; de l'autre part, tous ceux qui ont une intelligence incapable de se dégrossir, une masse d'ilotes ; aucun mélange entre les deux : d'un côté toutes les parcelles de métal précieux, toutes les scories de l'autre ; ces scories, ce serait le peuple.

C'est à cette organisation si antisociale que travaillent, avec leurs bourses et leurs encouragements de toute sorte, l'État moderne, les départements ou les provinces, les municipalités.

Les bourses, c'est-à-dire l'allocation par les pouvoirs publics des frais d'études secondaires ou supérieures, ne devraient être accordées qu'à deux catégories assez clairsemées d'élèves : les enfants ou les adolescents qui ont des dispositions, non pas exceptionnelles seulement, mais presque merveilleuses : ceux qui, dans les sciences, dans les lettres, dans les arts, peuvent devenir des premiers sujets, car l'humanité aura toujours en surabondance les seconds sujets et les simples utilités ; ensuite les enfants des familles de fonctionnaires d'un certain rang qui, par la mort ou la retraite du chef, se trouvent sans aucune fortune. Il y a une sorte de bienséance de l'État envers les familles de ses vieux serviteurs, quand le sort les a frappées, à faire quelques sacrifices pour empêcher leurs enfants de déchoir, pour peu que ces enfants aient quelque application et quelque fonds intellectuel.

Réduites à ces deux catégories, les bourses ne représenteraient, pour l'État central et pour les localités, qu'une dépense restreinte. Nous trouvons, au contraire, au budget national, en 1888, trois ou quatre chapitres qui sont affectés aux bourses : le chapitre 49, doté de 2,700,000 francs pour les bourses de l'enseignement secondaire, parmi lesquels 620,000 francs affectés à de malheureux collèges communaux dont les neuf dixièmes ne sont pas en état de donner une instruction passable ; le chapitre 51, portant 1 million de francs de bourses pour les familles de sept enfants, comme si nécessairement, parmi sept garçons et filles, il devait y en avoir un merveilleusement bien doué au point de vue intellectuel ; le chapitre 54, qui, dans un crédit de 2,680,000 francs, contient une somme importante affectée aussi aux bourses. Les départements et les municipalités renchérissent sur ce zèle de l'État central.

Ainsi, en attendant que le mécanisme de MM. de La Forge

et ses collègues travaille méthodiquement, par le prétendu
« triage des capitaux intellectuels », à créer des légions
innombrables de quarts de lettrés ou de quarts de savants,
les libéralités inhumaines de l'État lancent chaque année
dans la société plusieurs milliers de pauvres hères, indigents de cervelle et de connaissances, aiguisés d'appétits,
qu'attend la destinée la plus triste, la misère après des
rêves dorés.

L'État, sous ses trois formes de pouvoir national, pouvoir provincial, et pouvoir municipal, joue un grand rôle dans
l'enseignement primaire. Il ne s'est emparé que tardivement de ce domaine, que le clergé et les institutions charitables avaient en partie seulement défriché.

Possédant ce double pouvoir de contrainte qui constitue
le fond de son organisme, la contrainte légale et la contrainte fiscale, l'État s'est épanoui avec bonheur dans ce
vaste champ.

Nous ne disons pas que tout rôle en cette matière dût
lui être interdit; à l'heure actuelle, en tout cas, il serait
trop tard pour l'en expulser; mais peut-être pourrait-on
utilement le cantonner et le rappeler à la discrétion, à la
modestie, qui lui sont aussi nécessaires qu'aux individus,
et qu'il oublie sans cesse.

Certes, dans nos sociétés telles que les a faites l'imprimerie, la plus grande conservatrice et propagatrice des
connaissances humaines, un homme qui ne connaît ni
l'écriture, ni la lecture, ni le calcul élémentaire, se trouve
tellement dépourvu, qu'on peut affirmer que c'est un devoir
positif pour les parents de donner à leurs enfants ces notions faciles, au même titre qu'ils sont obligés de les nourrir, de les vêtir, de leur apprendre un métier· Cette obligation, sans faire l'objet d'une loi spéciale, peut être considérée
comme découlant naturellement du code, et s'il y avait, sur

ce point, quelque ambiguïté, on pourrait l'y inscrire. Quand des parents, par indifférence, par idée de lucre, se refusent à donner aux enfants ces quelques notions, l'État peut légitimement intervenir, comme il intervient quand des parents maltraitent leurs enfants ou refusent d'en prendre soin.

Lorsque l'abstention de la famille vient, non pas de l'opiniâtreté ou de l'ignorance, mais de l'impuissance ou du manque de ressources, les pouvoirs publics, soit locaux, soit généraux, peuvent prendre à leur charge les frais matériels d'école, c'est-à-dire le prix que l'écolier devrait acquitter pour le loyer et l'entretien de l'établissement scolaire, pour la rétribution du maître, parfois même, mais avec beaucoup plus de réserve, pour les livres et les fournitures de classes. Ce n'est pas un droit que les familles peuvent revendiquer, à ce sujet, contre l'Etat, car on chercherait vainement d'où découlerait ce prétendu droit; ce n'est même pas un devoir positif pour l'État; mais c'est de sa part, dans les limites qui précèdent, un acte de bienfaisance.

Les êtres moraux, comme les êtres individuels, n'ont pas seulement des droits et des devoirs; il y a en outre, pour eux, une sphère qui n'est pas soumise à l'impératif catégorique, où ils ont la faculté, sans en avoir précisément la mission, de faire des actes utiles et sympathiques. Quand il s'agit, toutefois, des pouvoirs publics, qui peuvent difficilement séparer leur action de la contrainte, de la contrainte fiscale, sinon de la contrainte légale, beaucoup de circonspection et de modération s'impose dans cette sphère facultative.

En tout cas, si l'État doit survenir ici pour compléter une tâche qui n'est que partiellement accomplie par d'autres, il ne doit négliger aucun concours volontaire, spontané; à plus forte raison ne doit-il pas le repousser, ni surtout prétendre le supprimer.

L'enseignement de l'État devient le grand champ clos des discussions des nations modernes; c'est que l'enseignement d'État tend de plus en plus à ressembler singulièrement à la religion d'État. Il affecte la même arrogance, le même monopole. Il supporte impatiemment une dissidence quelconque; il est le rendez-vous d'autant de fanatisme.

L'État, dont nous avons montré l'absolue impuissance d'inventer, semble vouloir se donner la mission de former les jeunes générations suivant un certain type intellectuel et moral; c'était aussi la prétention des antiques religions d'État.

Le despotisme, dans les choses intellectuelles, aurait donc changé simplement de scène: de l'église, il serait transporté à l'école; des adultes, il serait passé aux enfants.

Quand on sort de l'instruction purement rudimentaire et des matières de fait, comme la lecture, l'écriture, le calcul, la géométrie, la géographie, l'histoire naturelle, on tombe dans les matières controversées, on les rencontre presque à chaque pas: la neutralité de l'école ne peut guère être qu'un mot; car la philosophie, ce que l'on appelle les notions premières, étant au fond de toutes les connaissances humaines, de toutes celles du moins qui touchent l'homme moral et ses relations avec la société, on se heurte constamment à des idées philosophiques et religieuses, qu'il faut, même pour des enfants, commenter, détruire ou fortifier.

L'État ne peut se tirer de cette difficulté que par deux moyens simultanés: en laissant fonctionner librement les écoles privées à côté des siennes; en pratiquant dans les siennes propres, non pas un prétendu esprit de neutralité

qu'on ne peut jamais garder, mais un large esprit de bienveillance, d'une déférence sympathique pour les opinions
et les croyances qui sont traditionnelles dans le pays,
et qui, d'ailleurs, par leur enseignement, tendent à moraliser les hommes.

Malheureusement, l'État moderne est, par sa constitution
propre, tellement accapareur et monopoleur, qu'une semblable sagesse lui est presque interdite. On en a eu dernniè-
rement un frappant exemple dans une des plus curieuses
résolutions du conseil municipal de Paris.

On sait que ce conseil se considère comme un concile,
quelque chose comme l'anticoncile qui se tint naguère à
Naples, au moment où l'on proclamait à Rome l'infaillibilité
pontificale. Le conseil ou concile municipal de Paris a des
dogmes qu'il tient à rendre universels sur son territoire :
pour la propagande de vérités destinées à l'universalité,
rien ne vaut l'unité de livres. Les 120,000 ou 130,000 élèves
(il y avait 62,641 garçons et 51,296 filles en 1883) qui fré-
quentent les écoles publiques de la ville de Paris seront donc
préservés des inconvénients de la diversité des livres de
classes. La vérité étant une, le livre doit être un.

Pour passer de la théorie à la pratique, le conseil ou concile municipal de Paris a jeté son dévolu sur la rédaction
d'une grammaire ; mais personne ne peut douter qu'a-
près la grammaire ne vienne l'arithmétique unique, puis la
géographie unique, l'histoire unique, la morale unique. On a
convoqué les grammairiens à présenter leurs élucubrations
à une commission où l'on avait fait entrer, par décorum,
trois membres de l'Institut. Mais, par un oubli, ces trois
académiciens ne furent pas convoqués ou ne se rendirent
pas aux convocations. Les conseillers municipaux jugèrent
leurs propres lumières suffisantes et opérèrent tout seuls.
Le hasard, qui se mêle de toutes les choses humaines,

fit choisir, comme grammaire municipale unique dans les
écoles de la ville de Paris, un livre émanant d'un ancien
membre de la Commune. Il advint aussi qu'on négligea de
recourir à l'adjudication publique pour l'impression et la
fourniture de cette grammaire; que, par une autre coïnci-
dence fortuite, on traita de gré à gré avec un imprimeur
dont ledit membre de la Commune, auteur de la grammaire,
était le prote ou l'associé; qu'enfin les autres imprimeurs,
dont on n'avait pas sollicité la concurrence, prétendirent
que le prix alloué par feuille représentait deux fois le prix
habituel pour un ouvrage assuré d'un tirage énorme.

Voilà comment Paris est doté d'une grammaire unique,
chef-d'œuvre inappréciable, comment aussi les membres du
conseil municipal ont eu la joie de faire plaisir à un écrivain et à un industriel qui partagent leurs opinions, voilà
pourquoi les conseillers municipaux n'ont pas hésité, en
hommes impeccables qu'ils sont, à s'exposer, pour un résultat si glorieux et si utile, aux bruits divers que suggèrent
toujours les traités de gré à gré.

Paris a commencé; mais Saint-Ouen, sans doute, suivra,
puis d'autres. L'enseignement d'État, par la force des
choses, aboutit toujours à l'uniformité.

On dira que le conseil municipal de Paris est aujourd'hui
mal composé; peu importe. Il est dans la nature de l'État
moderne, qui sort d'élections fréquentes, d'être souvent
mal représenté; il y aura toujours dans nos assemblées,
soit nationales, soit locales, des officiers de santé gonflés
d'eux-mêmes, qui le prendront de haut avec Pasteur, qui
proclameront, sans s'émouvoir et sans émouvoir leurs collègues, qu'ils ont plus de génie que lui, qu'ils concentrent
dans leur cerveau toute l'intelligence humaine et qui trai-
teront l'enfance comme une matière à expérience.

L'État central n'est pas lui-même toujours mieux inspiré.

Il ne l'a pas été en France pour l'établissement de la gratuité scolaire, qui fausse les idées de la nation, pour son plan de constructions d'écoles qui va coûter 1 milliard, et qui couvrira tous les hameaux de constructions qu'ils ne pourront pas même entretenir.

Il ne l'a pas été davantage pour l'esprit d'incommensurable orgueil qu'il a insufflé à ces pauvres maîtres d'écoles, pour les certificats d'études dont on fait un si lamentable abus, pour les dizaines de milliers d'aspirants instituteurs et d'aspirantes institutrices qu'il a fait surgir sur tous les points du territoire, sans places qu'ils ou elles puissent occuper.

Dans beaucoup de pays, en France, en Angleterre aussi, peut-être en Amérique, on est sur la pente de faire nourrir par l'État, ou du moins par les municipalités, qui sont une des formes de l'État, des catégories de plus en plus nombreuses d'enfants.

Il est facile de noter les étapes de ce socialisme : on institue d'abord l'école gratuite, puis on fournit les livres, ensuite des vêtements décents à ceux qui en sont dépourvus, puis un repas que payent les enfants riches et que ne payent pas ceux qui sont réputés indigents. L'absolue gratuité pour tous ces accessoires de l'école finira par être la règle.

Parmi les revendications de la *Social democratic Federation*, fondée en Angleterre en 1881, on trouve la *free compulsory education for all classes together with the provision of at least one wholesome meal a day in each school* (1), ce qui veut dire « éducation gratuite et obligatoire pour toutes les classes, avec la fourniture d'au moins un repas sain chaque jour dans chaque école. » On est en train de remplir ce pro-

(1) *Socialism of the Streets in England, published by the Liberty and Property Defence League*, 1888, p. 7.

gramme à Paris avec la caisse des écoles, les cantines scolaires, les pupilles de la ville de Paris, etc.

Certes, il était utile que des âmes bienfaisantes se char-
geassent de vêtir les enfants qui, par la pauvreté de leurs
familles, auraient dû rougir de leurs loques devant leurs
camarades; la charité individuelle avait là devant elle un
champ qu'elle pouvait parcourir. L'État s'en empare, l'État
généralise tout, transforme tout secours en droit, c'est-dire
qu'il corrompt tout.

La ville de Paris nourrit déjà une grande quantité d'enfants, mais l'on veut la pousser plus loin. Ces enfants, qu'on
retient à l'école jusqu'à treize ou quatorze ans, ils pourraient
gagner quelque chose pour la famille; on prive donc celle-
ci d'une ressource, il faut la lui rendre, l'indemniser. Non
seulement les enfants ne payeront plus rien pour leurs frais
d'école, leurs livres de classe, leur tenue scolaire, leurs
repas à l'école; mais bientôt on payera les parents, tout
comme, sous l'ancienne révolution, on payait les citoyens
qui assistaient aux débats des sections.

Comme il est dans la nature de l'État, plus particulièrement encore de l'État moderne, soumis à la force impulsive
des élections, d'exagérer l'application de tout principe, on
retrouve ce caractère dans les examens multipliés et déso-
lants auxquels, sur tout l'ensemble de notre territoire, on
soumet les enfants qui finissent leurs études primaires.
Cette pratique des certificats d'études nous est venue d'Angleterre. Elle séduisait.

On a voulu proportionner certaines récompenses des
maîtres aux succès obtenus par leurs élèves dans les examens. On n'avait pas réfléchi qu'on allait généraliser dans
toutes les couches du pays un mal dont on se plaignait que
les classes moyennes fussent affligées. Combien a-t-on écrit
et parlé contre le baccalauréat, la préparation artificielle et

illusoire qu'il suscite, les efforts stériles de mémoire dont
il est l'occasion, les prétentions qu'il donne aux jeunes gens
pour leurs carrières futures !

Le certificat d'études est la réduction du baccalauréat à
l'usage des classes populaires ; il en a tous les inconvénients.
Un homme qui ne saurait être suspect en ces matières,
M. Francisque Sarcey, l'un de ceux qui ont le plus contribué, il y a vingt cinq ans, à déterminer la direction que suit
l'État pour l'enseignement primaire, a fini par s'émouvoir
des maux qu'enfantent les excès de zèle bureaucratique.
Son robuste bon sens n'a pu résister à un aussi lamentable
spectacle.

Confident des gémissements de quelques instituteurs intelligents, il nous montre le pauvre maître d'école triant
ses élèves, portant tous ses soins sur celui qui semble avoir
quelque facilité d'esprit, sacrifiant les autres, obtenant de
la famille, à force de sollicitations, que l'adolescent supposé
bien doué s'abstienne, même en été, de tout travail des
champs, lui imposant des heures supplémentaires de labeur
intellectuel, le faisant peiner toutes ses soirées ; puis toutes
ces espérances, tous ces efforts aboutissant souvent à un
échec, l'enfant déçu, la famille indignée, l'instituteur « hué,
insulté, menacé, baissant la tête, n'ayant d'autre ressource
que de fuir devant le flot des invectives, perdu de réputation dans l'opinion publique ».

Si les traits sont un peu chargés, c'est M. Sarcey et ses
correspondants, instituteurs et villageois, qui mettent dans
ce tableau ces tons sombres.

Par son enseignement sans mesure, sans discrétion, sans
souplesse, l'État répand dans tous les hameaux la manie et
presque la folie des grandeurs (1).

(1) Les esprits éclairés commencent à revenir, en Angleterre, du niais
engouement qui portait à multiplier indéfiniment les écoles de toutes

La société civile, telle que l'État moderne nous la prépare, finira par ressembler à ce qu'étaient autrefois (on dit qu'elles se sont améliorées) les armées des républiques de l'Amérique centrale : un nombre de généraux et de colonels presque égal au nombre des sergents, un nombre de sergents presque égal au nombre des soldats.

Une société ainsi charpentée, en violation de toutes les lois des proportions et de l'équilibre, se trouvera, dans un quart de siècle ou dans un demi-siècle, aussi incapable de soutenir la lutte économique contre les nations asiatiques, alors pourvues de machines, que les peuples efféminés et désorganisés de l'empire romain de la décadence furent incapables de résister aux barbares.

Si l'espace ne nous faisait défaut, il nous serait aisé de démontrer aussi l'action perturbatrice des institutions d'État dans ce que l'on appelle l'enseignement professionnel. Rien ne varie comme les professions, rien n'est aussi sujet à modifications dans le temps et dans l'espace ; rien n'exige tant d'applications et d'adaptations de détail.

natures, les examens de tous genres. Le numéro de novembre 1888 de la *Nineteenth Century,* revue libérale à laquelle collabore assidûment M. Gladstone, contient en tête deux articles des plus catégoriques contre la folie scolaire. Le premier est intitulé : *The sacrifice of education to examination a signed protest* (le sacrifice de l'éducation au système d'examens, protestation signée), par MM. le professeur Max. Müller, Freeman et Fréd. Harrison, trois des plus grands noms scientifiques de l'Angleterre contemporaine. Le second porte pour titre : *The cry for useless knowledge* (l'engouement pour les connaissances inutiles), par the right honorable Lord Armstrong. L'auteur y démontre, avec une grande force d'arguments et une abondante expérience pratique, que la plupart des écoles professionnelles que l'on multiplie sont sans aucun avantage réel ou même jettent beaucoup plus de perturbation que de lumières utiles dans la société.

Toutes ces protestations, venant se joindre à celle déjà ancienne d'Herbert Spencer, sont décisives.

Elles témoignent de la justesse de l'observation que nous avons faite dans une des premières parties de cet ouvrage (voir page 62) que l'État, par son intervention, intensifie et prolonge tous les engouements momentanés auxquels cède une nation et dont elle pâtit.

L'État intervient avec ses procédés uniformes, rigides ; il croit s'apercevoir que la peinture sur porcelaine et sur émail réussit et donne des bénéfices aux jeunes filles ou aux femmes ; immédiatement il fait enseigner dans une foule d'établissements à peindre sur porcelaine, sur émail, sur éventail : où il y avait place pour cent ouvrières, il en prépare mille ; il déprécie le salaire des cent qu'on peut employer et laisse les neuf cents autres sans pain (1).

Comment en serait-il autrement? L'industrie, la vie, se caractérisent par la variété, le changement, la liberté : l'État c'est l'unité, la fixité, la contrainte (2).

(1) On peut consulter sur ce sujet l'étude de la *Nineteenth Century,* dont nous avons parlé dans la note précédente : *The cry for useless knowledge,* par lord Armstrong.

Les grandes et croissantes difficultés que rencontre l'enseignement d'État, surtout avec la prétention de l'État moderne d'avoir des doctrines absolues et indépendantes sur tous les grands problèmes se rattachant à la destinée humaine, sont mises en lumière par tous les récents rapports et les récentes enquêtes relatives à l'instruction secondaire. La lutte ardente entre les établissements religieux et les établissements d'État, dans cet ordre d'enseignement et aussi, quoique à un moindre degré, dans l'enseignement populaire, défraie une grande partie des polémiques de ce temps. Avec ses programmes impérieux, avec aussi la quasi impossibilité où il se trouve des recruter un personnel de maîtres répétiteurs qui inspire de la confiance aux familles, l'État perd relativement du terrain malgré l'énormité de ses dépenses. Des difficultés analogues commencent à se faire sentir en Angleterre où le parti conservateur, toutefois, a trouvé un biais ingénieux en 1897 pour faire allouer des subventions aux écoles confessionnelles pauvres.

On est stupéfait, cependant d'apprendre qu'il se trouve un parti en Angleterre pour vouloir créer un système d'établissements secondaires d'État analogue à celui de la France. Ce serait produire dans la population britannique le phénomène de déclassement et de passion pour les fonctions publiques dont nous nous plaignons avec raison chez nous. (Note de la 3e édition).

CHAPITRE IV

L'ÉTAT ET L'ASSISTANCE PUBLIQUE.

Après l'instruction, l'assistance publique est un des domaines que l'État moderne se sent le plus disposé à accaparer. Il y entre avec des illusions généreuses, croyant que rien ne peut résister au double pouvoir dont il dispose : la contrainte légale et la contrainte fiscale.

Dans tous les pays, en Angleterre, en Allemagne, en Italie, en France, une partie de l'opinion publique considère que l'existence d'une classe de pauvres est incompatible avec un État bien gouverné. Il en résulte une tendance de l'État à intervenir à outrance dans les institutions charitables, à les généraliser sans mesure.

Il n'est pas difficile de remonter à l'origine de cette disposition d'esprit, qui part de bons motifs et conduit souvent à de déplorables résultats.

Un homme public anglais, économiste à ses heures, M. Goschen, a trouvé une formule ingénieuse, c'est « le remplacement de la conscience individuelle par la conscience sociale ou collective ». Il resterait à voir si ce remplacement est de nature à rehausser la dignité de l'homme et s'il peut vraiment diminuer la somme de misères dont gémit l'humanité.

A cette poussée que subit l'État moderne pour tenter, par tous les expédients, de supprimer ce que l'on appelle le paupérisme, l'observation peut découvrir des causes plus précises.

La généralité des hommes croit que le paupérisme est un fléau nouveau, qu'il a été enfanté par la civilisation contemporaine, particulièrement par le développement industriel ; cette conception est erronée. Loin que le nombre des pauvres ait augmenté dans les sociétés civilisées, toutes les recherches exactes démontrent qu'il a diminué (1) ; il

---

(1) On nous permettra de renvoyer pour la preuve à notre *Essai sur la répartition des richesses et sur la tendance à une moindre inégalité des conditions* (4ᵉ édition).

est vraisemblable, si l'État ne contribue pas à l'entretenir par une intervention maladroite, qu'il se réduira encore.

Mais l'adaptation d'une société à des conditions nouvelles d'existence, le passage, par exemple, de la petite industrie à la grande, demande du temps; c'est une évolution lente. Au début, l'on n'en aperçoit que les effets perturbateurs; les effets compensateurs sont moins visibles au regard inattentif. Or l'impatience des âmes contemporaines, sentimentales, fiévreuses, nerveuses, aux impressions rapides et superficielles, néglige les progrès accomplis, si considérables qu'ils soient, et s'imagine pouvoir d'un bond atteindre tout le progrès possible.

On se sent pris alors d'une sorte de mépris pour l'initiative privée, pour les œuvres lentes et partielles; on compte plus sur ces deux forces générales et soudaines : le pouvoir réglementaire et le pouvoir fiscal de l'État.

Ce recours séduit les esprits légers. Les gouvernements s'y sentent quelque inclination; comme tous les êtres, ils n'ont aucun éloignement à accroître leur importance.

Les partis politiques qui se disputent l'État, quelle que soit l'étiquette sous laquelle ils combattent, radicaux, conservateurs, progressifs, libéraux, ont tous besoin d'augmenter leur prise sur le corps électoral; la promesse qu'il n'y aura plus de pauvres est une de celles qui, constamment démenties, caressent toujours les intérêts et les sentiments du grand nombre. Il est difficile de ne pas la prodiguer dans cette surenchère d'illusions qu'on appelle une lutte électorale.

Il faudrait, avant tout, étudier les données générales du problème. On entend spécialement par le paupérisme une situation sociale où la pauvreté s'offre avec une grande extensivité, une grande intensité et une fréquente hérédité : des indigents très nombreux, excessivement misérables, beaucoup d'entre eux provenant de parents pauvres et faisant souche de pauvres.

Trop de personnes attribuent cette plaie à une cause unique, ou tout au moins à quelques circonstances qu'il dépendrait de la société d'écarter. Stuart Mill, par exemple, et toute une école avec lui, n'y voient que la conséquence d'un excès de population ou de l'imprévoyance avec laquelle des ouvriers, sans ressources assurées, fondent des familles

D'autres s'en prennent à l'indifférence sociale, au manque d'éducation, au poids des impôts, à ce que l'ouvrier ne possède pas ses instruments de travail, ou bien encore à ce qu'il est dépourvu des « quatre droits primitifs », dont la perte, aux yeux de Considérant, devait avoir pour compensation le droit positif au travail.

Ces prémisses admises, les remèdes devenaient aisés. Stuart Mill fait une hypothèse qui concorde avec sa conception de la cause principale du paupérisme; on pourrait, suppose-t-il, éteindre le paupérisme pour une génération et l'empêcher de renaître, en procurant de l'ouvrage aux pauvres, en les y contraignant même, en les transportant dans des contrées neuves où la terre abonde, le climat est sain et le sol de bonne qualité, en rachetant même en Angleterre les *latifundia* pour les dépecer en petits domaines. Par la pratique de ce plan complexe, avec persévérance et méthode, on détruirait le paupérisme pour une génération; puis on l'empêcherait de renaître par la réglementation des mariages, l'interdiction des unions précoces ou sans ressources, la punition rigoureuse des excès de fécondité.

On sait qu'un des principaux hommes d'État anglais contemporains, M. Chamberlain, avec son projet « des 3 acres et de la vache », emboîtait le pas au grand théoricien, pour la première partie du moins de son projet. Quant à la seconde, on nous apprenait, ces jours-ci encore, qu'une

Anglaise millionnaire, Mrs Martin, zélatrice infatigable de
diverses œuvres de charité et d'éducation, s'est consacrée à
la tâche de « ramener un peu de bonheur sur notre pauvre
terre », par l'interdiction légale du mariage aux gens atteints
d'un vice physique ou d'un vice moral, d'une difformité
quelconque, aux gens trop paresseux ou sans ressources.
C'est la théorie du mariage-récompense, comme chez les
Zoulous ; ou c'est la reprise du système de l'autorisation
administrative pour les unions légales, qui a tant contribué,
avant son abolition relativement récente, à démoraliser la
Bavière et quelques autres États allemands.

Si nous citons ces rêves, c'est que rien ne prouve qu'ils
doivent toujours rester à l'état de rêves.

L'État moderne, qui est comme un bien précaire et sans
maître permanent, est toujours menacé de devenir la proie,
au moins temporaire, de fanatiques : fanatiques de la dévotion, fanatiques du progrès rapide et illimité, fanatiques des
sciences naturelles et de leur transposition dans l'ordre social, fanatiques de la tempérance, fanatiques de la moralité,
fanatiques de l'égalité, etc.

Tous ces fanatismes divers, les uns reposant sur l'exaltation de l'amour-propre, les autres sur l'exaltation de la
sentimentalité, ne conçoivent jamais qu'une face des problèmes.

En ce qui concerne le paupérisme, le tort de tous les
systèmes est de regarder cette plaie comme nouvelle et
tenant uniquement ou principalement à des causes contemporaines.

La pauvreté, même avec un certain caractère d'hérédité,
apparaît dans toutes les sociétés, dans toutes les races, dans
tous les siècles, dans tous les climats, avec tous les divers
régimes terriens et tous les modes d'organisation du travail;
d'autres maladies sociales également, la prostitution, par

exemple, se rencontrent dans toutes les civilisations, même dans celles que nous considérons comme primitives et que nous appelons patriarcales.

Il n'est pas un législateur religieux qui ne parle du devoir de secourir les pauvres, ce qui est une preuve qu'il y en a toujours eu. Or, les législateurs religieux ont tous, de long-temps, précédé « l'ère du capitalisme ». Job, sur son fumier, appartient à une société primitive, antérieure non seulement à l'âge de la grande industrie, mais même à celui de l'agri-culture proprement dite, à une société encore aux trois quarts engagée dans la période pastorale.

Allez en Afrique, au milieu de peuples à demi nomades, qui ne sont pas encore contaminés par le contact fréquent des aventuriers européens, vous y trouverez des pauvres sordides, repoussants, couverts d'ulcères, les échantillons les plus misérables de l'humanité. Même chez les peuples chasseurs, où chaque individu jouit des fameux « quatre droits primitifs » de chasse, de pêche, de cueillette et de pâture, l'indigence sévit, comme chez les peuples civilisés. Un individu peut y avoir perdu ses instruments de travail rudimentaire. La vieillesse, en engourdissant les membres, y amène l'indigence absolue; la mort du chef, la maladie, la blessure, jettent souvent certaines familles des peuples chasseurs dans une pauvreté irrémédiable.

L'indigence est effroyable chez les peuples primitifs; dans mainte peuplade sauvage, c'est un acte de nécessité et presque de piété de tuer les parents vieux; eux-mêmes fixent souvent le jour de leur immolation.

La propriété collective du sol n'empêche pas la pauvreté: il y a des pauvres dans les tribus d'Arabes nomades. On en trouve dans le *mir* russe, ces « familles faibles », celles qui ont perdu leurs instruments de travail, et, suivant le mot énergique, « vendu leur âme ».

Dans les anciennes civilisations, la pauvreté est une des causes de l'esclavage volontaire. Les maux des débiteurs remplissent toutes les anciennes histoires.

L'organisation agricole appelée *allmend*, débris de l'ancienne communauté primitive, ne prévient pas la pauvreté ; pour faire paître son troupeau dans les Alpes communes, il faut avoir conservé un troupeau, il faut avoir une étable pour le garantir l'hiver ; pour prendre du bois dans la forêt, il faut avoir son foyer.

Ainsi aucun état social, aucune organisation du travail, n'ont été exempts de paupérisme ; il en est de même des vices, de certaines déchéances permanentes, comme la prostitution, que les esprits superficiels s'imaginent être l'un des effets de la civilisation moderne. Tous les législateurs religieux en parlent, quoique la plupart contemporains de la période pastorale ou des débuts de la période agricole.

Bien avant notre arrivée en Algérie, la tribu saharienne des Ouled-Naïl envoyait ses superbes filles gagner une dot par leurs appâts dans les villes de la côte. Pierre Loti décrivait, il y a quelques années, le quartier des femmes Somalis à Obock, qui ne le cède en rien pour l'impudicité cynique aux faubourgs de nos capitales.

Certains de nos publicistes vivent encore dans la croyance naïve à l'ancien âge d'or ; quand ils attribuent si légèrement le paupérisme contemporain à l'instabilité de la grande industrie, à la division du travail, aux machines, à la disparition des corporations, à la séparation de l'ouvrier de ses instruments de production, ils oublient les armées de gueux que l'on vit si souvent au moyen âge, la cour des Miracles, les rafles d'indigents sous Richelieu ou sous Louis XIV, pour fournir des habitants aux colonies ; ils n'ont jamais entendu parler de la misère au temps de la Fronde.

Pour tout homme qui réfléchit et qui compare, l'extensivité du paupérisme, c'est-à-dire la proportion des pauvres au nombre d'habitants, ne devait guère, autrefois, être moindre qu'au temps présent ; l'intensité de l'indigence était certainement beaucoup plus grande qu'aujourd'hui, et son hérédité au moins égale.

Le phénomène étant permanent, les causes ne peuvent être que permanentes. D'où vient cette plaie dont l'humanité, sous toutes ses formes, dans toutes les phases de son développement, a toujours été affligée ?

Un examen attentif conduit à classer en quatre catégories principales les causes de la pauvreté : celles qui proviennent de la nature seule ; celles qui tiennent à certaines circonstances sociales ; celles qui se rattachent aux parents ou aux prédécesseurs du pauvre ; celles enfin qui résident dans le pauvre lui-même.

Toute pauvreté mérite commisération, et, dans une limite variable, des secours ; mais, suivant leur origine, aux divers cas de pauvreté doivent correspondre des degrés divers de sympathie et d'aide ; telle nature de pitié et d'assistance qui serait légitime et bienfaisante pour les malheureux dont l'indigence est due à l'une des trois premières causes serait, au contraire, imméritée et dangereuse pour les indigents devant à la dernière cause leur situation.

La pauvreté qui tient à la nature seule est surtout celle qui se manifeste par des infirmités de naissance ou d'accident : les sourds-muets, les aveugles, les aliénés même, quoique l'aliénation mentale ait souvent été préparée par le vice. On y peut joindre aussi pour les familles la mort prématurée des parents. Dans tous ces cas, la pitié, si je puis m'exprimer ainsi, peut être totale et sans réserve, le secours peut être intégral. Des arrangements sociaux divers, les uns volontaires, d'autres reposant sur l'action directe des pouvoirs publics, peuvent légitimement soulager ou atténuer ces maux.

Des instituts de sourds-muets ou d'aveugles, surtout si l'on s'efforce de donner à ces infirmes un gagne-pain, des asiles d'aliénés, honorent une civilisation ; ils n'ont, en outre, pour peu qu'on y apporte une gestion exempte de gaspillage et de luxe intempestif, aucun grave inconvénient social. Personne, en effet, ne se rendra aveugle, ni sourd-muet, ni fou, simplement parce qu'il se trouvera des établissements pour recueillir ces malheureux. Tout au plus pourrait-on dire que les familles, comptant sur ces secours extérieurs, ne feront pas toujours pour leurs infirmes tous les sacrifices que régulièrement elles auraient pu faire ; c'est un mal, mais toute charité entraîne des maux ; et celui-ci n'est que secondaire.

Encore ne doit-on pas conférer aux seuls pouvoirs publics le soin de secourir ce genre de détresse ; il faut y admettre en participation l'initiative privée, qui apporte toujours avec elle d'inappréciables éléments de souplesse, d'ingéniosité, de variété et d'invention. Ce fut une institution purement privée que celle de l'abbé de l'Épée, et il n'est pas prouvé que, simple aumônier, je suppose, d'un établissement conduit suivant des règles bureaucratiques, ce saint homme eût pu accomplir la belle œuvre qui a illustré son nom. De même, c'est à des établissements privés en général que sont dus les récents perfectionnements dans l'organisation des asiles d'aliénés et dans leur traitement, la dissémination de ces malheureux dans des maisonnettes à la campagne, y jouissant d'une liberté relative, au lieu de leur casernement dans d'énormes édifices urbains ou faubouriens.

La seconde cause de pauvreté provient de certaines circonstances sociales, comme les déplacements qu'amènent les machines, les changements de procédés industriels, tous les aléas que comporte, suivant l'expression de Proudhon, « le travail divisé et engrené ». Il ne s'agit là, en général, que d'une pauvreté passagère, qu'auraient pu prévenir, soit totalement, soit partiellement, la prévoyance et l'économie.

L'intervention des pouvoirs publics peut avoir ici des inconvénients graves : elle tendrait à enlever toute énergie, toute élasticité d'esprit à ceux qu'elle prétendrait soulager. Il en résulterait une regrettable dépression de l'état mental de la population ouvrière. Tout au plus peut-on admettre que, dans des crises locales d'une exceptionnelle intensité, comme celle qui, dans le courant de ce siècle, a frappé une ou deux fois la ville de Lyon, et qui, lors de la guerre de sécession, a affligé les districts cotonniers, l'État peut ouvrir quelques chantiers de travaux publics utiles pour aider à franchir la crise. Mais la mesure est difficile à garder, et l'excès a des inconvénients graves, aussi bien immédiats que lointains.

C'est ici que les institutions libres de secours mutuels et les œuvres diverses de patronage peuvent offrir de l'efficacité. Elles ont un grand mérite, qu'aucune entreprise d'État ne pourra jamais posséder, celui de se prêter à des adaptations très nombreuses, très variables, suivant tous les besoins contingents auxquels elles doivent pourvoir. Les organisations d'assurance ont ici un rôle tout indiqué.

La pire prétention de la démocratie moderne, ce qui doit, si l'on n'y prend garde, la conduire à la servitude et à l'abaissement, c'est la prétention de supprimer le patronage libre, soit individuel, soit collectif, le lien moral et méritoire entre les classes. Au patronage ingénieux, discret, persévérant et réservé, il appartient d'adoucir ou de prévenir beaucoup de misères, celles qui sont particulièrement excusables et intéressantes.

Beaucoup de victimes sont faites par la troisième cause

de pauvreté, celle qui tient aux parents et aux antécédents de la famille. L'indigence héréditaire constitue le vrai paupérisme. La société n'est pas dépourvue de tous les moyens d'action contre cette catégorie de pauvres. Par la société, j'entends toujours, non pas l'organisme coercitif qui s'appelle l'État et que tant d'esprits superficiels ont le tort de confondre avec elle, mais ce milieu social, si varié, si élastique, se prêtant aux concours librement associés des hommes aussi bien qu'aux simples efforts individuels.

On trouve partout, mais spécialement dans les villes, de ces familles dégradées, qui ont perdu tout ressort moral, qui se complaisent dans la fainéantise et la mendicité, et qui élèvent leurs enfants dans le goût et l'habitude de cette vie somnolente, dépendante, étouffant en eux tout germe d'énergie et d'aspiration à une vie meilleure. La loi peut ici intervenir par des prescriptions générales pour empêcher l'exploitation des enfants et pour substituer aux parents manifestement indignes des protecteurs recommandables (1).

C'est ici que l'instruction obligatoire pourrait avoir quelque heureuse influence ; mais les politiciens modernes, dont certains ne conçoivent la philanthropie que comme un thème à déclamation, ne se sont jamais avisés en France, ni dans beaucoup d'autres pays, que l'instruction obligatoire devrait surtout être appliquée à tous ces malheureux enfants de huit à treize ou quatorze ans, accompagnateurs de prétendus culs-de-jatte ou de prétendus aveugles; ils ne

(1) On a voté en France, depuis vingt ans, des lois importantes à ce sujet ; d'autre part, il s'est créé beaucoup d'entreprises privées pour recueillir les enfants abandonnés ou coupables, ceux ayant des parents indignes ou ceux encore livrés à des exploiteurs, par exemple à des entrepreneurs de mendicité, de spectacles forains, etc. Le rôle de la loi consiste ici surtout à punir les parents qui se débarrassent de leurs enfants ou abusent d'eux manifestement; mais c'est à des sociétés privées, comme la charité en fait éclore partout, qu'il convient de remettre les mineurs ainsi privés de leur famille.

se sont servis de cette loi que pour molester quelques parents dont les opinions n'étaient pas les leurs et qui donnaient à leurs enfants une instruction autre que celle des écoles publiques.

Un vaste champ est ici ouvert à l'initiative privée : les œuvres pour l'enfance abandonnée ou coupable sont devenues nombreuses. Il ne faut certes pas leur attribuer une vertu souveraine ; mais si le paupérisme peut être diminué, c'est par une action bienfaisante et intelligente exercée sur les enfants des misérables. Avec son uniformité et sa rigueur, ses fonctionnaires nommés par des considérations politiques, l'action publique se trouve, pour une entreprise si délicate, dans des conditions fort inférieures à celles de la plupart des œuvres indépendantes.

De toutes les catégories de pauvres, chacun avouera que la quatrième, celle qui doit la pauvreté à ses propres vices, est de beaucoup la moins intéressante. L'assistance publique a plus de chances de l'accroître que de la réduire.

Les vices humains peuvent se transformer, se modifier dans leurs manifestations ; peut-être certains peuvent-ils perdre de leur prise sur quelques catégories d'hommes : on ne voit plus guère les classes élevées et moyennes s'adonner à l'ivrognerie ; on peut rêver qu'à la longue, avec un certain régime, ce vice fera moins de victimes dans la classe ouvrière. On peut se flatter également que l'instruction et l'exemple développeront le sentiment de la prévoyance. Ce sont là des espérances permises, quoique sujettes à bien des déceptions.

Il est d'autres vices qu'il serait chimérique d'espérer vaincre : le principal, c'est la fainéantise.

Il y aura toujours sur cette terre des hommes sans courage, préférant l'incertitude du pain quotidien à l'effort régulier ; il y aura des Diogènes pratiques, aimant la vie animale, oisive, des sortes de philosophes cyniques qui, par conviction aussi bien que par faiblesse, ne voudront jamais acheter le confortable et la dignité au prix de la tension prolongée de leurs muscles ou de leur esprit. Tout ce que l'éducation peut faire pour combattre ces penchants, l'assistance, avec la régularité ou la probabilité de ses secours ou de ses aumônes, le détruit. L'assistance légale en Angleterre et dans le pays de Galles, en 1887, secourait 110,000 pauvres capables de travail (*adults ablebodied*) et 107,000 encore en 1898.

En France, une expérience des plus intéressantes a été faite dans ces temps récents. M. Monod, directeur au ministère de l'intérieur, la racontait l'été dernier à l'ouverture du conseil supérieur de l'assistance publique. Un homme de bien voulut se rendre compte de la part de vérité que contiennent les plaintes des mendiants valides. Il s'entendit avec quelques braves gens, négociants ou industriels, qui s'engagèrent à donner du travail avec un salaire de 4 francs par jour, pendant trois jours, à toute personne se présentant munie d'une lettre de lui. En huit mois, il eut à s'occuper de 727 mendiants valides, qui tous se lamentaient de n'avoir pas d'ouvrage. Chacun d'eux fut avisé de revenir le lendemain prendre une lettre qui le ferait employer pour 4 francs par jour dans une usine ou dans un magasin. Plus de la moitié (415) ne vinrent même pas prendre la lettre. D'autres en grand nombre (138) la prirent, mais ne la présentèrent pas au destinataire. D'autres vinrent, travaillèrent une demi-journée, réclamèrent 2 francs, et on ne les revit plus. Parmi le restant, la plupart disparurent, la première journée faite. En définitive, sur 727, on n'en trouvait que 18 au travail à la fin de la troisième journée. M. Monod en concluait que sur 40 mendiants valides, il ne s'en rencontrait qu'un qui fût sérieusement disposé à travailler moyennant un bon salaire.

On ne saurait nier que cette expérience et beaucoup d'autres analogues ne soient décisives. Elles devraient détourner les esprits de la charité légale dont tant de philanthropes superficiels demandent l'établissement.

Cette charité légale, voilà près de trois siècles qu'on l'applique en Angleterre. Établie sous Élisabeth, dans des circonstances exceptionnelles, au lendemain de la suppression des couvents et au milieu d'une crise agricole, qui résultait de la substitution, dans de vastes districts, du pâturage au labourage, la *Poor Law* a fonctionné assez longtemps, sous des régimes assez divers, pour qu'on en puisse apprécier les effets.

Elle n'a pas supprimé le paupérisme ; on peut supposer qu'elle l'a plutôt augmenté ; elle a éteint le sentiment de la prévoyance, de la responsabilité personnelle, de la dignité ; elle a étouffé les vertus de famille dans toute une partie de la classe ouvrière britannique. Les secours proportionnels au nombre d'enfants y encourageaient la débauche, au point que, dans certains districts, on ne rencontrait plus de jeunes filles d'une conduite régulière. Le rapport des commissaires des lois des pauvres en 1831 l'affirme avec netteté.

Quand on modifia la loi des pauvres en 1834, elle avait ruiné une partie des campagnes anglaises, et, par le poids des taxes, fait abandonner la culture de quantités de fermes. Réformée à cette époque, devenue plus dure, infligeant aux pauvres des *workhouses* un traitement qui ne diffère guère de celui des condamnés dans les prisons, l'assistance légale, malgré quelques adoucissements dans ces temps récents et le développement des secours à domicile, n'exece pas plus d'effet sur l'extensivité et l'intensité du paupérisme en Angleterre que la plupart des spécifiques des charlatans n'en ont sur les maladies physiques les plus graves.

On a beaucoup prôné un système d'alliance de l'assistance publique et de la charité individuelle, qui est connu sous le nom de système d'Elberfeld et qui est pratiqué dans cette ville depuis 1853. Il aurait réduit la proportion des indigents dans cette ville de 1 sur 12 habitants à 1 sur 83. Les procédés suivis à Elberfeld n'ont rien de bien original ; ils consistent seulement dans des visites fréquentes aux pauvres et dans une sorte de direction morale exercée sur chacun d'eux ; c'est l'opposé de l'organisation bureaucratique de l'assistance et de la charité légale dans le sens strict du mot.

Tout régime qui reconnaît à l'indigent un droit strict aux secours est essentiellement démoralisateur et multiplie le fléau qu'il prétend extirper. Étant donné le penchant de l'homme à l'indolence, sa tendance à sacrifier la sécurité du lendemain aux jouissances du jour présent, si les pauvres sont à peu près aussi assurés de vivre avec un minimum de bien-être que les gens qui travaillent, que les hommes du moins qui vivent des métiers inférieurs, le principal attrait au travail, qui est la nécessité, s'évanouit.

On produit ainsi deux maux : d'une part, on diminue la production, puisque des individus valides sont secourus sans travailler ; d'une autre part, on fait un prélèvement sur cette production diminuée pour nourrir des fainéants. On accable le travailleur au profit du paresseux.

On menace la France, à l'heure actuelle, de l'établissement d'une assistance officielle dans les campagnes. L'esprit des bureaucrates ou des parlementaires, également féconds en niaiseries nuisibles, pourrait difficilement inventer une mesure plus préjudiciable au pays. Autant vaut dire qu'on se propose de multiplier dans les campagnes les vauriens.

Cette population rurale qui est si éprouvée par le poids des impôts, ces terres dont le revenu tend à disparaître, ces propriétés de toutes tailles, grandes, petites et moyennes, également épuisées par l'activité désordonnée des administrations scolaires et vicinales, auraient encore à supporter de nouvelles taxes pour des pauvres qui aujourd'hui sont peu nombreux, que les relations cordiales de bon voisinage secourent à peu de frais, sans aucuns fonctionnaires parasites.

Les bureaux de bienfaisance ruraux, qui fonctionnent aujourd'hui, ont déjà bien des inconvénients. Il est des villages, d'ailleurs aisés, où la moitié de la population s'y fait inscrire comme à une sorte de fonds commun qui doit être également réparti entre tous les salariés. Un des hommes qui ont appartenu à la haute administration de l'assistance, M. de Watteville, dans un *Rapport sur la situation du paupérisme en France*, avait le courage d'écrire : « Depuis soixante ans que l'administration de l'assistance publique à domicile exerce son initiative, on n'a jamais vu un indigent retiré de la misère et pouvant subvenir à ses besoins par les moyens et l'aide de ce mode de charité. Au contraire, elle constitue souvent le paupérisme à l'état héréditaire. Aussi voyons-nous aujourd'hui inscrits sur les contrôles de cette administration les petits-fils des indigents admis aux secours publics en 1802, alors que les fils avaient été en 1830 également portés sur les tables fatales. » C'est ce régime que des administrateurs, jaloux d'accroître leurs attributions, proposent d'étendre aux campagnes (1).

(1) La Convention avait décrété la formation d'un « *Grand livre de la bienfaisance publique* » à opposer au « *Grand livre de la dette publique* ». Cette idée ne fut heureusement pas appliquée. Ce grand livre eût fait foisonner les fainéants.

Les *Bureaux de bienfaisance*, institutions officielles qui existent dans presque toutes les communes françaises de quelque importance, répartissent la charité de la manière la plus fantaisiste. Dans les communes peu populeuses et où le bureau a, par suite de fondations, des ressources assez considérables, on inscrit comme pauvres presque tous les habitants,

Impuissante à extirper le paupérisme, l'assistance publique a une influence merveilleuse pour en développer les germes épars et inertes.

tous ceux du moins qui ne sont pas fort aisés. On consultera sur ce point avec profit les études publiées par M. Hubert Valleroux, sous le titre de *La Charité officielle : les bureaux de bienfaisance*, dans l'*Économiste français* du 15 décembre 1888 et du 12 janvier 1889. En voici quelques extraits :

« M. de Watteville ne donne de chiffres que par départements. Il nous apprend que les secours distribués à chaque indigent avaient, en l'année 1853, varié de 1 fr. 27 à 406 fr. dans la Côte-d'Or ; de 0 fr. 28 à 195 fr. 81 dans la Gironde ; de 0 fr. 24 à 224 fr. dans la Marne ; de 1 fr. 26 à 449 fr. 90 dans la Mayenne et enfin, dans le Doubs, de 1 fr. 40 à 849 fr. 50.

« Il nous donne aussi sur le nombre des indigents secourus des chiffres bien faits pour surprendre : la commune de Plagny (Côte-d'Or) avait inscrit à son bureau de bienfaisance 340 pauvres sur 675 habitants et la Côte-d'Or n'est pas un département pauvre ; la commune de Rottier (Drôme) avait 140 inscrits sur 200 habitants ; celle de Clermont (Meuse) avait 1,142 pauvres sur 1,498 habitants, celle d'Astaing (Nord), 430 pauvres sur 489 habitants.

« Venons à l'enquête de 1874. Nous y allons voir les plus extrêmes différences et les contrastes les plus surprenants.

« Voici, par exemple, dans le département de l'Ain, deux communes rurales dont l'une, Montracot, secourt 3 pauvres avec 66 francs, tandis que l'autre, Domsure, en assiste 40 pour 77 francs. Le bureau de bienfaisance d'une commune de l'Aisne, Verly, a 1,760 francs de revenu venant tout du produit d'immeubles et de rentes sur l'État ; aussi s'est-il donné le luxe d'inscrire 251 pauvres sur un total de 974 habitants, tandis qu'à côté le bureau de bienfaisance de Crépigny, commune de 514 habitants, n'a secouru que deux pauvres, pour lesquels il a dépensé 10 francs. Le bureau de bienfaisance de Robiou (Basses-Alpes) a 334 francs de recette et secourt 36 pauvres, celui de Montjustin, même région, qui a 503 francs de revenu, n'en secourt que 5 (sur 178 habitants).

« Voici deux communes de l'Ariège pourvues de bureau de bienfaisance, dont l'une, Argen, a 150 pauvres inscrits sur 184 habitants, tandis que l'autre, Ignaux, n'en a pas un seul, bien que son bureau possède 215 francs de revenu.

« A l'autre extrémité de la France, même diversité inexplicable. Arincourt, dans les Ardennes, a 400 habitants et son bureau de bienfaisance secourt 64 pauvres. La Neuville-les-Wasigny a 830 habitants et son bureau de bienfaisance assiste 390 personnes réparties en 75 ménages, presque la moitié de la population. Et puis, dans le même département, Frisole a 228 habitants et seulement 2 pauvres secourus ; Brignon, sur 528 habitants, n'a que 4 pauvres inscrits, Herpy n'en a que 2 sur 409 habitants.

« Le nombre des pauvres secourus dépasse parfois la moitié de la population. Dans le Nord, Saint-Waast a 411 inscrits sur 696 habitants et Tillov en a 200 sur 350 âmes. Dans le Pas-de-Calais, le bureau de

Elle est dépourvue, en effet, de tout moyen de combattre la pauvreté volontaire et opiniâtre. Partout où les administrations publiques ont voulu faire travailler les pauvres, elles ont échoué. Comment pourraient-elles réussir?

On connaît déjà les difficultés presque inextricables du travail des prisons; or il n'y a qu'une cinquantaine de mille prisonniers. Les ouvriers libres se plaignent de la concurrence que leur font ces travailleurs d'État, de la dépréciation qui en résulte pour leurs salaires. Comment ferait l'État si, à ces 50,000 détenus pour crimes ou délits, il joignait un nombre triple et quadruple de pauvres valides des deux sexes?

bienfaisance de Rocquigny secourt 610 personnes sur 960 qui font la population de la commune; celui de Velez en secourt 260 sur 357 habitants, celui de Lorgies 293 sur 416 habitants.

« Voici des communes toutes rurales où nous trouvons aussi de gros chiffres d'inscrits. Coutivron, dans la Côte-d'Or, département où l'aisance est assez générale, a 68 pauvres inscrits sur 263 habitants; plus du quart de sa population. Plaimbois-Vennes, dans le Doubs, offre mieux encore : 70 pauvres secourus sur 246 habitants. Mais ici ce gros chiffre s'explique; le bureau de bienfaisance est riche; il a 1,894 francs de revenu et il a fait comme celui de Verly, déjà cité, il s'est montré facile pour les admissions.

« C'est le haut revenu de certains bureaux de bienfaisance qui explique le nombre surprenant d'indigents secourus que l'on constate en quelques communes rurales situées d'ailleurs dans des départements aisés. Ainsi Allemagne, dans le Calvados, a 270 indigents secourus sur 993 habitants. C'est que son bureau de bienfaisance possède 1,293 francs de revenu. Saint-Maurice-Saint-Germain (Eure-et-Loir) compte 178 pauvres sur 518 habitants, plus du tiers, et pourtant l'Eure-et-Loir n'est pas un pays pauvre et encore ce gros chiffre est antérieur à la crise agricole. Que l'on cesse de s'étonner; le bureau de bienfaisance de Saint-Maurice a 9,216 francs de rentes. Avaray, dans le Loir-et-Cher, une région où l'indigence est rare, a 250 pauvres inscrits sur 803 habitants. Son bureau de bienfaisance a 2,189 francs de revenu. Dans tous ces départements, les communes voisines sont loin d'offrir une pareille proportion d'indigents. Saint-Germain-des-Angles, dans l'Eure, a un bureau de bienfaisance jouissant d'un revenu annuel de 5,610 francs, 55 habitants, sur 83 que compte la commune, en profitent. Mais le plus beau résultat nous est donné par le bureau de bienfaisance de la commune d'Oisy (Pas-de-Calais); il a 2,362 francs de revenu et les dépense, mais il en fait une sorte de distribution entre les habitants, car tous sauf quatre (256 sur 260) sont inscrits comme indigents. »

On en est venu, en Angleterre, à imaginer des expédients qui dégradent le travail et l'homme. On s'efforce de rendre improductif le labeur des *workhouses*. On fait exécuter aux pauvres des exercices physiques fatigants, on les met dans des engrenages mécaniques, sortes de moulins à marcher, où ils doivent remuer leurs membres comme des écureuils, sans produire aucun résultat utile. Pour ne pas déprécier les salaires des ouvriers libres, pour ne pas laisser l'indigent dans l'indolence, qui est pour lui la jouissance suprême, on le transforme en une sorte de Sisyphe.

L'assistance privée a souvent bien des défauts, mais au moins elle travaille avec des ressources volontaires ; elle satisfait l'âme et le cœur de ceux qui s'y associent. On peut créer trop d'ouvroirs, en vendre les produits à trop bas prix, on peut multiplier outre mesure les œuvres qui, isolées, pourraient faire quelque bien, l'Asile de nuit, la Bouchée de pain ; mais les excès de l'assistance privée sont contenus par la limite même des recettes libres qu'elle peut recueillir ; ses fautes sont restreintes, en ce sens qu'elles sont partielles, qu'elles ne se rattachent pas à un système bureaucratique suivi automatiquement sur tout le territoire.

Les erreurs de l'assistance privée se corrigent plus vite, parce qu'il n'est pas besoin de recourir à ce lent et pesant appareil appelé le parlement, de passer par toute la filière de cette procédure compliquée qui constitue la confection d'une loi, pour arrêter le développement d'institutions reconnues nuisibles. Quand le public s'aperçoit que les « Bouchées de pain » ou les « Asiles de nuit » se multiplient outre mesure, et que, au lieu de secourir seulement quelques infortunes intéressantes, leur pullulement fait pulluler la fainéantise, les cotisations privées diminuent et les donations disparaissent.

L'État, au contraire, est un organisme de généralisation

et de fixation, si l'on peut ainsi parler. Il répugne aux expériences de détail et aux adaptations successives. Il donne à tout ce qu'il touche un caractère d'universalité et de relative permanence.

Sa prétention de diriger et d'accaparer l'assistance est l'une des plus nuisibles qu'il puisse avoir, l'une de celles qui tendent le plus à dégrader la société et l'homme, en enlevant au riche le mérite d'une générosité spontanée, en donnant au pauvre l'idée fausse qu'il a un droit positif sur l'avoir de la société (1).

(1) En janvier 1887, dans le Royaume-Uni d'Angleterre et d'Irlande, le nombre des pauvres légalement secourus soit à domicile, soit dans les workhouses, était de 1,030,164 (membres des familles compris) pour une population de 36,599,143 âmes, soit 2.81 p. 100. Ce nombre de pauvres secourus était de près de 58,000 moindre dans le mois de juillet, réduction qui se présente tous les étés. Au 1er janvier 1898, le nombre de pauvres légalement secourus dans le Royaume-Uni s'élevait à 1,025,104, soit 5,000 de moins que onze ans auparavant; la population de la Grande-Bretagne et de l'Irlande étant, en 1898, de 40,188,927, le rapport des pauvres secourus à la population était tombé à 2.55 p. 100. Le nombre des pauvres adultes capables de travail n'est donné que pour l'Angleterre proprement dite et le pays de Galles : en janvier 1887 il était de 110,229, sur un ensemble de 817,219 pauvres assistés, soit de 13 1/2 p. 100 de ce dernier chiffre et, en janvier 1898, il s'était abaissé à 107,071 sur 823,550, soit une proportion de 13 p. 100 environ. Voir la collection des *Statistical Abstracts*. (Note de la 3e édition.)

CHAPITRE V

DEUX CONSIDÉRATIONS GÉNÉRALES QUI DOIVENT RESTREINDRE
L'INTERVENTION DE L'ÉTAT EN MATIÈRE D'ÉDUCATION ET
D'ASSISTANCE.

Le détail infini des tâches nouvelles auxquelles on convie l'État rend
impossible la régularité et le contrôle des dépenses publiques,
page 310. — Multiplication des *caisses noires* et des mandats fictifs,
page 311.— Le détail minuscule et le caractère contingent des dépenses
déconcertent les administrations de l'État faites pour des tâches uniformes, page 312. — Le soupçon et la corruption s'étendent beaucoup plus que proportionnellement à l'accroissement des tâches de
l'État, page 312. — Quelques exemples américains, page 312. — Le
régime électif n'est nullement une garantie, page 313.
Par son immixtion croissante dans les services de l'éducation et de l'assistance l'État tend à supprimer les liens spontanés entre les classes,
page 313. — En mettant l'impôt à la place du don, en substituant au
devoir du riche le prétendu droit du pauvre, l'État entreprend une
œuvre de lamentable désagrégation sociale, page 314.

Deux considérations devraient restreindre dans de très
étroites limites l'intervention de l'État en matière d'éducation et d'assistance; l'une, d'ordre financier; l'autre,
d'ordre moral.

Avec le développement que prennent les attributions de
l'État, le détail infini surtout des tâches auxquelles il se
livre, — et par État j'entends toute la collection des pouvoirs publics, aussi bien les pouvoirs municipaux et provinciaux que le pouvoir central, — la régularité et le contrôle
des finances deviennent impossibles.

La masse énorme de menues dépenses ayant, par leur

nature, un caractère contingent et variable, défie toute surveillance. Les occasions de gaspillage, de dilapidation, de connivence dans les marchés, se multiplient.

Les « caisses noires, » les comptabilités occultes, les mandats fictifs se répandent partout, ou partout on les soupçonne. Il est reconnu notamment que dans la gestion départementale, et plus encore dans la gestion communale, les mandats fictifs foisonnent (1). Les tribunaux et le gouvernement se montrent regrettablement tolérants envers des abus qui prennent chaque jour un caractère plus marqué de généralité.

La Cour des comptes plie sous le faix des milliers de tonnes de paperasses qui sont soumises à ses investigations. Elle proclame elle-même qu'il lui est impossible de s'y reconnaître ; elle n'observe plus aucun des délais prescrits par la législation pour ses déclarations de conformité et pour ses vérifications. Récemment encore, elle affirmait qu'elle ne peut exercer un contrôle efficace sur les dépenses de l'enseignement primaire, tellement celles-ci sont devenues, non seulement amples, mais variées, diverses, changeantes (2).

---

(1) Un procureur général à la Cour des comptes, M. Petitjean, a consacré un de ses discours officiels aux comptabilités occultes et aux mandats fictifs, qui sont, pour les finances publiques, un chiendent indéracinable. On peut aussi consulter sur cette matière un ouvrage d'un trésorier-payeur général, M. de Schwarte ; enfin il sera bon de se reporter aux *Souvenirs de ma carrière*, de M. le marquis d'Audiffret : on y voit toutes les dilapidations dont sont susceptibles les finances publiques quand on les complique.

(2) Dans l'audience solennelle tenue par la Cour des comptes au mois d'avril 1889, M. le Procureur général Renaud s'exprimait ainsi :

« Vous avez prononcé le 28 février dernier (1889) votre déclaration
« générale de conformité sur les comptes de l'exercice 1886, compre-
« nant les comptes de la première partie de la gestion 1887. Cette décla-
« ration, qui réglementairement aurait dû être faite, au plus tard, le
« 1er septembre 1888, ne l'a donc été que six mois plus tard. Ce résultat
« vaut bien la peine d'être signalé... » Ainsi la Cour des comptes, abso-

Cette impuissance du contrôle financier s'accentuera en proportion des envahissements de l'État dans des tâches compliquées et minutieuses.

Ce n'est pas tant l'énormité des sommes dépensées qui cause l'embarras ; c'est le détail infime, c'est le caractère contingent de chaque dépense. Faits pour agir d'après quelques grandes règles uniformes dans quelques services généraux et simples, les rouages de l'État sont tout déconcertés quand ils doivent s'appliquer aux infiniment petits. On dirait un géant habitué aux rudes besognes extérieures, que soudainement l'on veut charger, par surcroît, d'ouvrages tout menus, tout délicats, demandant les doigts les plus agiles, les yeux les plus fins, l'esprit le plus alerte. Les lois de l'habitude et celles de la division du travail protestent contre cette confusion.

Le contrôle financier devenant ainsi de plus en plus impuissant, la corruption se répand et, plus encore que la corruption, le soupçon. Le public croit de moins en moins à l'intégrité de ses mandataires ; chaque fourniture, chaque marché, lui paraît suspect.

Il ne s'agit pas ici seulement de la France (1). La célèbre association de malfaiteurs municipaux qui a ravagé New-

----

ument débordée, ne peut plus observer les délais, et quand elle ne les dépasse que de six mois, elle trouve que c'est un grand succès.

Quant au contrôle législatif, on aura l'idée de ce qu'il devient en sachant que c'est seulement au printemps de 1896 que la Chambre a voté la loi de règlement des comptes de l'exercice de 1888, antérieur de huit ans. (Voir notre *Traité de la Science des Finances*, 6e édition, tôme II, page 35 et suivantes.)

(1) La récente publication américaine *the Relation of modern Municipalities to Quasi Public Works* contient un exemple intéressant de ces difficultés. Dans une monographie de l'industrie de l'éclairage public à Détroit, ville importante, on lit ce qui suit : « Le renouvellement annuel du contrat d'éclairage provoquait toujours plus ou moins de froissements entre les compagnies et les *aldermen* et n'allait jamais sans des accusations de corruption. Chaque année, quelque nouvel *alderman* naïf s'apercevait qu'on ne lui présentait pas la facture mensuelle pour la consommation du gaz de sa maison, et il n'avait garde de la réclamer. »

York pendant tant d'années sous le nom de *Tammany-Ring*, la réapparition récente dans cette grande ville amériricaine de nouvelles têtes de cette hydre que l'on croyait avoir complètement tuée il y a dix ans, prouvent combien est malaisée la gestion équitable des finances des États modernes, des municipalités modernes, malgré le régime électif.

Le régime électif n'est nullement une garantie : on commence à avoir la preuve, en divers pays, que le corps électoral, lui aussi, est parfois à vendre (1). La manie de tout gouverner conduit au discrédit et à l'impuissance du gouvernement.

La considération d'ordre moral est peut-être encore plus grave. Par son immixtion de plus en plus prononcée dans les services de l'instruction publique et de l'assistance, l'État tend à supprimer tous les liens spontanés entre les classes.

La richesse et l'aisance ont des fonctions naturelles : l'une d'elles, c'est de consacrer une partie de leur superflu à des œuvres d'utilité générale, d'y employer aussi une partie de leurs loisirs. Quoi qu'on en dise, en aucun temps, l'aisance et la richesse ne se sont complètement dérobées à cette noble tâche. La multitude des fondations et des œuvres d'initiative privée sont là pour le démontrer.

Aujourd'hui, cette tendance de l'aisance et de la richesse

(1) Les élections depuis 1889, aux États-Unis, ont fait ressortir d'une manière fort évidente le rôle croissant qu'y jouent l'argent et la corruption. Les deux grands partis existant aux États-Unis commencent à ressembler à deux vastes syndicats, dont les membres ne diffèrent que médiocrement d'opinions, et qui se disputent les avantages matériels que procure la possession de l'organisme réglementaire et coercitif, connu sous le nom d'État. Plus on accroît les attributions de l'État, plus on développe la convoitise; plus on amoindrit, dans les luttes politiques, les motifs nobles, pour donner la prépondérance aux motifs grossiers.

se manifestent par des efforts très variés, souvent considérables, parfois très ingénieux. Il en résulte une sorte d'ennoblissement et de moralisation de la fortune; il en résulte aussi, entre les hommes de situation inégale, des rapports reposant sur autre chose que la contrainte. La richesse ne présente plus un caractère absolument égoïste: l'homme opulent et l'homme aisé ne sont plus exclusivement de stériles oisifs. Leur existence a une utilité sociale. Des maisons d'éducation, des hôpitaux, des œuvres de charité institués par l'initiative libre, témoignent d'une solidarité affectueuse, non d'une solidarité forcée, entre les hommes.

L'État survient en accapareur et en brouillon; il revendique pour lui ces domaines; il en chasse ceux qui, volontairement et sans profit personnel, les cultivaient. Il met l'impôt à la place du don; il supprime, chez celui qui fournit les ressources, la satisfaction morale de les offrir et d'en surveiller l'emploi; chez celui qui les reçoit, il substitue le sentiment farouche et impérieux du droit au sentiment cordial et doux de l'obligation.

Il renvoie la richesse aux jouissances, comme étant son unique but; il jette la pauvreté dans l'envie et la convoitise. L'État moderne ne se doute pas que ce qu'il entreprend, c'est au fond une œuvre de lamentable désagrégation sociale.

Quand il l'aura poussée un peu plus loin, il sera vrai de dire ce qu'écrivait prématurément et faussement le socialiste allemand Lassalle: Il n'y a plus aucuns rapports « humains » entre les classes.

LIVRE VI

L'ETAT, LE RÉGIME DU TRAVAIL ET LES ASSURANCES.

CHAPITRE PREMIER

TENDANCE DE L'ÉTAT A INTERVENIR DANS LE RÉGIME DU TRAVAIL ET DANS LES ASSURANCES.

Impossibilité de suivre l'État dans tous les domaines où l'on veut l'attirer, nécessité de choisir quelques exemples, page 315. — Ancienneté de l'immixtion de l'État dans les questions d'industrie et de travail, page 316. — Les deux causes qui tendent à reconstituer les anciennes entraves, page 316. — Idée fausse que le peuple n'a plus rien à craindre de l'intervention de l'État, parce que lui-même est devenu l'État, page 317. — Sorte de panthéisme politique ayant les allures d'une religion, page 317.

Si nous voulions suivre l'État dans l'infinité des domaines où les politiciens contemporains et, surexcité par eux, le corps électoral cherchent à l'entraîner, notre tâche serait interminable. Il nous suffit ici d'établir d'abord, comme nous croyons l'avoir fait, la nature concrète de l'État moderne, si méconnue de la plupart des philanthropes qui le convient à des attributions chaque jour croissantes, puis, comme illustration, de décrire son procédé d'action dans quelques-uns des champs principaux dont il s'est emparé et qu'il rêve d'accaparer.

Celui qui s'est donné la peine, non pas de noter vague-

ment les contours flottants de l'État idéal, sorte d'ombre
sans réalité, produit indécis de l'esprit et du sentiment,
mais d'étudier l'État vivant, agissant, la qualité et la mobilité des éléments qui le composent, les ressorts qui déterminent ses volontés et ceux qui les traduisent en actes,
celui-là seul commence à se rendre compte de ce que l'on
peut légitimement demander à l'État et judicieusement
attendre de lui.

L'examen impartial de quelques-uns des grands services
dont il s'est chargé achève de fixer et de préciser la conception de l'État moderne; l'observateur qui a passé par ces
attentives recherches se trouve alors à l'aise, dans chaque
cas particulier, pour se prononcer entre l'action, si souvent
invoquée, de l'État, celle des individus agissant isolément,
ou celle de la société, qui, par une inépuisable force spontanée et instinctive, en dehors de tout organisme de contrainte, crée tant de groupements libres, tant d'associations
de toute taille, tant d'agencements variés et de combinaisons diverses.

Il nous a paru qu'il convenait d'observer le rôle que l'État
a assumé dans la réglementation du régime du travail et
dans l'application du principe de l'assurance.

L'immixtion de l'État dans les questions d'industrie et de
travail a de profondes racines dans le passé. Sous l'ancien
régime, les corporations, les jurandes, les maîtrises, les règlements professionnels reconnus et adoptés par l'État,
ayant à leur appui la police et les tribunaux, constituaient,
dans le monde industriel, une intervention d'État en quelque
sorte continue et normale. Puis toutes ces lisières ou
presque toutes avaient été déchirées: l'industrie et le travail s'étaient trouvés rendus au régime de la liberté.

Aujourd'hui l'on tend à reconstituer ces entraves; deux
causes y contribuent: cette inconstance propre à l'humanité

civilisée qui la rend singulièrement sensible aux déceptions
et fait qu'elle se lasse, après quelques générations, des idées
et du régime auxquels elle avait eu le plus de foi ; ensuite une
tendance, qui s'accentue de plus en plus, sous l'impulsion
démocratique, dans ce dernier quart de siècle, et qui consiste à mettre la conscience collective et la volonté collective, définies par un parlement élu, à la place de la conscience et de la volonté individuelle.

' L'idée de la liberté personnelle est remplacée par l'idée
d'une sorte de liberté commune et fictive consistant en ce
que le peuple détermine lui-même à chaque instant, directement ou par des représentants, le régime auquel tous
devront se plier. Ce n'est pas l'individu que l'on veut libre,
c'est en quelque sorte le corps social considéré comme une
unité vivante.

Un homme d'État anglais, dont le radicalisme est peut-
être aujourd'hui un peu assagi, M. Chamberlain, disait, il y
a quelques années, que le peuple n'a plus rien à craindre
de l'intervention de l'État, parce que lui-même est devenu
l'État (1). Cette sorte de panthéisme politique qui perd
de vue les citoyens isolés pour ne plus considérer que
l'agrégat qu'ils forment, qui oublie la vie réelle des premiers
pour la vie fictive du second, tend à devenir la religion
démocratique. C'est bien d'une religion, en effet, qu'il
s'agit, c'est-à-dire d'une croyance comportant à la fois des
mystères, une exaltation sentimentale et des formules
qu'aucun adepte ne s'avise de vérifier.

(1) He told the people that there was no longer anything to fear in
State interference, because they themselves had become the State
(*Liberty and Socialism*, by the earl of Pembroke, page 20).

CHAPITRE II

MOTIFS DONT SE COUVRE L'INTERVENTION DE L'ÉTAT DANS LE RÉGIME DU TRAVAIL.

L'intervention de l'État dans le régime du travail peut se couvrir de différents motifs, d'abord le droit et le devoir général de police dont l'État est investi et qui vont toujours en s'étendant; ensuite la mission qui incombe à l'État de protéger les faibles et les abandonnés contre l'oppession des forts et des puissants; enfin cette tâche particulière que l'État, en tant que représentant la perpétuité de la nation, peut seul remplir, qui a pour objet de ménager les forces nationales, d'empêcher les générations de s'abâtardir, même volontairement et consciemment.

' Ces trois motifs d'action sont, de leur nature, peu précis et peuvent se prêter aux interprétations les plus étendues.

La police est ainsi définie : « ordre, règlement établi pour tout ce qui regarde la sûreté et la commodité des citoyens. » On pourrait accepter le premier terme, celui de sûreté, quoiqu'il soit affligé de l'infirmité naturelle à tous les vocables humains, de pouvoir être pris tantôt dans un sens étroit, tantôt dans un sens large et figuré ; mais le mot de commodité est autrement souple ; il peut donner lieu à toutes sortes d'envahissements ; il n'a aucune portée nette et circonscrite ; les divers esprits l'entendent chacun à leur manière.

En recherchant d'une façon exagérée les commodités matérielles, on peut multiplier les incommodités morales, comme les formalités, les dérangements, les nécessités d'autorisation, la dépendance, les sollicitations, les pertes de temps.

Le second motif dont se couvre l'immixtion de l'État dans le régime du travail, le devoir de protéger les faibles, ne comporte pas moins d'incertitude. Ici également il s'agit de savoir si l'on prend les termes dans leur sens naturel et étroit ou dans le sens étendu et figuré.

Qui est faible ? l'enfant, sans doute, la jeune fille, l'idiot, celui qui, n'étant pas adulte, n'ayant pas encore ou ayant perdu la raison, est délaissé ou exploité par ceux auxquels la nature a confié la mission de le soigner. Mais si l'on prend le mot faible au figuré et dans un sens étendu, où s'arrêtera-t-on ?

Tout homme adulte, bien portant, est faible relativement à celui de ses voisins qui jouit d'une plus grande force physique : tout homme médiocrement intelligent est faible par rapport à celui que la nature a doué de facultés supérieures ; tout homme moins riche l'est relativement à un plus riche ; tout homme à caractère mou, asservi à ses passions, est faible en face de l'homme dont l'âme est fortement trempée.

Ainsi la faiblesse, au lieu d'être l'exception dans la société humaine, devient la règle. Car les neuf dixièmes des hommes sont inférieurs soit en force physique, soit en fortune, soit en énergie de caractère, à une élite qui, par nature, par éducation, par tradition, par ses antécédents personnels, se trouve posséder des avantages divers.

Cette conception des devoirs de l'État à endroit des faibles tendrait à faire de l'État le tuteur à peu près universel. Presque aucun contrat ne devrait être considéré comme un contrat libre; car il est bien rare que, dans un contrat quelconque, il n'y ait pas, parmi les parties intervenantes, l'une qui l'emporte en indépendance de situation, en expérience, en acuité d'esprit sur les autres.

La conséquence de cette interprétation du devoir de l'État à l'égard des faibles, ce devrait être que, dans une nation, les neuf dixièmes des citoyens seraient privés du droit de contracter; c'est le régime auquel les Espagnols soumettaient, sous l'impulsion des jésuites, les Indiens du Mexique pour les préserver de l'exploitation des blancs, des « gens de raison; *no pueden tratar y contratar*. C'est l'idéal que poursuivaient les jésuites au Paraguay; c'est également aujourd'hui un peu celui des « antisémites ». L'État tend à supprimer toute liberté de contrat individuel entre les individus réputés faibles, c'est-à-dire bientôt le plus grand nombre, et ceux qui sont réputés forts. A la liberté des arrangements privés on substitue des contrats types, officiels, uniformes, dont aucun des contractants n'a le droit de s'écarter.

Il n'y a pas moins de risques d'extension démesurée dans le troisième argument qui est souvent invoqué par l'État pour justifier son immixtion dans le régime du travail;

l'Etat est le représentant naturel et unique de la perpétuité de la nation ; il doit veiller à ce que la race ne s'abâtardisse pas, même par ses imprudences volontaires ou par ses excès réfléchis. L'Etat doit assurer la vigueur et la santé des générations futures.

Ce raisonnement contient une parcelle de vérité ; mais quel abus on en peut faire ! Si l'on voulait l'appliquer dans tous les domaines, il faudrait réglementer minutieusement tous les actes de l'homme, même ceux qui intéressent le plus la dignité et la liberté intime ; on aboutirait à une organisation à la Lycurgue.

Le sophisme consiste à interpréter tous ces termes de sécurité, commodité, faibles, protection, dans le sens le plus large, dans leur acception figurée, au lieu de les prendre dans leur sens étroit et leur acception positive.

Comme en outre, pour chaque génération ou même pour les divers partis qui se succèdent au pouvoir, ces différents vocables dépourvus de toute signification précise, n'ont plus qu'un sens flottant et variable, il en résulte que la machine parlementaire est assujettie à un effroyable travail pour faire et défaire les lois.

Le vice-président de la Société britannique de législation, M. Janson, d'après Herbert Spencer, a constaté que depuis le statut de Merton (20, Henri III), c'est-à-dire depuis l'an 1236, jusqu'en 1872, le parlement anglais avait voté 18,160 mesures législatives, dont les quatre cinquièmes avaient été abrogées entièrement ou en partie.

Mais le mécanisme législatif de la Grande-Bretagne était fort lent dans les siècles écoulés ; il a participé, dans la seconde moitié de ce siècle, de l'accroissement de rapidité dont ont bénéficié toutes les machines quelles qu'elles soient. Dans les trois années 1870, 1871 et 1872, Herbert Spencer calcule que, sans compter les lois absolument nouvelles, le législateur britannique a amendé ou abrogé complètement 3,532 lois antérieures.

D'un autre côté, le comte de Wemyss, président de la *Liberty and Property Defence League*, donne dans un de ses opuscules, la liste de 243 mesures législatives, *acts* ou *bills*, ayant un caractère socialiste, qui ont été votées par le parlement anglais de 1870 à 1887 (1).

Grisé par ce mouvement législatif perpétuel, un homme public anglais s'écrie que « la doctrine du laisser-faire est aussi morte que le culte d'Osiris. »

Cette excessive fécondité et cette frivole inconstance des législatures modernes font douter qu'elles soient en possession de la vérité. Ces centaines de lois, souvent assez récentes, que l'on abroge chaque année, suggèrent à l'observateur la remarque que le législateur actuel ou futur n'est ou ne sera pas plus exempt d'erreur.

On n'en continue pas moins, en tout pays, à vouloir réglementer à outrance le régime du travail et, dans des plans gigantesques, on se plaît à rêver que l'on pourra mettre un jour toutes les nations d'accord pour l'établissement d'un régime international de protection des travailleurs.

---

(1) *Socialism at St-Stephen's*, by the earl of Wemyss.

CHAPITRE III

LA RÉGLEMENTATION DU TRAVAIL CHEZ LES NATIONS MODERNES.

Le phénomène le plus intéressant peut-être de ce temps,
au point de vue social et même politique, c'est l'enthousiasme nouveau des représentants de la démocratie pour
l'organisation du travail au moyen âge.

Quelques politiciens dissimulent encore leurs préférences
pour les vieilles institutions corporatives du temps de saint
Louis; ils prétendent innover quand purement et simplement ils veulent restaurer le passé; ils disent marcher en
avant quand ils reculent. Il leur en coûte de proclamer que
ce qui importe le plus à l'homme, le régime du travail,
fut mieux réglé il y a cinq ou six siècles ou même huit siècles
qu'aujourd'hui. Cet aveu cadrerait mal avec toutes leurs
déclamations contre « cet âge d'ignorance et d'oppression ».

Mais c'est là une pure hypocrisie de plagiaire qui veut
paraître auteur original. Ceux d'entre les démocrates contemporains qui ne sont pas retenus par les ménagements
politiques parlent un langage plus net et plus explicite.

Pour avoir la pensée exacte de la génération actuelle,
il faut s'adresser aux hommes jeunes. Voici un docteur
allemand qui, il y a six ans à peine, écrivait une thèse d'agré-
gation sur le célèbre Rodbertus-Jagetzow, précurseur de
Karl Marx, et fondateur de ce que nos voisins appellent pré-
tentieusement « le socialisme scientifique », comme qui
dirait l'astrologie scientifique; ce docteur, M. Adler, publie
dans une revue germanique importante : *Annalen des*

deutschen Reiches für Gezetgebung, un travail sur « la protection internationale des travailleurs » ; il y énumère tous les maux dont souffre l'ouvrier contemporain, et qui, paraît-il, épargnaient l'ouvrier d'autrefois.

Les regrets du moyen âge y apparaissent dès l'abord. Les barrières innombrables que le moyen âge avait opposées à l'intérêt mercantile, nombre maximum d'ouvriers et d'apprentis (il faudrait dire aussi nombre de maîtres), prescription de l'*espèce* de marchandise à fabriquer (il faudrait ajouter et du *mode* de fabrication), achat collectif des matières premières, interdiction du travail la nuit et le dimanche, restrictions nombreuses à la concurrence par des prix *minima* (on devrait ajouter aussi par des prix *maxima*), par la prohibition de certains moyens de réclame, par les prix du marché, etc., toutes ces barrières sont tombées. Il en est résulté la concurrence sans frein de tous contre tous, ce fameux *Struggle for life*, dont on nous rebat impitoyablement les oreilles depuis un quart de siècle. On s'efforça, comme au temps jadis (car c'est la loi de l'humanité sous tous les régimes), de vendre au plus cher et d'acheter au meilleur compte, mais avec cette différence que tous les moyens étaient permis. On ne recula devant aucun.

De toutes les marchandises engagées dans cette lutte sans merci, la principale est la marchandise-travail, la force humaine, la fameuse *Arbeitskraft* qui revient à chaque instant sous la plume de Karl Marx. Le grand effort de ceux qui ont besoin de cette marchandise si commune, si offerte, c'est de l'acheter au plus bas prix. Or il se rencontre que cette marchandise vile, que tous les acheteurs de travail cherchent à avilir de plus en plus, est formée d'hommes, « d'êtres *semblables* aux employeurs », de citoyens de l'État, constituant une très grande part, on peut dire la plus grande part, de la nation. Par égoïsme ou même simplement par

nécessité, sous le régime de la libre concurrence industrielle, les acheteurs de travail tendraient à rendre de plus en
plus misérable la condition des travailleurs.

Ces misères qui, à en croire le docteur Adler, seraient ou
nouvelles ou singulièrement aggravées de notre temps,
sont au nombre de neuf : 1° le travail régulier des enfants
dans les fabriques ; 2° le travail régulier des femmes dans
les mêmes lieux ; 3° la durée parfois extraordinairement
longue de la journée de travail pour tous les ouvriers en
général ; 4° le taux souvent excessivement bas du salaire
des ouvriers non qualifiés, c'est-à-dire dont la besogne
n'exige pas d'apprentissage ; 5° le chômage temporaire et,
par suite, la privation du salaire pour les ouvriers qui sont
capables de travailler et disposés à le faire ; 6° l'incapacité
de travail, et l'absence de moyens d'existence, par suite
d'accidents dont l'ouvrier peut difficilement, parfois même
aucunement, se faire indemniser par le patron ; 7° la même
incapacité provoquée par la maladie ; 8° la vieillesse prématurée, besogneuse, que la bienfaisance publique, toujours
dégradante, est impuissante à soulager ; 9° enfin, la misère
sordide des habitations ouvrières souvent malsaines, qu'une
honteuse exploitation force parfois les ouvriers à louer très
cher.

Nous ne nous attarderons pas à examiner si tous ces
maux sont bien aussi nouveaux que nombre de personnes
semblent le croire, si, par exemple, on doit regretter les
infectes ruelles et les étroites maisons où s'entassaient, il y
a un siècle, les ouvriers et même les petits bourgeois. Notre
examen se portera seulement sur les premières des plaies
qu'on nous dénonce et sur les lénitifs que les médecins
sociaux emploient à les guérir.

Nous prenons toujours pour guide M. Adler, simplement
parce qu'il a systématisé les récriminations qui s'élèvent

aujourd'hui dans les deux mondes contre l'ordre industriel libéral.

C'est le travail régulier des enfants et des femmes dans les fabriques ainsi que la durée réputée excessive de la journée de labeur qui attirent surtout les plaintes. Le patron, nous dit-on, trouve un bénéfice à remplacer les ouvriers mâles par des femmes, puis même celles-ci par des enfants : ces travailleurs ont moins de besoins, moins de frais d'existence, par conséquent ils se contentent de salaires moins élevés. Mariée, la femme ne demande à la fabrique qu'un supplément au salaire du mari, devenu insuffisant à l'entretien de la famille ; c'est aussi un appoint, dont on ne se donne guère la peine de discuter le chiffre, qu'apportent les enfants au ménage des parents.

La productivité du travail de ces ouvriers inférieurs, les femmes et les enfants, n'est, sous le régime des machines, guère moindre que celle des hommes ; et elle est largement compensée par la différence de salaire.

Aussi l'industriel trouve-t-il son profit à cette substitution croissante. L'emploi de plus en plus général des enfants et des femmes dans les manufactures en fournit la preuve.

L'égoïsme du chef de famille contribue au développement de cette organisation, parce qu'il commence par en profiter, quoiqu'il doive bientôt en souffrir. Il y trouve d'abord une augmentation des ressources du ménage ; mais ce n'est que le fait initial ; car, toujours d'après l'opinion que nous exposons, le chef de famille va bientôt se trouver évincé de la fabrique ou y voir son salaire tomber par suite de l'introduction, qu'il a imprudemment favorisée, de ces travailleurs au rabais.

Tout un cortège de conséquences désastreuses accompagne cette situation : on prend soin de décrire pathétiquement l'affaiblissement des forces de l'enfant dont la crois-

sance s'arrête ou est entravée, les maladies chroniques con-
tractées dès le premier âge, tout au moins des prédisposi-
tions à toute espèce d'affections qui deviennent héréditaires,
les dommages moraux non moindres que les matériels,
l'atrophie de l'intelligence, la souillure de l'âme enfantine
au contact d'ouvriers plus âgés.

Puis on passe à la femme : on montre que sa constitution
fragile, sujette à de périodiques épreuves, n'est pas faite
pour l'implacable rigueur de l'atelier mécanique ; que la
génération qu'elle enfante est nécessairement faible et mal
constituée, que son ménage est délaissé, devient sordide et
misérable ; on va même parfois jusqu'à conclure que son
chétif salaire industriel ne compense pas le dommage causé
à l'économie de la maison par l'abandon du foyer ; on
s'étend sur les dangers de la promiscuité des sexes ; puis,
on fait entrevoir les générations futures atteintes de dégé-
nérescence physique et de démoralisation précoce.

Comme ce régime a été inauguré il y a environ trois
quarts de siècle, et qu'il est devenu très général depuis
quarante années déjà, l'on est tout surpris, après ces émou-
vantes lectures, de voir, d'après les statistiques irrécusables,
qu'en tout pays européen la vie moyenne s'est prolongée.

La longueur de la journée de travail et le travail de nuit
n'auraient pas des effets moins terribles que ceux qu'on nous
décrivait tout à l'heure et qui, par une singulière anomalie,
ne laissaient cependant aucune trace sur les statistiques
vitales.

Chaque fabricant est entraîné, nous assure-t-on, par cette
implacable loi de la concurrence, la farouche et impitoyable
dominatrice du monde moderne, à accroître la durée de la
journée de travail jusqu'à la limite extrême. Parfois même
il fait deux équipes, l'une qui travaille le jour et la seconde
la nuit. Le mari est souvent dans une de ces équipes et la

femme dans l'autre, de sorte que pendant les jours et les
nuits ouvrables ils ne se voient pas plus qu'autrefois Castor
et Pollux.

L'entraînement que subit l'industriel aux longues journées
et au travail nocturne est dû, prétend-on démontrer, à des
causes économiques évidentes : on épargne ainsi sur les
frais généraux, puisque, avec une même usine, les mêmes
machines, on fait beaucoup plus d'ouvrage : cela évite des
constructions nouvelles et un accroissement de matériel.
Même en augmentant le salaire pour le travail de nuit, le
patron trouve, par l'économie de ces frais généraux, un
bénéfice industriel notable.

Puis, comme on a l'esprit subtil, on fait remarquer que
l'industriel a un intérêt à user ses machines le plus vite
possible en les faisant travailler continuellement, parce que,
toujours menacé d'inventions nouvelles, l'outillage, si on le
mettait au régime des courtes journées, pourrait devenir
vieilli et démodé quoiqu'il n'eût encore que médiocrement
servi.

Pour achever toute cette démonstration, on fait appel aux
livres spéciaux, aux rapports surtout des inspecteurs de
fabrique, soit d'Angleterre, soit d'Allemagne, aux mémoires
des médecins et des philanthropes.

Tous ces personnages techniques, comme tous les hommes professionnels du monde, affirment que leurs soins sont
indispensables, que leurs attributions sent trop limitées,
que le mal contre lequel ils luttent est terrible, qu'il faut
renforcer leur action, accroître leurs pouvoirs, augmenter
leur nombre, etc., que, si on ne le fait, la société, qui porte
dans son sein un germe de mort, dépérira et finira par
mourir.

Voilà le tableau que l'on présente sans cesse au public, au gouvernement, aux assemblées, pour les pousser

à intervenir de plus en plus dans le régime du travail.

Dieu nous garde de prétendre qu'il n'y ait rien de vrai dans ces plaintes ! Mais les exagérations y sont évidentes, les omissions regrettables ; l'examen est superficiel, unilatéral; il oublie le passé, il oublie même, dans le présent, toutes les professions si diverses qui s'exercent dans l'atelier domestique, parfois même aux champs, et dont beaucoup n'ont pas moins d'inconvénients soit matériels, soit moraux que ceux qu'on énumère avec une si poignante complaisance.

Certainement « le machinisme » facilite l'entrée des enfants et des femmes dans beaucoup d'industries qui leur étaient autrefois fermées ; mais on néglige de voir ou de dire qu'il les exclut de certaines autres où ces êtres frêles étaient constamment employés autrefois.

La mouture ne se fait plus par des femmes, ni le halage par des femmes et des enfants. Les femmes remplissent les ateliers de tissage ; mais les hommes leur ont succédé dans la filature ; la machine a interverti ainsi beaucoup de tâches, et non seulement la machine, mais la production et le commerce en grand. Dans les magasins de nouveautés, où il faut remuer de très gros paquets, les femmes sont devenues moins nombreuses ; les hommes les y ont remplacées ; un changement de même nature s'opère dans le blanchissage en grand, où l'on commence d'introduire des machines exigeant de la force musculaire ; par contre, les femmes profitent de beaucoup d'industries nouvelles, la photographie, les téléphones ; dans l'imprimerie même elles tiennent une place.

Les hommes, évincés de diverses occupations, voient s'ouvrir devant eux d'autres carrières, sinon nouvelles, du moins singulièrement agrandies, ainsi l'industrie des transports avec toutes ses annexes qui s'est si prodigieusement développée.

Il n'est pas vrai que la femme prenne dans l'industrie la place de l'homme. La science et ses applications amènent seulement des interversions dans le rôle industriel des deux sexes, certains travaux, autrefois pénibles, devenant soudain aisés ; d'autres, au contraire, faciles autrefois, exigeant, par les procédés nouveaux, un plus grand déploiement de force.

Ces interversions, qu'amènent les incessantes découvertes du génie moderne, profitent à l'ensemble de la civilisation, à la production dont elles abaissent le prix, à la consommation qu'elles facilitent par le bon marché, aux ouvriers et ouvrières dont les salaires tendent à se proportionner au résultat produit par leur labeur.

Il faudrait des développements infinis pour répondre à toutes les allégations de ceux qui soutiennent que les manufactures et les machines ont détérioré la situation matérielle et morale de l'ouvrier. Nous oublions, disait Rossi, les blessures profondes de nos ancêtres et nous sommes émus de nos moindres piqûres.

Sans remonter aux temps anciens, tous ceux qui lisent les enquêtes du deuxième quart de ce siècle, celles de Villermé ou de Blanqui sur les ouvriers de la petite industrie et sur le travail dans l'atelier domestique, verront que les descriptions de ces observateurs sont beaucoup plus navrantes et ont un caractère plus précis et plus probant que les lamentations présentes.

Il en est de même de la très précieuse collection des monographies des *Ouvriers des deux mondes*, publiées vers le milieu de siècle sous la direction de M. Le Play. Le travail domestique d'autrefois y apparaît avec toute sa dureté.

La famille n'était pas toujours clémente, dans ces temps de moindre sensibilité, ni pour la femme ni pour l'enfant.

On voyait dans le tissage des châles en chambre les jeunes filles de six à douze ans lançant la navette pendant

douze ou treize heures par jour. Un médecin, le docteur
Haxo, nous émouvait sur le sort des brodeuses des Vosges,
silencieusement courbées sur leur ouvrage jusqu'à dix-neuf
heures sur vingt-quatre, mangeant assises à leur travail,
leur pain sur les genoux, sans quitter l'aiguille, de peur de
perdre un quart d'heure. Un autre nous décrivait les maladies des dentellières, la faiblesse de la vue, résultat du travail assidu et minutieux à l'aiguille, l'irritation et la rougeur
des paupières, l'intoxication des voies respiratoires et diges-
tives par la poussière du blanc de plomb. On nous montrait
aussi des tailleuses de cristal, toujours penchées sur leur
roue, toujours les mains dans l'eau, aspirant des débris de
verre.

D'autres signalaient les travaux excessifs des couturières
en chambre, des modistes, des lingères, les nuits passées à
l'ouvrage, l'absence de toute relâche et de tout repos. La
célèbre et émouvante chanson de la *Chemise,* cette naïve
et touchante complainte anglaise, ne fut pas inspirée par les
manufactures.

Les observateurs du commencement ou du milieu de ce
siècle, dans les contrées primitives, arrêtaient nos yeux sur
les femmes remplissant, en grand nombre, en Silésie par
exemple, le pénible état d'aide-maçon ; sur les jeunes filles
travaillant comme les hommes aux terrassements de chemins de fer dans les Landes, passant la nuit pêle-mêle avec
les ouvriers sous des baraques provisoires.

Les philanthropes qui se sont consacrés aux classes rurales ne sont pas, eux non plus, en peine de tableaux attristants : l'abandon à la maison de l'enfant au maillot par la
mère qui vaque aux occupations du dehors, les tâches rudes
et parfois malsaines comme le teillage ou le rouissage du lin
et du chanvre, les occasions d'immoralité que fournit aux
adolescents des deux sexes la promiscuité du travail des

champs, les images grossières qu'excitent dans de jeunes
esprits les choses de la campagne. La collection des *Ouvriers
des deux mondes* foisonne de descriptions de ce genre.

Il s'est fait, il y a vingt et quelques années, une grande
enquête en Angleterre sur ces bandes agricoles, *agricultural
gangs*, composées de jeunes gens et de jeunes filles pour la
plupart, qui, sous la conduite d'un entrepreneur, parcourent
les districts agricoles pour rentrer les récoltes. A l'en croire,
ce serait là qu'on trouverait le maximum de l'immoralité et
de la dégradation humaine (1).

D'autres, au contraire, nous mèneront dans les faubourgs
de Londres, nous feront entrer dans des maisons étroites et
sordides où quelques hommes, quelques femmes et quelques enfants confectionnent sans discontinuer des vêtements
à bas prix, travaillant, allègue-t-on, quinze, seize et dix-
huit heures par jour : c'est ce que l'on nomme le *sweating
system ;* la grande industrie et les machines sont innocentes
de tous ces abus.

Mais ces abus que l'on a trouvés partout, dans tous les
temps, au foyer domestique comme à l'atelier commun,
sont-ils vraiment aussi généraux, aussi persistants, aussi
cruels qu'on nous les dépeint ? Il faudrait, pour le croire,
ignorer le tour d'esprit du philanthrope, de l'hygiéniste et
du spécialiste.

Celui qui, avec un cœur généreux, s'est consacré à l'étude
de ce qu'il considère comme une plaie sociale, qui y applique indéfiniment le microscope, finit par perdre tout sens
des proportions. Il ne sait plus distinguer l'exceptionnel de
l'ordinaire ; tous les maux qu'il voit, à travers son instru-

----

(1) L'un de nos premiers travaux de publiciste, le premier article du
moins que nous ayons écrit dans *la Revue des Deux-Mondes*, en 1869,
a été consacré à l'analyse de l'enquête parlementaire sur ces *Agricultural Gangs* ou bandes agricoles.

ment grossissant, deviennent énormes, les plus grands maux de l'humanité.

A lire certains livres de médecine, à étudier tous les symptômes qu'ils décrivent des maladies diverses, à suivre le jugement qu'ils portent sur les différentes habitudes humaines, l'homme le plus sain se croit atteint d'une foule d'affections mortelles : on s'étonne de vivre encore. On trouve à chaque profession tant d'inconvénients pour l'estomac, le cœur, les reins, qu'on prendrait le parti de vivre oisif, si d'autres ne survenaient pour dépeindre tous les périls de l'oisiveté.

Il en est de même des philanthropes, des hygiénistes, des spécialistes sentimentaux qui se livrent à des études et à des enquêtes sur le travail, soit de la ville, soit des champs, soit de l'atelier, soit du foyer. L'un dénoncera tel travail, parce qu'il exige la station debout, l'autre un travail différent parce qu'il contraint à être assis et courbé sur soi-même.

Chaque spécialiste, uniquement occupé de son objet qu'il aura considéré sous toutes ses faces et perdant de vue les objets environnants, invoquera l'intervention de la loi pour interdire, réglementer, restreindre tel ou tel labeur qu'il considérera comme exceptionnellement dangereux et qui ne l'est pas plus que mille autres.

Les prétendus maux que l'on attribue aux machines et à la grande industrie existaient bien avant celle-ci et celles-là ; on les retrouve encore aujourd'hui dans les tâches où le travail se fait à la main et isolément.

Il me semble que l'on calomnie un peu les usines, surtout les usines modernes, celles qu'on élève depuis un quart de siècle. Elles n'ont, pour la plupart, ni l'insalubrité ni l'aspect sordide dont on nous parle. Plus elles sont grandes et plus, d'ordinaire, elles sont bien tenues. Plus les machines y ont de valeur, et mieux elles sont soignées, comportant, en

dehors même de toute pensée de philanthropie et par la
nécessité des choses, des conditions de propreté pour le
personnel ouvrier qui est occupé à ce précieux outillage. Les
salles de ces établissements sont aujourd'hui, par conve-
nance industrielle, vastes, hautes, bien aérées ; les ouvriers
y sont distants les uns des autres. Les séances y sont en
général moins prolongées qu'au foyer domestique ; la nécessité des allées et venues deux fois au moins par jour et souvent quatre fois, de la maison à l'usine ou de celle-ci à la
maison, fait jouir du grand air beaucoup de familles casa-
nières qui, autrefois, sortaient peu d'une sorte de bouge,
formant leur misérable logis.

Je ne vois pas ce que la civilisation a perdu aux grandes
usines. Elles ont contribué à attirer la population dans la
banlieue des villes ou à la campagne loin de ces étroites
ruelles qui constituaient nos villes d'autrefois et où elle
pourrissait sans soleil et sans air. Les grands établissements
ont besoin de cours spacieuses, de dégagements nombreux,
de larges voies d'accès ; ce sont là des conditions de salubrité relative.

Dans toutes les attaques contre le régime manufacturier,
il y a beaucoup de préjugé et de convention : on se rappelle
vaguement les informes et étroites fabriques d'autrefois,
celles du début de l'industrie mécanique, quand les capitaux étaient rares et que des machines embryonnaires
exigeaient peu de place. Il y a autant de différence entre
ces chétives manufactures d'autrefois et les grands établissements d'aujourd'hui qu'entre les anciens et mesquins
bateaux où s'entassait un personnel nombreux de marins, et
les énormes *steamers*, que nous voyons si habilement aménagés et tenus avec une si méticuleuse propreté.

La manufacture, toutefois, pourrait léser l'enfant, quand
le patron est avide et imprévoyant et les parents durs. Ce

n'est pas que l'enfant fut toujours ménagé par la petite
industrie : certains types qui tendent à disparaître, le petit
ramoneur par exemple, qu'un appareil très simple va bientôt
complètement évincer, émouvait, souillé de suie et d'apparence malingre, toutes les âmes sensibles.

, L'usine n'avait donc pas inventé, pour l'enfant, les tâches
sales ou pénibles. Mais elle pouvait les rendre plus régulières,
plus prolongées, plus assujettissantes. La législation y a
pourvu dans la plupart des pays du monde, et elle a eu
raison.

L'enfant rentre incontestablement dans la catégorie des
êtres faibles qui ne disposent pas librement d'eux-mêmes ;
il peut être exploité par des parents cupides. Le premier,
sir Robert Peel fut donc bien inspiré quand, par l'article 42,
George III, chapitre LXXIII, c'est-à-dire en 1802, il réglementa
le travail des enfants dans les manufactures de coton et de
laine. Cette loi était, d'ailleurs, bien timide ; elle se
contentait de restreindre, pour ces jeunes ouvriers, la journée à douze heures de travail. Dix-sept ans plus tard, en
1819, quand on amenda cette première mesure, on se
montra encore singulièrement circonspect, en interdisant
seulement l'emploi d'enfants au-dessous de neuf ans dans les
mêmes établissements. Telle fut l'origine modeste et discrète des *Factory Acts* qui se sont succédé en Angleterre au
nombre de plusieurs dizaines et qui ont été imités par la
plupart des nations du continent.

Certaines ont résisté longtemps au mouvement, l'Italie par
exemple. Elle se contentait de prohiber le travail des enfants
au-dessous de neuf ans pour l'ensemble des industries et,
d'une façon particulière, au-dessous de dix ans dans les
mines « au fond »; elle permet d'employer jusqu'à huit
heures par jour les enfants qui sont au-dessus de cet âge
encore si bas.

C'est là une contrée à population très dense et à salaires très faibles. La pauvreté a ses exigences ; elle émousse le sentiment ou, du moins, lui restreint sa part. Les autres nations pauvres en fournissent aussi la preuve.

La Hongrie prohibait le travail des enfants dans les fabriques au-dessous de dix ans; de dix à douze, elle fixait au travail une durée maxima de huit heures, encore bien longue. De douze à quatorze, elle permettait dix heures ; et au delà elle ne réglementait plus rien, sauf l'interdiction du travail du dimanche et de la nuit pour ces jeunes ouvriers.

L'Espagne se rapprochait de la Hongrie : les enfants n'y peuvent travailler dans les fabriques au-dessous de dix ans ni plus de cinq heures par jour jusqu'à treize ans pour les garçons et quatorze ans pour les filles; elle ajoutait à ces enfants une autre catégorie de jeunes ouvriers, pupilles de la loi, les adolescents de quatorze à dix-huit ans pour les hommes, de quatorze à dix-sept ans pour les filles, qui, les uns et les autres, ne pouvaient travailler plus de huit heures ; elle interdisait enfin le travail de nuit dans les établissements à moteurs hydrauliques et à machines à vapeur, mais ces lois étaient médiocrement observées.

Voilà pour les pays pauvres où la vie est dure, où chacun sent le prix du travail; l'opinion publique y supporterait mal que le gouvernement s'avisât de retarder trop l'époque où un être humain peut coopérer à sa propre subsistance.

Les pays, soit plus riches, soit plus vastes, et à gouvernement affectant de hautes visées, faisaient à la réglementation une part plus grande. Au lieu de placer à dix ans l'âge où l'enfant peut travailler en fabrique, ils le mettaient à douze ou à treize ou à quatorze; ils étendaient aussi parfois l'application de leurs règlements non seulement à la grande industrie concentrée, mais à la petite, toute disséminée qu'elle soit. Quelques-uns ne se bornaient pas à réglementer le travail des enfants ou des adolescents; ils voulaient encore imposer soit les mêmes prohibitions, soit les mêmes restrictions aux hommes faits.

La Conférence Internationale, concernant le règlement du travail dans les établissements industriels et dans les mines, réunie à Berlin en mars 1890, sur l'initiative de l'empereur d'Allemagne Guillaume II, a marqué une date d'intervention plus active des pouvoirs publics dans les questions de travail. C'est surtout à partir de cette époque que s'est développé ce que l'on a appelée « la législation sociale ». Nous ne pouvons entrer dans les détails de cette législation qui est excessive et tend à le devenir davantage, il suffit d'en indiquer les grandes lignes.

Une loi de 1891 a fixé, en Allemagne, à treize ans l'âge à partir duquel les enfants peuvent travailler dans les ateliers, encore à la condition d'avoir terminé leur école primaire. La journée de travail est, pour eux, de six heures avec arrêt d'une heure. Le travail de nuit, de huit heures et demie du soir à cinq heures du matin, leur est interdit. Les adolescents de quatorze à seize ans ne peuvent travailler plus de dix heures, avec arrêt de deux heures ; ils ne peuvent, non plus, travailler la nuit. Pour les ouvrières au dessus de seize ans et sans limite d'âge au délà, le travail de nuit est aussi interdit et la durée du travail ne peut dépasser onze heures avec arrêt d'une heure ; le samedi, elle doit être réduite à dix heures et finir à cinq heures et demie. Toutes ces prescriptions peuvent se comprendre, les femmes pouvant être assimilées à des mineures ; mais l'âge initial de treize ans est trop avancé ; celui de douze ans serait plus légitime. De jeunes ouvriers, de douze à quatorze ans, travaillant six heures dans une fabrique, subissent, en effet, une moindre fatigue que les enfants du même âge de la bourgeoisie qui, sous le régime de l'internat

sont de cinq heures du matin à huit heures du soir, sauf
trois heures ou trois heures et demie pour les récréations et
les repas, assis à faire des devoirs ou à écouter des leçons.
On pourrait, en revanche, reculer jusqu'à dix-sept ans l'âge
où l'on est admis à travailler dix heures. Il est interdit
d'employer avant quatre semaines, depuis l'accouchement,
les femmes ou les filles, ce qui, en nombre de cas, peut
être excessif. La prudence allemande et aussi l'arbitraire
gouvernemental admettent quelques échappatoires à la
loi réduisant la journée de travail. Ainsi, l'entrepreneur
de toute industrie peut obtenir une prolongation de deux
heures de la journée et même parfois de plus, pendant quarante jours, « en cas d'accumulation extraordinaire de travail »; en 1895, dans la seule industrie textile, on autorisa, en Allemagne, le travail supplémentaire de 167,540 ouvrières, en tout pour plus de trois millions d'heures (1). Voilà
un bien grand moyen de pression sur les industriels et de
favoritisme, mis aux mains du gouvernement allemand.
Cela suffit pour condamner ce fantaisiste et capricieux
régime. Il va de soi que le travail du dimanche est interdit
pour les catégories d'ouvriers protégés.

L'Angleterre, qui subit dans sa législation l'influence de
plus en plus marquée des philanthropes, mais qui recule,
par tradition, devant l'absolue uniformité, a, dans le cours
de près d'un siècle, depuis l'*act* de 1802, dû au premier sir
Robert Peel, constitué une réglementation du travail des
enfants et des femmes, qui est à la fois la plus minutieuse
et la plus compliquée que l'on puisse imaginer. Positive,
cependant, jusque dans ses plus grands accès de zèle humanitaire, elle n'a pas voulu reculer trop dans la vie de l'homme
l'époque du travail productif : elle la place à la limite fort

(1) Voir la publication intitulée : *Musée Social*, *Circulaire n° 19*, *Série
A*, 30 novembre 1897, page 430.

basse de onze ans dans les industries ordinaires et à douze
ans dans les mines; jusqu'à quatorze ans l'on ne peut être
employé qu'au demi-temps, c'est-à-dire trente heures par
semaine; les enfants du même âge employés « industrielle-
ment » chez eux ne peuvent travailler plus de cinq heures
par jour. Puis, les jeunes gens de quatorze à dix-huit ans
et toutes les ouvrières, quel que soit leur âge, ne peuvent
travailler plus de cinquante-six heures et demie par semaine
dans les industries textiles, ni plus de soixante heures dans
les autres fabriques et dans les ateliers. Les femmes ne peuvent être employées pendant le mois qui suit leur accouchement. Enfin, toutes ces catégories d'ouvriers protégés par
la loi ne peuvent être occupées la nuit, de neuf heures du
soir à six heures du matin ni le dimanche, ni même l'après-
midi du samedi. Une série d'*acts* étend ces dispositions,
avec quelques faibles tempéraments et beaucoup de mesures
de détail plus ou moins restrictives, aux magasins et en
partie au travail familial.

La France a une législation sur le travail des fabriques
moins rigoureuse et moins extensive que celle de l'Angleterre, quoiqu'elle retarde davantage l'âge où les enfants peuvent y être occupés. La loi du 19 mai 1874, non modifiée
sur ce point, interdit dans les établissements industriels
l'emploi des enfants au-dessous de douze ans, sauf des exceptions pour certaines industries où l'entrée à dix ans est
tolérée; ces exceptions ne sont pas justifiées. De dix à douze
ans, dans ces dernières, la journée *maxima* est de dix heures;
de douze à quatorze, l'on distingue si l'on a reçu ou non
l'instruction primaire : l'enfant ne l'a-t-il pas reçue, il ne
travaillera que six heures; l'a-t-il reçue, on suppose, sans
doute, que ses forces physiques en sont accrues, il pourra
travailler douze heures ; pour tous les jeunes gens au-dessous de seize ans et pour les jeunes filles de moins de vingt

et un ans, le travail était par la loi de 1874, interdit la nuit et un jour par semaine (l'absurde préjugé anticlérical auquel notre démocratie est niaisement assujettie a empêché de désigner le jour qui, traditionnellement et socialement, ne peut être que le dimanche); enfin, pour tous les ouvriers, la journée *maxima* est de douze heures.

Une nouvelle loi, celle du 2 novembre 1892, en modifiant peu ces prescriptions, étend aux femmes adultes certaines de ces mesures protectrices, notamment celle qui interdit pour elles le travail de nuit. Il est en outre, question de limiter à onze heures la durée du travail même des hommes adultes. Ces mesures sont à la fois excessives en ce qu'elles diminuent la liberté des ouvriers majeurs, et insuffisantes en ce qu'elles permettent une journée trop longue aux enfants de douze à quatorze ou seize ans occupés dans les fabriques (1).

Pour terminer cet exposé de la réglementation du travail des enfants, des adolescents et des femmes, nous ne dirons plus que quelques mots de deux petits pays industriels très florissants, dont l'un est entré avec une grande hardiesse, l'autre avec timidité, dans cette voie, la Suisse et la Belgique.

Séduite tardivement par le principe de l'intervention de l'État dans l'industrie, la démocratique Helvétie a surpassé du premier coup les autres pays de l'Europe par la rigueur de ses prescriptions. La loi du 22 mars 1877 a fixé à quatorze ans l'âge où les enfants peuvent être employés dans les fabriques et à onze heures la journée *maxima* pour eux, sur lesquelles on doit prélever, jusqu'à seize ans, la part de

---

(1) Si nous combattons la limitation par la loi de la journée des hommes adultes, ce n'est pas que nous trouvions normale une durée de douze heures de travail effectif. Dans la plupart des petits ateliers, elle est réduite à neuf ou dix heures, dans beaucoup d'usines, même en France, à dix heures et demie ; nous croyons que les progrès de la production pourront l'abaisser graduellement à huit ou neuf heures ; mais ce n'est pas le gouvernement qui a fonction d'imposer ces limites.

l'instruction scolaire et religieuse; puis, pour les adultes eux-mêmes de tout âge, le travail de fabrique ne de.. pas se prolonger au delà de onze heures effectives; sauf des exceptions qui peuvent, il est vrai, être assez fréquentes, et laissent place à beaucoup d'arbitraire, le travail des usines est interdit la nuit et le dimanche. Une loi postérieure a fixé à dix heures la durée *maxima* du travail le samedi (1). Le repos dominical est ordonné avec quelques tempéraments pour certaines industries métallurgiques où l'ouvrier doit avoir au moins la liberté d'un dimanche sur deux formant vingt-quatre heures consécutives. Ce qui est surtout critiquable dans cette législation suisse, c'est l'âge trop tardif (quatorze ans) fixé pour l'entrée dans les fabriques ou ateliers; c'est aussi la fixation de la durée du travail pour les hommes adultes.

La législation belge, beaucoup plus tardive en la matière, car une loi un peu compréhensive en ce sens ne date pour la Belgique que de décembre 1889, se montre plus réservée. L'accès des enfants dans les fabriques et ateliers est licite à partir de douze ans, ce qui est raisonnable, mais quel que soit leur degré d'instruction, ce qui est critiquable. De douze à seize ans, sauf certaines exceptions, blâmables d'ailleurs, pour les adolescents de quatorze à seize (2), ils ne peuvent être occupés de neuf heures du soir à cinq heures

(1) Dans beaucoup de corps d'état helvétiques on ne va pas jusqu'aux *maxima* légaux, qui représenteraient 65 heures par semaine; cette durée de travail n'est atteinte que par 57 p. 100 des ouvriers suisses, 9 p. 100 travaillent 62 heures 1/2; 28.3 p. 100, 60 heures, et 5.3, moins de 60. Voir la *Circulaire du Musée Social*, mentionnée plus haut (page 434 de cette circulaire).

(2) Des exceptions générales et permanentes, pour le travail de nuit des adolescents de quatorze à seize ans, sont accordées aux fabriques de papier, verreries, laminoirs à zinc, mines, usines métallurgiques; en outre, des exceptions spéciales peuvent être octroyées par le ministre et le gouverneur, sur le rapport de l'inspecteur compétent, pour « toutes les industries ou tous les métiers, en cas de chômage résultant de force majeure, et dans des circonstances exceptionnelles ».

du matin ; encore cette fixation du temps qui correspond à la nuit est-il trop restreint, les limites de sept ou huit heures du soir et de six heures du matin sont plus naturelles. La loi belge autorise l'excessive durée de douze heures de travail, divisée par des repos d'ensemble une heure et demie, pour les enfants et adolescents de douze à seize ans. Des arrêtés royaux, autorisés par la loi, ont, toutefois, réduit dans une certaine mesure cette journée du travail des enfants dans diverses industries. Elle prescrit pour eux le repos hebdomadaire, mais sans fixer ce repos nécessairement au dimanche. Les filles et les femmes de seize à vingt et un ans sont assimilées aux adolescents de douze à quatorze ans; le travail de nuit est interdit pour elles, et le repos hebdomadaire est prescrit. Au delà de vingt et un ans pour les femmes il n'y a plus de réglementation, sauf qu'on ne peut les employer pendant les quatre semaines qui suivent leur accouchement. Dans les mines, le travail des personnes protégées ne peut dépasser dix heures et demie.

Cette loi belge est trop timide, en ne protégeant pas suffisamment les enfants ou adolescents de douze à dix-sept ou dix-huit ans, en resserrant trop la nuit légale et en laissant indécise la fixation du jour hebdomadaire de repos. On sent, à sa lecture, que le Parlement belge, tel qu'il est constitué depuis l'origine, représente trop exclusivement la classe bourgeoise, les patrons.

En fait de législation extra-européenne, on peut citer celle du Massachusetts, aux États-Unis, qui est assez compréhensive, modérée sur certains points, intrusive sur d'autres : en principe, on peut employer les enfants à partir de treize ans dans les fabriques, ateliers ou établissements de commerce ; toutefois, ils ne peuvent être jusqu'à quatorze ans occupés que pendant les vacances de l'école publique du lieu de leur résidence et qu'autant qu'ils auront un certificat

constatant qu'ils ont fréquenté l'école pendant trente
semaines de l'année précédente. Les inspecteurs en chef des
fabriques peuvent prohiber complètement l'emploi des enfants au-dessous de quatorze ans, dans les industries qu'ils
jugent nuisibles à leur santé. Les jeunes gens au dessous de
dix-huit ans et les femmes de tout âge ne peuvent être
occupés *dans les établissements industriels* plus de cinquante-
huit heures par semaine, et dans les *établissements commerciaux* plus de soixante heures, ni entre dix heures du soir
et six heures du matin. Le travail du dimanche est interdit,
même pour les hommes adultes, sauf dans quelques cas
spécifiés. Une fête du travail est instituée le premier lundi de
septembre, sous le nom de *labor day*, et est déclarée jour de
fête légale. La journée de travail est fixée à neuf heures, pour
tous les ouvriers employés par l'État, les comtés, les cités
et les villes ou par les entrepreneurs travaillant pour le
compte de l'État. Elle ne peut excéder dix heures pour les
conducteurs, cochers et mécaniciens de chemins de fer et
tramways.

Sauf quelques clauses un peu puériles et la difficulté de
distinguer, dans des cas nombreux, les heures de présence
et les heures de travail, ce qui est très différent, cette législation ne pèche pas par de trop visibles excès. On a voulu,
ce qui est plus délicat, réglementer le travail dans les tout
petits ateliers, les chambrées, qui donnent lieu à ce que
l'on appelle le *sweating system* (1). Toute salle occupée par
d'autres personnes que les membres d'une seule famille,
pour la confection des vêtements, est soumise à l'inspection,
et tout vêtement confectionné ainsi doit, aux termes de la
loi de l'État de Massachusetts, porter la marque : *tenement
made*, ainsi que le nom de la ville où il a été fabriqué (2).

(1) Voir sur ce sujet notre *Traité théorique et pratique d'économie
politique*, tome II, pages 496 à 502.
(2) *Musée Social*, Circulaire n° 19, Série A, novembre 1897, page 436.

Si l'on veut voir jusqu'où peut aller, sous le prétexte de protéger les faibles, la législation dite sociale et l'intrusion gouvernementale quotidienne dans la vie de famille et même dans la vie individuelle, c'est aux antipodes qu'il faut se rendre, dans ces jeunes sociétés, pleines d'effervescence démocratique, l'Australie et plus encore la Nouvelle-Zélande. C'est là surtout que s'étale la pernicieuse présomption de l'État Moderne. On a donné à ces lois, soi-disant protectrices du travail, dans les contrées anglo-saxonnes du Pacifique, le nom pittoresque de « législation grand-maternelle, *grandmotherly legislation* ». En Nouvelle-Zélande, par exemple, le travail des femmes et des jeunes gens de moins de dix-huit ans ne peut durer dans les boutiques et magasins de vente au détail plus de neuf heures et demie par jour, repas compris, sauf un jour par semaine où il est loisible de le prolonger deux heures de plus. Le repos du dimanche est naturellement obligatoire ; mais, en outre, une après-midi de congé est obligatoirement accordée un autre jour aux employés. Cette après-midi de congé est la même pour tous, sauf dans quelques commerces spéciaux, et elle est déterminée par les autorités locales. Ce jour-là tous les magasins et boutiques doivent être fermés à une heure ; ne sont exemptées que les boutiques tenues par des Européens où, eux et leurs enfants, sont seuls employés, et où l'on se livre à quelques commerces spéciaux : fruiterie, pâtisserie, etc. Il résulte de cette intrusion dans les détails de la vie commerciale et de ces distinctions arbitraires des tracasseries sans nombre : la permission de vendre des fruits et des gâteaux, mais non des légumes et du pain, pendant la demi-journée de congé (outre le dimanche) suscite des discussions byzantines sur la nature de quelques produits tels que les tomates, d'autant que les mêmes commerçants sont parfois boulangers et pâtissiers, vendeurs de

fruits et légumes. On les oblige à faire disparaître de leur
étalage celles des denrées dont la vente est interdite.

Un autre exemple de cette intrusion gouvernementale
est le plan qu'annonçait, il y a quelques années, le gouvernement de Victoria pour obvier aux abus du *sweating system*, lequel consiste, on le sait, dans les longues heures de
travail de certains petits ateliers. Le gouvernement de Victoria a proposé d'interdire le travail à domicile dans un
grand nombre de cas et d'obliger à le concentrer dans des
manufactures. On voudrait ainsi, non seulement empêcher
l'oppression de salariés par des entrepreneurs peu scrupu-
leux, mais encore supprimer la concurrence que font aux
ouvrières professionnelles en travaux d'aiguilles les personnes
qui ne se livrent à ces tâches qu'accessoirement et pour
se procurer un superflu (1). On risquerait ainsi de réduire la
pitance d'une foule de mères de famille obligées de garder
chez elles leurs enfants et de tenir le ménage de leur mari.
C'est le rebours de ce que souhaitaient les philanthropes du
deuxième et du troisième quartiers de ce siècle.

Toute cette législation «grand maternelle » manque absolument d'élasticité et crée plus de maux et de souffrances
qu'elle n'en supprime.

Pour un homme qui réfléchit, c'est-à-dire qui ne consulte
pas uniquement l'impulsion de son cœur, porté à l'idéal,
mais qui cherche à voir les choses dans leur ensemble, les
rapports des unes aux autres, qui tient compte des nécessités de la vie, de la dureté inévitable de la destinée
humaine, des droits de la liberté individuelle, il n'y a
d'intervention légitime de l'État, pour déterminer la durée
du travail, qu'en ce qui concerne l'enfant, l'adolescent des

_____

(1) Voir sur tous ces points l'ouvrage de mon fils Pierre Leroy-
Beaulieu : Les *Nouvelles Sociétés Anglo-Saxonnes, Australie et Nouvelle-
Zélande, Afrique Australe*, pages 173 et suivantes.

deux sexes, la fille mineure. Peut-être pourrait-on y joindre
la femme enceinte ou relevant de couches dans les quinze
ou vingt jours qui suivent celles-ci, parce que cette femme
a la charge d'un autre être humain; mais cette détermination
est très délicate, et il vaut mieux laisser agir les mœurs.

Une des plus fatales tendances du législateur moderne,
c'est sa prétention à remplacer partout l'influence des
mœurs par celle des lois.

Même en ce qui concerne l'enfant, la tutelle officieuse de
l'État doit être limitée. S'il reporte trop loin dans l'existence
l'âge où l'enfant peut commencer à travailler soit à l'atelier,
soit en fabrique, il développe les habitudes de paresse, il
réduit outre mesure les ressources de la famille. Dans les
classes populaires, sauf pour quelques natures d'élite qui
émergent, l'instruction ne peut remplir absolument, avec
les seuls loisirs, toutes les heures de la journée jusqu'à
quatorze ans. Il est désirable que l'enfant ait, à partir de
douze ans, quelque labeur manuel, et cinq ou six heures
alors de travail de fabrique n'ont rien qui mette en péril
soit l'intelligence, soit la santé. C'est ce que la Grande-
Bretagne, avec son tact industriel et social, a parfaitement
compris puisqu'elle ouvre les fabriques aux enfants à partir
de onze ans, ce qui est peut-être une année trop tôt.

Puis, si l'on rend le travail impossible ou difficile à l'adolescence, on proscrit par là même les familles nombreuses.
Un ménage où se trouvent cinq ou six enfants, même seulement trois ou quatre, ne peut régulièrement subsister sur
le travail du père, du moins quand les enfants, ayant atteint
un certain âge, commencent à consommer davantage. Il
faut que, à douze ou treize ans, l'enfant d'une famille nombreuse puisse gagner une bonne partie de son entretien, et
à seize ans la totalité.

La très grande prolificité qui, presque en tout pays, même

en France, a coïncidé avec les débuts du régime manufacturier et qui également a précédé l'expansion de l'instruction populaire, peut être attribuée en partie à la rémunération que les enfants, par leur travail productif, fournissaient très tôt à la famille. Ils n'étaient pas alors une charge. Sans doute, ce régime était oppressif et on a eu grand'raison d'y obvier ; mais il n'en est pas moins vrai qu'en faisant que jusqu'à quatorze ans, au moins dans certains pays, les enfants coûtent à leurs parents tout leur entretien, on tend à rendre très difficile la situation des familles nombreuses et par conséquent à détourner les parents d'avoir plus de un ou deux enfants. Or, la tendance et le danger des sociétés démocratiques, comme nous l'avons amplement démontré ailleurs (1) est beaucoup plus dans la restriction voulue de la natalité que dans une prolificité excessive. On objectera peut être que l'Allemagne qui a fixé l'âge le plus tardif pour l'entrée des enfants dans les usines reste un des pays de l'Europe Occidentale où l'accroissement de la population est le plus rapide ; cela est vrai ; mais on doit considérer que l'Allemagne, depuis ses victoires de 1870 et son unité qui l'ont exaltée, se trouve encore dans des conditions particulières et passagères. Elle était fort en retard relativement à la France, à l'Angleterre et à la Belgique ; elle est dans une période d'essor que l'on ne peut considérer comme absolument normale ; en outre, elle n'est pas encore pénétrée du *virus* démocratique ; mais elle le sera avec le temps et alors il est probable, sinon certain, que sa natalité se réduira comme s'est réduite celle non seulement de la France, mais de la Belgique, de l'Angleterre, des États Scandinaves, etc.

On a bien inventé, il est vrai, une théorie en vertu de

(1) Voir sur la vraie théorie de la population et sur les statistiques y relatives notre ouvrage : *Traité théorique et pratique d'économie politique*, tome IV, page 507 à 632.

laquelle les salaires des hommes adultes seraient plus élevés si les enfants et les femmes ne travaillaient pas : mais cette théorie est toute superficielle, sans aucun fondement. Un examen attentif a démontré que le salaire tend à se régler sur la productivité même du travail de l'ouvrier (1). Aussi bien, le salaire n'est-il au fond qu'une part dans le produit, et l'ensemble des salaires dans un pays ne saurait rester le même si la production diminuait notablement, ce qui serait le cas si les enfants et les femmes cessaient de travailler dans les fabriques et dans les ateliers.

L'interdiction du travail dans les usines avant l'âge de douze ans, la limitation du travail de l'adolescent depuis douze ans jusqu'à seize, l'interdiction du travail de nuit pour les enfants adolescents et les filles mineures, le repos obligatoire du dimanche pour ces catégories d'ouvriers, la prohibition du travail à l'atelier dans les quinze jours qui suivent les couches, voilà tout ce que la loi peut édicter sans faire violence et à la nature des choses et au droit individuel.

(1) On nous permettra de rappeler que nous avons été le premier, croyons-nous, à formuler cette théorie que « le salaire tend à se régler sur la productivité du travail de l'ouvrier ». Nous l'avons exposée dans notre premier ouvrage : *De l'influence de l'état moral et intellectuel des populations ouvrières sur le taux des salaires*, publié en 1867, puis dans un autre de nos ouvrages qui l'a suivi de près : *Le travail des femmes au dix-neuvième siècle*, paru en 1873. Nous l'avons reprise en 1881, dans notre *Essai sur la répartition des richesses*, où nous disions que « toute la théorie du salaire était à refaire ». Si nous faisons cette remarque, c'est que l'on a postérieurement attribué à l'économiste américain Walker la découverte, vers 1880, d'une doctrine que nous avions émise treize ans auparavant dans notre premier livre.

CHAPITRE IV

LES RÉSULTATS DE L'INTERVENTION GOUVERNEMENTALE DANS LE RÉGIME DU TRAVAIL. LE PROJET DE TRAITÉS INTERNATIONAUX A CE SUJET.

On cherche en vain sur quels principes le législateur

peut appuyer de plus amples prétentions, et un esprit perspicace saisit aisément les inextricables difficultés qu'il rencontre s'il veut aller plus loin.

Pourquoi restreindrait-il, soit en général, soit dans certaines industries, la durée du travail des hommes ou des
femmes ayant atteint la majorité? Ni le droit ni les faits ne
comportent une pareille intervention.

Le droit consiste dans la liberté dont doit jouir chaque
être adulte de disposer, comme il l'entend, de ses forces et
de son temps, sous la seule réserve qu'il ne lèse pas autrui.
S'il convient à un homme ou à une femme, ayant beaucoup
de charges ou de besoins, de travailler une ou deux heures
de plus que la généralité des autres femmes ou des autres
hommes, pourquoi la loi aurait-elle la barbarie de le lui
interdire? Quelle indemnité lui donnerait-elle pour cette
sorte d'expropriation? Se chargerait-elle de pourvoir aux
besoins qui devaient être satisfaits par le produit de cette
heure ou de ces deux heures de travail supplémentaire?
L'indemnité est impossible, tellement elle serait vaste, et
l'expropriation sans indemnité serait un acte monstrueux.

Puis, pourquoi la loi irait-elle créer des délits fictifs ou
artificiels? Il n'existe déjà que trop de délits qu'il est impossible de prévenir et souvent de châtier. On démoralise
une nation, on lui enlève toute règle fixe de conscience et
de conduite, quand on multiplie les prohibitions qui semblent découler de la fantaisie du législateur plutôt que de la
nature des choses et des hommes.

L'ancienne loi de 1814, qui prohibait le travail du dimanche, outre qu'elle n'a jamais été appliquée à la lettre,
paraissait avec raison une intrusion injustifiée du législateur dans la sphère des actes réservés à l'appréciation individuelle. Il en serait de même de toute loi limitant le travail
des hommes ou des femmes ayant atteint leur majorité.

L'argument que les ouvriers sont isolés, faibles, dans la dépendance du patron, et qu'ils ne peuvent débattre librement avec lui les conditions de leur travail, outre qu'il porterait infiniment loin et devrait entraîner jusqu'à la fixation des salaires par l'autorité, est en contradiction avec toute l'expérience récente.

En fait, les ouvriers contemporains, pourvus d'une instruction assez développée, jouissant du droit d'association et de coalition, possédant, soit individuellement, soit collectivement, quelques épargnes, soutenus d'ailleurs par une partie de la presse, encouragés moralement par nombre de politiciens, peuvent discuter, sans aucune infériorité de situation, leurs conditions de travail avec des patrons qui ne peuvent laisser longtemps sans emploi un vaste matériel, qui ont à exécuter des commandes, sous peine de dédits onéreux, qui sont pressés de tous côtés par la concurrence, soit intérieure, soit étrangère. L'argument de cette prétendue faiblesse de l'ouvrier relativement au patron a le tort de correspondre à une situation ancienne qui a depuis longtemps disparu.

La contradiction n'est pas moindre entre la tutelle industrielle où l'État moderne placerait l'ouvrier et la souveraineté politique qu'il lui reconnaît : quand l'ouvrier doit traiter avec un patron, il serait incapable de discerner son intérêt ou de le défendre ; quand il s'agit de la direction générale de la nation, l'ouvrier posséderait, au contraire, la capacité la plus incontestable, la liberté la plus absolue. Mineur pour se conduire lui-même, majeur pour conduire les affaires publiques, voilà ce que la législation ferait de l'ouvrier.

Les faits, non moins que le droit, protestent contre l'intervention de l'État dans le travail des adultes majeurs, quel que soit leur sexe. C'est l'universalité du couvre-feu que l'on demande : dormez, habitants de Paris, ou plutôt de la France, à partir de huit ou de neuf heures du soir; reposez-vous à telles heures. Comment faire appliquer de pareilles injonctions non seulement dans les grandes usines, mais dans tous les ateliers minuscules, dans toutes les campagnes, à tous les foyers?

Si l'on n'applique cette législation qu'aux fabriques, c'est-à-dire en général aux travaux qui s'opèrent dans les meilleures conditions de salubrité, il y a là une inégalité flagrante. Si l'on veut, au contraire, généraliser l'interdiction, à quelles impossibilités ne se heurte-t-on pas?

Voici le petit propriétaire rural, qui aime à la folie sa vigne ou son champ, irez-vous le détourner d'y travailler en été depuis l'aube jusqu'au coucher du soleil? l'empêcherez-vous de se faire aider soit par sa femme, soit par ses enfants? Jamais le petit propriétaire rural n'a demandé qu'on fixât la journée de travail à onze heures, ou à dix, ou à neuf, ou à huit.

De même pour l'ouvrier fabricant isolé, ce que l'on appelle le petit producteur industriel autonome, l'ouvrier à façon; il en existe encore; lui et sa famille ne lésinent pas sur leurs heures de travail quand l'ouvrage donne. Comment concevoir que la loi vienne le condamner à une demi-oisiveté et lui arracher parfois le pain de la bouche?

A quelle limite l'État arrêterait-il sa réduction des heures de travail pour les adultes ou les majeurs? Dans un champ aussi divers, aussi varié que l'industrie moderne, peut-il y avoir une commune mesure? Les uns voudraient la journée de onze heures; d'autres réclament à grands cris celle de dix; d'autres encore celle de neuf; un plus grand nombre prétendent obtenir de la loi la journée de huit heures.

Ainsi l'élement le plus flâneur de l'humanité irait imposer

ses goûts de nonchalance à l'humanité tout entière! Les
traînards régleraient le pas de tous ceux qui sont plus
alertes, plus dispos, plus courageux! C'est la nouvelle conception du progrès.

Est-il bon, d'ailleurs, que l'homme ait des loisirs si étendus? Est-il toujours préparé à en faire un sage emploi? Huit
heures de travail par jour ou même neuf, avec le chômage
régulier du dimanche, des jours de fêtes religieuses et
civiles, avec les interruptions occasionnelles inévitables dans
tous les métiers, cela ne crée-t-il pas entre les travaux et
les loisirs un rapport qui est tout à l'avantage de ceux-ci et
qui risque, dans bien des cas, de beaucoup plutôt détériorer
qu'améliorer la situation matérielle et morale de l'ouvrier?

Comment un État, c'est-à-dire les hommes que le hasard
et l'inconstance des élections portent momentanément au
pouvoir, prendraient-ils cette responsabilité indéfinie de
régler dans toutes les industries le temps qu'il sera loisible
à l'homme majeur de consacrer, sans délit, à sa tâche quotidienne?

Il est un important facteur dont ne tiennent aucun compte
ceux qui veulent investir le législateur de ces droits nouveaux. J'ai démontré, dans un précédent chapitre, combien
est vraie la magistrale définition de Montesquieu, que « les
lois, dans la signification la plus étendue, sont les rapports
nécessaires qui dérivent de la nature des choses. »

Il y a dans la nature des choses une secrète ironie qui se
joue du législateur et contrarie ses mesures toutes les fois
fois que celui-ci a l'impertinence de la méconnaître ou de
prétendre la corriger.

En matière de taxes, quand le législateur veut mettre à
contribution les seuls riches, cette ironie de la nature des
choses s'appelle l'incidence de l'impôt, cette faculté singulière qu'a souvent l'impôt de glisser seulement sur ceux

que le législateur veut frapper et d'atteindre furtivement, mais sûrement, des couches qu'il croyait laisser indemnes.

En matière de réduction des heures de travail, cette ironie de la nature des choses s'appelle l'intensité du travail.

Vous prétendez réglementer et restreindre la journée dans les usines pour certaines catégories d'adultes, comme les ouvrières : vous croyez avoir beaucoup fait. Mais voici que, poussée par vos restrictions mêmes, l'industrie invente des machines dont le mouvement est plus accéléré, qui, dans une minute, font beaucoup plus de tours ; elle perfectionne ses métiers de sorte qu'un ouvrier puisse en conduire trois ou quatre au lieu d'un ou deux ; alors la tension de l'esprit et de l'attention doit être portée à l'extrême ; la dépense de force nerveuse est énorme ; on n'entend plus un autre bruit dans l'atelier que celui des métiers battant de plus en plus rapidement ; l'ouvrier est absolument absorbé par l'ouvrage (1). Voilà le résultat des huit ou des neuf heures de travail qui forment le maximum légal ou usuel de la journée dans les fabriques d'Angleterre ou d'Amérique. Pour l'équilibre du délicat organisme humain, les dix ou onze, parfois même les douze heures de labeur du continent, sont peut-être préférables.

Ce phénomène de l'intensité croissante du travail, qui s'accentue au fur et à mesure que la journée se réduit, c'est un des mérites de Karl Marx de l'avoir signalé ; c'est un grain de vérité au milieu de l'inextricable fatras de développements sophistiques et abstrus qui remplissent son célèbre livre sur le Capital.

Or, va-t-on régler aussi cette intensité du travail, fixer combien de tours par minute devra faire au maximum cha-

(1) Pour employer une expression populaire, « l'ouvrier se dévore à l'ouvrage. »

que machine, combien de fois la navette devra être lancée
par chaque métier, combien de métiers même chaque ouvrier pourra conduire? Si le législateur recule devant ces
déterminations minutieuses, qui devront changer à chaque
instant, sa législation sera inefficace. S'il s'engage au contraire dans cette voie, c'en est fait pour toujours de tout le
progrès industriel.

Les plus avisés, parmi les partisans de la réglementation
du travail par l'État, quoiqu'ils n'aient pas aperçu la difficulté qui précède, en ont deviné une autre qui n'est pas de
chétive importance. Toutes les nations aujourd'hui ont, en
dépit des barrières douanières, des relations d'échanges
entre elles.

Il faut bien que les contrées de l'Europe occidentale, par
exemple, se procurent ces denrées que leur sol est impuissant à produire : le coton, le café, le cacao, le pétrole, le
cuivre, mille autres encore. Pour les avoir, il convient
qu'elles puissent écouler certains de leurs propres produits
à l'étranger : or, sur les marchés extérieurs, chaque nation
est à l'état de concurrence avec toutes les autres. N'est-il
pas à craindre que celle qui restreindra le plus les heures
de travail ne se mette dans des conditions d'infériorité avec
ses rivales et que, par conséquent, elle ne voie un jour son
commerce extérieur anéanti?

Autrefois l'on n'avait pas ces craintes. On répétait super-
bement que la brièveté de la journée de travail, en rendant
la génération ouvrière plus forte, mieux constituée, plus
apte à la besogne, assurait la supériorité industrielle au
peuple qui adoptait ce régime.

On a bien des fois rappelé l'expérience de ce fabricant
alsacien, sous le règne de Louis-Philippe, qui, ayant réduit
d'une demi-heure la journée de travail dans ses ateliers, où
le salaire était à la tâche, vit, au bout de peu de temps, la

productivité moyenne de chaque journée s'élever : on produisait plus, disait-on, en travaillant moins longtemps. Cela n'est pas impossible, dans une certaine mesure. Le point délicat, c'est de fixer cette mesure.

Dans la discussion de l'une des nombreuses lois anglaises connues sous le nom de *Factory acts*, Macaulay intervint, à l'appui du projet, avec cet éclat d'images qui lui était habituel : « La durée du travail a été limitée, disait-il. Les salaires sont-ils tombés? L'industrie cotonnière a-t-elle abandonné Manchester pour la France ou l'Allemagne?.. L'homme, la machine des machines, celle auprès de laquelle toutes les inventions des Watt et des Arkwright ne sont rien, se répare et se remonte, si bien qu'il retourne à son travail avec l'intelligence plus claire, plus de courage à l'œuvre et une vigueur renouvelée. Jamais je ne croirai que ce qui rend une population plus forte, plus riche, plus sage, puisse finir par l'appauvrir. Vous essayez de nous effrayer en nous disant que, dans quelques manufactures allemandes, les enfants travaillent dix-sept heures sur vingt-quatre; qu'ils s'épuisent tellement au travail que sur mille il n'en est pas un qui atteigne la taille nécessaire pour entrer dans l'armée, et vous me demandez si, après que nous aurons voté la loi proposée, nous pourrons nous défendre contre une pareille concurrence. Je ris à la pensée de cette concurrence. Si jamais nous devons perdre la place que nous occupons à la tête des nations industrielles, nous ne la céderons pas à une nation de nains dégénérés, mais à quelque peuple qui l'emportera sur nous par la vigueur de son intelligence et de ses bras. »

Quarante-trois ans se sont écoulés depuis cette magnifique harangue. Serait-il dans la destinée du déclin de notre siècle d'infliger un démenti à toutes les promesses idéalistes, à toutes les prophéties idylliques de cette ère de foi qui s'est écoulée de 1830 à 1850? Aujourd'hui, personne n'aurait plus la superbe confiance de Macaulay.

La chambre de commerce de Manchester, cette année même, commence à déserter la cause du libre échange, le *free-trade*, pour prôner le « loyal échange » ou la réciprocité, le *fair trade*. Elle s'inquiète de la concurrence des bas salaires et des longues journées d'Allemagne et de Belgique, plus encore de celle des Indes. Les filatures de coton de Bombay font trembler les manufacturiers de Manchester. Il y a quelque semaines, la chambre de commerce de cette ville votait une résolution pour demander au gouvernement l'application des *Factory acts* aux usines de Bombay et des autres villes de l'Inde.

Généralisant et anticipant sur des concurrences encore inconnues, les partisans de la réglementation du travail par l'État en sont venus à demander une législation internationale commune pour la protection des travailleurs.

C'est la thèse du docteur Adler, dont nous parlions plus haut; c'était avant lui celle d'un de ses éminents compatriotes, l'un des chefs du socialisme catholique, M. de Ketteler, évêque de Mayence. Si l'on n'obtient pas une législation industrielle identique chez tous les peuples civilisés, les lois réglementant le travail à l'intérieur d'une nation ou d'un groupe de nations pourraient donc être inefficaces ou nuire à la prospérité du pays.

Cet aveu est précieux, il détruit toutes les espérances de ceux qui veulent restreindre par la loi le travail des adultes. Comment peut-on, en effet, dans ce temps, compter sur l'accord complet des nations, de toutes sans exception, pour appliquer un régime minutieusement semblable à toutes leurs industries?

Aujourd'hui que les peuples cherchent à se séparer le plus possible les uns des autres par des barrières artificielles, que la théorie protectionniste est en pleine floraison, qu'on ne peut plus faire voter un traité de commerce précis par deux nations importantes, que le sentiment de l'indépendance nationale et législative est devenu chez tous les peuples si étroit et si jaloux, le lendemain du jour où échouent toutes les tentatives pour une union monétaire, pour la suppression des primes à la production du sucre, comment rêver que les nations vont tomber d'accord sur le code le plus compliqué, le plus détaillé qui soit, celui du travail?

Mais c'est la ressource des populations pauvres, la Belgique, l'Italie, dans une certaine mesure l'Allemagne, à plus forte raison les Indes, d'avoir des heures de travail plus prolongées que les peuples riches, l'Angleterre et les États-Unis.

Mettez les uns et les autres au même salaire et au même labeur, les peuples pauvres ne pourront plus soutenir la concurrence.

Puis, y a-t-il une mesure commune de tous les travaux sur tout l'ensemble de la planète? On ne tient pas compte de ces différences si capitales de l'intensité du travail, de la diversité des machines, de l'inégalité de force, de précocité et d'habileté dans les diverses races humaines. N'y a-t-il qu'un seul échantillon humain sur le globe?

L'adolescent hindou occupé dans une filature de Bombay, le jeune Persan qui, du matin au soir, tisse des tapis, la jeune fille italienne qui est employée dans une filature de soie ou de coton, le solide et un peu pesant garçon de Rouen, l'ardent petit Yankee à l'attention concentrée, le jeune Anglais âpre à la besogne, demain l'homme jaune, le Chinois, le Japonais, l'un à la vie sobre et dure, l'autre à l'esprit ingénieux et élégant, est-ce que vous pouvez soumettre tous ces êtres aux mêmes règlements pour leur tâche quotidienne?

L'idée d'une législation internationale uniforme qui s'appliquerait aux travailleurs dans tous les métiers et sur toute la planète ressemble de fort près au fameux calendrier républicain qui supposait que les saisons se présentaient uniformément à la même date sur toute la surface de la terre, et qui ne se doutait pas que le messidor ou le fructidor de France correspondait aux frimas et aux ensemencements des antipodes.

Grâce au ciel, le monde terrestre, si petit et si étroit qu'il soit, offre encore de la variété, et cette variété, c'est la condition même de la vie et du progrès. On veut l'étouffer sous le poids de règlements internationaux; la diversité heureusement des mœurs, des traditions, des qualités physiques et morales y répugne : nulle tyrannie n'est intolérable comme celle de l'uniformité.

Toutes les analogies que certaines personnes prétendent tirer de diverses conventions internationales accomplies montrent la superficialité d'esprit de ceux qui les invoquent. Dans le projet de législation internationale sur les travailleurs, il ne s'agit pas de régler en commun certains organismes généraux et simples, certains cadres extérieurs en quelque sorte à la société, certaines fonctions limitées, circonscrites, d'une nature en quelque sorte élémentaire, comme les postes, les télégraphes, les poids et mesures, la monnaie, les marques de fabrique, etc.; il s'agit de pénétrer profondément la vie quotidienne de chaque être humain, de s'immiscer dans ses occupations les plus intimes, dans la liberté à laquelle chacun a le droit de tenir le plus, celle de l'acte principal de son existence, le travail.

Cette législation, si l'on parvenait jamais à l'édicter, échouerait contre un obstacle insurmontable, la diversité d'intensité du travail des différentes races pour une même durée de labeur.

En supposant l'accord conclu, où serait le contrôle? La matière est compliquée, délicate, infinie, puisqu'il s'agit de tous les sexes, de tous les âges, de tous les ateliers, de tous les foyers. Qui répondrait que les engagements pris par chaque pays seraient sérieusement tenus?

Nommerait-on des contrôleurs internationaux qui auraient le droit de faire des inspections dans les fabriques et les ateliers des diverses puissances? Quelle nation accepterait, dans toute sa vie quotidienne et intime, l'inspection de fonctionnaires étrangers? En admettant par impossible que cette législation internationale fût adoptée, elle deviendrait bientôt un leurre par l'inégalité de conscience des divers pays dans l'application.

Elle serait, en outre, un singulier danger pour la civilisation occidentale. Qu'on se garde de trop énerver notre industrie! Manchester se plaint aujourd'hui de Bombay. Mais les Indes ne sont pas le seul concurrent de l'Europe. Par la force des choses, avant un demi-siècle, du moins avant un siècle, la Chine, le Japon, attireront nos capitaux et nos arts, recevront nos machines : ce qui se passe à Bombay finira par se produire dans toute l'Asie.

Qu'on réfléchisse que les Occidentaux, gâtés par un monopole industriel qui va bientôt leur échapper, sont en train de beaucoup s'amollir et que, là-bas, dans l'extrême Orient, de vieux peuples engourdis, à population dure et sobre, se réveillent, qu'ils naissent à l'industrie et que, beaucoup moins ménagers de leurs aises, ils pourraient, sur le marché international élargi, préparer de poignantes surprises à nos enfants et à nos petits-enfants (1).

_____

(1) On se trompe beaucoup, en général, sur le genre de concurrence dont, une fois armés de nos machines et pourvus de nos capitaux, les Hindous, les Chinois, les Japonais menacent l'Occident. On s'imagine que pour nuire sérieusement aux peuples d'Europe ou d'Amérique, il serait nécessaire que les Chinois vinssent se fixer comme travailleurs

chez les peuples de notre civilisation ; cela est tout à fait superflu, et il est vraisemblable que ce n'est pas ainsi que se feront sentir les effets de la concurrence orientale.

Il suffira que les peuples de l'extrême Orient puissent fabriquer chez eux et exporter leurs marchandises à meilleur marché que les peuples chrétiens : alors les 7 à 8 milliards d'exportation de l'Angleterre, les 3 milliards et demi ou 4 milliards d'exportation de la France seront singulièrement compromis. Ces pays verront se réduire de moitié ou des trois quarts leurs débouchés extérieurs et ne retrouveront pas une compensation à l'intérieur. Ils seront dans une grande difficulté pour se procurer les matières premières ou les denrées étrangères que leur sol ne peut pas produire, du moins en quantités suffisantes, coton, laine, cuivre, pétrole, café, thé, etc. Sans qu'il soit nécessaire qu'un Chinois ou qu'un Hindou vienne se fixer en Europe, l'essor industriel de l'Europe pourra être arrêté, le commerce de l'Europe pourra diminuer.

Or, les États asiatiques auront, quand ils le voudront, des capitaux ; l'Europe, qui en produit à foison et qui ne sait déjà plus qu'en faire, sera toute prête à leur en envoyer. Déjà il se cote à Londres des emprunts chinois et japonais. Au moment présent (avril 1889) l'emprunt chinois 6 0/0, remboursable en 1895, se cote à la Bourse de Londres 106 1/2, c'est-à-dire que, déduction faite de la réserve pour parer à la perte du remboursement, il se capitalise à 5 1/4 0/0 ; l'emprunt japonais, 7 0/0, se cote à la même Bourse 113.

J'écrivais dans l'*Economiste Français* (n° du 13 avril 1889) que si la Chine voulait emprunter 500 millions ou 1 milliard en Europe, elle serait assurée du succès, à des conditions d'intérêt de 5 1/2 à 6 0/0 au maximum.

Il serait très aisé à la Chine d'emprunter en Europe et en Amérique 25 à 30 milliards de francs en moins d'un quart de siècle pour des chemins de fer ou des usines. Que les Européens, qui s'amollissent, prennent donc garde aux hommes d'Extrême-Orient qui, en moins d'un demi-siècle, s'ils le veulent, *pourront s'outiller de manière à réduire, dans des proportions énormes, le commerce, l'industrie et, par voie de conséquence, la prospérité des Occidentaux* (Note de la 1re édition).

Ce qui se passe depuis la guerre sino-japonaise (1895) en Extrême-Orient confirme nos appréciations de 1889. Les diverses puissances européennes se disputent, sous le terme de zones d'influence, le soin d'outiller et d'initier à l'industrie les diverses parties de la Chine. Il en résultera pendant dix, quinze ou vingt ans, une grande impulsion industrielle en Europe et aux États-Unis, mais à une période ultérieure de ce développement, les Européens et les Américains rencontreront les Chinois comme concurrents sur le terrain industriel et si les premiers sont trop exigeants, ils pourront en pâtir.

En revoyant ce chapitre, nous n'entendons pas blâmer en bloc toute la législation ouvrière nouvelle. De bonnes lois ont été rendues sur le paiement des salaires, les règlements d'ateliers, la surveillance des usines, etc. ; mais l'État moderne risque de tomber dans l'excès à ce sujet, comme l'ont fait l'Australie et la Nouvelle-Zélande (Note de la 3e édition).

CHAPITRE V

LA NATURE, L'ORIGINE ET LE DÉVELOPPEMENT
DE L'ASSURANCE

La fixation par la loi des heures et parfois des modes de
travail paraît encore à beaucoup de personnes une insuffisante intervention gouvernementale en faveur des ouvriers.
La tutelle de l'État doit aller, dit-on, beaucoup plus loin. Il
convient de protéger l'ouvrier contre tous les risques qui
peuvent entraîner pour lui ou pour sa famille la gêne ou
l'indigence ; cela, d'ailleurs, serait fort aisé, par la généra-

lisation d'un procédé, qui est connu depuis un grand nombre de siècles et où l'industrie privée a obtenu un succès
croissant, notamment dans la dernière centaine d'années ;
ce procédé, c'est l'assurance.

Il offrirait le moyen certain de mettre les individus à
l'abri des risques divers de pertes, de ceux du moins de ces
risques qui sont précis, peuvent être déterminés d'avance,
ont un caractère en quelque sorte périodique, soumis
qu'ils sont, sinon pour chaque individu isolé, du moins
pour chaque groupe nombreux, à une loi de répétition et
de régularité.

Ce procédé consiste dans le calcul, à l'aide de l'observation et de l'expérience, de la fréquence des risques et dans
l'imposition à tous les partisans d'une cotisation, d'une
prime ; l'ensemble de ces primes représente le sinistre total
qui, selon les probabilités, frappera le groupe ; il doit, en
outre, couvrir les frais d'administration et constituer une
réserve pour les cas imprévus et les chances d'erreurs.

L'humanité s'est avisée dès longtemps de l'excellence de
cette méthode d'évaluer le total de certains risques précis
pour tout l'ensemble d'un groupe d'hommes associés, et de
répartir à l'avance entre eux la perte de façon qu'elle soit
aisée à supporter.

Inventé par un auteur inconnu, à une époque indéterminée, sorti peut-être de l'instinct même des masses humaines, ce procédé a eu de lents et pénibles débuts ; puis, en
vertu de la séduction qu'exercent sur la société les institutions utiles au fur et à mesure que le jour se fait sur elles
et que le mécanisme en est compris, il s'est graduellement
généralisé.

Ce sont d'abord les couches élevées et intelligentes de la
société qui l'ont mis en pratique ; puis les couches moyennes et peu à peu on y voit accéder spontanément les classes

inférieures. Limité d'abord à quelques risques très simples, très généraux, il tend maintenant à en embrasser beaucoup d'autres. On veut l'étendre parfois à des risques très compliqués qui ne paraissent guère susceptibles de se plier à une organisation de ce genre, aux faillites par exemple ou aux vols, ou à la dépréciation des titres de bourse.

En ce qui concerne l'ouvrier ou la famille ouvrière, un économiste allemand, M. Brentano, professeur à l'université de Strasbourg, n'indique pas moins de six assurances différentes qui seraient nécessaires pour lui donner la sécurité et le bien-être : 1° une assurance ayant pour objet une rente destinée à secourir et à élever ses enfants dans le cas où il mourrait prématurément (c'est la garantie du renouvellement de la classe ouvrière) ; 2° une assurance de rente viagère pour ses vieux jours ; 3° une assurance destinée à lui procurer des funérailles décentes ; 4° une assurance pour le cas d'infirmités ; 5° une assurance pour le cas de maladie ; 6° une assurance pour le cas de chômage par suite de manque de travail.

Encore doit-on dire que l'écrivain allemand s'est borné à l'examen des risques qui frappent la personne. Mais l'ouvrier aurait besoin, en outre, de diverses assurances contre les risques qui menacent les biens ; car il ne laisse pas, d'ordinaire, de posséder quelques biens, un mobilier qui peut être brûlé, parfois un champ qui peut être grêlé, une vache qui peut être atteinte de contagion.

L'idée que l'on peut donner à l'homme la sécurité complète, absolue, que sa situation pécuniaire ne sera jamais changée, pourrait bien être une idée chimérique. De même qu'il y a la religion de l'assurance, c'est-à-dire une appréciation raisonnable des avantages que ce procédé comporte, des extensions et des progrès dont il est susceptible, il y a aussi une superstition ou un mysticisme de l'assurance qui attend de cette ingénieuse méthode ce qu'elle ne peut pas fournir.

Quelques vues rétrospectives sur les origines, le fonctionnement et la propagation des assurances ne seront pas inutiles pour déterminer le rôle de l'État en cette matière.

Sous leur forme actuelle, constituant un réseau aux mailles serrées qui embrasse tout un pays, les assurances peuvent être considérées comme une institution de propagation récente ; mais elle est d'ancienne invention.

L'énorme augmentation de l'épargne dans les diverses classes des peuples civilisés, la facile circulation des capitaux, l'abondance des valeurs servant aux placements, la connaissance plus exacte de la loi des grands nombres, des statistiques plus détaillées et plus certaines, incessamment corrigées et renouvelées par une observation attentive, l'instruction plus répandue, le secours de la presse, toutes ces circonstances ont singulièrement aidé à faire connaître et à généraliser le procédé de l'assurance.

Les deux formes d'assurances les plus anciennes semblent être l'assurance maritime et l'assurance contre les maladies ; l'une, née de l'instinct du commerce ; l'autre, de l'instinct philanthropique.

On retrouve dans les discours de Démosthène des preuves du fonctionnement de l'assurance maritime et de quelques fraudes auxquelles elle donnait lieu. Au xive siècle existaient des compagnies flamandes, portugaises, italiennes, pour cette branche de l'assurance. On en voit sous Charles-Quint qui paraissaient déjà fort anciennes. Le marchand de Venise, Antonio, de Shakspeare, s'il se vit réclamer sa livre de chair par Shylock, aurait pu, avec quelque prévoyance, éviter cette extrémité.

Quant aux assurances contre la maladie, elles sont nées fort anciennement, moins du calcul rigoureux peut-être, que du sentiment de la sociabilité ou de la bienfaisance. Une pensée chrétienne s'y est mêlée au moyen âge. Les confréries de pénitents étaient de vraies sociétés de secours mutuels, des assurances contre la maladie : ce fut l'un de leurs principaux attraits.

Il ne faut pas oublier qu'il y a deux grandes catégories d'associations, celles de capitaux et celles de personnes et que, si les premières, avec un certain développement du moins, sont relativement nouvelles, les secondes ont foisonné de tout temps, aussi bien dans l'antiquité qu'au moyen âge. L'instinct humain, quand on ne le comprime pas, produit spontanément un nombre infini d'associations libres.

La société doit-elle se fier à cette fécondité de l'instinct humain, s'en remettre à lui de créer successivement et de répandre les organismes qui peuvent atténuer ou réparer les divers maux dont l'homme est menacé? Doit-elle, au contraire, en appeler à cet appareil de coercition qui se nomme l'État pour imposer à tous, ou du moins aux plus menacés et aux plus intéressants, des combinaisons protectrices dont, sans lui, ils ne se soucieraient pas?

Un certain nombre de théoriciens, la plupart allemands, soutiennent cette seconde thèse. Pour eux l'État est l'assureur naturel, l'assureur en quelque sorte nécessaire, non seulement pour les risques qui menacent la personne de l'ouvrier, mais même pour les risques d'incendie, de grêle, de mortalité du bétail, etc. Le professeur Wagner, de Berlin, confident du grand chancelier de l'empire, est celui qui a le plus développé cette doctrine.

L'État est, dit-il, l'intermédiaire naturel entre les citoyens et le lien des citoyens entre eux. Par la perception de l'impôt et l'emploi des ressources budgétaires, l'État pénètre dans la vie intime de la nation. Il est vrai que l'État est un lien ; mais c'est un lien que l'on subit, qui n'a aucune souplesse et qui, si on le resserre et qu'on l'étende à tous les membres, rend les individus passifs. Tout autres sont les liens que les individus forment entre eux en vertu de leur activité spontanée ou de leur choix réfléchi ; ces autres liens peuvent être tout aussi efficaces, et ils respectent plus la personnalité.

L'État est encore indiqué, dit-on, pour le monopole des assurances, parce que seul il peut donner une sécurité absolue. L'histoire ne confirme pas cette assertion : bien des États n'ont pas tenu leurs engagements, même dans le courant de ce siècle, tandis que la plupart des sociétés particulières bien conduites exécutaient régulièrement leurs contrats (1). On peut même affirmer qu'une extension nouvelle et considérable des opérations financières de l'État, en dehors de ce qui est nécessaire au fonctionnement de ses services essentiels, rend plus précaire, plus fragile, plus dangereuse sa situation financière.

Mais, quand même l'État, ce qui n'est vrai ni de tous ni

---

(1) Comme ayant fait des banqueroutes, soit partielles, soit totales, soit pour leur dette consolidée, soit pour leur papier-monnaie, on peut citer la France à la fin du dernier siècle, les États-Unis au même moment, l'Autriche-Hongrie, la Russie, l'Italie, l'Espagne, différents États de la grande Confédération américaine, notamment la Virginie, presque tous les États de l'Amérique du sud. Il n'y a guère que la Grande-Bretagne, la Hollande et quelques petits pays, qui aient complètement échappé à ces défaillances de la solvabilité de l'État.

Au contraire, dans presque tous les pays que je viens de nommer, il y a eu des sociétés privées très florissantes au moment même où l'État se trouvait dans les plus graves embarras. C'est par l'exemple de la prospérité de diverses grandes institutions privées, chemins de fer, banques, assurances, etc., que peu à peu le crédit des États défaillants s'est relevé : ce phénomène est tout à fait manifeste, pour qui étudie avec soin les finances des diverses nations au dix-neuvième siècle. Les succès du crédit privé, les bonnes habitudes et la confiance qu'il répand dans la nation, finissent par profiter au crédit de l'État. En finances, comme en toute matière, bien loin que l'État soit l'éducateur des particuliers, ce sont les particuliers qui, peu à peu, avec beaucoup de peine, font l'éducation de l'État.

d'un seul à tous les instants, offrirait cette absolue sécurité que lui attribue si bénévolement M. Wagner, l'expérience prouve qu'une réglementation prudente, par voie législative, des contrats d'assurance, dans la branche vie notamment, procure, sous le régime des sociétés libres, une très haute sécurité relative, qui est suffisante. Il importe de laisser l'homme faire quelques efforts pour atteindre à la sécurité absolue, sinon l'on engourdit son esprit, et tous les actes de la vie civile finissent par se ressentir de cet engourdissement.

Descendant des principes généraux aux détails, le professeur Wagner invoque en faveur de l'assurance par l'État les raisons de fait qui suivent : il y a dans l'assurance libre un grand gaspillage de capital et de travail ; les frais généraux, le nombre des agents, leurs remises, tout cela est excessif. L'État, au contraire, a ses bureaux de poste, ses percepteurs, ses instituteurs, ses agents de police. Il peut recouvrer l'assurance comme un impôt, presque sans augmentation de frais. L'opinion publique, ajoute assez imprudemment le théoricien de Berlin, contrôlerait beaucoup plus sévèrement la gestion de l'État et ses combinaisons. On n'aurait plus besoin d'une législation particulière sur les assurances.

Puis, le dernier argument, c'est que l'État gérerait les assurances d'une façon plus philanthropique : il abolirait la différence des primes ; il ferait soutenir les faibles par les forts ; l'humble logis en torchis couvert de chaume, très exposé au feu, ne payerait pas une prime proportionnelle plus élevée que le solide immeuble en pierre de taille et en fer. Les primes ne seraient plus conformes aux risques, ce qui revient à dire que l'ordre naturel serait interverti, que les propriétaires des meilleures maisons payeraient plus que leur part.

Le renversement des conditions naturelles, c'est à quoi veut toujours aboutir l'État bienfaisant.

Tous ces prétendus avantages de l'assurance d'État sont presque autant de défauts. Sans doute il peut y avoir quelque exagération de frais généraux et de personnel dans l'assurance privée ; mais le gaspillage y est plutôt apparent que réel. Ces agents, dont on juge le nombre excessif parce que, dans chaque chef-lieu d'arrondissement, ils sont une demi-douzaine ou une douzaine, ne vivent pas en général uniquement de leur agence. Celle-ci n'est, pour la plupart d'entre eux, qu'un accessoire : ce sont des commerçants, des employés, des propriétaires, des rentiers qui joignent cette ressource auxiliaire à celles qui leur viennent d'un autre travail ou d'un autre fonds.

Les règlements sont plus faciles avec eux qu'avec des agents de police ou des percepteurs. On peut compter sur une justice plus impartiale quand on ne plaide pas contre l'État, redoutable personnage qui jouit de tant de moyens de pression.

Quant à l'abolition de la différence des primes, qui aujourd'hui sont graduées sur les diversités des risques, cette mesure réputée humanitaire fausserait les idées du public et aurait des inconvénients réels : cette différence des primes est juste, puisqu'elle est conforme à la nature des choses ; elle a un effet utile, celui de pousser au progrès, aux arrangements, dans les constructions soit de maisons, soit de navires, qui comportent les primes les moins élevées, c'est-à-dire les moindres risques. Si l'État veut faire la charité, qu'il la fasse ouvertement.

Si l'assurance d'État offrait en elle-même tant de causes de supériorité, on ne comprendrait pas que des assurances privées pussent résister dans beaucoup de pays à la concurrence d'assurances officielles. Or c'est le cas en France et en Angleterre pour les caisses d'assurances sur la vie et sur les accidents. Les caisses officielles fondées en France sous le second empire, quoique, par une pensée philanthropique, elles consentissent des tarifs singulièrement avantageux aux déposants, n'ont jamais pu se développer.

Il en a été de même en Angleterre. Devançant d'une quinzaine d'années M. de Bismarck, M. Gladstone, en 1864, avait cru devoir créer un système de petites assurances officielles, analogue à notre caisse des retraites. Cette institution n'a eu que d'infimes résultats. En 1881, au bout de dix-sept ans, elle n'avait créé que pour 4 millions et demi de francs de rentes viagères et elle n'avait fait d'assurances sur la vie que pour 12 millions et demi de francs. Les enquêtes faites sur cet échec, notamment en 1882, ont mis en lumière que le but n'avait pas été atteint, par la raison surtout que l'État, personnage peu attrayant de sa nature, avait voulu faire le commerce sans avoir aucun des dons qui permettent d'attirer librement la clientèle.

L'Allemagne elle-même a fourni la preuve que les assurances officielles, en dépit de toute l'économie de rouages qu'on leur attribue, ne peuvent triompher des assurances libres. Dans les divers pays allemands et dans les contrées scandinaves, il existe de nombreuses caisses officielles d'assurance contre l'incendie; leur existence remonte au moyen âge, à cette époque où la commune allemande jouissait d'une forte autonomie. En Allemagne, en Autriche, en Suisse, en Danemark, on trouve donc de ces caisses officielles soit communales, soit provinciales, soit même nationales, qui fonctionnent concurremment avec les sociétés mutuelles ou les sociétés par actions. Ces dernières sont, d'ordinaire, beaucoup plus récentes.

Jouissant de la priorité, ayant été parfois même, pendant longtemps, obligatoires, il semble que ces assurances officielles eussent dû former un obstacle à la création et au fonctionnement d'assurances libres. Celles-ci cependant ont surgi et n'ont pas cessé de gagner du terrain.

Le célèbre économiste allemand Roscher constate que, en 1878, les caisses officielles contre l'incendie dans l'empire allemand assuraient pour 25 milliards 641 millions d'immeubles ou de meubles, les sociétés mutuelles libres pour 6 milliards 480 millions, et les sociétés par actions pour 38 milliards 162 millions, soit moitié plus que tout l'ensemble des caisses officielles.

Les principaux protagonistes de l'assurance d'État reconnaissent que, sous le régime de la concurrence, les sociétés d'assurances par actions finiraient par évincer les caisses officielles. Telle est, dans le domaine des affaires, la supériorité naturelle de toute organisation libre, flexible, ouverte aux changements, sur la bureaucratie nécessairement lente et pédantesque de l'État.

Ne pouvant réussir par la persuasion, l'État est revenu, dans quelques pays, à sa vraie nature, la contrainte. Sur ce terrain, il ne craint pas de rival. Il a le monopole de la force, de l'injonction qui ne peut être ouvertement éludée.

L'exemple est venu de l'Allemagne. Sans entrer dans les détails des lois et des projets de M. de Bismarck, il est indispensable à notre sujet d'en exposer les idées générales et d'en juger l'application.

Le penchant du grand chancelier de l'empire à un certain socialisme date de loin ; ses relations et ses entretiens avec Lassalle, le célèbre agitateur, sont connus. Sous la séduction de ce dernier, partisan des sociétés ouvrières soutenues par l'État, M. de Bismarck avait pensé d'abord à subventionner même largement, en y affectant jusqu'à 100 millions, des sociétés coopératives. Puis ce projet lui parut à la fois trop restreint et d'un succès trop incertain.

Le message du 17 novembre 1881, la création du *Reichs-amt des Innern*, annoncèrent la nouvelle politique intérieure dont l'incubation prit plusieurs années avant de se formuler dans des plans précis.

C'est l'assurance obligatoire qui parut le régulateur de la paix sociale. Mais jusqu'ici ce système d'assurance obligatoire a été très restreint. Il ne s'applique ni à l'incendie, pas même à celui des petits mobiliers ou des chaumières et des petits immeubles, ni à la grêle, ni à la mortalité du bétail, ni aux naufrages, pas même à ceux des petites barques, ni aux pertes par les transports. Logiquement, l'État allemand devrait finir par s'occuper de toutes ces branches, à l'exception peut-être de la première.

Il ne s'est encore chargé que de l'assurance contre les maladies, puis contre les accidents professionnels, enfin, dans une mesure singulièrement atténuée, de caisses de retraites ouvrières obligatoires.

En fait, ces lois, comme on le verra dans le chapitre suivant, sont loin d'avoir la portée sociale qu'on leur attribue : elles ne concernent qu'un petit nombre des risques ou des maux qui attendent l'homme ; contre le plus grave et le plus certain de ces maux, celui de la vieillesse ou des infirmités, elles ne promettent qu'une indemnité dérisoire.

Ces mesures semblent avoir eu plutôt un objet politique qu'un but vraiment social ; on veut dérober aux socialistes révolutionnaires leur clientèle. Comme toujours, le socialisme d'État croit apaiser le dévorant appétit de Cerbère par un simple gâteau de miel ; après l'avoir englouti, le monstre sent redoubler sa voracité trompée et inassouvie (1).

(1) Nous avons traité d'une manière très étendue la question des assurances dans notre *Traité théorique et pratique d'économie politique*, tome IV, pages 311 à 403.

CHAPITRE VI

L'ÉTAT ET L'ASSURANCE OBLIGATOIRE.

Après bien des études, des remaniements, des résistances
réelles ou simulées, le parlement allemand a adopté les
deux premières parties de la trilogie du grand chancelier ;
il va faire sans doute de même pour la troisième (1).

La loi du 15 juin 1883 a organisé l'assurance obligatoire
des ouvriers contre la maladie ; celle du 6 juillet 1884, remaniée par celles du 28 mai 1885, 5 mai 1886, 11 et 13 juillet
1887, a constitué l'assurance ouvrière obligatoire contre les
accidents.

Quoique arrivant la seconde seulement par le vote, celle-
ci venait la première par la conception. L'accident professionnel est un des risques graves qui menacent, dans certaines industries, l'ouvrier et sa famille. Il ne faut pas, cependant, s'en exagérer la fréquence. Sur 18,389,468 ouvriers
de l'industrie et de la culture assurés en Allemagne en 1895,
suivant le nouveau système légal, on a compté, en cette année, 75,527 victimes d'accidents, parmi lesquelles 6,448 ont
succombé et 1,706 ont été atteintes d'une incapacité de travail
absolue et permanente ; en ne tenant compte que de ces
deux dernières catégories et en négligeant les infirmités partielles ou temporaires, on a donc 8,154 victimes sur
18,389,468 ouvriers (2), soit 1 ouvrier gravement atteint sur
2,255 employés : en évaluant à trente-trois ans ou trente-
cinq ans la période moyenne d'activité de l'ouvrier, il y au-

(1) Au moment où nous revoyons ces lignes (juillet 1889) la loi d'assurance contre la vieillesse vient d'être votée ; mais elle a rencontré au
Reichstag plus de résistance qu'on ne le supposait, et il est vraisemblable que, sans la situation exceptionnelle de M. de Bismarck, elle eût
été repoussée (Note de la 1re édition).

(2) Ces chiffres sont extraits du *Statistisches Jahrbuch für das Deutsche
Reich*, 1897, page 183 (Note de la 3e édition).

rait pour chacun d'eux une chance sur 65 ou 68 d'être frappé d'un accident entraînant soit la mort, soit une incapacité absolue et permanente de travail.

Comme une partie des accidents sont dus, non pas à des cas fortuits, mais à des fautes et à des imprudences de la personne frappée, on peut diminuer pour les ouvriers prudents et attentifs ces mauvaises chances d'un bon tiers, de sorte que le risque pour eux d'accident de première gravité dans toute leur carrière serait de 1 sur 100 environ. Ces chiffres concernent à la fois les ouvriers de l'agriculture et de l'industrie. Si l'on ne considère que l'industrie, ces risques sont plus intenses et la prudence de chaque ouvrier pris isolément a parfois moins le pouvoir de les écarter. Sur 5,409,218 ouvriers industriels en Allemagne, en 1895, 33,728 ont été atteints d'accidents dans la même année, parmi lesquels 3,644 ont succombé et 780 ont été atteints d'une incapacité absolue et permanente ; la proportion de ces deux dernières catégories à l'ensemble est de 1 pour 1,222, et la chance d'être ainsi frappé dans une carrière de trente à trente-cinq ans est de 1 par 35 ou 37 ouvriers. Dans certains métiers, comme l'industrie du bâtiment, les mines, le camionnage, les mauvaises chances sont encore moitié plus ou deux fois plus fortes.

On comprend donc que la législation sur les accidents est d'une sérieuse importance pour les ouvriers. Cette législation, dans la plupart des pays, était restée indifférente. Avant 1880 la loi anglaise, avant 1871 la loi allemande, ne venaient pas au secours de l'ouvrier atteint d'accident professionnel. La loi française se montrait plus humaine ou, du moins, notre jurisprudence, développant un principe général de notre Code, admettait que le patron est tenu de réparer les conséquences du préjudice que subit l'ouvrier blessé ou sa famille, si l'accident provenait d'un vice quelconque des installations, de l'imprudence ou de la négligence même la plus légère d'un surveillant, d'un contremaître ou d'un autre ouvrier faisant partie du même atelier.

La principale difficulté consistait en ce que, conformément aux principes généraux de notre droit, la preuve de la faute incombait aux plaignants, c'est-à-dire à l'ouvrier, qui n'est pas toujours en état de la faire. Mais, d'ordinaire, les dispositions sympathiques des tribunaux atténuaient les inconvénients de cette situation. On eût pu d'ailleurs, pour les industries exposées à des risques fréquents, sans bouleverser toute la législation, renverser l'obligation de la preuve et la transférer de l'ouvrier au patron.

En fait, on peut dire que la presque universalité des accidents survenant dans les ateliers mécaniques était en France, avant la loi de 1898, largement indemnisée. Dans les industries le plus assujetties à ces risques, dans la fabrication d'explosifs, par exemple, dans beaucoup mines et de carrières, les sociétés ou les patrons individuels avaient pour habitude de constituer des réserves spéciales pour pourvoir aux accidents qui se produisent sans périodicité régulière, mais quelquefois avec une intensité terrible.

Bien autrement malheureux sont les simples ouvriers isolés ou les petits entrepreneurs autonomes qui, sans patron, se livrent à des tâches souvent dangereuses : bûcherons, charretiers, maçons ou couvreurs à la campagne, petits propriétaires, etc. La plupart de ceux-là ne peuvent tirer aucun secours d'une organisation légale quelle qu'elle soit. Leur seule ressource est de s'affilier à quelque société de prévoyance ou de faire eux-mêmes, par un prélèvement anticipé et continu sur leurs gains, la part des cas fortuits.

La loi allemande sur les accidents a eu la prétention d'indemniser tous les risques professionnels ; mais, en réalité, et c'est dans la nature des choses, elle en laisse beaucoup de côté. Au lieu d'abandonner dans chaque cas au juge

l'évaluation du préjudice et l'examen de la cause, elle fait
d'avance une évaluation invariable. On substitue ainsi une
règle abstraite, une formule rigide, à l'équité large et intelligente d'une magistrature humaine.

L'accident professionnel est considéré par la loi germanique comme un risque propre à l'entreprise et devant entrer
dans les frais généraux. Cette conception, qui est ingénieuse, peut être exacte de certaines industries et de certains risques, ainsi pour le grisou dans les mines; elle ne
l'est pas pour la généralité des autres cas.

En vertu de la loi du 6 juillet 1884, tous les ouvriers et
patrons de l'industrie manufacturière, ne gagnant pas plus
de 2,000 marks (2,460 francs) par an, doivent faire partie
de corporations spéciales qui comprennent des professions
semblables ou analogues et s'étendent soit à tout l'empire,
soit à certaines grandes régions.

Le chancelier de l'empire aurait désiré une organisation plus unitaire; pour obtenir le vote de son projet,
il fut forcé de faire des concessions aux idées particula-
ristes d'une grande partie des membres du Reichstag. A la
fin de 1895, on comptait 64 de ces grandes corporations pour
l'industrie et 48 pour l'agriculture, plus un certain nombre
d'unions pour les ouvriers de l'État, des provinces et des communes. Toutes ensemble comprenaient 18,389,468 ouvriers.
Il saute d'abord aux yeux que, dans un pays de plus de
52 millions d'habitants, il y a plus de 18 millions et demi de
travailleurs assujettis aux risques d'accidents professionnels.
La loi est donc incomplète, quant à sa sphère d'action.

En cas d'invalidité totale et permanente, l'ouvrier a droit
aux deux tiers de son salaire; pour une invalidité partielle ou
temporaire, l'indemnité est moindre. En cas de mort, la
veuve reçoit 20 pour 100 du salaire; les descendants autant;
les enfants, chacun 15 pour 100 jusqu'à quinze ans, sans

que le total de ces allocations puisse dépasser 60 pour 100 du salaire.

Ces indemnités sont à la charge des patrons seuls, l'État, ce qui est d'ailleurs de toute justice, n'y contribuant en rien.

Des tribunaux d'arbitres élus, moitié par les patrons, moitié par les ouvriers, statuent, sous la présidence d'un fonctionnaire public, sur les difficultés que peut rencontrer l'application de la loi, sous la réserve d'appel à l'*Office impérial* des assurances, qui est composé presque exclusivement de fonctionnaires.

Ce qui nous préoccupe ici, ce ne sont pas les détails de la législation ou de la pratique, lesquels pourraient être modifiés, mais le principe même et ses conséquences.

De toute cette organisation bureaucratique, il résulte d'abord un développement énorme des frais généraux ; c'est en dépenses accessoires que se perd la plus grande partie des cotisations arrachées aux industriels. Ce qui se réglait aisément autrefois en général, par la simple sympathie ou par le jeu aisé d'une caisse privée et locale, devient l'objet de toute une paperasserie administrative.

En 1895, l'application de la loi a entraîné 10,372,100 marks, plus de 12 millions et demi de francs, de frais d'administration pour 50,125,800 marks, environ 62 millions de francs, payés en indemnités et 7,926,400 marks mis à la réserve : les frais représentent plus de 15 p. 100 des recettes.

Ce n'est encore là, qu'un des vices accessoires du système. Les vices principaux sont les suivants : d'abord la réalité de la loi est en contradiction avec ses prétentions ; une partie des travailleurs, soit artisans, soit petits propriétaires ruraux, soit petits entrepreneurs, tous exposés à des risques professionnels divers, ne bénificient pas de l'organisation. Les ouvriers atteints d'accidents, en dehors de leur travail professionnel, n'obtiennent également aucun secours de la loi.

Ensuite, l'intérêt de l'ouvrier et du patron à prévenir les *accidents se trouve sensiblement diminué* : l'indemnité étant déterminée. d'avance, dans les principaux cas, par la loi elle-même, sans considération des fautes ou des imprudences commises par l'une ou l'autre partie, l'ouvrier a un moindre intérêt à prendre des précautions minutieuses. Le patron, qui ne répond pas seulement de son propre établissement, mais encore solidairement d'un grand nombre d'autres établissements analogues, est beaucoup moins sollicité à adopter toutes les mesures, quelques-unes coûteuses, qui pourraient rendre les accidents plus rares. Cela est de toute évidence. Il n'est plus poussé à le faire que par la philanthropie presque désintéressée.

Certaines sociétés privées se sont constituées soit en France, soit en Alsace, qui. par leurs efforts, avaient beaucoup réduit ces risques professionnels : la *Société industrielle* de Mulhouse notamment, fondée en 1867, qui fit diminuer dans la région, par certaines précautions et certains agencements, les accidents de 60 pour 100; de même à Paris, l'*Association des industriels de France pour préserver les ouvriers des accidents du travail;* un homme technique, philanthrope aussi, M. Émile Muller, l'a constituée; quoique née en 1883 seulement, elle compte 500 grands industriels adhérents et s'étend à 60,000 ouvriers ; elle a établi beaucoup de sociétés filiales.

Tout ce zèle va, sinon disparaître, du moins par la force des choses, devant cette organisation bureaucratique d'État, s'affaiblir. L'assurance obligatoire suivant le système allemand augmentera probablement le nombre des accidents, notamment des très petits qui entraînent le plus d'abus.

Il arrive, d'autre part, que dans la généralité des accidents graves et où l'ouvrier n'est pas en faute, l'indemnité allouée par la loi allemande ou par la loi française récente

(1898) se trouve singulièrement moindre que celle qui était accordée par nos tribunaux : 20 pour 100 du salaire à la veuve, c'est souvent là une allocation très insuffisante. Il est à notre connaissance personnelle qu'une grande société industrielle, fort exposée à des accidents par la nature du produit qu'elle fabrique, ayant été condamnée en première instance à payer des indemnités très fortes aux familles d'ouvriers tués, invoqua, en appel, les tarifs proposés dans la loi française à l'étude et fit réduire, grâce à cet argument, dans des proportions considérables les sommes qu'elle devait verser aux familles des victimes. Voilà un cas, et nous en connaissons quelques autres de ce genre, où la loi soi-disant protectrice a tourné contre ceux qu'elle voulait protéger.

Une loi n'est qu'une abstraction, un texte mort, une moyenne : elle favorise les uns, d'ordinaire ceux qui sont le moins dignes d'intérêt ; elle réduit les autres, souvent ceux qui mériteraient le plus la sympathie. Sans recourir à la contrainte, on arriverait, d'une manière à peu près aussi sûre et aussi prompte, par une bonne justice, à réparer les accidents professionnels ; et l'on aurait, sous le régime souple et inventif de la liberté et de la responsabilité personnelle, beaucoup plus de chances de les prévenir.

La loi allemande pour l'assurance obligatoire des ouvriers contre la maladie, quoique présentée plus tard, a été votée avant celle contre les accidents.

Comme la précédente, elle a le défaut de n'embrasser qu'une partie de la population laborieuse. Elle impose à tous les ouvriers de l'industrie l'obligation de s'assurer contre les risques de maladie en s'affiliant à une caisse de secours; c'est à la judicieuse résistance des progressistes et du groupe du Centre (1) qu'est dû le choix de la caisse laissé à l'ouvrier.

(1) On sait que l'on appelle parti du Centre, dans le Parlement alle-

Mais qu'est-ce que l'ouvrier et pourquoi s'en tenir à lui ?
Tout le monde n'est-il pas digne d'une protection égale ? Le
petit employé, le petit fonctionnaire, la partie inférieure des
professions libérales, le maître de langue, la maîtresse de
piano, la lingère à domicile, tous ceux-là sont laissés en
dehors.

Tel est le vice irrémédiable d'une législation de classe :
elle ne tient pas compte des gradations infinies et impercep-
tibles qui existent dans la société moderne ; elle fait une
cassure nette dans un milieu qui ne comporte rien de pareil.
La loi allemande ne s'applique, en général, qu'aux ouvriers,
non aux femmes et aux enfants, dont la maladie est pour la
famille ouvrière une cause de grande gêne.

Grâce à l'action des groupes libéraux du Reichstag, la loi
sur l'assurance obligatoire contre les maladies s'est efforcée
de respecter l'esprit local et corporatif. C'est le type d'assurance communale qui prévaut. Les communes peuvent se
grouper en associations ou en unions. Les établissements
qui occupent plus d'un certain nombre d'ouvriers peuvent
avoir une caisse spéciale ; ils y sont même obligés dans certains cas. Les corporations d'artisans peuvent aussi avoir les
leurs. Les ouvriers peuvent former des caisses libres.

Chaque caisse a ses statuts et est gérée, d'après certaines
conditions générales, par un comité de membres ouvriers
et de patrons, les premiers dans la proportion des deux tiers
contre un tiers. Les statuts peuvent être modifiés avec
l'approbation du gouvernement. Un inspecteur spécial gouvernemental a le droit d'ingérence dans la comptabilité.

Les cotisations sont fournies jusqu'à concurrence des deux
tiers par les ouvriers aux jours de paie, et pour l'autre tiers
par le patron.

---

mand, le groupe des députés catholiques qui, en général, est opposé à
la centralisation administrative.

L'ouvrier a droit aux médicaments, aux visites du médecin et à une indemnité qui égale la moitié du salaire pendant une durée maxima de treize semaines. L'assurance est donc boiteuse ; car la moitié du salaire peut parfois ne pas suffire, et les treize semaines sont souvent dépassées par la maladie ou la convalescence. Les femmes en couches, assimilées aux malades, ont droit aussi, mais pendant trois semaines seulement, à une indemnité de la moitié du salaire.

La prime d'assurance à payer par l'ouvrier varie suivant les localités et les caisses ; elle va, d'ordinaire, de 1 1/2 à 2 pour 100 du salaire ; dans les caisses de fabrique où l'on s'occupe par surcroît des femmes et des enfants d'ouvriers, la retenue monte souvent jusqu'à 3 p. 100 et la cotisation du patron fournit moitié en plus.

Une loi complémentaire de 1886 permet de prendre des dispositions pour l'ouvrier rural ne travaillant pas habituellement chez le même patron ; mais ici les difficultés sont assez grandes et on ne peut dire qu'elles aient été surmontées.

Tels sont les traits généraux de cette organisation. Elle séduit un certain nombre d'esprits ; elle n'en a pas moins des inconvénients graves, et spéciaux et généraux.

D'abord, elle ne tient pas ce qu'elle promet, ce qui est un grand vice pour une institution d'État ; elle n'embrasse pas, en effet, toutes les personnes qui vivent d'un labeur professionnel ; et elle sert des indemnités, parfois ou trop réduites, ou pas assez prolongées. Elle fait beaucoup moins que ne faisaient la plupart des grandes entreprises individuelles bien menées. Celles-ci continuaient les secours même au-delà de la période réglementaire et infranchissable de treize semaines.

On n'a qu'à lire l'*Enquête décennale des institutions d'initia-*

tive privée dans la Haute-Alsace (1) pour être étonné de tout ce qu'avait fait le zèle individuel et du peu que réalise la contrainte gouvernementale. Si l'on considère notre France actuelle, les sociétés de secours mutuels, en 1884, comptaient 1,072,000 membres participants, 1,354,439 en 1895, et en outre 175,603 membres honoraires en 1884 et 244,999 en 1895 ; ces derniers, l'assurance obligatoire d'État les supprime indirectement ou les fait graduellement disparaître.

De même, les institutions de patronage, c'est-à-dire cette intervention bienveillante, philanthropique ou chrétienne, des chefs d'industrie, qui se manifeste par des modes variés et efficaces de secours, l'inflexible mécanisme gouvernemental tend à les éliminer.

Un rapport de M. Keller sur l'industrie de la houille en France établit que dans 37 exploitations, comprenant 28,000 ouvriers, les dépenses de secours et aussi de pensions étaient supportées exclusivement par les compagnies. Dans 95 autres, comprenant plus de 31,000 ouvriers, les compagnies fournissaient 531,000 francs et les retenues des ouvriers 969,000 ; la part du patron dépassait ainsi celle fixée par la loi allemande. Bien plus, dans 73 autres exploitations, les retenues fournissaient 1,652,000 francs, et les subventions 1,188,000.

En fait, sur 5,212,000 francs, formant les recettes des caisses françaises dans l'industrie des mines, 2,622,000 seulement provenaient des retenues, et 3,177,000 des versements des compagnies. D'après le tarif allemand, celles-ci n'auraient été astreintes à fournir que 1,311,000 francs.

D'autre part, la rigidité de la loi allemande, qui impose aux patrons comme une dette civile une cotisation qu'ils considéraient comme une simple dette morale, change à la

---

(1) Publication de la *Société industrielle* de Mulhouse, 1878.

longue les dispositions des industriels. L'on a remarqué qu'un certain nombre, depuis la loi, hésitent à engager des ouvriers valétudinaires ou incurables, afin de ne pas charger la caisse de leur établissement : même les autres ouvriers s'opposent parfois à l'entrée des nouveaux venus d'une santé débile, dont ils auraient à couvrir partiellement les frais de maladie.

Quoi qu'on fasse, la philanthropie officielle, sous une forme obligatoire et générale, et la philanthropie privée et libre ne peuvent longtemps fonctionner de compagnie : l'une doit ruiner l'autre.

Voici une belle observation d'Herbert Spencer : « Dans toute espèce de société, chaque espèce de structure tend à se propager. De même que le système de coopération volontaire, établi soit par des compagnies, soit par des associations formées dans un dessein industriel, commercial ou autre, se répand dans toute une communauté; de même le système contraire de la coopération forcée sous la direction de l'État se propage; et plus l'un ou l'autre s'étend, plus il gagne en force d'expansion. La question capitale pour l'homme politique devrait toujours être : Quel type de culture sociale est-ce que je tends à produire? Mais c'est une question qu'il ne se pose jamais. »

Peut-être le grand-chancelier de l'empire allemand se l'est-il posée. On lui prêtait dernièrement ce mot prononcé à un moment, vers la fin du second empire, où il était vaguement question de désarmement : « Nous autres, Prussiens, nous naissons tous avec une tunique. » Faire que la tunique soit de plus en plus étroite et que les mouvements y soient de plus en plus gênés, cela peut être un idéal; mais il tend à supprimer la civilisation.

La troisième loi allemande, celle de l'assurance officielle contre les infirmités et la vieillesse, nous retiendra peu. Les deux précédentes auprès de celle-ci, qui est grandiose par l'intention et par la formule, sont de simples enfantillages.

Elle n'existe encore qu'à l'état d'embryon. En voici les dispositions principales : l'ouvrier a droit, à partir de soixante-dix ans, à une pension variant de 90 à 210 francs par an, suivant le taux moyen des salaires de la commune où il a travaillé. Pour la détermination de ce taux moyen, les communes de l'empire sont réparties en cinq catégories. Quand l'ouvrier, ce qui est un cas fréquent, a varié ses résidences, les difficultés ne sont pas minces, les calculs sont fort compliqués.

Quant aux pensions pour infirmités, elle atteignent, selon la durée de la période pendant laquelle l'ouvrier a versé ses cotisations, 24 à 50 p. 100 du salaire moyen de la commune. Les pensions pour infirmités et celles pour la vieillesse ne peuvent être cumulées. Les femmes n'ont droit qu'aux deux tiers du montant des pensions affectées aux hommes, c'est-à-dire que la retraite de l'ouvrière âgée de plus de soixante ans varie de 60 à 140 francs.

Les sommes nécessaires au service de ces pensions, bien infimes, certes, en elles-mêmes, mais formant par leur nombre une masse considérable, sont ainsi recueillies : les patrons et les ouvriers supportent chacun le tiers de la dépense et l'État le dernier tiers. Le taux moyen de ces cotisations reste entouré d'une grande obscurité.

La loi frappe d'abord par son caractère illusoire. Toute loi doit être sérieuse, cohérente, c'est-à-dire qu'elle doit pouvoir atteindre, au moins théoriquement, le but qu'elle se propose. Ici, le but, c'est de mettre l'ouvrier dans ses vieux jours à l'abri du besoin. Or est-ce que la vieillesse pour l'ouvrier ne commence qu'à soixante-dix ans? On croit rêver en lisant ce chiffre

Voyez-vous un couvreur, ou un marin, ou même un tail
leur de pierres et un manœuvre de soixante-cinq ou soixante
huit ans? Le *telum imbelle sine ictu*, de Virgile, ne s'applique
pas seulement aux guerriers.

D'après le *Bulletin de statistique*, publié par notre ministère des finances, l'âge moyen des fonctionnaires français
admis à la retraite, en 1886, était de cinquante-sept ans et
quatre mois. J'admets que le relâchement de l'administration et la méthode sauvage pratiquée sous le nom d'épuration aient trop rabaissé l'âge de la retraite dans nos services
civils; on devrait revenir à la pratique suivie il y a vingt-cinq
ou trente ans, en 1860, par exemple, quand l'âge moyen de
la retraite, l'âge moyen le plus élevé que l'on ait vu depuis
1854, était de soixante-deux ans deux mois. Mais entre cet
âge et celui de soixante-dix, quel intervalle, surtout pour
des ouvriers qui travaillent avec leur force physique et non
avec leur force intellectuelle!

La plupart des ouvriers allemands auront traversé les
plus dures privations et seront couchés dans la tombe avant
de pouvoir jouir de la retraite que la loi en projet promet
aux septuagénaires.

Cette pension, si tardive, combien, en outre, elle est modique! 90 à 210 francs par an, qui peut vivre avec cela,
même avec le chiffre le plus élevé?

En France, la retraite moyenne pour les fonctionnaires
de *la partie active* (opposée à la partie sédentaire) des postes
et des télégraphes, c'est-à-dire principalement pour les facteurs, s'élève, en 1886, à 518 francs; la retraite moyenne
pour les fonctionnaires de *la partie active* du ministère de
l'agriculture (toujours opposée à la partie sédentaire ou aux
emplois de bureau) monte à 499 francs; c'est surtout des
gardes-forestiers, des éclusiers qu'il s'agit là. Or, dans les
chambres, il se rencontre toujours des députés qui préten-

dent que ces retraites sont insignifiantes et qui proposent de les élever. Que serait-ce des 90 à 210 francs aux septuagénaires que la loi allemande offre, comme idéal, aux ouvriers ?

Néanmoins, même dans ces conditions si peu efficaces, ces retraites coûteraient fort cher. Le projet allemand prévoyait une charge annuelle de 195 millions pour le service des retraites promises, quand la loi serait en plein fonctionnement. Mais, avec les mécomptes qui sont inévitables en pareils cas, il est à craindre que cette somme ne soit fort insuffisante. Puis, il faudra incontestablement augmenter le chiffre des retraites et abaisser l'âge où elles sont acquises.

En 1896, après une demi-douzaine d'années d'application de cette loi du 22 juin 1889, le nombre des rentes inscrites à l'office impérial pour la vieillesse était de 220,820 et pour l'invalidité de 179,500, ensemble 400,300, pour une somme de 48,400,000 marks (1) ou de moins de 60 millions de francs, soit à peine 150 francs par rente (2). Le nombre des ren-

(1) *Statistisches Jahrbuch für das deutsche Reich* 1897, page 186.

(2) Nous avons étudié avec détail toute cette matière des assurances soit d'État, soit privée, dans notre *Traité théorique et pratique d'économie politique*, 2e édition, tome IV, pages 311 à 404. Nous avons démontré notamment (page 380 de l'ouvrage précité) que, pour servir 1 franc par jour à toutes les personnes ayant dépassé l'âge de 57 ans 4 mois correspondant à celui de la retraite en France pour les fonctionnaires, et, en tenant compte des personnes atteintes d'infirmité avant cet âge, il en coûterait au moins 1,550 millions de francs par an.

On a organisé en France, au moyen d'associations indépendantes et de diverses collectivités privées ainsi que de la « Caisse nationale des retraites pour la vieillesse », institution d'État, un système d'assurances qui n'a rien d'obligatoire en général, et où l'État intervient d'une manière beaucoup plus modeste qu'il ne le fait en Allemagne. Chose curieuse, on est arrivé, comme on va le voir, sous ce système de liberté habituelle (l'obligation n'existant que pour les ouvriers des mines et ceux des établissements de l'État), à des résultats actuellement supérieurs à ceux de l'Empire allemand, si l'on tient compte de ce que notre population nationale, est d'un quart inférieure à celle de l'Allemagne et de ce que notre population industrielle ne dépasse guère la moitié de celle de nos voisins (la proportion des habitants des campagnes étant chez nous beaucoup plus forte).

Voici un résumé des opérations de la « Caisse nationale des retraites pour la vieillesse » en 1898 :

tiers devrait presque être décuplé et le montant des rentes multiplié par vingt au moins, si l'on voulait faire allouer par l'État des rentes efficaces à toute la population étant soit frappée prématurément d'invalidité, soit arrivée à l'âge

On a enregistré, cette année là, 91,604 comptes nouveaux, dont 8,100 individuels et 83,444 au nom de membres de collectivité. En 1897, le nombre total des comptes nouveaux avait été de 94,493, dont 6,258 individuels et 88,235 au nom de membres de collectivités. L'amélioration de la part afférente aux comptes individuels n'est pas négligeable. Elle l'est d'autant moins qu'elle provient surtout de premiers versements effectués par des écoliers de Tourcoing et de Roubaix.

Elle suppose que les versements sont entrepris à un âge aussi bas que possible. A cette condition seulement, l'accumulation des fonds et la capitalisation des intérêts peuvent jouer tout leur rôle. Cette vérité se fait jour peu à peu. « En ce qui concerne les déposants directs, lit-on dans le rapport officiel, on peut observer, depuis quelques années, un mouvement ascensionnel dans les catégories des déposants jeunes, notamment dans celle des déposants âgés de trois à dix-neuf ans. » Pendant l'année 1898, cette catégorie a donné, à elle seule, 46.75 p. 100 du nombre total des déposants directs.

L'âge fixé pour l'entrée en jouissance de la rente part de cinquante ans. Pour le plus grand nombre des déposants directs, il va de cinquante à cinquante-quatre ans (55,56 pour 100 de l'ensemble). Pour 30 1/2 pour 100 des déposants, il varie entre 55 et 59 ans. Très peu admettent des entrées en jouissance plus lointaines : 9,66 pour 100 la fixent de 60 à 64 ans; 4,28 pour 100 à 65 ans et au-dessus. Les écoliers de Roubaix et de Tourcoing, au nombre de plus de douze cents, qui ont versé à titre individuel la première fois en 1898, ont vu cette entrée en jouissance fixée à 55 ans. Cet âge paraît bien choisi; il ne s'écarte guère (voir plus haut, page 387) de l'âge moyen de la mise à la retraite des fonctionnaires français, parmi lesquels il y a beaucoup de bureaucrates; il est assez proche pour que le travailleur retraité ait la perspective de toucher assez longtemps sa rente et assez éloigné pour que la capitalisation porte celle-ci à un chiffre convenable.

Jusqu'à présent, ce sont les collectivités qui ont le plus utilisé la caisse nationale des retraites. En 1898, un nombre assez considérable d'administrations et de sociétés ont eu recours, pour la première fois, à cette caisse; le rapport officiel cite le Crédit lyonnais qui a effectué 8,185 versements pour le personnel de son administration centrale et de ses agences des départements. La Compagnie du Nord a complété ses versements au nom de ses agents non commissionnés. D'autre part, l'application du décret du 26 février 1897, concernant les pensions des ouvriers civils des établissements militaires, est devenue générale en 1898. De même, la loi du 29 juin 1894 sur les retraites des ouvriers mineurs paraît avoir produit tout son effet; le nombre des personnes qui bénéficieront de cette loi s'élevait, au 31 décembre 1898 à 245,567.

Les rentes en cours s'élevaient, au 31 décembre 1898, à 231,071 pour

moyen où les fonctionnaires des services actifs prennent
leur retraite. Il est à craindre qu'une fois entré dans cette
voie, on ne soit entraîné à imposer à la nation un fardeau
intolérable.

34,458,491 fr. Ces 231,071 rentiers comprennent 126,296 hommes pour
18,082,968 francs de rente et 104,775 femmes pour 16,375,523 francs de
rente. Tandis que la moyenne de rente des femmes atteint 156 fr., celle
de la rente des hommes ne monte qu'à 143 fr. Ces moyennes sont, du
reste, fort au-dessus des chiffres auxquels parviennent les rentes du
plus grand nombre des rentiers. On en compte 100,046 qui sont titulaires de rentes de 2 fr. à 50 fr. Il n'y a que 8,968 rentiers titulaires de
rentes de 361 à 600 fr., et l'on n'en trouve que 2,025 titulaires de rentes
de 1,201 à 1,500 fr.

La Caisse a dû payer, en 1898, une somme totale de 49,282,969 fr. 53,
dont 32,635,909 fr. 08 pour payements sur rentes viagères, 15,323,576 fr. 57
pour remboursements, après décès, de capitaux réservés, et
1,323,483 fr. 88 pour payements divers. On est frappé de la proportion
élevée qu'atteignent les capitaux réservés. Elle est à l'honneur de l'esprit de famille en France. Par des versements à capital aliéné, les clients
de la Caisse nationale des retraites s'assureraient des pensions moins
modiques, mais avec eux s'éteindraient leurs droits.

Il semblerait, toutefois, à ne considérer que certains chiffres, que
l'esprit de capitalisation permanente ait subi une atteinte, en 1898 :
le nombre des déposants ayant usé de la faculté que leur accorde
l'article 15 de la loi du 20 juillet 1886 de faire abandon du capital pour
augmenter le montant de leur rente a été de 3,785, au lieu de 1,606
seulement en 1897. Mais la cause de ce changement est toute spéciale.

En même temps que la Caisse nationale des retraites pour la vieillesse
payait, comme on l'a vu, 49,282,969 fr. 53, elle recevait, d'autre part;
87 millions 382,971 fr. 92, dont 44,543,693 fr. 73 provenant des versements des déposants, 32,680, 377 fr. 91 d'arrérages et intérêts,
9,604,904 fr. 07 de remboursements sur rentes amortissables et autres
valeurs analogues, enfin 553,096 fr. 21 de sommes diverses; de sorte que,
en dernière analyse, elle a vu ses recettes dépasser de 38,099,102 fr. 39
ses payements. Telle est la somme dont elle aurait eu, en principe, à
faire emploi. En réalité, elle a placé 39,202,131 fr. 99, ayant prélevé sur
le reliquat de l'année précédente une somme de 1,103,029 fr. 60, ce qui
a réduit à 47,950,661 fr. 93 le solde non employé en valeurs au 31 décembre 1898.

Ce solde est représenté par un compte créditeur au Trésor. En grossissant son portefeuille aux dépens de ce dernier compte, la Caisse a
cru évidemment faire une bonne opération. Elle a acheté de la rente
3 p. 100 au cours moyen de 101,95, et de la rente 3 1/2 p.100 à 106 30.
A l'heure où nous revoyons ces lignes (octobre 1899) elle est en perte
de 1 p. 0/0 sur le premier de ces cours et de 3 0/0 sur le second. Ce portefeuille représentait, en décembre 1898, un capital de 870,868,023 fr. 32.

A mesure que la Caisse nationale des retraites sera mieux connue, il

L'État moderne, l'État parlementaire ou représentatif, l'État qui a affaire au corps électoral (même la puissante monarchie prussienne est dans ce cas), ne peut résister à la poussée universelle, quand il a soulevé les universelles es-

n'est pas douteux que sa clientèle ne s'élargisse. La question est de savoir si les placements de capitaux pourront se poursuivre de manière à maintenir l'efficacité de l'œuvre. Actuellement, en recourant à elle, les déposants réalisent un placement à 3 1/2 p. 100. Or, malgré la baisse qui l'a frappée, la rente française 3 p. 100 est encore au pair. La commission supérieure de la Caisse nationale des retraites pour la vieillesse s'est demandé s'il n'y aurait pas lieu déjà de diminuer le taux offert aux déposants. Elle n'a réussi, en 1898, qu'à retirer un revenu de 3,42 p. 100 des capitaux qu'elle a placés; encore a-t-elle été exceptionnellement favorisée, car elle a pu souscrire une certaine quantité d'obligations départementales et communales à des taux montant jusqu'à 3.85 et 4 p. 100. Il faudrait que cette Caisse étendît ses placements et souscrivît à des obligations industrielles; mais c'est difficile pour une administration d'État et c'est là un des grands vices de cette organisation.

La Caisse n'a pas cru, cependant, devoir conclure à une diminution. Elle a estimé que les considérations d'ordre financier permettant, sans porter une atteinte grave à l'institution, de calculer encore les rentes viagères aux taux de près de 3 1/2 p. 100 malgré l'infériorité du taux actuel des placements, il était utile d'encourager par ce moyen l'esprit de prévoyance des déposants.

C'est une considération analogue qui a porté l'État à garantir un revenu de 4 1/2 pour 100 à tous les capitaux des sociétés de secours mutuels approuvées versés à la Caisse des Dépôts et Consignations, soit en compte courant, soit au compte du fonds commun. Un moment peut venir où de tels engagements grèveront lourdement nos budgets.

Ces rentes servies par les sociétés de secours mutuels, et ainsi sensiblement majorées par l'État, grâce au taux de l'intérêt qu'il leur bonifie et qui dépasse de près de moitié le taux de son crédit, ne sont pas comprises dans les chiffres qui précèdent. Les sociétés dites approuvées (par opposition à celles simplement autorisées) ont servi, en 1895, 36,944 pensions de recettes, d'ensemble 2.562,779 francs ou d'environ 70 francs en moyenne. Le montant des fonds des retraites des sociétés de secours mutuels approuvées est de 115,253,000 francs en 1895. Certaines sociétés de secours mutuels simplement autorisées servent, elles aussi, des pensions de retraite, mais en moindre nombre.

En définitive, avec le système français comportant plus de liberté, quoiqu'une certaine, mais plus modérée, intervention et subvention de l'État, les rentes servies à des ouvriers ou à des employés modestes par la Caisse des retraites de la vieillesse et par les Sociétés de secours mutuels dépassent 35 millions, contre 33 millions de francs (27,400,000 marks) de rentes pour la vieillesse servies, en 1896, par l'Office Impérial allemand. On n'arrive à 60 millions de francs (48,4 millions de marks) qu'en joignant aux rentes pour la vieillesse celles pour l'invalidité.

pérances et les universelles illusions. Le principe de l'abstention absolue est ici de rigueur : l'État peut s'abstenir de
promettre des pensions de retraite à l'ensemble des ouvriers
du pays; mais une fois qu'il a renoncé à cette abstention,
il n'est plus maître de réduire à des chiffres infimes ni ces
pensions ni cette participation.

Au point de vue financier, le projet de loi allemand repose
sur la capitalisation à intérêts composés, pendant une très
longue période, des cotisations diverses à verser par les
ouvriers, par les patrons et par l'État.

On tiendra donc des sommes énormes à la disposition de
l'État et des caisses officielles. Qu'en fera-t-on? On achètera
des titres de la dette publique ou l'on mettra cet argent en
compte-courant au Trésor, c'est-à-dire qu'on donnera à
toutes ces sommes une destination passive. On les tirera de
tous les hameaux, de tous les petits métiers, de toutes
les petites industries qu'elles eussent pu féconder, et on
les emploiera uniquement à grossir la dette de l'État.

En 1896, le fonds de couverture (*Deckungs Kapital*) et le
fonds de réserve pour les rentes de l'invalidité et de la vieillesse montaient, en Allemagne, à 303,2 millions de marks (1)
(375 millions de francs environ), et cette assurance était
encore de fondation récente, la loi constitutive ne datant que
du 22 juin 1889; l'assurance, en outre, ne s'adresse qu'à
un âge trop avancé et ne constitue que des rentes trop mi-
nimes pour être efficaces.

Les énormes sommes qu'accumuleraient comme fonds de
couverture et fonds de réserve ces assurances officielles
pousseraient l'État à accroître ses dépenses extraordinaires,
il en a été ainsi en France pour les 4 milliards (4,167 millions,
au 31 décembre 1896) de fonds des caisses d'épargne. Si
l'État n'avait pas recueilli chaque année les 200 ou 300 mil-

(1) *Statistisches Jahrbuch* 1897, page 186.

lions de nouveaux dépôts, qu'il dépensait comme des emprunts occultes, s'il avait été obligé, pour rassembler ces
sommes, de faire directement appel au public, il est certain
que le gaspillage gouvernemental eût été beaucoup moindre.

La législation allemande sur les assurances a été plus
ou moins copiée, ou est en train de l'être, par diverses nations : notamment par l'Autriche-Hongrie qui, depuis trente
ans, gravite dans l'orbite de l'Allemagne ; elle l'a été aussi,
dans une certaine mesure, par le Danemark (1).

D'autres nations, en grand nombre, sans aller jusqu'à
copier la législation allemande pour les assurances contre
la maladie, l'infirmité ou la vieillesse, se sont inspirées
d'elle en ce qui concerne l'assurance contre les accidents
professionnels; elle l'ont rendue obligatoire, sinon pour tous
les ouvriers, du moins pour ceux de l'industrie. L'Angleterre
et la France sont dans ce cas. Elles ont, l'une et l'autre,
adopté le principe du *risque professionnel*.

Il n'entre pas, dans notre sujet, de traiter de ces lois; nous
avons parlé un peu de la législation allemande en cette
matière à titre d'exemple, et cela suffit. Disons, seulement,
que la loi anglaise et la loi française organisant l'assurance
obligatoire contre les accidents pour les ouvriers de l'industrie, non pas pour ceux de l'agriculture, ce qui la rend très
incomplète, sont très défectueuses et ont soulevé beaucoup
de critiques et d'oppositions. La loi anglaise, toutefois, est
infiniment plus raisonnable que notre loi française, votée
en 1898 et appliquée depuis juillet 1899. La première admet
notamment que, en cas de faute lourde, dûment constatée,
de l'ouvrier, celui-ci n'a pas droit à une indemnité; la loi
française lui accorde, au contraire, une indemnité complète,

(1) Nous avons parlé des assurances autrichiennes et danoises dans
notre *Traité théorique et pratique d'économie politique*, tome IV ; nous
y renvoyons le lecteur.

même dans ce cas. Au moins faudrait-il, tant pour l'honneur des principes que dans un intérêt pratique, réduire en ce cas cette indemnité de moitié.

La loi française permet aux industriels, lesquels doivent supporter tout le poids des primes à verser, sauf quelques centimes additionnels aux patentes pour tenir compte des cas d'insolvabilité, d'assurer leur personnel soit à la Caisse de l'État, soit aux Compagnies d'assurances privées, soit en certain cas et sous certaines conditions, d'être leurs propres assureurs. Cette liberté du choix est louable, et il est remarquable que la généralité des industriels préfèrent s'adresser aux Compagnies d'assurances privées plutôt qu'à la Caisse de l'État.

D'autre part, la loi française de 1898 contient une clause des plus graves, des plus préjudiciables à l'avenir de la nation. Sous l'inspiration de philanthropes imbéciles, dont la légèreté devient de la criminalité, la loi, au lieu de proportionner strictement l'indemnité au montant du salaire, rend cette indemnité variable suivant les charges de famille du sinistré, c'est-à-dire en raison de ce qu'il a ou laisse une femme et du nombre de ses enfants. Les misérables idiots qui ont fait inscrire cette clause dans la loi ont, du coup, porté la plus grave atteinte aux familles nombreuses. Il en résulte, en effet, qu'un industriel, en cas d'accident, aurait d'autant plus à payer qu'il emploierait un plus grand nombre de pères de larges familles, et que sa prime annuelle aussi serait d'autant plus élevée qu'il se serait mis dans ce cas. Au contraire, en employant le plus possible de célibataires ou d'étrangers, lesquels sont exclus du bénéfice de la loi, les industriels verraient leurs primes ou les indemnités qu'ils auraient à verser se réduire. Sur bien des points du territoire, les patrons se sont mis à examiner la situation de famille de leurs ouvriers et, sinon à congédier, du moins à ne plus accueillir facilement ceux qui ont beaucoup d'enfants. La France qui est déjà frappée, sinon de mort, du moins d'anémie, du chef de la stérilité systématique dans les familles, va voir redoubler ce terrible mal (1).

Les Français ouvriers vont se trouver avertis dans toute la France qu'un célibataire se place plus facilement qu'un père de famille, et que la difficulté pour celui-ci de trouver du travail croit avec le nombre de ses enfants. L'opinion publique va donc de plus en plus se prononcer contre la prolificité ; le préjugé qui existait déjà chez nous en ce sens va encore plus se généraliser et s'intensifier.

C'est à tort que les philanthropes qui ont suggéré cette clause, malfaiteurs inconscients, prétendent que les pères de familles nombreuses seront toujours plus recherchés des industriels parce qu'il sont plus laborieux, plus exacts, que les célibataires et les pères de peu d'enfants. En premier lieu, ce n'est que dans le petit patronat et non dans la grande industrie qu'on pourrait faire une distinction aussi minutieuse des personnes ; en second lieu, il est souvent faux que les pères de familles nombreuses soient toujours supérieurs, en efficacité de travail, aux célibataires et surtout aux pères de familles restreintes ; ceux-ci, étant mieux nourris, d'ordinaire, moins encombrés de soucis, plus alertes, l'emportent, au contraire, souvent sur les premiers; c'est déjà faire une concession que d'admettre la stricte égalité, au point de vue de l'efficacité du travail, entre les uns et les autres, de sorte que les pères de familles nombreuses auront toujours contre eux l'élévation de la prime d'assurance, d'après la loi en question.

(1) Nous savons, par des confessions d'industriels, des plaintes d'ouvriers et par les renseignements que nous ont fournis directement les Compagnies d'assurances contre les accidents que cette éviction des pères de familles nombreuses a commencé de se produire au lendemain même de l'application de la loi (juillet 1899).

Les philanthropes dont-il s'agit prétendent aussi que les compagnies d'assurances n'entreront pas dans ces détails et assureront un personnel en bloc, sans s'inquiéter de la situation familiale de chaque ouvrier. Mais il faut réfléchir que nombre d'industriels restent leurs propres assureurs et que ceux-ci auront toujours intérêt à évincer les pères de nombreux enfants. En second lieu, les compagnies d'assurances contre les accidents, nous le savons de source certaine, ayant une expérience personnelle de la direction de ces sociétés, n'appliquent pas à tous les établissements d'une même industrie le même quantum de primes; elles font une étude minutieuse de chaque cas particulier, et elles accordent des réductions sur la prime nominale quand la façon dont l'établissement est conduit et le recrutement du personnel leur font entrevoir des risques plus réduits. De toute manière ainsi, la clause si malencontreuse de la loi française de 1898 nuira aux nombreuses familles et leur rendra, dans les milieux ouvriers, l'opinion de plus en plus contraire.

Telle est l'incroyable légèreté de l'État moderne; il ressemble au taureau dans l'arène, quand on lui présente une bannière aux couleurs brillantes; il se précipite sur elle et ne voit rien ni à côté, ni au delà. Il ne s'aperçoit, en outre, que très tardivement de ses fautes; et, comme il a autant d'amour-propre que d'entêtement, il ne sait jamais les réparer.

L'État doit se contenter, en pareille matière, de définir avec réflexion et prudence, conformément à la nature des choses, les responsabilités juridiques.

Oubliant son origine, sa nature et son objet spécial, qui est d'être un appareil militaire, diplomatique et judiciaire, l'État moderne se disperse, s'épuise et s'affaiblit dans des domaines variés d'où il tend à expulser les associations libres. Il y perd en cohésion et en autorité; il devient une proie de plus en plus tentante pour les intrigants et les fanatiques.

En diminuant les habitudes d'action collective libre, il tend à jeter la société dans l'engourdissement et l'hébétement. A la longue, il ferait singulièrement reculer la civilisation.

C'est une erreur de croire que la rétrogradation pour les sociétés n'est pas possible. L'histoire enregistre, au contraire, beaucoup de phénomènes de ce genre.

L'Europe occidentale et méridionale a prodigieusement reculé sous le coup de l'invasion et de la domination des barbares.

Un recul du même genre, sous l'action persistante et prolongée de la tyrannie d'État, n'est pas en dehors des éventualités possibles.

La civilisation, c'est-à-dire le développement, presque ininterrompu dans les sociétés humaines, du bien-être, des connaissances scientifiques, de la liberté et de la justice, ne peut être sauvegardée et accrue que par les moyens qui l'ont fait naître : à savoir la liberté personnelle, l'initiative individuelle, la fécondité des associations privées, civiles et commerciales.

En face des ardentes et jeunes sociétés du monde nouveau et des vieux peuples de l'extrême Orient qui se réveillent, prenons garde de perdre ces biens précieux. Toute notre supériorité dans le passé et dans le présent leur est due.

L'organisme bureaucratique et coercitif de l'État, qui n'a plus même le mérite, sous le régime démocratique, d'avoir de la cohésion et de l'esprit de suite, ne peut, en s'étendant en dehors de sa sphère naturelle, que mettre partout l'uniformité à la place de la variété, l'engourdissement à la place de la vie (1).

_____

(1) La convoitise démocratique et surtout la flagornerie électorale tendent à introduire en France un système général de retraites pour la

vieillesse qui copierait le régime allemand et deviendrait exorbitamment onéreux, en même temps que, en diminuant la prévoyance individuelle ainsi que les obligations et les devoirs de famille, il finirait par transformer les individus en automates. On a voté, en 1895. un crédit de 2 millions pour majorer, à partir de l'âge de 65 ans, les petites pensions de la caisse de la vieillesse, et M. Bourgeois, ancien ministre de l'Intérieur, président de la Commission Parlementaire de prévoyance, a déclaré dans son discours du 20 novembre 1894, que cette somme n'était qu'une amorce et que l'âge de cette majoration devrait être graduellement abaissé à 60, puis à 55 ans. En Angleterre aussi le ministère conservateur de lord Salisbury où M. Chamberlain, l'ancien radical, tient une place importante, pour fortifier sa popularité déclinante, a laissé entrevoir, en 1899, qu'il se préoccupait d'un projet de retraites universelles, avec l'aide de l'État, pour la population ouvrière. On se laisse ainsi glisser sur une voie où il est bien difficile d'éviter l'étouffement de la prévoyance individuelle et l'accumulation d'énormes charges pour l'État. — Voir plus haut la note 2 de la page 388. — (Note de la 3e édition.)

LIVRE VII

EXAMEN DE QUELQUES CAS ACCESSOIRES D'INTERVENTION DE L'ÉTAT.

CHAPITRE PREMIER

DE QUELQUES APPLICATIONS ET DE QUELQUES EXTENSIONS EXCESSIVES DU DROIT DE POLICE.

Nous nous disperserions dans une tâche infinie si nous avions l'intention d'étudier un à un tous les cas où l'État juge à propos d'intervenir, sous l'une de ses trois formes de pouvoir central, pouvoir provincial ou départemental, et pouvoir communal.

L'objet principal de cet ouvrage a été d'étudier le caractère concret de l'État moderne, ses moyens et ses procédés d'action, sa mission essentielle, ses prétentions décevantes, et d'établir, par deux ou trois illustrations, les limites qu'impose à son action sa propre nature.

Ce livre n'est pas un dictionnaire où l'on puisse chercher chaque espèce particulière et voir si elle peut justifier une intervention de l'État. C'est d'après les grandes lignes générales et par voie d'analogie que l'on peut prononcer sur toutes les questions spéciales.

Néanmoins, l'opinion publique, préoccupée d'une foule de points particuliers, jugerait que nous avons incomplètement traité notre sujet si nous ne jetions, du moins, un coup d'œil rapide sur quelques-unes des matières que l'on sollicite chaque jour l'État d'accaparer ou de réglementer.

C'est surtout par le recours au droit général de police

que l'on prétend supprimer beaucoup de maux de la vie civile ou de la vie industrielle.

Nous avons donné de la police la définition habituelle : « un ordre, un règlement établi pour tout ce qui regarde la sûreté et la commodité des citoyens. » Il nous a été facile de montrer combien ces deux termes, surtout le second, sont vagues et élastiques (1).

La police étend de plus en plus ses exigences, en partie légitimes, en partie dérivant de la conception d'un inaccessible idéal. Ses ambitions croissent à mesure que les centres de population se multiplient et grandissent, que l'éducation, l'instruction et le bien-être ont diversifié, raffiné les besoins, rendu les hommes plus délicats et que les règles de la salubrité et de l'hygiène sont mieux connues.

Les sciences naturelles, notamment la science médicale, poussent toujours au développement de la police hygiénique, à des règles imposées aux individus, dans l'intérêt de tous. Cette police est, en principe, parfaitement justifiée, car un seul homme, par une déraisonnable obstination, peut causer un tort général ; une pratique mauvaise, un local défectueux, peut être une source d'épidémie. Or, l'on ne peut triompher des résistances individuelles que par la contrainte, et l'État seul a le privilège de la contrainte.

Aussi les attributions de police vont sans cesse en augmentant, sous la pression des médecins et des philanthropes d'un côté, et du sentiment populaire de l'autre.

Il est bon de rappeler, toutefois, qu'il peut y avoir, même en matière de police sanitaire, de dangereuses exagérations. Médecins et philanthropes sont une nature altière d'âmes, qui de tout temps ont ressenti une inclination au péché d'orgueil et à la tyrannie. Leurs lumières, parfois

---

(1) Voir plus haut, page 103.

vacillantes et incertaines, ne valent pas toujours leurs intentions. Une nation qui serait livrée, comme une matière
d'expériences, à une académie médicale, souffrirait, à coup
sûr, dans sa liberté, et peut-être ne gagnerait-elle pas une
compensation suffisante en santé et en longévité

L'un des périls des sociétés modernes, c'est la domination des spécialistes. La spécialité et le fanatisme vont, d'ordinaire, de compagnie.

Il ne suffit pas qu'une mesure paraisse bonne et utile
pour que la police la rende obligatoire; il faudrait qu'elle
fût vraiment nécessaire et indispensable.

On comprend que les pouvoirs publics assujettissent à
certaines règles les industries dites insalubres et incom-
modes; une enquête de *commodo et incommodo* est, dans
ce cas, pourvu qu'elle soit précise et claire, absolument
justifiée. On peut considérer comme frivoles les scrupules
de Dunoyer, qui ne veut que des règlements répressifs et
qui prescrit toutes les précautions préventives.

De même, une réglementation des lieux publics de toute
nature, théâtres, cafés, marchés, se peut admettre. Il y
a là un intérêt public commun. On peut dire, en outre,
que ces établissements, étant fréquentés par un personnel
mobile et qui se renouvelle sans cesse, la personne qui
y entre n'a pu, avant de prendre sa place, se rendre
compte de l'état des lieux.

Pour les fabriques et les usines, même dans les industries
non insalubres, la police peut parfois revendiquer, mais
avec discrétion et prudence, un certain droit d'intervention:
ainsi, pour les chaudières et les appareils à vapeur qui, manifestement défectueux, assujettiraient à des risques d'ex-
plosion tout le voisinage.

Est-il admissible que l'État exige des fabriques qui ne
se rapprochent qu'imparfaitement des lieux publics une

certaine hauteur de plafond, un cube d'air déterminé, diverses précautions, qu'il impose, par exemple, que les transmissions des machines soient entourées de grillages? Ce sont là des questions qui prêtent à controverse; là où l'on emploie des jeunes filles et des enfants, l'État peut invoquer sa mission de protéger les êtres incontestablemen faibles pour revendiquer des attributions de cette nature. Encore doit-il toujours user de ce droit avec une circonspection attentive, l'expérience prouvant que l'industrie est surtout prospère dans les pays où l'État intervient le moins, comme la Belgique et, jadis, la Suisse.

Le devoir de police peut s'étendre à une surveillance générale, mais discrète, des constructions dans les villes (1), notamment de celles qui, étant louées en garni, au jour ou à la semaine, se rapprochent beaucoup des lieux publics.

Juste en soi est le principe de la réglementation des logements insalubres, puisqu'il ne s'agit pas seulement de protéger l'individu mal logé, mais encore et surtout d'empêcher la propagation de maladies aux dépens de tout le monde. L'exercice de cette réglementation est toutefois, en pratique, singulièrement délicat.

L'insalubrité peut tenir soit au bâtiment, soit à l'usage qu'on en fait. Dans le premier cas, quand le bâtiment est trop petit, trop sale, sans cour, sans aération, sans égout, sans eau, sans privés, il est aisé à l'État de prescrire le remède; il est beaucoup plus difficile de faire que toutes les classes de la population puissent payer la location de logements entièrement salubres.

La difficulté s'accroît quand l'insalubrité résulte de l'u-

_____

(1) A Paris, la municipalité tombe, à ce point de vue, dans de grands excès et enlève au propriétaire le droit de varier les façades des maisons, suivant son gré, par des pignons, balcons, etc., d'où il résulte une désolante uniformité.

sage qu'on fait du logement. Ainsi, huit ou dix personnes
s'entassent dans une chambre qui, d'après le cube d'air
officiel, n'en devrait contenir que deux ou trois. L'État, dans
ce cas, n'a aucun .moyen efficace d'action. Il ne peut défendre à ces huit ou dix personnes de se mettre dans cette
chambre qu'à la condition de leur fournir deux ou trois autres chambres dont la location dépasserait leurs ressources
totales.

La police peut donc veiller à ce que les maisons neuves
soient construites dans des conditions hygiéniques : largeur
de rue et de cour, hauteur de plafond, égout, eau, privés.
A l'observateur superficiel, son rôle apparaît comme facile ;
mais la raison de discrétion se montre immédiatement à
qui réfléchit : il ne faut pas, par des exigences outrées,
faire renchérir outre mesure le prix du logement et le
porter au-dessus des ressources du locataire.

Pour les logements anciennement aménagés, la police
peut faire effectuer graduellement des améliorations ; mais
c'est déjà plus difficile. Quant aux constructions tout à fait
réfractaires, doit-elle les faire détruire? On a recouru à ce
moyen sommaire dans diverses villes, à Londres dans beaucoup de quartiers, à Paris pour certaines agglomérations,
dont l'une a gardé un nom légendaire, la Cité des Kroumirs.

Tout cela est bien délicat. Les philanthropes sont trop
emportés et ne voient que l'un des côtés du sujet. Ce qui
nous apparaît comme un bouge, à nous autres gens aisés,
est quelquefois une sorte d'Eden pour la dernière couche
du peuple. Les expulsés de la Cité des Kroumirs ont fait
savoir aux journaux leur désespoir. Où allaient-ils trouver asile? Pour se mieux loger, l'argent leur manquait.
Ces pauvres gens, victimes d'une philanthropie superficielle, allèrent en grand nombre demander un abri aux
voûtes des ponts, aux bateaux sur la Seine, aux maisons

en construction ou aux carrières des environs de Paris.

Graduellement, en n'autorisant aucune construction nouvelle dans des conditions manifestement trop défectueuses, en exécutant, sans une hâte excessive, des percements dans les vieilles parties des villes, on parviendra à les renouveler, à les rajeunir; il y faudra peut-être un demi-siècle. Mais aura-t-on ainsi résolu complètement le problème : il y aura sur la lisière des grandes villes d'autres repaires improvisés qui ne vaudront pas mieux que les anciens; on aura reculé la souillure et l'on se félicitera de ne la plus voir.

Puis toujours se représente cette éternelle question : il y a, par ses propres vices, sinon parfois par d'autres causes, telle couche si réfractaire ou si peu aisée de la population qu'elle ne veut ou ne peut mettre le prix d'un abri décent. On lui donnera de meilleures habitudes, dit-on; par la disette des logements malsains, on la forcera à dépenser plus en logement et moins en boissons. Il est possible qu'on obtienne ainsi, à la longue, quelques résultats. Mais il y aura toujours une certaine écume d'hommes qui ne concevront l'habitation que comme un simple et rudimentaire abri contre les intempéries.

Aux prises avec son prétendu devoir d'assurer à toutes les classes des logements, sinon confortables, du moins salubres et décents, l'État, soit sous sa forme centrale, soit sous sa forme municipale, est en train de se demander, dans divers pays, s'il ne va pas se faire entrepreneur ou commanditaire de maisons ouvrières.

Les objections sont nombreuses : d'abord les objections d'ordre général, déjà énumérées dans les parties précédentes de cet ouvrage : l'impossibilité d'étendre les entreprises de l'État sans rendre insuffisants et inefficaces tous les rouages qui président à la bonne gestion et au contrôle

des finances publiques; les tentations croissantes de corruption, de dilapidation, le favoritisme, la dépendance
électorale. L'État arriverait à donner des logements gratuits ou demi-gratuits à la clientèle du parti au pouvoir :
qu'on n'oublie pas que l'État moderne est, en effet, essentiellement un parti au pouvoir.

Supposons que, par un excès d'abnégation, auquel les
partis ne nous ont pas accoutumés, ou voulût faire profiter
des maisons ouvrières de l'État ou de la municipalité toute
la population laborieuse, la classe ouvrière, considérant le
loyer comme un impôt, finirait par ne plus vouloir le payer;
sous la pression du corps électoral, on en réduirait constamment le taux. La tendance à la gratuité de tous les services d'État n'a été que trop démontrée (1).

Il en résulterait pour l'État d'inextricables embarras
financiers et, pour les particuliers, une diminution de la
responsabilité personnelle.

Il faut tenir compte surtout de l'action éminemment perturbatrice de toute entreprise d'État survenant au milieu
des entreprises individuelles. Les particuliers, soit isolés,
soit réunis en association, ayant à lutter contre un concurrent aussi puissant, aussi fantasque, dont les décisions
peuvent être si malaisément prévues, suspendraient immédiatement toute construction de maisons à petits logements.
Le problème de l'amélioration du logement populaire, au
lieu d'avancer, reculerait.

On a parlé d'une intervention plus limitée : l'État, au
lieu de se faire constructeur de maisons ouvrières, prêterait
simplement aux sociétés qui se chargeraient de ces entreprises, des fonds à 3 pour 100 d'intérêt, en Angleterre même
à 2 1/2, puisque le crédit public est à ce taux en ce pays.

(1) Voir plus haut, spécialement page 163.

Cet expédient serait moins dangereux, mais il n'est nullement certain qu'il fût efficace et que l'État n'en éprouvât pas des pertes, sans bienfait correspondant pour la population ouvrière.

Sans aucune dépense directe, ni subvention, ni garantie d'intérêt, simplement par une bonne économie des finances publiques, en profitant de toutes les occasions de conversion et d'amortissement des dettes nationales et municipales, par la diminution des impôts sur les transports, sur les matériaux, des droits de mutation et d'enregistrement, en réduisant au minimum les frais d'égout, d'adduction d'eau, d'éclairage, l'État, tant national que municipal, pourrait contribuer à l'amélioration du logement des ouvriers.

Il n'est pas besoin, pour cet objet, d'une législation de classe. L'État presque partout peut plus par des règles générales que par des règles particulières.

L'État est sollicité d'intervenir spécialement dans certaines industries qu'on dépeint comme plus périlleuses que les autres : celle des mines, par exemple, ou de la navigation.

L'exemple de ce qui s'est passé, en Angleterre, pour la seconde de ces industries témoigne du mal que peut faire une action intrusive et inconsidérée des pouvoirs publics.

Un philanthrope, membre du Parlement, M. Plimsoll, était frappé du nombre considérable des naufrages ; il l'attribuait à ce que les armateurs, par goût de lucre, chargeaient trop les navires ou maintenaient à la mer des vaisseaux vermoulus. Il obtint du Parlement un bill qui instituait une surveillance de l'État sur les navires. L'exécution de la loi n'était guère aisée, car il sort, d'ordinaire, 200 navires du port de Londres chaque journée et parfois même 300. En 1897, il y avait 20,501 navires enregistrés dans le Royaume-Uni, représentant 8,953,171 tonnes ; or comme le tonnage total des entrées et des sorties des navires nationaux dans tous les ports du Royaume atteignait dans la même année 64 millions de tonnes, on peut en conclure que les entrées et les sorties ont représenté près de 150,000 navires britanniques non compris une cinquantaine de mille navires étrangers (1).

Un homme d'État qui a versé dans le socialisme, quoique aujourd'hui il s'y sente moins d'inclination, M. Chamberlain, s'écriait, lors de la discussion du bill Plimsoll : « Une véritable armée de savants ne pourrait pas remplir complètement des services aussi étendus. Avec un nombre d'agents limités comme celui dont dispose le *Board of Trade*, il n'est possible d'intervenir que dans les cas les plus flagrants qui s'imposent à l'attention des inspecteurs. »

Illusoire, cette intervention n'est pas inoffensive. Ce certificat délivré, sans information suffisante, est plus nuisible que l'absence de certificat; il couvre les fautes des armateurs et atténue leur responsabilité; il répand en quelque sorte et généralise une moyenne de mauvaises pratiques.

Un homme d'État britannique judicieux, M. Goschen, affirme que le but de M. Plimsoll n'a pas été atteint. « Tout le monde dit-il, a travaillé de cœur au succès de la loi ; mais si l'on en croit les rapports et les enquêtes, *le résultat est nul ou pire que nul;* la responsabilité individuelle a été brisée et l'État n'a pas pu mieux faire. Des mesures préventives impuissantes empêchent la répression (2). »

---

(1) Le *Statistical Abstract for the United Kingdom from* 1883 *to* 1897 donne seulement le chiffre du tonnage des entrées et des sorties dans les ports britanniques et non celui des navires; mais, comme il fournit, à la fois, l'indication du nombre de navires immatriculés dans le Royaume-Uni et de leur tonnage de jauge, nous avons pu, par voie d'analogie, évaluer approximativement le nombre de navires qui entrent dans les ports britanniques ou en sortent chaque année.

(2) Voir Léon Say, *Le socialisme d'État*, pages 18 et 66.

Il est différentes catégories d'institutions ayant un objet en quelque sorte social se rapprochant un peu de la charité ou de l'assistance qu'on a voulu soit confier à l'État, soit soumettre de sa part à une réglementation minutieuse : les monts-de-piété, par exemple, les caisses d'épargne. On invoque le devoir de l'État de protéger les faibles et de prévenir les friponneries.

Il faut distinguer ici l'action directe de l'État, surtout celle qui s'exerce par voie de monopole, et la simple réglementation, surtout quand elle comporte de la souplesse. Le système de la liberté absolue et non réglementée des monts-de-piété qui existe en Angleterre est aussi mauvais que le monopole de fait qui s'est constitué en France. On peut, dans une certaine mesure, assimiler les maisons de prêts sur gages à des lieux publics. Le besoin pressant y pousse les hommes et les femmes auxquels manquent les moyens d'information. Que l'État prenne certaines précautions pour l'ouverture de ces entreprises et pour leur contrôle, rien de mieux. Mais les interdire absolument à ceux qui, par esprit d'industrie ou par intention philanthropique, s'y sentent enclins, c'est leur enlever beaucoup de leur efficacité.

Partout où les monts-de-piété sont constitués en une sorte de monopole d'État ou de municipalité, ils fonctionnent dans des conditions insuffisantes. On voit pulluler autour d'eux le commerce louche des reconnaissances, et l'exploitation du public pauvre s'y développe, par ces végétations parasites, beaucoup plus que sous le régime d'une liberté, judicieusement réglementée, des prêts sur gage.

L'organisation des monts-de-piété sous un régime simple admettrait bien des combinaisons heureuses. Elle pourrait se constituer ici sous le mode de la mutualité, là en se rattachant aux sociétés coopératives, ailleurs par un lien avec les caisses d'épargne. La variété, qui est la vie et le progrès, perfectionnerait singulièrement ces établissements.

De même par les caisses d'épargne. Une réglementation discrète de l'État est admissible en cette matière. Mais ce qui ne l'est pas, c'est que l'État, comme en France, absorbe en achats de rente ou en placements au Trésor en comptes courants les 2 ou 3 milliards de francs, ultérieurement les 5, 8 ou 10 milliards de francs, qui forment ou qui formeront un jour l'actif de ces caisses. Le mal de cette méthode est aussi grand pour le pays que pour l'État lui-même. Pour ce dernier, c'est une tentation constante au gaspillage; un afflux ininterrompu de ressources extra-budgétaires qui trompe le contrôle des Chambres.

Pour le pays, c'est une perte de capitaux. J'ai expliqué bien des fois (1) que le capital et l'épargne ne sont pas des choses identiques : le capital, c'est l'épargne vivifiée, sortant de la passivité et s'appliquant à la production soit agricole, soit commerciale, soit industrielle. Les caisses d'épargne sollicitent, sur tous les points du territoire, les économies de la petite classe moyenne et de la classe laborieuse; par un taux d'intérêt, en France notablement trop élevé, elles enlèvent ces économies à tous les emplois sur place. Elles pompent ainsi, sur toute la surface du territoire, les infiniment petits d'épargne pour les transformer en rentes sur l'État, c'est-à-dire en richesses passives. Par ce procédé elles stérilisent en quelque sorte tous les hameaux, tous les villages, toutes les petites villes, prenant tous les embryons de capital qui s'y produisent et allant les engloutir dans la capitale en atténuation de la dette flottante et du passif général du Trésor. Supposez l'atmosphère pompant toute l'humidité qui se produit dans toutes les localités et ne la leur restituant jamais sous la forme de pluies

_____

(1) Voir notamment nos ouvrages *Précis d'économie politique* et *Essai sur la répartition des richesses*.

fécondantes, vous aurez l'image du régime français des caisses d'épargne.

Pour remédier à ce déplorable système, il faudrait, sous une réglementation judicieuse et modeste, une liberté et une autonomie tempérée des diverses caisses. Elles pourraient faire alors ce que font les caisses d'épargne d'Italie, un peu moins celles de Belgique et d'Autriche ; employant, sinon la totalité, une partie de leurs recettes à l'escompte du papier de commerce, en prêts hypothécaires, en prêts agricoles, en avance aux sociétés populaires recommandables. Les caisses d'épargne et le crédit agricole pourraient souvent aller de compagnie.

Dans ces conditions les caisses d'épargne, sous la réserve de l'observation de certains règlements, devraient être indépendantes des pouvoirs publics. Ceux-ci, en effet, entraînent toujours la politique à leur suite avec son cortège de maux : favoritisme, tentative de gagner le corps électoral par séduction ou par intimidation. On ne peut confier à des politiciens le soin de faire des escomptes ou des prêts avec les dépôts populaires. Un régime efficace des caisses d'épargne ne se rencontre que dans les pays où ces établissements ne sont pas sous le joug asbolu de l'État.

Bien conduites par l'initiative privée, ces institutions pourraient rétablir le crédit dans les campagnes et y atténuer l'usure. L'usure y a toujours existé et s'en est montrée le fléau ; quant au crédit, depuis la dissémination des valeurs mobilières, il en a disparu. La valeur mobilière omniprésente a tué le crédit personnel.

Rien ne sert à l'État de fixer un maximum du taux de l'intérêt. Cette prétention est contraire à la nature des choses, c'est-à-dire à la fois au droit et aux faits. Le monde n'est pas intéressé à la protection des prodigues. La limite du taux de l'intérêt nuit aux hommes entreprenants.

Si l'État ne peut restreindre le taux de l'intérêt que toutes les circonstances actuelles tendent à notablement abaisser, il doit réduire au niveau moyen réel dans le pays le taux légal, celui qui court par suite des condamnations en justice et des faits de même nature. On aurait dû depuis longtemps l'abaisser à 4 pour 100 (1).

L'absence de toute règle préventive sur le taux de l'intérêt dans les contrats n'exclut nullement la répression des actes immoraux d'usure, c'est-à-dire des manœuvres dolosives qui peuvent avoir vicié le consentement de l'un des contractants. Elle transforme seulement en espèces particulières, justiciables après coup des tribunaux, chacune de ces affaires que l'ancienne législation prétendait trancher d'une façon générale et sommaire, par une règle simple et toute matérielle. Ce n'est pas le taux de l'intérêt qui fait l'usure ; un prêt peut être consenti à 50 pour 100 d'intérêt sans aucune immoralité, par exemple à l'auteur d'une invention d'un mérite problématique : l'usure vient seulement des manœuvres qui peuvent avoir précédé et entouré le prêt.

L'État est mal venu également, sauf les cas de grande guerre, quand, par des *moratoires*, il délie les débiteurs de leurs engagements pour l'échéance de leurs dettes. C'est aux tribunaux toujours qu'il appartient de voir, dans chaque cas particulier, si l'on peut accorder des délais sans violer l'esprit du contrat, sans nuire sérieusement au créancier et sans provoquer un mal général, de nature diffuse, singulièrement dangereux, la diminution de la confiance en

---

(1) On nous permettra de renvoyer pour tout ce qui concerne le taux de l'intérêt à notre ouvrage : *Essai sur la répartition des richesses et sur la tendance à une moindre inégalité des conditions* où nous croyons que se trouve exposée pour la première fois la vraie doctrine de l'intérêt du capital, des influences qui en font varier le taux et des conséquences très diverses et longtemps inaperçues de son abaissement.

l'observation exacte des engagements et, par conséquent, le resserrement du crédit dans le pays.

Ce qui échappe, d'ordinaire, à l'État, dans tous les cas où l'on sollicite son intervention, ce sont ces conséquences indirectes, lointaines, cette répercussion indéfinie, cette sorte de diffusion, dans tout le corps social, d'un malaise bien pire que les maux présents et circonscrits auxquels on veut obvier.

L'État doit-il exercer des industries ? En général, pour les raisons que nous avons indiquées dans les premiers livres de cet ouvrage, il y est fort impropre. Herbert Spencer s'est donné le plaisir de relever les fautes grossières et évidentes qu'a commises la marine britannique, que l'on peut considérer comme étant l'objet, de la part du peuple le plus industriel du monde, d'un soin tout particulier.

Sans le suivre dans cette voie, nous ne pouvons nous empêcher de citer une très intéressante constatation qui vient d'être faite au moment où nous écrivons ces lignes (juin 1888). On a constaté que la construction de chacun de nos navires d'État, croiseurs ou cuirassés, dure dix à douze ans, c'est-à-dire juste le temps nécessaire pour qu'il se produise dans l'intervalle des changements notables en l'art nautique.

Le rapporteur du budget de la marine pour 1890 constate que l'on met encore des navires en chantier dans tous les ports pour en occuper les ouvriers. « Avec toute autre organisation du travail, le département aurait pu songer à activer les navires en cours. » Il demande que l'on fasse figurer, sur lestableaux-programmes des constructions neuves, les noms des ingénieurs successivement chargés de la construction de nos navires. Il fait remarquer qu'il est mauvais qu'un trop grand nombre d'ingénieurs soient appelés à diriger les travaux du même bâtiment. « On a vu, il y a peu d'années,

trois ingénieurs se succéder en moins de six mois à la direction de l'achèvement à flot d'un vaisseau ; il en résulta,
entre autres inconvénients, deux réfections successives de
la dunette et de la passerelle (1). »

L'État plie toujours sous les mêmes servitudes et souffre
de ses incurables infirmités : le joug électoral qui ne lui
permet, ni de concentrer ses ateliers ni de régler leur activité, d'après les seuls avantages techniques ; le joug aussi
des recommandations, du favoritisme ; une infirmité presque irrémédiable, la responsabilité restreinte de ses fonctionnaires (2).

Ainsi, quoique l'on soit tenté d'admettre deux catégorie
d'entreprises où il serait permis à l'État de se faire fabricant, à savoir la fourniture de ses engins de guerre, poudres, canons, vaisseaux, et, d'autre part, les industries que
l'État, en vue de l'impôt à en retirer, a soumises à un monopole lucratif, comme l'industrie du tabac, on doit néanmoins faire, même sur ces deux points, beaucoup de réserves. Il ne faut pas oublier que l'une des premières fabriques de
canons du monde, l'usine Krupp, est une entreprise privée
et que le monopole des poudres, en France, nuit singulièrement à la propagation de toutes les poudres perfectionnées
que découvre l'imagination inventive des chimistes.

Accordons à l'État, sinon comme des avantages sociaux
certains, du moins comme des vestiges respectables du
passé, certains établissements réputés modèles, tels que les
manufactures de Sèvres ou des Gobelins et l'Imprimerie
nationale. Mais combattons toutes les extensions auxquelles
on voudrait se livrer en ces matières, comme l'imprimerie

(1) Voir le *Journal des Débats* des 5 et 6 juin 1889.
(2) Voir plus haut, page 81, le développement de cette formule :
« l'État, pour le choix de ses fonctionnaires, ne se place presque jamais
au point de vue simplement technique. » Il en est de même pour tous
ses travaux.

municipale de Paris, qui ne peut même se flatter d'un mérite artistique quelconque, et les projets si souvent éclos de brasseries ou de malteries nationales modèles.

Manquant de souplesse pour l'industrie, l'État n'en a pas davantage pour le commerce. C'est pitié qu'il veuille parfois réglementer celle des occupations humaines où le souffle permanent de la liberté répand le plus de bienfaits. Mais n'y a-t-il pas, dit-on, certains commerces particulièrement intéressants, celui des grains, de la boulangerie, de la boucherie, où la main soit de l'État central, soit du moins de l'État local, devrait se faire sentir? On a plaidé, nous l'avons vu, d'autre part, la même cause pour le logement. On irait infiniment loin dans cette voie.

En France, les municipalités ont encore le droit d'établir des taxes du pain et des taxes de la viande. Rien ne justifie cette présomption administrative. Elle est plus inadmissible aujourd'hui qu'autrefois. Alors l'intervention des pouvoirs publics semblait plus justifiée, parce que la zone d'approvisionnement était plus restreinte, les disettes plus fréquentes, les moyens de transport embryonnaires, les professions moins libres et la concurrence moins effective.

La tutelle où l'on a maintenu le commerce de la boucherie et de la boulangerie peut être pour quelque chose dans le peu de progrès qu'elles ont accomplis.

Les citoyens de Zurich ont eu le bon sens de repousser, il y a quelques années, le projet de conférer au gouvernement cantonal le monopole du commerce des grains. Pourquoi ne lui donnerait-on pas aussi le monopole du commerce du vin, qui est l'une des denrées les plus sophistiquées, du lait, qui est l'une des plus essentielles?

C'est seulement par une liberté absolue, sous la réserve de la répression des fraudes, que le commerce de l'alimentation pourra s'améliorer, à l'image de tous les autres : il a déjà fait quelques progrès par la constitution des Bouillons populaires et de certaines sociétés coopératives de consommation.

La liberté de ces commerces n'empêche pas l'État, soit national, soit municipal, d'exercer une surveillance judicieuse sur les halles et les marchés, de faire, dans la mesure du possible, des lois ou des règlements contre les falsifications de denrée et la tromperie sur la nature de la marchandise vendue, d'empêcher la margarine de se parer du nom de beurre, et les mélanges les plus divers du nom de vins naturels. Les laboratoires municipaux, si attaqués par le charlatanisme et l'indiscipline démocratique, peuvent avoir leur raison d'être.

Au contraire, il est impossible d'admettre une intervention de l'État et de la police en ce qui concerne la spéculation sur les marchandises et les tentatives d'accaparement, ce que l'on appelle en Amérique des *corners*. Les syndicats ou coalitions de spéculateurs ou de producteurs ont été fréquents dans ces dernières années. On en a vu, notamment, de gigantesques sur les huiles, sur les pétroles, sur le café, sur le sucre, sur le suif, et plus particulièrement sur le cuivre. Ce dernier syndicat, le plus fou de tous, avait été jusqu'à vouloir accaparer pour dix ans tout le cuivre du monde et avait conclu des marchés pour 700 millions de francs.

Quelques personnes réclament, en pareille matière, l'action de l'État, soit préventive, soit répressive. Les tentatives d'accaparement, quoique, en stricte morale, elles soient souvent condamnables, ne pourraient être l'objet de mesures législatives ou administratives, sans que le principe même de la spéculation fût atteint. Or, en dépit de tous ses écarts et de ses fautes, la spéculation est la merveilleuse ouvrière qui, avec un instinct généralement sûr, pousse les capitaux et les hommes vers les productions les plus utiles, proportionne, sur chaque point de l'espace et de la durée, l'offre àla demande, rationne imperceptiblement et doucement quand le déficit des denrées doit en restreindre l'usage, sollicite les inventions, les économies de toute nature ; la spéculation est l'âme de la production contemporaine ; on ne la pourrait gravement frapper sans revenir graduellement à la torpeur et à l'indigence des sociétés primitives.

L'expérience prouve, d'ailleurs, que les syndicats d'accaparement, quand ils dépassent une entente momentanée pour relever, dans une mesure légitime, une industrie languissante, aboutissent à des échecs décisifs qui sont le châtiment naturel des accapareurs. L'histoire a été faite des syndicats de cette nature ; le relevé détaillé de leurs agissements montre qu'ils ont abouti, pour la plupart, à une déroute. Ç'a été l'issue notamment des derniers syndicats des huiles, des cafés, des suifs et, de la façon la plus implacable, du syndicat du cuivre. Sous un régime de liberté, avec la facilité des transports et la mobilité des capitaux, on ne triomphe pas de la concurrence, et l'on ne peut imposer longtemps la loi au consommateur. La seule précaution utile en pareil cas, c'est d'avoir une législation douanière internationale qui ne repose pas sur le principe prohibitif ou sur des droits extravagants. Dans l'enceinte étroite d'un pays de 40 ou même de 60 millions d'âmes, il est quelques industries concentrées où un syndicat de producteurs pourrait parfois réussir à faire la loi. Mais si les frontières ne sont pas absolument fermées aux produits des autres pays par des droits excessifs, ces tentatives d'accaparement ne peuvent obtenir aucun succès durable. Quant au trouble momentané qu'elles peuvent jeter dans les transactions, c'est un mal d'importance secondaire et qui est cent fois compensé par les heureux effets habituels du commerce libre.

L'État ne doit pas davantage intervenir entre les personnes exerçant une même profession, pour corriger les inégalités naturelles ou acquises qui donnent à certaines une supériorité et qui infligent à d'autres une infériorité. J'ai prouvé ailleurs que le *processus* de la société économique moderne tend, indirectement mais sûrement, à une moindre inégalité des conditions (1). Il ne faut pas se dissimuler, toutefois, que cette tendance, en partie heureuse, n'est pas sans inconvénients graves. C'est par l'inégalité des forces et des résultats, par la différence des prix de revient dans les divers établissements similaires, que s'effectue le progrès industriel, et que le genre humain s'élève en bien-être et en intelligence. Il y a là une des applications pratiques de la célèbre théorie de l'évolution qui, si elle n'explique pas l'origine et la fin des choses, jette une merveilleuse clarté sur les lois de leur développement.

L'État intervenant pour que, à l'inégalité des efforts des aptitudes, des combinaisons, ne corresponde plus une inégalité proportionnelle des résultats et des produits, les meilleurs échantillons humains se trouveraient découragés et les plus médiocres n'éprouveraient plus aucun stimulant. L'humanité, privée de son aiguillon, reviendrait peu à peu à une situation inférieure.

L'État ne doit donc user ni de l'impôt ni d'aucun autre moyen pour corriger les inégalités existantes; en le faisant, il sortirait de sa mission. Son rôle, souvent difficile à remplir, consiste simplement à ne pas accroître par des faveurs voulues ou des mesures maladroites les causes naturelles d'inégalité, à ne pas leur en joindre d'artificielles. Ainsi l'impôt progressif, la suppression ou la taxation excessive des successions, soit en ligne directe, soit en ligne

_____

(1) Voir mon *Essai sur la répartition des richesses et sur la tendance à une moindre inégalité des conditions.*

collatérale, sont de déplorables expédients qui, à la longue, tournent à l'appauvrissement général de la société et indirectement à l'aggravation de la situation des hommes les plus pauvres.

L'État, par l'impôt, se doit proposer un but simple : recueillir équitablement et avec la moindre perturbation possible pour la société, les ressources qui lui sont nécessaires. Il doit chercher à respecter, autant que possible, toutes les situations existantes et tous les rapports entre ces situations.

La même pensée doit guider l'État dans ses lois sur l'industrie, sur les sociétés, sur les successions et sur la police qui applique ces lois.

Ainsi l'État ne doit jamais intervenir dans les différends industriels entre employés et patrons, que pour maintenir l'ordre matériel, sans aider directement ou indirectement ni les uns ni les autres. Souvent tentés de s'entremettre, en sortant de la circonspection qui se borne à des conseils purement généraux et conciliants, les agents de l'État risquent d'aggraver les querelles par les espérances et les illusions qu'ils suscitent ou qu'ils entretiennent.

Moins les agents de l'État se mêleront des grèves, en se prêtant à des délégations, des enquêtes, des interpellations, mieux cela vaudra. A plus forte raison des secours ou des encouragements donnés ou promis à l'une ou à l'autre des parties sont des mesures ineptes et pernicieuses. Certains conseils municipaux, par pure ostentation, votent des fonds pour assister les familles des grévistes; c'est un emploi indu des sommes si péniblement payées par la généralité des contribuables, et ces générosités, faites avec l'argent d'autrui, tournent généralement contre les intérêts que l'on prétend protéger.

De même encore, l'État central ou l'État municipal doit

éviter de déterminer, par des publications, par des tarifs
même officieux, un changement quelconque dans les conditions du marché du travail.

L'idée de bureaux de placement municipaux, qui séduit
quelques esprits en théorie, aboutit, comme on a pu le voir
par la Bourse du travail de Paris, à subventionner quelques
coteries d'électeurs agités ou violents, d'aspirants politiciens,
à créer un nouveau parasitisme, et à troubler les cervelles.
C'est aux associations industrielles ou ouvrières ou mixtes
ou philanthropiques de constituer des agences pour tempé-
rer ce qu'il pourrait y avoir d'âpreté dans les entreprises
particulières de cette nature.

Quant aux tarifs officieux pour les salaires dans le genre
de la célèbre *Série des prix de la ville de Paris*, les inconvénients en sont très sensibles, à moins d'une souveraine prudence, difficile à observer longtemps. On induit ainsi les
ouvriers en erreur; ils voient un jugement dans ce qui ne
devrait être qu'une constatation. Ils considèrent, comme
des vols à leurs dépens, tous les rabais qu'ils doivent subir
sur ces tarifs officieux. Ils s'en aigrissent ; on pousse ainsi
au renchérissement général et à l'universel mécontentement.
C'est de cette façon qu'on a vu la *Série des prix de la ville de
Paris* inscrire, en 1883, pour certaines catégories d'ouvriers,
des salaires de 9 à 14 francs par jour au-dessous desquels,
dans la pratique, on était obligé de descendre de 15, 20 ou
25 p. 100, mais non sans une grande irritation de la part
de gens qui se croyaient frustrés.

S'il ne doit flatter aucune catégorie de citoyens, l'État n'a
pas davantage mission d'en gêner aucune dans la satisfaction de ses goûts non délictueux. Tout le monde est d'accord
sur les inconvénients de l'ivrognerie ; on ne chicane pas
l'État de demander à l'alcool une riche contribution. On
admet des peines légères contre l'ivresse manifeste, qui est

une cause de trouble et de danger public. On comprend que
l'État prenne des précautions contre le pullulement indéfini
des cabarets, où se produisent souvent des rixes, des scandales. Mais il y a certains sectaires de la tempérance qui
prétendent entraîner l'État bien au delà des mesures raisonnables de police et de précaution. Il est des pays, comme l'État
du Maine en Amérique, où l'on interdit presque absolument
la vente des liqueurs fortes, où l'on prive ainsi les hommes de
denrées qui, dans beaucoup de cas, sont inoffensives, où l'on
s'arroge le droit de régler leurs actions et leurs goûts. C'est
une gêne générale pour un résultat des plus incertains ; c'est
un empiètement manifeste de l'État sur la liberté individuelle : et dans cette voie l'on pourrait aller loin. Quelques
pays d'Europe, notamment les États Scandinaves, et en ce
moment l'Angleterre, poussés par des fanatiques de tempérance, sont sur le point de s'associer à ces exagérations. Si
l'État, cependant, devait prêter main forte à l'observation de
tous les préceptes moraux d'ordre privé, on reviendrait à
une société inerte et somnolente, comme celle des anciennes
Missions du Mexique et du Paraguay.

Le principe général du respect des contrats, des libertés
individuelles et des responsabilités personnelles, doit inspirer l'État dans toute sa législation économique.

Ainsi, dans les lois sur les sociétés par actions, l'État doit
laisser aux intéressés toute la liberté possible, ne pas interdire, par l'élévation des coupures des titres, l'accès de ces
associations aux petits capitalistes ; il doit se contenter de
prendre les précautions indispensables pour que la sincérité
soit observée ; pour qu'une obligation, par exemple, soit bien
une obligation, pour qu'un capital dit versé soit bien réellement versé, pour que la publicité ne manque pas aux actes
principaux et que le contrôle soit possible à ceux qui veulent
contrôler. Le vieux mot : *vigilantibus non dormientibus jura*

subveniunt, est un de ceux qui, en matière législative, comportent la plus forte dose de sagesse et d'expérience. La société a tout à redouter de l'inertie ; elle ne doit donc pas s'ingénier à protéger, avec de grands efforts et en quelque sorte malgré eux, les gens inertes.

De même encore, dans les lois de succession, l'État ne doit pas se proposer de former une société à son choix où existeraient certains rapports de fortune. Le principe général en matière de succession devrait être que qui a fait une fortune soit libre de la laisser à qui il veut, tout en conservant cependant à ses enfants une certaine quote part, pour les mettre à l'abri du besoin et même pour les faire vivre dans une situation un peu analogue à celle où ils ont grandi ; et que qui, au contraire, a hérité de la fortune de ses ancêtres, doive la transmettre à ses descendants.

C'est le principe moral. On ne peut entrer dans tous les détails des cas particuliers ; le législateur qui prononce pour la généralité et non pour les espèces, est obligé de recourir à des solutions moyennes : c'est ainsi qu'est sortie la règle de la réserve héréditaire pour les successions en ligne directe, que la fortune ait été créée ou héritée par le défunt. Cette réserve héréditaire, qui se rattache à la constitution même de la famille, est en soi raisonnable. Mais elle ne doit pas absorber toute la fortune, ni même la plus grande partie.

En tout cas, l'État doit se mettre en garde contre ses propres convoitises, contre la tendance, par des subterfuges divers, à l'accaparement des héritages. Nous avons montré les inconvénients des mesures de ce genre et le mal qui en résulterait pour la société (1).

Ainsi le grand rôle du législateur, c'est de ne pas contra-

(1) Voir plus haut, page 117.

rier et combattre la nature des choses, de ne mettre point
ses volontés capricieuses à la place de l'instinct humain,
d'agir toujours avec sobriété et modestie ; car cet être
collectif, qu'on appelle le législateur, partagé entre des
tendances diverses et oscillant de l'une à l'autre, souvent
au hasard, a tout aussi besoin de modestie et de sobriété
que chaque unité humaine (1).

(1) On a inventé une formule saisissante, en vertu de laquelle l'État
serait investi d'une nouvelle fonction ; cette formule est celle de « l'État
patron modèle ». L'État qui a des quantités d'établissements et de manufactures, arsenaux, ateliers de constructions maritimes, fabriques
de tabac, de poudre et d'allumettes, qui, en outre, fait faire, ainsi que
les départements et les communes, un grand nombre de travaux et
donne de nombreuses commandes à l'industrie, pour les fournitures
de l'armée et de la marine par exemple, qui enfin accorde des concessions de chemins de fer et autres, l'État, dit-on, devrait prendre et
imposer à ses fournisseurs ou contractants des mesures pour améliorer
graduellement le régime du travail, sous le rapport notamment de sa
durée, des règlements d'atelier, des taux et du mode de paiement des
salaires, de la participation aux bénéfices ou de la coopération, etc.

L'État, proie des politiciens, n'est nullement compétent pour jouer
ce rôle de « patron modèle » ; dans notre *Traité théorique et pratique
d'économie politique* (tome IV, pages 689 à 693) nous avons démontré
qu'il ne pourrait en général donner à ce sujet que des exemples fâcheux·
Dans ses propres ateliers et ceux de ses fournisseurs, il ne saurait prendre ou stipuler aucune mesure sortant manifestement de la pratique
des bons établissements privés. Il ne peut que se modeler sur ceux-ci.

En 1899, le ministère Waldeck-Rousseau rendit trois décrets sur les
conditions du travail des ouvriers dans les adjudications et les marchés
publics concernant les travaux de l'État, des départements, des communes et établissements publics. Les entrepreneurs devront, obligation
parfaitement légitime, donner aux ouvriers un jour de repos par semaine
(on aurait dû fixer le dimanche, sauf exceptions qu'il faudrait justifier);
ils ne pourront employer des ouvriers étrangers que dans la proportion fixée par l'administration suivant la nature de l'ouvrage et la loca-
lité ; ils seront tenus de payer un salaire égal au salaire courant dans
le district et pour la branche d'industrie intéressée; dans le cas où
l'entrepreneur paierait des salaires inférieurs, l'État retiendrait sur le
prix d'adjudication l'écart avec les salaires normaux, de façon à indemniser les ouvriers. Les heures de travail ne pourront excéder celles en
usage dans le corps d'état et dans le district, mais on pourra faire des
heures supplémentaires. Le « marchandage » est interdit et la division
de l'entreprise en sous-entreprises n'est permise qu'avec une autorisation formelle. On ne peut dire que la généralité de ces clauses soient illé-
gitimes, mais elles peuvent donner lieu à des abus. (Note de la 3e édition).

CHAPITRE II

L'ÉTAT MODERNE, LE PROTECTIONNISME, ET LE CHAUVINISME.

Nous ne voulons consacrer que quelques très courtes réflexions à l'attitude de l'État moderne en ce qui concerne le
régime industriel général, le protectionnisme et la liberté
du commerce. Sur le débat entre les deux systèmes, nous
renvoyons à notre grand ouvrage qui traite de l'économie
politique soit dans ses principes, soit dans ses applications (1).

Nous reconnaissons que, en dehors de l'Angleterre, il n'y
a guère de peuple qui pût à l'heure actuelle, même sous la
réserve de la taxation fiscale de quelques objets, adopter le
libre échange absolu. Dans certaines circonstances, soit
d'une manière permanente, par des considérations politiques
et sociales, soit d'une façon temporaire, à certains stages

(1) *Traité théorique et pratique d'économie politique.* 4 volumes in-
octavo.

du développement économique, des mesures protectionnistes, ayant surtout un caractère modéré, peuvent être recommandables. Il pourra en être ainsi tant que les différents peuples ne formeront pas une même nation et n'auront
pas la même législation générale et fiscale.

Mais, entre des lois admettant pour quelques articles une
protection limitée, ne nuisant d'ailleurs que très peu à la
division du travail à la spécialisation des nations suivant
leurs aptitudes propres ou celles de leur sol, et le protectionnisme quasi universel qui s'épanouit, avec des droits
très élevés, aux États-Unis et en France, et qui impose à ce
dernier pays, d'une étendue et d'une population limitée, la
tâche contre nature de produire, sinon toutes les denrées
agricoles ou toutes les matières brutes, ce qui serait impossible, du moins tous les articles industriels, ce qui prive la
France du bienfait de la division du travail et l'affaiblit, il
y a un écart immense.

Or, aux États-Unis comme en France, c'est surtout l'extrême démocratie, avec ses entraînements et son ignorance,
le défaut de contrepoids de son système politique, qui est
le facteur des exagérations du protectionnisme.

Les économistes du milieu de ce siècle s'imaginaient que
la démocratie tendrait au libre échange ; c'est tout l'opposé ;
ses préjugés l'en éloignent ; or, la démocratie extrême est
surtout gouvernée par des préjugés. Elle ne voit qu'une
chose, c'est que le protectionnisme arbore le drapeau de la
défense du travail national, de l'ouvrier national, tandis
que le libre échange apparaît comme une doctrine cosmopolite.

L'extrême démocratie ne voit jamais loin ; elle s'arrête
toujours à la surface des choses ; les conséquences indirectes
ou lointaines ou enchevêtrées des phénomènes lui échappent.
De là vient que les sociétés démocratiques de l'Australie et

de la Nouvelle Zélande à l'exception de la Nouvelle Galles du Sud, encore vacillante, sont hautement protectionnistes. De là vient aussi que, malgré ses intérêts manifestes dans le sens contraire, la Grande-Bretagne elle-même fait depuis peu de temps quelques concessions à cette doctrine.

En démocratie, on ne saurait trop le répéter, il n'y a aucun organe pour défendre l'intérêt général et permanent; il ne se rencontre dans les divers pouvoirs publics que des représentants des convoitises particulières et immédiates.

Non content d'établir des droits élevés, souvent prohibitifs, sur un très grand nombre d'articles étrangers, de susciter ou de fortifier des monopoles à l'intérieur, comme ceux de la métallurgie et de la raffinerie en France et un nombre beaucoup plus grand aux États-Unis où ils s'installent et trônent cyniquement sous le nom de *trusts*, l'État moderne institue tout un système de primes pour le sucre, la soie, le chanvre, le lin, la navigation, la construction des navires; c'est là le règne de la fantaisie et de la faveur. On arrive parfois avec ces primes aux mesures les plus extravagantes.

Nous n'en voulons d'autre preuve que ce qui se fait en France depuis une douzaine d'années pour la construction des navires. On a voté des lois donnant des primes à la navigation et d'autres à la construction des vaisseaux marchands ; au point de vue politique et militaire, peut-être même, dans une certaine mesure, au point de vue économique, ces primes pourraient se justifier. Mais ce qui peint l'incommensurable légèreté de l'État moderne, c'est la répartition de ces primes : on les a combinées d'une façon si absurde qu'il est beaucoup plus avantageux de construire et de faire naviguer des voiliers que des vapeurs. Il en résulte cette absurdité que l'on arme très peu de ces derniers et beaucoup des premiers. Or, tous les grands pays commerçants et navigateurs, l'Angleterre et l'Allemagne notamment, abandonnent de plus en

plus les voiliers. La disparition de la marine à voiles anglaise
et allemande n'est qu'une question de temps.

En voici la preuve pour l'Angleterre, dans deux tableaux :
l'un donnant le relevé de la marine à voiles et de la marine
à vapeur dans chacune des quinze dernières années, l'autre
fournissant, pour la même période, le relevé des constructions des navires de chacune des deux catégories (1).

*Nombre total et tonnage des navires à voiles et à vapeur
enregistrés comme appartenant au Royaume-Uni et employés
tant dans le cabotage que dans le commerce étranger.*

	VOILIERS		VAPEURS		TOTAL	
Années	Nombre de navires	Tonnage	Nombre de navires	Tonnage	Nombre de navires	Tonnage
1883	14,159	3,369,959	4,753	3,656,103	18,912	7,026,062
1884	13,876	3,258,330	4,868	3,825,614	18,744	7,083,941
1885	13,775	3,319,563	5,016	3,889,600	18,791	7,209,173
1886	12,997	3,232,232	4,920	3,911,865	17,917	7,144,097
1887	12,694	3,114,430	5,029	4,009,324	17,723	7,123,754
1888	12,292	3,054,059	5,292	4,297,829	17,584	7,351,888
1889	11,969	2,976,346	5,585	4,664,808	17,554	7,641,154
1890	11,570	2,893,572	5,855	5,021,764	17,425	7,915,336
1891	11,114	2,847,501	6,129	5,317,040	17,243	8,164,541
1892	10,793	2,965,326	6,227	5,484,186	17,020	8,449,512
1893	10,468	2,899,193	6,360	5,642,195	16,828	8,541,388
1894	10,011	2,822,225	6,536	5,894,060	16,547	8,716,285
1895	9,482	2,736,770	6,623	6,125,078	16,105	8,861,848
1896	8,992	2,618,067	6,747	6,315,273	15,739	8,933,340
1897	8,585	2,473,017	6,838	6,452,796	15,423	8,925,813

Ne tenons compte que du tonnage, le seul élément important. On voit d'après ce tableau, que le tonnage total, voiliers
et vapeurs réunis, de la marine marchande britannique
s'est élevé de 7 026 062 tonnes en 1883 à 8 925 813 en 1897,
ce qui est un accroissement de 1 900 000 tonnes en chiffres
ronds, ou de plus de 27 p. 100. Mais si l'on examine les
catégories des voiliers et des vapeurs chacune à part, on

(1) Ces tableaux sont extraits du *Statistical Abstract for the United
Kingdom* paru en 1898, pages 179 et 176.

constate que non seulement l'accroissement de tonnage ne porte que sur les vapeurs, mais que le tonnage des voiliers a même fléchi dans une très forte proportion. En effet, le tonnage des vapeurs s'est élevé de 3 656 000 tonnes en 1883 à 6 452 000 en 1897, ce qui constitue un accroissement de 2 796 000 tonnes ou de plus de 76 p. 100. Au contraire, le tonnage des voiliers a fléchi de 3 369 959 tonnes en 1883 à 2 473 017 en 1897, soit une réduction de 896 942 tonnes, ou de plus de 26 p. 106. Cette baisse s'est considérablement accélérée dans les années 1893 à 1897, elle a été alors en moyenne de plus de 100 000 tonnes par an. On en peut conclure que dans 25 ans d'ici il ne restera pour ainsi dire plus rien de la marine marchande britannique. Elle sera probablement réduite au quart ou au cinquième, sinon même au septième ou au huitième, du tonnage qu'elle avait en 1883.

Le second tableau confirme ces prévisions, c'est celui des constructions : nous ne le donnons que pour les dernières années, afin de ne pas multiplier les chiffres.

Nombre et tonnage des navires à voiles et à vapeur construits dans le Royaume-Uni pour la marine marchande britannique (les constructions pour l'étranger ne sont pas comprises dans ces chiffres).

	NAVIRES A VOILES		NAVIRES A VAPEUR		TOTAL	
Années	Nombre de navires	Tonnage	Nombre de navires	Tonnage	Nombre de navires	Tonnage
1892	322	258,700	521	434,091	843	692,791
1893	333	114,895	448	380,393	781	495,288
1894	363	89,156	524	485,460	887	574,616
1895	319	54,155	541	465,467	860	519,622
1896	389	57,467	542	462,503	931	519,970
1897	518	66,729	536	415,538	1,054	482,267

Tandis que la construction des vapeurs reste toujours très active, celle des voiliers diminue considérablement et a fini par atteindre à peine une soixantaine de mille tonnes par an, ce qui ne représente pas le tiers ou le quart du tonnage des voiliers qui disparaissent chaque année par naufrage, incendie ou vétusté. Le très faible tonnage des 518 voiliers construits en 1897, qui n'atteint pas 130 tonnes par navire en moyenne, indique qu'il s'agit là en général non plus de vaisseaux marchands sérieux, mais, en grande partie du moins, ou de yachts d'amateurs ou de barques de pêche. Ainsi, nous assistons en Angleterre à l'agonie de la marine marchande à voiles.

Il n'en va pas autrement en Allemagne, cet autre pays si avisé en commerce et si animé d'esprit d'entreprise.

Voici un tableau officiel concernant l'effectif de la marine marchande allemande, depuis un quart de siècle (1).

	MARINE A VOILES		MARINE A VAPEUR		TOTAL	
Années	Nombre de navires	Tonnage	Nombre de navires	Tonnage	Nombre de navires	Tonnage
1871	4,372	900,361	147	81,994	4,519	982,355
1876	4,426	901,313	319	183,569	4,745	1,084,882
1881	4,246	965,767	414	215,758	4,660	1,181,525
1886	3,471	861,844	664	420,605	4,135	1,282,449
1891	2,757	709,761	896	723,652	3,653	1,433,413
1892	2,698	704,274	941	764,711	3,639	1,468,985
1893	2,742	725,182	986	786,397	3,728	1,511,579
1894	2,713	698,356	1,016	823,702	3,789	1,522,058
1895	2,622	630,856	1,043	893,046	3,665	1,553,902
1896	2,524	622,125	1,068	879,939	3,592	1,502,044

Ce tableau est tout aussi démonstratif que ceux qui concernent l'Angleterre ; de 1871 à 1896 le tonnage de la marine marchande allemande a augmenté de plus de moitié, montant de 982 355 tonnes à 1 502 044 ; mais l'augmentation porte uniquement sur les vapeurs, dont le tonnage a plus que décuplé, s'élevant de 81 994 tonnes à 879 939 ; au contraire, le tonnage de la marine marchande à voiles a sensiblement décru, de près d'un tiers par rapport à 1871 où il

(1) Voir le *Statistisches Jahrbuch für das Deutsche Reich*, 1897, page 65.

était de 900 361 et de plus d'un tiers relativement à 1881 où
il atteignait 965 767 tonnes ; cette réduction s'accélère ; pour
l'Allemagne comme pour la Grande-Bretagne, il est probable
qu'il ne restera guère dans un quart de siècle d'autre
marine à voiles que des barques de pêche et des yachts
d'amateurs ; peut-être, en outre, pour des usages spéciaux
(transports d'explosifs, par exemple, de pierres, etc.), reste-
ra-t-il encore quelques centaines de milles tonnes de goë-
lettes ou de bricks, mais c'est sans importance.

Le prochain percement, qui paraît devoir s'effectuer avant
une douzaine d'années, de l'isthme américain hâtera encore
la disparition de la partie de la grande navigation à voiles
qui subsistait pour doubler le Cap Horn.

Dans ces conditions, comprend-on l'incommensurable
folie du gouvernement français qui favorise les constructions et l'armement des navires à voiles à l'encontre de
la construction et de l'armement des navires à vapeur ? De
1888 à 1897 voici le nombre et le tonnage des navires
à voiles et des navires à vapeur qui ont été soit
construits en France soit achetés à l'étranger sous ce système de primes ; on verra que, contrairement à ce qui se
passe en Angleterre et en Allemagne, c'est la navigation à
voiles qui chez nous prend de plus en plus la prépondérance.

Navires construits en France ou achetés à l'étranger.

	NAVIRES A VOILES		NAVIRES A VAPEUR		TOTAL	
Années	Nombre de navires	Tonnage	Nombre de navires	Tonnage	Nombre de navires	Tonnage
1888	729	29,689	95	29,075	824	58,704
1889	633	24,804	93	32,374	726	57,178
1890	643	36,282	83	38,252	726	74,534
1891	760	26,616	84	33,543	844	60,159
1892	838	16,785	58	16,203	896	32,988
1893	900	16,028	61	23,384	961	39,412
1894	906	28,031	74	17,074	980	45,105
1895	876	23,762	81	27,598	957	51,360
1896	986	38,684	99	29,389	1,085	68,073
1897	1,050	59,956	90	21,508	1,140	81,464

On le voit, si l'on considère les dernières années, les constructions ou achats à l'étranger de navires à voiles, de 1894 à 1897 par exemple, dépassent de beaucoup les constructions ou achats à l'étranger de navires à vapeur : les chiffres concernant les voiliers s'élèvent pour ces quatre années à 150 433 tonnes contre 95 559 pour les vapeurs. Nous savons que, en 1898 et 1899, ces constructions ou achats de voiliers, pour bénéficier des primes extravagantes du gouvernement, ont été aussi très importants.

Rarement, croyons-nous, on vit une semblable folie gouvernementale : l'État s'ingéniant par des primes à développer en France un matériel de navigation universellement considéré comme suranné et que toutes les grandes puissances commerciales et éclairées, la Grande-Bretagne et l'Allemagne notamment, abandonnent résolument. Bien plus, l'État s'acharne à ces subventions pour cet outillage arriéré au moment même où il devient quasi certain que l'entreprise du canal interocéanique va s'effectuer et réussir, ce qui portera à la grande navigation à voiles le dernier coup. Autant vaudrait modifier tout l'armement de notre armée et revenir aux piques et aux arbalètes, ou bien encore donner des primes pour remplacer dans les usines les métiers mécaniques par les métiers à bras.

Il est probable que, en étudiant de près les autres primes industrielles allouées par l'État moderne, on arriverait à des constatations aussi déplorables.

Or, ce système de primes, la plupart des États démocratiques en usent, non seulement la France ou la Hongrie, mais la République Argentine et encore plus le Brésil. La vanité y contribue autant que l'erreur économique.

L'État ultradémocratique, proie des intérêts particuliers et immédiats, n'ayant, dans la mobilité de son personnel, aucun organe fortement constitué pour sauvegarder l'intérêt général et permanent, est souvent hostile au progrès et aux inventions nouvelles. Découvre-t-on un produit à bon marché qui est de nature à faciliter et à améliorer l'alimentation populaire, comme la margarine et la saccharine, l'État moderne, poussé par les corps spéciaux qu'alarme cette concurrence, prend immédiatement des mesures pour restreindre la portée de ces découvertes et les empêcher de se répandre. Aux deux cas que nous venons de citer on pourrait en joindre un grand nombre d'autres.

Dans un autre domaine, l'État moderne fait preuve d'une dangereuse facilité aux entrainements et d'un esprit agité et inquiet. La démocratie extrême est extraordinairement vaniteuse ; elle est en même temps jalouse et elle ne comprend ni n'admet aucunes convictions, aucunes croyances, aucunes mœurs différentes des siennes propres. Cette vanité collective de la démocratie fait qu'elle est ultrachauvine ; l'impérialisme qui a sévi récemment et qui dure encore en Angleterre et aux États-Unis a sa racine dans ce débordement d'amour-propre de l'État moderne ; sous l'impulsion d'un ancien radical, M. Chamberlain, avec le concours de la plus grande partie, sinon de la totalité, de la presse radicale, la Grande-Bretagne soit à Fachoda, soit à Johannesburg, ne veut pas seulement obtenir satisfaction sur des points déterminés ; elle trouverait cette satisfaction incomplète, si dans la forme elle ne comportait pas une humiliation manifeste tantôt pour un grand État, la France, tantôt pour un petit État, le Transvaal. Aux États-Unis, il n'en va pas autrement, et dans les deux pays ce sont les anciennes hautes couches sociales, aujourd'hui privées de la plupart de leurs moyens d'action, qui s'efforcent de lutter, mais dans des conditions peu favorables, contre ces entrainements.

La jalousie collective de la démocratie crée aussi l'antisémitisme, cette réviviscence moderne de l'esprit de la ligue.

Enfin, le chauvinisme et la jalousie collective réunies poussent la démocratie, et par conséquent l'État moderne qui ne sait pas lui résister, à des mesures d'exception ou d'exclusion contre les ouvriers étrangers. Ni l'ouvrier américain, ni l'ouvrier français ne veulent admettre la concurrence de l'émigrant pauvre ; même pour les travaux qu'ils ne consentent pas à faire, parce qu'ils les jugent trop rudes ou trop rebutants, ils s'indignent de ce que les étrangers s'en chargent. Les législatures se mettent à légiférer contre les ouvriers étrangers.

Il y a, de ce chef, toutes sortes de germes de conflits internationaux ; ils tendront à s'aggraver, au fur et à mesure que s'accentuera le contraste entre la prolificité extrême et la stérilité systématique de peuples voisins (1).

Le pédantisme, la manie d'inculquer à la généralité des hommes les opinions, les manières d'être, les habitudes d'un petit groupe dominant, sont aussi un des traits qui caractérisent l'État moderne, très peu tolérant de sa nature ; on en trouverait des exemples dans l'administration de la confédération suisse et de certains de ses cantons ; nous ne pouvons ici que signaler ce défaut.

On voit combien l'État moderne est loin de répondre à l'image idéale que s'en font certains docteurs, quelle nécessité il y aurait de lui trouver et de lui imposer un frein, en tous cas de réduire les tâches qu'il assume avec une présomption croissante.

(1) Voir sur ce sujet notre *Traité théorique et pratique d'économie politique*, tome IV, pages 507 à 624.

CHAPITRE III

L'ÉTAT, LE LUXE, LES ARTS, LES FÊTES.

Un sujet a pris de l'importance dans ces derniers temps, c'est la contribution de l'État au luxe, aux arts, aux fêtes.

L'État démocratique se sent plus d'inclination à envahir ce domaine que l'ancien État autocratique.

Il n'y a plus de cour ; mais il semble qu'on en veuille ressusciter de temps à autre le spectacle pour l'agrément populaire : une cour qui se tiendrait quelques jours par an ou même quelques jours par décade d'années et où tout le monde aurait accès, où tout le monde ferait la fête.

L'État démocratique, renonçant à toute économie minutieuse et maussade, éprouve de l'inclination aux grands spectacles, au luxe public, à la joie officielle, descendant d'en haut, par commande, sur toutes les couches de la population.

Dans ces dernières années, dans ce jour même où j'écris, cette disposition se manifeste avec éclat. Elle vaut qu'on l'étudie et qu'on la juge.

On peut le faire au point de vue soit de l'économiste, soit du politique, soit du philosophe.

Commençons par les aperçus de ce dernier.

Il y a des partisans convaincus du luxe public, lesquels sont parfois les adversaires du luxe privé.

Dans une discussion qui a eu lieu il y a douze ans sur le luxe et qui fut provoquée par nous, au sein de l'Académie des sciences morales et politique (1), un philosophe, homme de grand mérite, M. Ravaisson se prononçait très énergiquement en faveur du luxe public.

Il admettait que le luxe est indispensable à une société et que, d'autre part, il développe la sensualité, la vanité individuelle. Les Grecs, pensait-il, avaient tout concilié : on trouvait chez eux la simplicité privée et le luxe public.

Laissons la parole à M. Ravaisson :

« Les anciens avaient sur ce point une doctrine qu'il est « difficile de ne pas approuver. En faisant une certaine part « à un désir, naturel à chacun et légitime, d'orner en quel-« quelque sorte sa vie, ils pensaient que la somptuosité

(1) L'occasion de cette discussion fut, en effet, la lecture que nous fîmes à cette académie du chapitre consacré au luxe dans notre *Précis d'économie politique*, alors en préparation.

« devait en général avoir pour objet la chose publique et
« commune que devaient préférer à eux-mêmes les indi-
« vidus. C'est l'idée qu'on voit régner chez les peuples de
« l'antiquité, aux plus belles époques de leur histoire. Les
« Athéniens, au temps qui suivit leur victoire sur les Perses,
« habitaient des demeures fort simples, au milieu desquelles
« s'élevait, sur l'Acropole, un temple de marbre, et dans
« ce temple un colosse tout en or et en ivoire, image de la
« divinité qui représentait le génie de la cité. Il en était de
« même des Romains de la République, dans leurs habi-
« tations plus que modestes au pied du Capitole, couvert,
« disait-on, de tuiles d'or. Un de leurs principaux poètes
« résume ainsi les maximes qui dominaient lorsque Rome
« se rendit maîtresse du monde :

> « Privatus illis census erat brevis,
> « Commune magnum. »

Avant ces paroles, prononcées en 1887 au cours d'une
discussion académique, M. Ravaisson, au sujet de l'instruction esthétique, avait émis déjà des idées un peu analogues :
« L'homme du peuple, disait-il, sur lequel pèse d'un poids
« si lourd la fatalité matérielle, ne trouverait-il pas le meil-
« leur allègement à sa dure destinée, si ses yeux étaient
« ouverts à ce que Léonard de Vinci appelle la *belleza del*
« *mondo*, s'il était préparé à jouir, lui aussi, de ces splen-
« deurs que l'on voit répandues sur tout le vaste monde
« et qui, devenues sensibles au cœur, comme le dit Pascal,
« adoucissent ses tristesses et lui donnent le pressentiment
« et l'avant-goût de meilleures destinées. » Ces lignes toutefois sont moins précises que le premier morceau : il
semble qu'il s'agisse là du simple développement des dispositions esthétiques qui rendent l'homme ouvert au sentiment de la nature et de la beauté du monde. Il n'est pas

besoin de grandes dépenses publiques pour faire apprécier à chacun la splendeur et la diversité des spectacles que l'univers offre gratuitement à tous. Ici se vérifie cette loi que ce qui est indispensable à tous les hommes se trouve gratuit ou peu coûteux (1).

Un économiste moraliste, historien du luxe, M. Baudrillart, s'est complu également à vanter le luxe public : « Tantôt, écrit-il, il invite la masse à jouir de certains agré- « ments, comme les jardins publics, les fontaines ou le « théâtre; tantôt il ouvre les trésors du beau à ces multi- « tudes, sevrées de la possession des œuvres de la statuaire « et de la peinture. Pour l'art, il y a des musées, comme « il y a des bibliothèques pour les sciences et les lettres, « et des expositions pour l'industrie. Sous toutes les « formes, enfin, ce luxe collectif, s'il est bien dirigé, pro- « fite à tous. Il élève le niveau et féconde le génie de l'in- « dustrie. Ce luxe, en outre, a un mérite éminent : il ôte « au faste ce qu'il a, chez les particuliers, d'égoïste et de « solitaire. Il met à la portée de la foule des biens dont le « riche seul jouit habituellement, ou ne fait jouir momen- « tanément qu'un petit nombre de personnes .»

Qu'il y ait quelque part de vérité dans ces observations, nous n'aurions garde de le contester; mais elles contiennent aussi une part d'exagération, et les applications pratiques en peuvent être fort dangereuses.

Un certain luxe est, certes, permis à un État qui est riche, qui se sent fort à l'aise dans ses revenus. Si les États-Unis qui ont joui quelque temps de 7 à 800 millions de francs d'ex- cédent des recettes sur les dépenses, avec des impôts générale- ment modérés sauf les droits de douane, avaient voulu consa- crer en quinze ou vingt ans quelques centaines de millions à

(1) Voir le développement de cette pensée dans notre *Précis d'économie politique* et dans notre *Traité théorique et pratique d'économie politique.*

acheter des tableaux, des statues, quelques-unes de toutes ces richesses dont regorge le vieux monde et dont, comme un parvenu, le nouveau monde restera toujours privé, ce n'est pas nous qui lui en ferions un reproche. Ayant satisfait au nécessaire, possédant un énorme superflu, se trouvant d'ailleurs, au point de vue des arts, dans une situation de manifeste infériorité relativement aux vieilles contrées, la grande fédération américaine du Nord pourrait, à l'avantage général du peuple, employer ainsi un bon nombre de dizaines de millions.

De même, si, dans les vieux pays dont le budget est bien réglé, on crée une caisse de dotation des musées, des anciens cabinets royaux, aujourd'hui devenus publics, pour les enrichir de nouvelles acquisitions, aucun économiste sensé, qui connaît l'utilité indirecte et lointaine des choses, ne sera assez morose pour l'interdire. On approuvera que l'État central, ou provincial, ou municipal, quand il est en fonds pour faire construire un bâtiment destiné à un service important, s'applique à lui donner un caractère d'ampleur ou d'élégance, qu'il cherche à en faire un monument artistique. Il y a une sorte d'*épargne voluptuaire* qui est tout aussi bien permise aux nations qu'aux individus (1).

Je me sers de ces mots d'épargne voluptuaire, qui laissent préjuger qu'il y a vraiment épargne, c'est-à-dire que les frais de ces constructions sont pourvus avec le produit des impôts et d'impôts modérés. Si on les entreprend en temps de déficit ou d'impôts excessifs, ce n'est plus une épargne voluptuaire.

On comprend également qu'en province, dans les villes de différents ordres, les musées, les jardins, soient dans les mêmes conditions l'objet de sacrifices, qu'on y décore

---

(1) Nous avons parlé de ce genre d'épargne des pouvoirs publics dans notre *Traité de la science des finances*, 6ᵉ édition, tome Iᵉʳ, pages 28 à 33.

aussi les mairies et les autres bâtiments municipaux et provinciaux. Mais tout cela doit être fait sans emportement, en laissant au temps sa part, en n'imposant pas à quelques années une œuvre que les diverses générations doivent continuer et compléter.

Rien de dangereux comme l'excès de ce luxe collectif. L'expérience récente suggère à ce sujet deux importantes observations. En premier lieu, avec le développement notable de la richesse privée et le goût qu'ont les millionnaires d'illustrer ou de perpétuer leur nom, on peut compter sur les dons et les fondations pour enrichir, en dehors des sacrifices publics, le patrimoine artistique ou ornemental des villes. Que de particuliers en province ont légué leurs jardins privés pour qu'ils devinssent des jardins publics ! Ce n'est pas assez ; nous voudrions que chaque ville de quelque importance possédât à une distance de 2 ou 3 kilomètres un véritable parc de 10 à 30 ou 40 hectares. Mais une fois avertie de ce besoin, l'initiative privée se mettra, par des dons et legs, à le satisfaire (1). Ce n'est pas avec l'argent péniblement versé par les contribuables qu'on peut pourvoir à ces dépenses d'agrément collectif.

La seconde observation, c'est que le rôle esthétique des pouvoirs publics, sous le régime électif, tend à être faussé par les préjugés et les engouements. J'ai montré plus haut que, par sa nature même, l'État moderne intensifie l'engouement momentané dont la nation est la proie, et que l'État moderne n'est jamais impartial, ni à l'égard des doctrines ni à l'égard des hommes.

L'action de l'État moderne est toujours passionnée. On retrouve chez lui quatre vices, dont il ne parvient pas à se débarrasser : 1° il n'exécute ni vite ni à bon marché ; 2° il cède

(1) Voir plus haut (page 37) ce que nous disons d'un mode tout nouveau de *sport* aristocratique.

toujours au népotisme et au favoritisme, ou, pour fuir ce
défaut, il tombe dans l'épreuve bête et incertaine des examens et des concours; 3° son action est toujours compliquée; il ne sait rien faire avec simplicité, en recourant à
un seul artiste sans l'asservir par des jurys pédantesques;
4° il est toujours passionné et unilatéral.

Les écoles officielles se montrent exclusives, généralement en retard, procédant avec lenteur. Tantôt, pendant
la première moitié de ce siècle, elles n'admettent qu'un
maniérisme vide et compassé, un idéalisme de convention,
sans originalité ni vie. Tantôt, comme depuis 1871, elles
s'éprennent de la brutalité et de la grossièreté; il leur convient d'avoir des scènes d'une facture rude et vulgaire,
représentant des sujets communs ou des allégories natura-
listes. Qu'on regarde les achats faits par la ville de Paris à
nos salons. Un demi-singe informe, représentant, d'après
l'étiquette, l'homme de l'âge de pierre, séduira les acheteurs
officiels parce qu'il semble une protestation contre les
idées spiritualistes.

En art, comme en industrie, l'État ne sait jamais se placer
au simple point de vue technique et impartial : il se préoccupe toujours de défendre une thèse et de faire triompher
une politique. Cette disposition d'esprit de l'État moderne
est un grand obstacle à la bonne direction du luxe collectif.

Quoi que l'on ait pu penser ou écrire en sa faveur, le luxe
collectif est un luxe que l'on satisfait avec l'argent d'autrui.
Il entraîne souvent la corruption des pouvoirs publics. Il
assujettit les arts aux engouements, en partie artistiques,
en partie intéressés, des hommes qui gouvernent. Quand le
luxe collectif ne peut se soutenir que par de lourds impôts,
c'est-à-dire par la contrainte, il a souvent plus d'inconvénients que le luxe privé.

Au luxe collectif se rattache une question souvent dé-

battue, celle des fêtes publiques. Il y aurait à les entièrement proscrire un excès de rigorisme; mais on doit
reconnaître qu'elles foisonnent en inconvénients et qu'on
n'y saurait apporter trop de circonspection.

C'est un problème singulièrement délicat que celui d'improviser une fête publique et de l'imposer à la conscience
nationale. Ces fêtes doivent naître en quelque sorte d'elles-
mêmes, se rattacher à la tradition ou, du moins, à un
événement national si éclatant, si incontestablement heureux pour l'ensemble de la nation sans distinction de parti,
que, pour ainsi dire, personne sur la totalité du territoire
n'en éprouve de froissements et de regrets.

Les fêtes publiques peuvent être de trois catégories: ou
religieuses, ou nationales, ou se reliant à un fait d'ordre
économique.

Les fêtes religieuses sont les plus anciennes et celles qui,
encore dans la généralité du pays, rencontrent le plus
d'adhérents et comportent le moins d'inconvénients. Elles
offrent un caractère plus familial; elles enveloppent davantage tous les âges; elles entraînent moins avec elles, elles
excluent même par leur principe, une partie inévitable du
cortège des fêtes, les excès, la débauche et l'ivrognerie.
Si elles sont contraires aux opinions d'un certain nombre
d'hommes, comme la tolérance doit être la grande loi extérieure de l'humanité, on ne voit pas que personne puisse
sérieusement se plaindre de cérémonies qui satisfont beau
coup d'êtres humains et qui ne peuvent offenser aucun
homme pacifique et tranquille. Aussi peut-on considérer
que l'interdiction, qui est devenue presque générale en
France, des fêtes religieuses extérieures, procède d'un véritable fanatisme et qu'elle prive, sans aucune raison sérieuse d'ordre public, la majeure partie de la population
de jouissances inoffensives.

Les sceptiques devraient être désarmés devant 'a joie innocente de tant d'êtres humains.

Après les fêtes religieuses, selon le rang historique, viennent les fêtes nationales. Celles-ci ne se peuvent créer par une simple mesure législative : il leur faut l'adhésion spontanée de toute la nation. Il n'y a guère de vraie fête nationale que celle qui consacre soit l'affranchissement de la nation du joug étranger, soit une grande et décisive victoire sur l'ennemi du dehors. L'anniversaire de 1776 pour les Américains, celui de 1830 pour les Belges qui s'émancipèrent alors du joug hollandais, sont parmi ces événements qu'aucun citoyen de l'Amérique du Nord et de la Belgique ne refusera de considérer comme heureux et glorieux. D'autres nations du continent européen sont, de date récente, dans une situation, sinon absolument identique, du moins presque analogue.

La première condition pour une fête nationale, c'est de réunir l'assentiment spontané de tous les citoyens quels qu'ils soient, de tous les partis quels qu'ils soient.

A cette catégorie se rattachent encore les fêtes qui se donnent à l'occasion des concours de tirs, ou des luttes de gymnastes, comme les tournois de jadis. C'est le même sentiment qui unit alors tous les hommes, celui qu'il faut être fort et adroit non seulement pour soi, mais pour défendre l'indépendance nationale. L'humanité revient, par un détour, aux anciennes fêtes d'autrefois (celles des archers, des arbalétriers, etc.).

Tout autres sont les fêtes purement politiques qui consacrent ou rappellent la victoire de tel parti, ou de telle doctrine, ou de telle classe, sur tel autre parti, telle autre doctrine ou telle autre classe. Ces fêtes-là ne sont jamais des fêtes nationales dans le sens réel et étendu du mot; ce sont de simples fêtes officielles, qui répugnent aux uns, si elles

plaisent aux autres ; elles aigrissent les divisions des citoyens, au lieu de les apaiser pour un jour.

Voilà pourquoi à un peuple qui n'a pas dans son histoire
un événement décisif, consacrant la formation de la nation
et son affranchissement du joug étranger, il est toujours
très difficile d'improviser une fête nationale. Il décore de
ce nom une fête purement politique, qui est toujours
froide, compassée et artificielle.

La Révolution a donné sous ce rapport l'exemple des
essais les plus ridicules. Nous ne parlons pas ici en particulier de la fête de la déesse Raison ; c'était là une application de fanatisme étroit. Afin de remplacer, non seulement
les fêtes religieuses, mais celles encore des corporations sup-
primées, on avait fait appel aux plus grands génies ; ceux-ci
montrèrent que toutes les ressources de l'éloquence et de
la poésie restent stériles pour communiquer à toute une
nation le goût de se réjouir en commun à propos d'incidents auxquels elle n'attache pas d'importance. Mirabeau,
Marie-Joseph Chénier, Talleyrand, trois esprits, certes,
bien doués, soit pour la force et l'autorité, soit pour l'ingéniosité et l'invention, ont laborieusement rédigé ou inspiré des programmes divers de fêtes nationales. Des esprits
graves s'en sont aussi mêlés, comme Boissy d'Anglas.

Les uns et les autres n'ont abouti qu'à des combinaisons
grotesques ou fastidieuses. Il faut lire la liturgie ou le rituel
de « la fête des époux », de « la fête de la vieillesse » et autres
cérémonies que la philanthropie révolutionnaire proposa à
l'adoption de la France (1). Ni les poètes, ni les législateurs,

---

(1) Dans une de ces fêtes il est indiqué qu'à un instant marqué, toutes
les mères devront regarder leurs enfants « avec des yeux attendris ».

« Le peuple ne pourra plus contenir son enthousiasme ; il poussera
des cris d'allégresse qui rappelleront le bruit des vagues d'une mer
agitée, que les vents sonores du Midi soulèvent et prolongent en échos
dans les vallons et les forêts lointaines. »

ni les orateurs ne purent insuffler un peu de vie et de gaieté à ces prétendues réjouissances où tous les détails étaient d'avance arrêtés et prévus. Ces tentatives infructueuses doivent détourner des fêtes purement politiques.

Restent les fêtes qui se rattachent à un fait économique : ce sont les plus naturelles, celles auxquels notre temps est le plus propice. Dans tous les siècles les grands faits agricoles ou industriels ont été l'objet de réjouissances en commun : l'ouverture des vendanges, le retour de la grande pêche, les foires. Aujourd'hui nous avons les concours agricoles, les expositions de toute nature. Quand un pays est prospère, qu'il jouit de bonnes finances, que les citoyens ne sont pas trop taxés, il peut être légitime que les pouvoirs publics s'associent, dans une mesure discrète, sans en faire le gros des frais, à ces occasions de joie.

On peut dire, cependant, qu'ils ont une tendance exagérée, depuis quelque temps, à prélever d'énormes sommes pour amener le peuple à se réjouir. Sans parler des grands bals que le conseil municipal de Paris a cru devoir offrir pour « faire aller le commerce parisien » et qui n'ont été qu'un gaspillage, nous pouvons nous arrêter un instant aux Expositions, surtout aux Expositions intégrales, universelles, dont l'étendue, la dépense s'accroissent sans cesse, en même temps que leur ordonnance devient de moins en moins technique et de moins en moins instructive.

Au point de vue vraiment industriel et comparatif, la dernière grande Exposition a été celle de 1867, d'un si merveilleux classement. Les suivantes deviennent de plus en plus des virtuosités intéressantes, où la part de l'ostentation,

---

Le peuple tout entier doit chanter à la fois. A un certain moment, le peuple s'écriera lui-même : « Vive le peuple ! » On célébrera les récentes victoires et d'un orchestre à l'autre on se répétera ces mots : « Répétez-nous encore ces heureuses nouvelles. »

du luxe d'étalage, des minuties amusantes, grandit, et où le côté intellectuel diminue. On se préoccupe plus du spectacle, de la fascination des yeux, de l'ébahissement de la foule, que du résultat sérieux à obtenir, du progrès des arts, de la vulgarisation des bons instruments et des bonnes méthodes.

Ainsi comprise, une Exposition devient surtout une fête publique prodigieusement coûteuse, qui risque de fausser les idées des spectateurs et de donner à certaines parties de la population de mauvaise shabitudes.

On commence par dépenser, dans une ville, une somme colossale, une centaine de millions au moins si l'on joint à tous les frais publics ceux des particuliers, des exposants. Cette dépense purement voluptuaire donne une impulsion soudaine à certains commerces, qui six mois après tomberont dans la langueur. On fait monter brusquement les salaires ou les gains des ouvriers ou des employés de diverses industries, les cochers, les garçons de café ; on attire de la campagne, du fond même des provinces les plus éloignées, une quantité de gens pour remplir ces métiers qui, l'année suivante, seront surchargés et devront rendre à l'inquiétude, à l'oisiveté, parfois à la misère, tout ce personnel surabondant.

On fait renchérir, dans le lieu choisi, ordinairement la capitale, tous les services humains, tous les vivres ; on alloue des indemnités de 10 ou 15 p. 100 de leur traitement à tous les employés de l'État ou de la ville ; mais les administrations privées ne peuvent, pour la plupart, en faire autant ; on n'accroît pas de 10 ou 15 p. 100 les rentes servies aux porteurs de fonds publics, ni les pensions payées aux anciens serviteurs de l'État. Comme c'est souvent son cas, l'État agit ainsi sans règle fixe, sans esprit de suite, sans justice réelle, par pur caprice.

On attire de tous les points du territoire des millions d'hommes, adonnés d'ordinaire à un labeur pénible, et à une vie simple : on étale devant ces imaginations primitives une capitale féerique, qui n'a rien de réel, une sorte de réalisation passagère du conte d'Aladin et de la lampe merveilleuse. Les impressions qu'en gardent tous ces esprits sont fort diverses : bien des jeunes gens en auront retenu que la vie de la capitale est une vie de délices; ils rêveront d'y revenir, et ils y reviendront pour grossir la troupe nombreuse des meurt-de-faim; l'éblouissement des fontaines lumineuses sera un jour remplacé pour eux par un gîte immonde et fortuit, encombré de misérables. On aura perdu beaucoup de ces gens par cette vision d'une ville transformée pour quelques mois en Éden ; on en aura aigri d'autres, illusionné un nombre énorme. L'attrait qui pousse les jeunes générations à quitter le hameau ou la ferme pour se précipiter dans la grande ville s'en trouvera redoublé. La saine appréciation des choses, pour beaucoup de ces visiteurs, aura disparu.

Cet immense déploiement de faste, sous le prétexte de comparer les produits, aura exercé une profonde action perturbatrice. Pendant sept ou huit mois, sinon pendant un an, les marchands de province verront une grande partie de leur clientèle leur échapper, au profit du gigantesque bazar central. Notez que ce n'est pas le cours naturel des choses qui aura amené ce déplacement; c'est l'action seule, soudaine, de l'État. Les affaires langiront en province, pour une cause dont l'État seul est responsable.

Une Exposition de cette taille, de cette nature, accompagnée de ce luxe officiel, est un impôt mis sur les départements au profit de la capitale. Celle-ci même n'en éprouve qu'une surexcitation passagère qui la laisse bientôt dans un état de prostration.

Aussi tant au point de vue des résultats matériels que des résultats moraux, ne saurait-on approuver ces colossales exhibitions. l'État ne sait rien faire avec mesure.

Les nations vraiment pratiques bannissent tout ce faste inutile ; elles ont des expositions partielles, qui ne se font pas toutes dans une seule ville à laquelle on confère ainsi un privilège injustifié. Elles laissent prendre l'initiative de ces expositions aux corporations intéressées ; si elles s'y associent, c'est dans une mesure modérée, à titre de contribution accessoire prouvant la bonne volonté des pouvoirs publics. Encore peut-être ceux-ci feraient-ils mieux de n'y participer par aucune somme d'argent, de prêter seulement des locaux, des emplacements. Le but utile, celui de l'instruction, de la comparaison et de la vulgarisation des instruments, des méthodes, des modèles, est beaucoup plus sûrement atteint, avec une bien moindre dépense et sans toute cette perturbation (1).

Ainsi le luxe collectif a bien des dangers ; lui aussi peut être corrupteur ; il est plus malaisé de le refréner que le luxe privé : ce dernier compte avec les ressources de celui qui l'ordonne ; le luxe public, au contraire, est ordonné, aménagé par des gens qui n'en font pas les frais et qui en tirent néanmoins, plaisir et vanité.

Ce n'est pas là la seule preuve de relâchement et de dés-

(1) Tout ce que nous disons ici se rapporte avec la plus précise exactitude à l'Exposition de 1889. L'un des incidents les plus absurdes et les plus funestes de ce coûteux carnaval, ç'a été le grand banquet du mois d'août auquel la municipalité parisienne avait convié tous les maires de France : une douzaine de mille de ces fonctionnaires, la plupart petits paysans, vinrent s'enivrer du spectacle magique qu'offrait alors Paris et ne purent en retirer que des idées fausses (Note de la 1re édition). L'Exposition de 1900, pour laquelle pendant dix-huit mois on a bouleversé tout Paris, a reproduit, en les aggravant, les vices et les maux des Expositions précédentes. Elle s'est montrée aussi puérile par les attractions et les « clous » qu'elle suscitait. Elle pousse tout autant à la débauche et le résultat le plus net de ces absurdes saturnales, c'est de faire de Paris le lupanar du monde entier (Note de la 3e édit.).

organisation que donne l'État moderne. Il multiplie aussi les
fêtes légales. Il ne peut détruire les fêtes religieuses que le sentiment général et la coutume consacrent; il y en ajoute d'autres
soit obligatoires, soit tacitement imposées. On s'est plaint que le
calendrier de l'ancien régime fût encombré de fêtes de saints qui
multipliaient abusivement les chômages : le nouveau régime
aussi veut avoir des fêtes chômées; il en invente ou il en discute ;
l'énergie au travail et la production s'en trouvent diminuées (1).

(1) Dans ces derniers temps on a institué le chômage du lundi de
Pâques et du lundi de la Pentecôte, du 14 juillet, et divers conseillers
municipaux ou députés demandent que l'on en institue encore d'autres.

On a vu plus haut que l'État de Massachusetts (page 343) impose une
fête du travail, le 1er lundi de septembre, qui est fête légale, c'est-à-dire
obligatoirement chômée.

Une des plus scandaleuses organisations de l'État moderne est l'institution en France, avec la sanction et la participation du gouvernement, de ce que l'on appelle le « Pari Mutuel » pour les courses de
chevaux. Le Vte d'Avenel dans la *Revue des deux Mondes* (15 août 1899
pages 844 à 845) expose le fonctionnement de cette institution. Les
intermédiaires pour les paris aux courses, que l'on appelait les *bookma-
kers* donnant lieu à beaucoup de plaintes, « la Société d'encouragement (à l'industrie chevaline) ayant elle-même demandé au ministre
de l'Intérieur la suppression des paris, le vide se fit incontinent sur
les champs de courses et le public devient furieux... Une nouvelle solution intervint : le Pari Mutuel, organisé d'abord par un simple arrêté
du pouvoir, puis codifié par une loi (1891), qui fonctionne aujourd'hui
avec la sérénité d'un service d'État. » Le gouvernement sanctionne
désormais une organisation régulière de ces paris et perçoit 7 p. 100
sur leur montant. Les 7 p. 100 sont répartis, écrit M. d'Avenel « jusqu'à concurrence de 2 p. 100 aux œuvres de bienfaisance, à celles surtout, disent les méchantes langues, que les députés influents jugent
bienfaisantes pour leurs réélections ; 1 p. 100 est versé au ministère
de l'agriculture pour les haras et 4 p. 100 sont abandonnés, à titre de
frais de gestion aux sociétés de courses. Le Pari Mutuel a encaissé
200 millions de paris en 1898 et pour l'année 1899 on estime le rendement à 260 millions. On sait quels effroyables abus entraînent, particulièrement dans la petite classe moyenne et parmi les domestiques, employés, etc., ces jeux de course, dont l'État français s'est fait l'entrepreneur officiel. Une foule de ruines, de suicides, de vols commis par des
employés, des caissiers, sont dûs à cette passion du jeu que le
gouvernement entretient ; telle est la moralité de l'État moderne.

Une autre plaie témoigne de sa faiblesse et de sa connivence avec
les mauvais instincts humains, c'est l'extension à toute la France des
courses de taureaux et des luttes d'animaux, sorte de retour aux combats des cirques romains.

LIVRE VIII

UNE DES TÂCHES DE L'ÉTAT CONTEMPORAIN.

CHAPITRE UNIQUE

LA COLONISATION.

Il est impossible, esquissant la mission de l'État, de ne

pas signaler, en peu de mots, l'une des tâches qui s'imposent à lui depuis quatre siècles, et plus particulièrement à
notre époque, la colonisation.

J'ai souvent traité cette question, particulièrement dans
deux livres auxquels je renvoie le lecteur (1). Ici quelques
lignes générales suffiront.

Le monde actuel, au point de vue des populations, se
compose de quatre parties bien distinctes : celle où règne
la civilisation occidentale, qui est la nôtre; une seconde
partie qui est habitée par des peuples d'une civilisation
différente, mais compacts, cohérents, stables, destinés,
par leur histoire et leur caractère présent, à se gouverner
et à se diriger eux-mêmes, la nation chinoise et la nation
japonaise par exemple. Une troisième partie appartient à
des populations assez avancées sous divers rapports, mais
qui ou bien restent stationnaires, ou ne sont pas arrivées à se
constituer en nations unies, pacifiques, progressives, suivant
un développement régulier; elles sont dans une situation
d'équilibre instable, se troublant fréquemment ou toujours
prêtes à se troubler. L'Inde anglaise avant la conquête britannique, Java, la presqu'île cochinchinoise, représentent
particulièrement ce troisième type.

Enfin une grande partie du monde appartient à des tribus
barbares ou sauvages, les unes adonnées à des guerres
sans fin et à des coutumes meurtrières; les autres connaissant si peu les arts, ayant si peu l'habitude du travail et de
l'invention, qu'elles ne savent tirer aucun parti du sol et des
richesses naturelles, et qu'elles vivent misérables, par petits
groupes disséminés, sur des territoires énormes qui pourraient nourrir à l'aise des peuples nombreux.

Cette situation du globe et de ses habitants implique pour

_____

(1) Voir ces ouvrages, *La Colonisation chez les peuples modernes*,
5e édition, et l'*Algérie et la Tunisie*, 2e édition.

les peuples civilisés le droit à une intervention, dont le caractère et l'intensité peuvent varier, chez les populations ou peuplades des deux dernières catégories.

Il n'est ni naturel ni juste que les civilisés occidentaux s'entassent indéfiniment et étouffent dans les espaces restreints qui furent leur première demeure, qu'ils y accumulent les merveilles des sciences, des arts, de la civilisation, et qu'ils laissent la moitié peut-être du monde à de petits groupes d'hommes ignorants, impuissants, vrais enfants débiles, clairsemés sur des superficies incommensurables, ou bien à des populations decrépites, sans énergie, sans direction, vrais vieillards incapables de tout effort, de toute action combinée et prévoyante.

L'intervention des peuples civilisés dans les affaires de ces deux catégories de populations se justifie comme une éducation ou comme une tutelle. Elle peut prendre des formes diverses : celle d'une colonie véritable, celle d'un protectorat ; très intense dans le premier cas, plus restreinte et plus déguisée dans le second.

En ce qui concerne notamment les immenses territoires occupés par de petites tribus sauvages ou barbares, clairsemées, presque sans développement intellectuel et sans organisation civile, il est certain que le rôle d'instructeurs et de guides qui incombe aux peuples civilisés est tracé par la nature même des choses.

Il est des pays où il semble que la civilisation, à savoir la domination de l'homme sur lui-même et sur la matière, l'esprit d'entreprise et la discipline, le sens de la capitalisation et l'aptitude aux inventions, ne peut se développer spontanément. On peut croire que si l'on abandonnait pendant plusieurs milliers d'années encore l'Afrique équatoriale ou tropicale aux seules impulsions de ses habitants, on la retrouverait, au bout de ces milliers d'années, exactement ce qu'elle est aujourd'hui, sans une meilleure **exploitation** des richesses naturelles, sans un supérieur **développement** des arts.

Il est aussi des races qui semblent **incapables d'un** développement intellectuel spontané. **Si l'Amérique** du Nord et l'Australie n'avaient dû être découvertes qu'en l'an 3000 ou l'an 4000, au lieu de l'avoir été l'une à la fin du xve, l'autre à la fin du xviiie siècle, il est probable qu'on eût trouvé les habitants de ces énormes terres exactement dans la situation où les virent les premiers Européens; ils auraient eu 12, 15, 20 ou 25 siècles de plus pour perfectionner leur société, leurs arts, leur esprit; mais ils ne semblent pas porter en eux-mêmes le germe d'un développement personnel ou social au delà de la chétive situation où ils étaient arrivés.

Il est des pays et il est des races où la civilisation ne peut éclore spontanément, où elle doit être importée du dehors. C'est même une question de savoir, mais que l'avenir seul pourra trancher, si, après avoir inculqué, par exemple, par la bienveillance, par une direction équitable, leur civilisation à ces peuples enfants ou à ces peuples décrépits, les nations européennes pourraient retirer leur main conductrice, sans que, au bout d'un certain nombre de dizaines d'années, les peuples ainsi relevés, éduqués, puis soudain abandonnés, revinssent à leur situation première.

Supposez que pendant un siècle ou deux, mettez-en même davantage, les peuples européens se fassent les directeurs attentifs et humains des tribus diverses qui occupent la zone du Congo et de ses affluents, du Zambèze, du Nil supérieur, de l'Ogoué, de la Bénoué et du Niger, il est incertain si la cessation soudaine de la tutelle européenne ne laisserait pas, au bout de quelques dizaines d'années, toutes ces peuplades retomber dans la barbarie d'où, par hypothèse, on les aurait tirées.

Il y a une certitude, c'est que dans ces pays la civilisation doit être importée de l'extérieur ; il y a un point incertain, conjectural, c'est celui de savoir si, une fois importée de l'extérieur et maintenue pendant un ou deux siècles, la civilisation pourrait se conserver d'elle-même, après la rupture de tout lien politique avec le peuple civilisateur.

L'exemple de ce qu'est devenue l'Afrique du Nord, quoique beaucoup de sang romain s'y fût infiltré, quand s'est rompu le lien politique avec Rome, est de nature à donner des inquiétudes.

Si la civilisation peut ainsi se maintenir d'elle-même par la force acquise, la colonisation n'est qu'une éducation passagère des peuples inférieurs par les peuples supérieurs ; elle doit, toutefois, avoir une durée qui s'étende à plusieurs générations humaines, parce que l'éducation d'un peuple nécessite toute une série de générations. Alors la colonisation ne serait qu'une tâche temporaire ; ce n'en serait pas moins une grande tâche, dans l'état actuel du monde, qui s'imposerait aux peuples riches en capitaux et en lumières.

Si, au contraire, la civilisation, quoique enseignée à certaines races, infusée dans certains climats, n'y peut être indéfiniment conservée, sans une certaine permanence d'action de la puissance extérieure civilisatrice, alors la colonisation, sous la forme adoucie du protectorat, serait destinée à avoir une durée indéfinie.

On s'est trop habitué à l'idée que les colonies se détachent un jour, comme un fruit mûr, de la métropole, ou du moins comme des êtres adultes, conscients de leur force, visant à l'indépendance, doivent un jour vivre de leur vie propre, et n'avoir plus que des rapports volontaires, reposant sur l'égalité, avec l'ancienne mère patrie. Il est un type de colonies, les

colonies de peuplement, auquel est réservée cette destinée.
Les groupes ethniques analogues à la population de la mère
patrie, les sociétés absolument semblables qui se sont constituées dans des climats où la race européenne peut vivre
et se développer, sont, certes, appelés à cette émancipation
complète.

Mais l'exemple des États-Unis, du Canada, de l'Australie,
des républiques de race espagnole et du Brésil, ne prouve
que pour les colonies de peuplement ou les colonies mixtes,
non pour les colonies établies au centre de l'Afrique ou
même au sud de l'Asie (1).

Supposez que la direction britannique vienne un jour à
faire complètement défaut à l'Inde ou à la Birmanie, qu'elle
n'y soit remplacée par aucune direction européenne analogue, il n'est pas impossible que, après quelques dizaines
d'années, ces contrées retombent dans l'état d'anarchie, de
médiocre productivité et de misère où elles languissaient
il y a quelques siècles.

Ce qui n'est qu'une conjecture pour l'Inde paraît à peu
près une certitude pour le Gabon, le Congo et d'autres territoires de l'Afrique intérieure, après qu'on les aura un peu
civilisés, ce qui demandera bien cent ans, car jusqu'ici on
ne les a encore qu'explorés.

En tout cas, dans la situation actuelle du globe, il y a une
œuvre de colonisation à accomplir. Doit-on l'abandonner aux
simples particuliers? Cela est impossible. Les particuliers
jouent un rôle important dans la colonisation, comme explorateurs, comme aventuriers, comme pionniers, comme
commerçants. Mais ils ne peuvent exercer une action méthodique, prolongée, synthétique, sur tout un pays barbare
ou sauvage. Ils poussent parfois à l'extrême l'amour du lucre,

---

(1) Voir, pour les différentes sortes de colonies, mon ouvrage sur *La Colonisation chez les peuples modernes*.

l'esprit d'injustice et d'oppression, Précurseurs utiles, auxiliaires indispensables, ils ont cependant besoin d'être contenus et contrôlés par une puissance politique.

Un État peut créer des compagnies de colonisation auxquelles il confère certains privilèges et certains droits souverains. L'Angleterre, la Hollande, la France l'ont souvent fait
dans le passé ; la première le fait encore dans le présent,
l'Allemagne aussi. Bornéo, la Nouvelle-Guinée, toute l'A-
frique comptent diverses sociétés de ce genre. C'est un arti-
fice auquel recourt une puissance pour s'infiltrer dans un
pays où son action directe et immédiate susciterait des
protestations.

Mais il ne faut pas être la dupe des apparences. Ces sociétés de colonisation ont derrière elles toute l'action politique
de la puissance qui leur a accordé leur charte. Elles sont di-
plomatiquement soutenues par elle, parfois aussi militaire-
ment, et, au bout d'un certain temps, elles se voient presque
toujours remplacées par l'État même dont elles n'ont été
ainsi que les agents temporaires.

Il n'en peut être autrement : le simple droit des gens
n'admet pas qu'un territoire appartienne à des particuliers
sans qu'un État constitué et reconnu en ait la responsabilité.

On confond souvent la colonisation avec le commerce ou
l'ouverture de débouchés commerciaux. J'ai montré ailleurs
que cette assimilation est fausse. La colonisation comporte
bien autre chose que la vente ou l'achat de marchandises ;
elle entraîne une action profonde sur un peuple et sur un
territoire, pour donner aux habitants une certaine éducation, une justice régulière, leur enseigner, quand ils l'ignorent, la division du travail, l'emploi des capitaux ; elle
ouvre un champ non seulement aux marchandises de la
mère patrie, mais à ses capitaux et à ses épargnes, à ses

ingénieurs, à ses contre-maîtres, à son émigration soit des masses, soit de l'élite. Une transformation de ce genre d'un pays barbare ne peut s'effectuer par de simples relations commerciales.

La colonisation est ainsi l'action méthodique d'un peuple organisé sur un autre peuple dont l'organisation est défectueuse et elle suppose que c'est l'État même, et non seulement quelques particuliers, qui se charge de cette mission. La transformation ou l'éducation dont il s'agit ne se peut procurer, en effet, par de simples échanges de marchandises, échanges toujours fort bornés chez les peuples primitifs; il y faut joindre l'établissement de la paix intérieure, phénomène rare chez ces tribus sauvages, des lois équitables et respectées, une justice exacte et sûre, un régime terrien qui permette l'accès à la propriété. Or, tout cela ne peut s'obtenir que par l'action de l'État.

Ainsi la colonisation, qu'on la considère comme une entreprise permanente ou seulement comme une entreprise transitoire, propre à la période de l'humanité que nous traversons, est une œuvre d'État.

Maintenant un grand État peut-il s'en désintéresser, surtout quand son histoire et la possession même de vastes surfaces terrestres l'invitent à y prendre part? Les économistes naguère, à l'exception de quelques-uns cependant, parmi lesquels Adam Smith et Stuart Mill, ont détourné les États de posséder des colonies. Pourquoi ne pas faire simplement le commerce sans prendre la charge de territoires lointains?

Les grandes fautes, les crimes même, qu'une colonisation mal conçue a suscités, les massacres d'indigènes, l'esclavage, les erreurs d'un système colonial contraire au sens commun et à la science, ont pu encourager et excuser cette manière de voir; elle est, toutefois, superficielle.

Il ne convient pas de laisser accaparer, peupler ou diriger le monde par un seul peuple ou par deux peuples. Il importe de se souvenir que les marchandises d'un pays manufacturier courent grand risque d'être arrêtées par des tarifs prohibitifs aux frontières étrangères; que les capitaux qu'il produit en trop et qu'il veut exporter sont souvent exposés dans un pays étranger à des tribunaux ou à des législateurs malveillants qui les confisquent indirectement ou les ruinent; que les émigrants même ne sont plus sûrs d'être bien accueillis dans les contrées sur lesquelles leur pays d'origine n'a aucun droit.

L'absence de colonies, dans un temps déterminé, avec l'esprit qui prévaut de nos jours, pourrait équivaloir à une sorte de séquestration du peuple qui aurait été assez inerte pour ne pas se créer des dépendances dans le monde, alors que le monde n'était pas complètement occupé.

Puis, les influences morales valent bien quelque chose : le prestige d'un peuple qui a imposé sa direction, sa langue, ses habitudes, ses goûts à des territoires étendus, a sa répercussion jusque dans les affaires.

Ainsi, dans la période de l'histoire que nous traversons, un grand État prévoyant et riche ne peut absolument se désintéresser de la colonisation.

C'est une œuvre lente, coûteuse, qui ne peut être soutenue par les particuliers seuls.

Il faut, toutefois, apporter à cette œuvre d'État beaucoup de réflexion, d'intelligence, de mesure, de sentiment de justice et surtout d'esprit de suite. Il convient de tâcher d'établir sa direction politique en froissant le moins possible les populations indigènes, en les formant graduellement, en respectant leurs droits, en évitant les guerres; la politique coloniale d'ostentation est aussi nuisible que peut être utile la politique coloniale sérieuse et bien conduite.

Dans ces conditions, la colonisation, au moment de l'histoire du monde où j'écris, rentre dans la mission des grands États occidentaux.

. Il est intéressant de constater que les démagogues qui veulent disséminer l'État dans tant d'entreprises diverses à l'intérieur ne se soient pas encore avisés du devoir colonisateur de l'État moderne. L'opinion publique vulgaire, quand elle n'est pas dirigée par des esprits sérieux, a si peu de prévoyance; son horizon est si restreint; elle est si préoccupée des infiniment petits de l'heure présente; elle voit si peu l'avenir lointain de la patrie. Elle prend sans cesse le change, se passionnant pour de mesquins et transitoires intérêts, négligeant le développement lent des grandes choses (1).

(1) Nous ne saurions trop insister sur ce que la colonisation doit s'inspirer des principes d'humanité; qu'explorateurs, administrateurs, colons doivent traiter avec bienveillance les populations indigènes; que l'État colonisateur doit être pour celles-ci un patron et un tuteur doux et dévoué. On doit réprouver, prévenir ou châtier hautement les excès comme ceux qui ont accompagné la colonisation espagnole dans l'Amérique centrale et l'Amérique du Sud, et même la colonisation anglo-saxonne dans l'Amérique du Nord et en Australie, ainsi que les méfaits reprochés à certains officiers ou administrateurs belges au Congo, à des Allemands dans l'ouest de l'Afrique et même, nous le disons à notre honte, à quelques rares officiers français, comme le chef et peut-être les membres de la mission Voulet-Chanoine au Soudan en 1899. La colonisation a le strict devoir de se concilier avec l'humanité. (Note de la 3e édition.)

CONCLUSION

Il nous suffit de quelques lignes pour résumer tout cet ouvrage.

Nous avons étudié et les origines de l'État et sa nature concrète.

Organisme pesant, uniforme, lent à concevoir et à se mouvoir, il est propre à certaines tâches générales. La faculté inventive, le don de l'adaptation rapide lui manquent.

Les progrès humains et sociaux, on l'a vu, c'est l'initiative libre des individus, des associations ou du milieu social plastique, qui les a effectués.

L'État n'est pas le cerveau de la société; il n'a aucun titre, aucune aptitude, aucune mission, pour la diriger et lui frayer les voies.

On a vu quel instrument délicat et imparfait, en dépit de ses vastes ambitions, est l'État moderne. C'est la proie de tous les engouements successifs.

Il est assujetti à des servitudes qui restreignent sa liberté de jugement. Quand il sort de quelques grandes fonctions conservatrices, il est exposé à n'agir qu'avec passion, avec caprice, sans mesure.

Le développement de ses attributions rend le contrôle de

ses opérations chaque jour plus difficile. Nulle Cour des comptes n'y pourra bientôt suffire.

Multipliant ses subventions, ses dons, ses fonctionnaires, il arriverait à supprimer en fait toute liberté électorale et toute liberté politique.

Comment un peuple serait-il libre à l'égard du pouvoir, quand une grande partie de ce peuple se composerait de fonctionnaires et que, à côté de ceux-ci, un nombre considérable de citoyens attendrait de l'État des dons, des encouragements, des faveurs?

La liberté industrielle périrait bientôt avec la liberté politique. Ces énormes rouages de l'État, prenant dans leurs engrenages tous les efforts privés, finiraient par les lasser ou les briser.

C'est au pur collectivisme que graduellement certains docteurs veulent conduire l'État moderne. Ils l'y acheminent par des chemins détournés, par des étapes discrètes.

Or le collectivisme partiel ou le collectivisme total, c'est, à des degrés divers, la déchéance de la civilisation européenne (1).

On se flatte de l'idée que les nations ne peuvent pas rétrograder, que, grâce à l'imprimerie et aux écoles, toute connaissance acquise appartient définitivement à l'humanité qui ne pourrait la perdre.

Rien ne prouve que cette confiance ne repose pas sur un préjugé.

La civilisation ne consiste pas seulement en connaissances. Elle se compose aussi d'habitudes morales : le goût de l'initiative individuelle, l'esprit d'association libre, l'amour de l'épargne, la responsabilité personnelle.

Que cet élément moral s'affaiblisse ou disparaisse, et les

(1) On peut consulter notre ouvrage *Le collectivisme, examen critique du nouveau socialisme*, 3e édition, Guillaumin, éditeur.

connaissances, conservées par l'imprimerie et transmises par l'école, serviront de peu de chose. Elles ne sauveront pas plus de la décadence nos arrière-neveux que tous les trésors des arts et des lettres accumulés par l'antiquité n'ont préservé de l'invasion de la barbarie les Romains et les Grecs.

Pour une nation comme pour un homme, l'intelligence vaut peu sans la volonté. C'est donc la volonté qu'il s'agit de cultiver; en l'émoussant par l'intervention fréquente de l'État on énerve la nation entière.

Il n'est pas de progrès techniques qui puissent compenser un relâchement du ressort individuel dans l'homme.

Que les nations civilisées y prennent garde ! En subordonnant à outrance la volonté personnelle à la volonté collective, l'action individuelle à l'action nationale, elles détruiraient le principal facteur de la civilisation !

FIN.

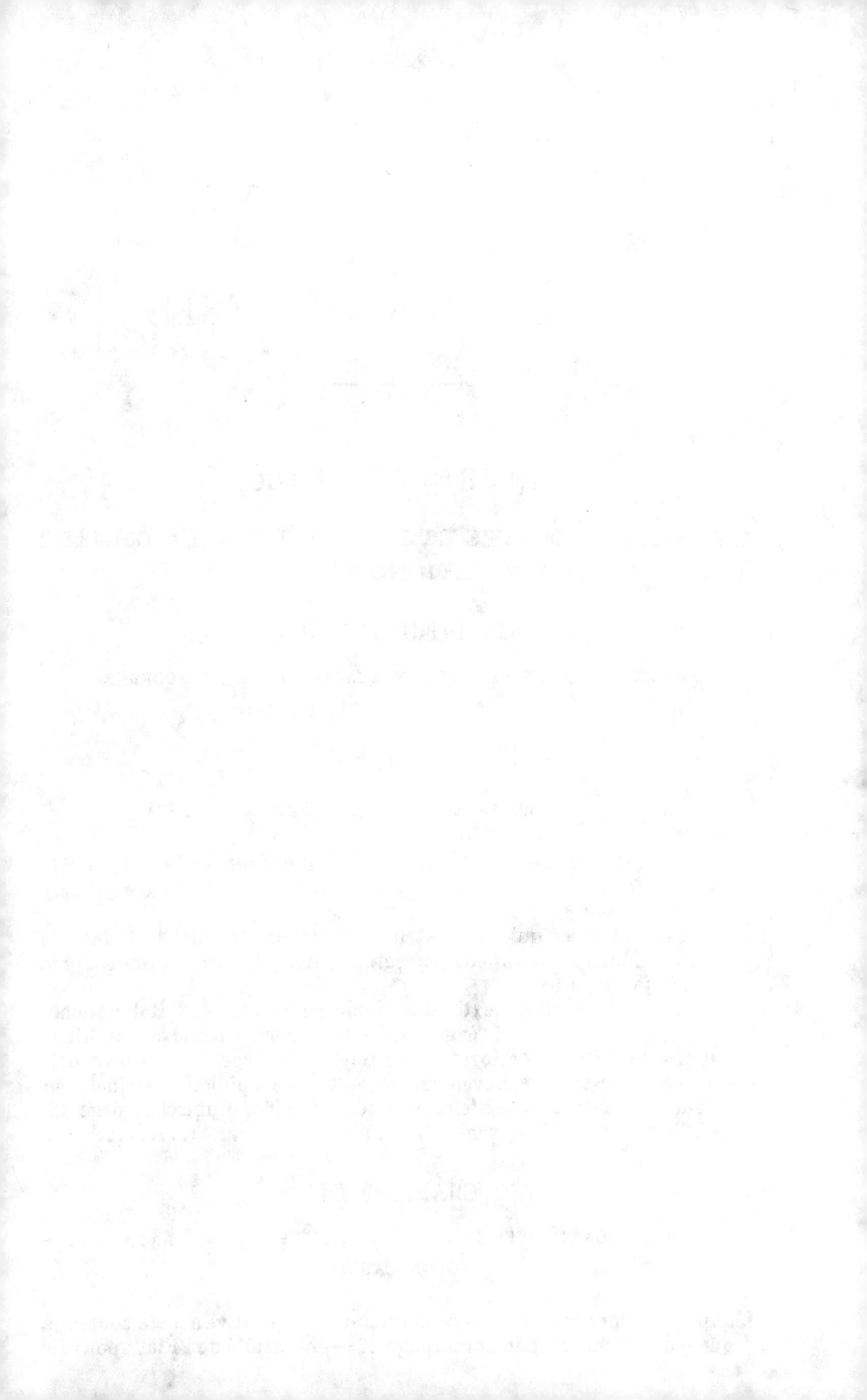

TABLE DES MATIÈRES

LIVRE PREMIER

L'ÉTAT, LA SOCIÉTÉ ET L'INDIVIDU. — LA GENÈSE DES FONCTIONS DE L'ÉTAT.

CHAPITRE PREMIER

NÉCESSITÉ D'UNE CONCEPTION EXACTE DE L'ÉTAT MODERNE ET DE SES FONCTIONS, PAGE 1.

CHAPITRE II

VICISSITUDES RÉCENTES DE LA CONCEPTION DE L'ÉTAT.

CHAPITRE III

LA CONCEPTION NOUVELLE DE L'ÉTAT ET LES BUDGETS NATIONAUX OU LOCAUX.

CHAPITRE IV

DIFFÉRENCE FONDAMENTALE ENTRE L'ÉTAT ET LA SOCIÉTÉ

CHAPITRE V

DÉFINITION DE L'ÉTAT. — LA GENÈSE DE SES FONCTIONS.

LIVRE II

CARACTÈRES PARTICULIERS DE L'ÉTAT MODERNE. — SES FAIBLESSES. — SON CHAMP NATUREL D'ACTION.

CHAPITRE PREMIER

NATURE DE L'ÉTAT MODERNE. — L'ÉTAT ÉLECTIF ET A PERSONNEL VARIABLE.

CHAPITRE II

CONSÉQUENCES DE LA NATURE PARTICULIÈRE DE L'ÉTAT MODERNE.

CHAPITRE III

COMPARAISON DE L'ÉTAT MODERNE ET DES SOCIÉTÉS ANONYMES.

LIVRE III

LES FONCTIONS ESSENTIELLES DE L'ÉTAT, SA MISSION DE SÉCURITÉ ET DE JUSTICE, DE LÉGISLATION ET DE CONSERVATION GÉNÉRALE.

CHAPITRE PREMIER

COUP D'ŒIL GÉNÉRAL SUR LES FONCTIONS DE L'ÉTAT DANS SES RAPPORTS AVEC SA NATURE.

CHAPITRE II

LE SERVICE DE SÉCURITÉ.

CHAPITRE III

L'ÉTAT ORGANE DU DROIT. — CARACTÈRE ET LIMITES DE CETTE FONCTION.

CHAPITRE IV

FONCTION DE CONSERVATION GÉNÉRALE.

LIVRE IV

LES TRAVAUX PUBLICS, L'ÉTAT CENTRAL ET LES MUNICIPALITÉS.

CHAPITRE PREMIER

COUP D'ŒIL RÉTROSPECTIF SUR LE DÉVELOPPEMENT DES TRAVAUX PUBLICS.

CHAPITRE II

DE LA PART DE L'ÉTAT, DES PARTICULIERS ET DES ASSOCIATIONS
DANS LES TRAVAUX PUBLICS.

.s

CHAPITRE III

ESPRIT DIFFÉRENT DE L'ÉTAT ET DES ASSOCIATIONS DANS LES TRAVAUX
PUBLICS.

CHAPITRE IV

RÉSUMÉ HISTORIQUE DU ROLE DE L'ÉTAT ET DES PARTICULIERS DANS LA
CONSTITUTION DU RÉSEAU DES CHEMINS DE FER ET DES COMMUNI-
CATIONS MARITIMES A VAPEUR.

CHAPITRE VI

LES SERVICES D'USAGE COLLECTIF ET LES MUNICIPALITÉS.

Le même procès qu'autrefois pour les chemins de fer, entre l'exploita-

LIVRE V

L'ÉTAT, LA RELIGION, L'ÉDUCATION ET L'ASSISTANCE PUBLIQUE.

CHAPITRE PREMIER

LA POURSUITE PAR L'ÉTAT D'UN IDÉAL SOCIAL.

CHAPITRE II

L'ÉTAT ET LES RELIGIONS.

CHAPITRE III

L'ÉTAT ET L'INSTRUCTION.

CHAPITRE IV

L'ÉTAT ET L'ASSISTANCE PUBLIQUE.

CHAPITRE V

DEUX CONSIDÉRATIONS GÉNÉRALES QUI DOIVENT RESTREINDRE
L'INTERVENTION DE L'ÉTAT EN MATIÈRE D'ÉDUCATION ET D'ASSISTANCE.

LIVRE VI

L'ÉTAT, LE RÉGIME DU TRAVAIL ET LES ASSURANCES.

CHAPITRE PREMIER

TENDANCE DE L'ÉTAT A INTERVENIR DANS LE RÉGIME DU TRAVAIL ET DANS LES ASSURANCES.

CHAPITRE II

MOTIFS DONT SE COUVRE L'INTERVENTION DE L'ÉTAT DANS LE RÉGIME DU TRAVAIL.

CHAPITRE III

RÉGLEMENTATION DU TRAVAIL CHEZ LES NATIONS MODERNES.

CHAPITRE IV

LES RÉSULTATS DE L'INTERVENTION GOUVERNEMENTALE DANS LE RÉGIME

DU TRAVAIL. LE PROJET DE TRAITÉS INTERTATIONAUX A CE SUJET.

CHAPITRE V

LA NATURE, L'ORIGINE ET LE DÉVELOPPEMENT DE L'ASSURANCE.

CHAPITRE VI

L'ÉTAT ET L'ASSURANCE OBLIGATOIRE.

LIVRE VII

EXAMEN DE QUELQUES CAS ACCESSOIRES D'INTERVENTION DE L'ÉTAT.

CHAPITRE PREMIER

DE QUELQUES APPLICATIONS ET DE QUELQUES EXTENSIONS EXCESSIVES DU DROIT DE POLICE.

CHAPITRE II

L'ÉTAT MODERNE, LE PROTECTIONNISME ET LE CHAUVINISME.

CHAPITRE III

L'ÉTAT, LE LUXE, LES ARTS, LES FÊTES.

LIVRE VIII

UNE DES TÂCHES DE L'ÉTAT CONTEMPORAIN

CHAPITRE UNIQUE

LA COLONISATION.

Une tâche qui s'impose incontestablement, dans notre période du

FIN DE LA TABLE DES MATIÈRES.

6605-99. — Corbeil. Imprimerie Éd. Crété.

www.ingramcontent.com/pod-product-compliance
Lightning Source LLC
Chambersburg PA
CBHW050547270326
41926CB00012B/1952